2022-23年合格目標

大卒程度 **公務員試験**

本気で合格! 過去問解きまくり!

⑤ **人文科学Ⅰ**
（日本史・世界史）

はしがき

1 「最新の過去問」を掲載

2021年に実施された公務員の本試験問題をいち早く掲載しています。公務員試験は年々変化しています。今年の過去問で最新の試験傾向を把握しましょう。

2 段階的な学習ができる

公務員試験を攻略するには，さまざまな科目を勉強することが必要です。したがって，勉強の効率性は非常に重要です。『公務員試験 本気で合格！過去問解きまくり！』では，それぞれの科目で勉強すべき項目をセクションとして示し，必ずマスターすべき必修問題を掲載しています。このため，何を勉強するのかをしっかり意識し，必修問題から実践問題（基本レベル→応用レベル）とステップアップすることができます。問題ごとに試験種ごとの頻出度がついているので，自分にあった効率的な勉強が可能です。

3 満足のボリューム（充実の問題数）

本試験問題が解けるようになるには良質の過去問を繰り返し解くことが必要です。『公務員試験 本気で合格！過去問解きまくり！』は，なかなか入手できない地方上級の再現問題を収録しています。類似の過去問を繰り返し解くことで知識の定着と解法パターンの習得を図れます。

4 メリハリをつけた効果的な学習

公務員試験の攻略は過去問に始まり過去問に終わるといわれていますが，実際に過去問の学習を進めてみると戸惑うことも多いはずです。『公務員試験 本気で合格！過去問解きまくり！』では，最重要の知識を絞り込んで学習ができるインプット（講義ページ），効率的な学習の指針となる出題傾向分析，受験のツボをマスターする10の秘訣など，メリハリをつけて必要事項をマスターするための工夫が満載です。

※本書は，2021年9月時点の情報に基づいて作成しています。

みなさんが本書を徹底的に活用し，合格を勝ち取っていただけたら，わたくしたちにとってもそれに勝る喜びはありません。

2021年10月吉日

株式会社　東京リーガルマインド
LEC総合研究所　公務員試験部

本書の効果的活用法

STEP1 出題傾向をみてみよう

各章の冒頭には，取り扱うセクションテーマについて，過去9年間の出題傾向を示す一覧表と，各採用試験でどのように出題されたかを分析したコメントを掲載しました。志望先ではどのテーマを優先して勉強すべきかがわかります。

❶ 出題傾向一覧

章で取り扱うセクションテーマについて，過去9年間の出題実績を数字や★で一覧表にしています。出題実績も9年間を3年ごとに区切り，出題頻度の流れが見えるようにしています。志望先に★が多い場合は重点的に学習しましょう。

❷ 各採用試験での出題傾向分析

出題傾向一覧表をもとにした各採用試験での出題傾向分析と，分析に応じた学習方法をアドバイスします。

❸ 学習と対策

セクションテーマの出題傾向などから，どのような対策をする必要があるのかを紹介しています。

● 公務員試験の名称表記について

本書では公務員試験の職種について，下記のとおり表記しています。

地上	地方公務員上級（※1）
東京都	東京都職員
特別区	東京都特別区職員
国税	国税専門官
財務	財務専門官
労基	労働基準監督官
裁判所職員	裁判所職員（事務官）／家庭裁判所調査官補（※2）
裁事	裁判所事務官（※2）
家裁	家庭裁判所調査官補（※2）
国家総合職	国家公務員総合職
国Ⅰ	国家公務員Ⅰ種（※3）
国家一般職	国家公務員一般職
国Ⅱ	国家公務員Ⅱ種（※3）
国立大学法人	国立大学法人等職員

（※1）道府県，政令指定都市，政令指定都市以外の市役所などの職員
（※2）2012年度以降，裁判所事務官（2012～2015年度は裁判所職員）・家庭裁判所調査官補は，教養科目に共通の問題を使用
（※3）2011年度まで実施されていた試験区分

STEP2 「必修」問題に挑戦してみよう

「必修」問題はセクションテーマを代表する問題です。まずはこの問題に取り組み，そのセクションで学ぶ内容のイメージをつかみましょう。問題文の周辺には，そのテーマで学ぶべき内容や覚えるべき要点を簡潔にまとめていますので参考にしてください。

本書の問題文と解答・解説は見開きになっています。効率よく学習できます。

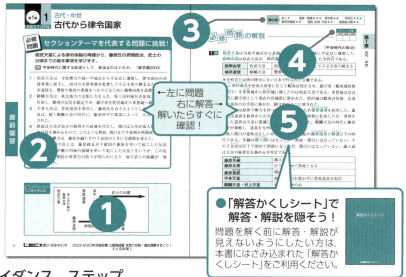

❶ ガイダンス，ステップ

「ガイダンス」は必修問題を解くヒント，ひいてはテーマ全体のヒントです。
「ステップ」は必修問題において，そのテーマを理解するために必要な知識を整理したものです。

❷ 直前復習

必修問題と，後述の実践問題のうち，LEC専任講師が特に重要な問題を厳選しました。試験の直前に改めて復習しておきたい問題を表しています。

❸ 頻出度

各採用試験において，この問題がどのくらい出題頻度が高いか＝重要度が高いかを★の数で表しています。志望先に応じて学習の優先度を付ける目安となります。

❹ チェック欄

繰り返し学習するのに役立つ，書き込み式のチェックボックスです。学習日時を書き込んで復習の期間を計る，正解したかを○×で書き込んで自身の弱点分野をわかりやすくするなどの使い方ができます。

❺ 解答・解説

問題の解答と解説が掲載されています。選択肢を判断する問題では，肢1つずつに正誤と詳しく丁寧な解説を載せてあります。また，重要な語句や記述は太字や色文字などで強調していますので注目してください。

STEP3 テーマの知識を整理しよう

必修問題の直後に，セクションテーマの重要な知識や要点をまとめた「インプット」を設けています。この「インプット」で，自身の知識を確認し，解法のテクニックを習得してください。

❶「インプット」本文

セクションテーマの重要な知識や要点を，文章や図解などで整理しています。重要な語句や記述は太字や色文字などで強調していますので，逃さず押さえておきましょう。

❷ サポートアイコン

「インプット」本文の内容を補強し，要点を学習しやすくする手助けになります。以下のようなアイコンがありますので学習に役立ててください。

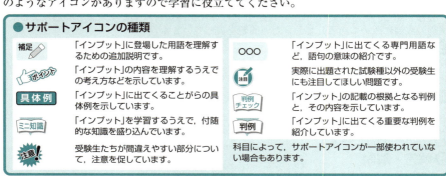

STEP4 「実践」問題を解いて実力アップ!

「インプット」で知識の整理を済ませたら,本格的に過去問に取り組みましょう。「実践」問題ではセクションで過去に出題されたさまざまな問題を,基本レベルから応用レベルまで収録しています。

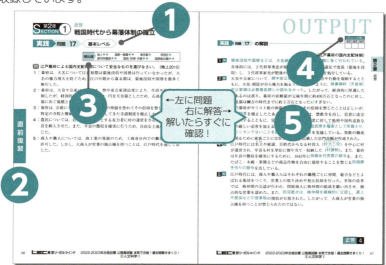

❶難易度

収録された問題について,その難易度を「基本レベル」「応用レベル」で表しています。
1周目は「基本レベル」を中心に取り組んでください。2周目からは,志望先の採用試験について頻出度が高い「応用レベル」の問題にもチャレンジしてみましょう。

❷直前復習, ❸頻出度, ❹チェック欄, ❺解答・解説
※各項目の内容は,STEP2をご参照ください。

STEP5 「章末CHECK」で確認しよう

章末には,この章で学んだ内容を一問一答形式の問題で用意しました。
知識を一気に確認・復習しましょう。

LEC専任講師が,『過去問解きまくり!』を使った「オススメ学習法」をアドバイス!⇒

講師のオススメ学習法

❓ どこから手をつければいいのか？

　まず本書の流れを確認してください。各セクションは，①最初に必修問題に挑戦し，そのセクションで学ぶ内容のイメージをつけてください。②続いて必修問題の次ページから始まる知識確認をしてください。人文科学の場合は①と②の順序を逆にして②の知識確認を先にしてから①の必修問題を解いてもかまいません。①と②が終わったら，③実践問題を解いてみましょう。

　次に，各章の最初にある「出題傾向の分析と対策」を見て，その章の中で出題数が多いセクションを確認してください。出題数の多いセクションは得点源ですから必ず取り組むようにしてください。

🕐 演習のすすめかた

　本試験で人文科学の解答に割くことができる時間の目安は，他科目も考慮すると1問あたり1分程度が目標となります。問題文を読み終わった時点で，答えが出ているという状況が理想です。この場合，知っているか知らないかということで，正答できるか否かが決まり，特別の解き方等が特にあるわけではありませんから，キーワードだけでなく，その周辺を説明する文章にも慣れていくことが必要です。

❶ 1周目（何が問われているのかを確認する）

　人文科学の場合は一連の知識がどのように問題で問われるのかを確認し，どの知識を覚えておけば選択肢の正誤を判断できるのかを確認していきましょう。また，その場合，問題文や解説文は時間をかけてしっかり読みましょう。1つの知識について，単にキーワードではなく，周辺の知識を合わせて理解することを意識してください。

❷ 2周目（知識が定着しているかを確認する）

　問題集をひととおり終えて2周目に入ったときは，知識が定着しているかどうかを確認しながら解いてください。この段階では1周目で学習したことが理解できているかをチェックするとともに，インプットも確認してください。

❸ 3周目以降や直前期（基本問題を確実に正答できるかを確認する。）

　必ず正答したい分野について，正確な知識が確実に身についているか，基本問題を中心に演習しましょう。

一般的な学習のすすめかた（目標正答率60〜80％）

　過去問はあくまで過去問なので，まったく同じ問題が出題されるわけではありませんが，繰り返し出題されている明治時代や日中戦争から太平洋戦争，日本の戦後史，大航海時代や宗教改革，アメリカ史，第1次世界大戦後，戦後のアジア，冷戦などのテーマについては，どのような問題が出題されても正答できるように，応用問題の解説にもきちんと目を通し，覚えていきましょう。

　問題によっては社会科学と重複する部分や地理と重複する部分などもありますから，そうした部分を総合的に理解できるよう，知識を整理しておきましょう。

　また，上記以外の分野からの出題も当然に見られるので，基本問題は確実に正答できるようにしておきたいところです。人文科学の場合は，これが典型問題だというような決まりきった問題は近年出題されていないので，問題を解きつつインプット部分を再度確認していく作業がとても大事になります。

短期間で学習する場合のすすめかた（目標正答率50〜60％）

　試験までの日数が少なく，短期間で最低限必要な学習をする場合の取り組み方です。学習効果が特に高い問題に絞って演習をすることにより，最短で合格に必要な得点をとることを目指してください。学習のすすめかたは，必修問題と下表の「講師が選ぶ『直前復習』50問」に掲載されている問題を解いてください。これらの問題には問題ページの左側に「直前復習」のマークがつけられています。

講師が選ぶ「直前復習」50問

直前復習

必修問題18問 ＋

実践17	実践52	実践92	実践134	実践165
実践20	実践57	実践94	実践135	実践168
実践22	実践60	実践101	実践142	実践173
実践23	実践61	実践112	実践144	実践177
実践28	実践62	実践113	実践148	実践182
実践34	実践64	実践114	実践150	実践185
実践36	実践78	実践117	実践159	実践188
実践42	実践83	実践122	実践160	実践189
実践43	実践86	実践125	実践161	実践190
実践45	実践88	実践127	実践162	実践193

目次 CONTENTS

- はしがき
- 本書の効果的活用法
- 講師のオススメ学習法
- 人文科学をマスターする10の秘訣

第1編 日本史

第1章 古代・中世 3
SECTION① 古代から律令国家 問題1〜9 6
SECTION② 武家社会の変遷 問題10〜14 28

第2章 近世 45
SECTION① 戦国時代から幕藩体制の確立 問題15〜20 48
SECTION② 幕藩体制の動揺と崩壊 問題21〜26 64

第3章 近代から現代 85
SECTION① 明治時代 問題27〜43 88
SECTION② 大正時代から昭和初期 問題44〜54 126
SECTION③ 第2次世界大戦と戦後 問題55〜67 152

第4章 テーマ史 187
SECTION① 通史・制度・政策 問題68〜86 190
SECTION② 外交史 問題87〜92 232
SECTION③ テーマ史 問題93〜105 248

第2編 世界史

第1章 ヨーロッパ世界の形成 …………………………… 283
- SECTION① 古代から中世の西ヨーロッパ 問題106〜111 …………… 286
- SECTION② ルネサンスと宗教改革 問題112〜115 …………………… 302
- SECTION③ 絶対主義諸国 問題116〜120 …………………………… 314

第2章 近代市民社会の成立 …………………………… 331
- SECTION① 市民革命から19世紀の欧米諸国 問題121〜141 ………… 334
- SECTION② 第1次世界大戦と第2次世界大戦 問題142〜164 ………… 380

第3章 アジア史 ……………………………………… 435
- SECTION① 中国王朝史 問題165〜176 ……………………………… 438
- SECTION② 西アジアの歴史 問題177〜181 ………………………… 466
- SECTION③ アジアの近現代史 問題182〜197 ……………………… 480

■INDEX …………………………………………………………… 520

人文科学をマスターする10の秘訣

① 頻出の時代を押さえよ!

② 得意な時代・分野をつくろう

③ 誤肢を切るポイントを確認せよ!

④ 重要問題は繰り返せ

⑤ 解説はきちんと読むべし

⑥ テーマ史を侮るなかれ!

⑦ 正解肢の9割は基本事項

⑧ 歴史はロマン!興味を持てば記憶も定着

⑨ 人名よりも時代や経済の特徴が大事

⑩ 継続は力なり!

第1編
日本史

第1章

古代・中世

SECTION

① 古代から律令国家
② 武家社会の変遷

第1章 古代・中世

出題傾向の分析と対策

試験名	地上			国家一般職 (旧国Ⅱ)			東京都			特別区			裁判所職員			国税・財務・労基			国家総合職 (旧国Ⅰ)		
年度	13〜15	16〜18	19〜21	13〜15	16〜18	19〜21	13〜15	16〜18	19〜21	13〜15	16〜18	19〜21	13〜15	16〜18	19〜21	13〜15	16〜18	19〜21	13〜15	16〜18	19〜21
出題数 セクション	1	2	5	3		1		1	2	1					2	1	1	2			
古代から 律令国家		★★★	★	★			★		★						★★			★			
武家社会の 変遷	★	★★★	★★★	★★		★		★		★		★				★	★★	★			

（注）1つの問題において複数の分野が出題されることがあるため，星の数の合計と出題数とが一致しないことがあります。

　古代からの出題はあまり多くありませんが，通史的な問題の選択肢の1つとして出題される場合があります。ここ数年は古代・中世からの出題があります。

地方上級

　縄文時代や弥生時代などはあまり出題が見られませんが，奈良時代や平安時代の政治や宗教については出題が見られます。中世については鎌倉・室町全般についての出題がコンスタントに出題されています。選択肢に経済史や文化史が入ってくるのが特徴です。

国家一般職（旧国家Ⅱ種）

　テーマ史が多いため，古代から中世にかけては，選択肢の1つとして出題されています。2014年に「我が国の歴史における政変」というテーマで，大化の改新や平安時代の藤原氏の台頭が出題されました。2021年は「征夷大将軍に任命された人物」というテーマで保元の乱，承久の乱なども選択肢になっています。

東京都

　古代についてはかつて飛鳥時代・平安時代などで出題があります。2019年には奈良時代の文化が出題されました。近現代史が重視される傾向がある中，古代からの出題に衝撃が走りました。「文化」の出題も日本の芸術・文化が多いので注意が必要です。2020年には東京都Ⅰ類Aで鎌倉時代の基本問題が出題されています。

特別区

　日本史の出題が1題ということもあり，古代単独ではほとんど出題が見られません。2003年に藤原氏の政治が出題されたのみです。中世は鎌倉時代の執権政治などが問われていますが，ここ数年は難しい問題が続いています。

裁判所職員

　長年，近現代史からの出題が続いてきましたが，2018年に室町時代の農業が出題されました。しかし，ほとんどの方が正答できなかったと思われる悪問でした。2020年は平安時代の出来事が出題されています。2021年は飛鳥・奈良時代からの出題と，古代・中世からの出題が続きました。墾田永年私財法が正解肢になるなど，基本的な問題でしたが，正答率はたいへん低くかったです。

国税専門官・財務専門官・労働基準監督官

　テーマ史の中で古代や中世についても選択肢の1つとして問われています。2012年には各時代の政治に関する問題で古代から中世について問われています。2016年は朝廷と武家の関係が，2017年には文化史で飛鳥文化，天平文化，国風文化，鎌倉文化が問われました。近年は近現代史に絞って学習されている方が多いですが，正解肢が天平文化で基本事項であったことから，正答したい問題でした。2021年は遣隋使，日宋貿易，勘合貿易が出題されています。

国家総合職（旧国家Ⅰ種）

　過去には縄文時代も出題されましたが，近年は古代についてはほとんど出題がありません。中世については鎌倉・室町全般についての出題が見られますが，この場合，鎌倉時代や室町時代で1題の出題というよりも，各時代の政治，武家と朝廷の関係といった通史的な問題の中で選択肢の1つとして出題されています。

Advice アドバイス　学習と対策

　近現代からの出題が続いてきた中，2021年は，古代・中世からの出題が増えました。古代については，基本的な問題を確実に解けるようにしておくことが大切です。鎌倉時代と室町時代については，通史的な問題やテーマ史の中で出題されることが多いので，注意が必要です。固有名詞の暗記も大切ですが，大きな歴史の流れや経済・社会などの時代理解も大切です。

　桓武天皇による律令制度の再建→藤原氏の摂関政治→院政→武士の台頭といった流れ，初期荘園と後期荘園の区別，北条執権政治の整理，元寇の影響，鎌倉時代と室町時代については経済・社会も含めての時代の区別，などを意識して学習を進めましょう。

第1章　古代・中世

第1章 SECTION 1 古代・中世
古代から律令国家

必修問題 セクションテーマを代表する問題に挑戦！

桓武天皇による律令体制の再建から，藤原氏の摂関政治，武士の台頭までの基本事項を学びます。

問 平安時代に関する記述として，妥当なのはどれか。（東京都2003）

1：桓武天皇は，寺院勢力の強い平城京から平安京に遷都し，律令政治の再建事業に着手し，国司の交替事務を監督して不正を取り締まるために検非違使を，警察や裁判の業務をつかさどるために勘解由使を設置した。
2：嵯峨天皇は，東北地方の支配に力を入れ，坂上田村麻呂を征夷大将軍に任命し，蝦夷の反乱を鎮定させ，鎮守府を胆沢城から多賀城へ移した。
3：宇多天皇は，菅原道真を重用し，藤原氏をおさえようとしたが，菅原道真は，続く醍醐天皇の時代に，藤原時平の策謀によって，大宰府に左遷された。
4：摂政は天皇が幼少の期間その政務を代行し，関白は天皇が成人後にその後見役を務めるもので，このような摂政，関白をだす家柄を摂関家といい，摂関家の勢力は，藤原冬嗣とその子良房のときに全盛期を迎えた。
5：承平・天慶の乱とは，藤原純友が下総国の豪族を率いて起こした反乱と，平将門が瀬戸内海の海賊を率いて起こした反乱とをいうが，この乱を通じて，朝廷の軍事力の低下が明らかになり，地方武士の組織が一層強化された。

Guidance ガイダンス

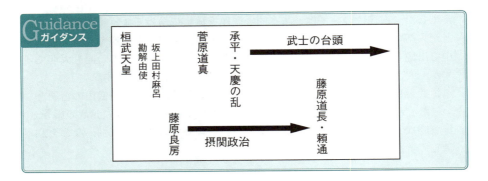

頻出度	地上★　　　　国家一般職★★★　東京都★★　　特別区★★★
	裁判所職員★★　国税・財務・労基★★★　国家総合職★★

必修問題の解説

チェック欄
1回目　2回目　3回目

第1章 古代・中世

〈平安時代の政治〉

1 ✕ 桓武天皇は当初平城京から長岡京に遷都し，10年後に平安京に遷都した。勘解由使は桓武天皇が，検非違使は嵯峨天皇が設置した令外官である。

勘解由使	桓武天皇	国司の交替事務を監督して不正を取り締まる
検非違使	嵯峨天皇	警察や裁判を司る

＊令外官とは唐の律令にない日本で作られた官職である。

2 ✕ 坂上田村麻呂を征夷大将軍に任じて蝦夷討伐をさせ，鎮守府（蝦夷地防衛の官庁）を多賀城から胆沢城に移したのは桓武天皇である。多賀城は奈良時代に鎮守府として現在の宮城県に置かれた。胆沢城は蝦夷討伐後，北進して現在の岩手県に築かれ，鎮守府がここに移された。

3 ○ 宇多天皇は政界で勢力を持つ藤原氏を抑えるため菅原道真を起用した。藤原氏は道真を政界から引き離すため，道真を遣唐使に任命したが，事情を察した道真は天皇に建議し，遣唐使を廃止させた。醍醐天皇の時代に藤原時平が策略し，道真を九州の大宰府に左遷した。

4 ✕ 摂政と関白の意味は正しいが，全盛期は11世紀の藤原道長と頼通父子の時代である。冬嗣は蔵人頭にはなったが，摂政・関白にはなっていない。その子良房は臣下で初めて摂政になったが，関白にはなっていない。蔵人頭は天皇の秘書官を務める令外官である。

藤原冬嗣	蔵人頭
藤原良房	臣下で初めて摂政となる
藤原基経	関白
宇多天皇	摂政・関白を置かずに菅原道真を起用
醍醐天皇・村上天皇	延喜・天暦の治
藤原道長・頼通	摂関政治の全盛期

5 ✕ 935（承平5）年から平将門が下総国（現在の千葉と茨城の一部）で反乱を起こし，939（天慶2）年に藤原純友が瀬戸内海で反乱を起こした。これを合わせて承平・天慶の乱といい，10世紀に起きた武士の台頭を象徴する戦乱であった。これを契機に地方武士団の組織が強化された。

正答 **3**

古代・中世
古代から律令国家

1 日本のあけぼの

縄文時代 （前8000年〜前３Ｃ）	狩猟・採集経済。磨製石器と低温で焼かれた厚手で黒褐色の縄文土器，骨角器の使用。身分や貧富の差はほとんどなく，竪穴住居に住む。
弥生時代 （前３Ｃ〜紀元３Ｃ）	稲作の開始。青銅などの金属器の使用。高温で焼かれた薄くて固い赤褐色の弥生土器。収穫物は高床倉庫に収められ，環濠集落も登場。

2 大和政権から律令国家の形成

(1) 大和政権（４世紀頃の国土の統一）

３世紀後半から４世紀初頭には大規模な前方後円墳が西日本の各地に出現します。この時期の大和を中心とする政権を大和政権といいます。

聖徳太子の政治	推古天皇の摂政。冠位十二階の制，憲法十七条，遣隋使四天王寺や斑鳩寺（法隆寺）を建立
大化の改新	中大兄皇子・中臣鎌足が蘇我蝦夷・入鹿親子を滅ぼして新政権を樹立。班田収授法により公地公民制へ
天智天皇	近江令（最初の令），庚午年籍
天武天皇	飛鳥浄御原宮に遷都。八色の姓

3 奈良時代（平城京）

(1) 聖武天皇

聖武天皇は鎮護国家思想により社会の不安を鎮めようと，全国に国分寺・国分尼寺を建立し，東大寺大仏を造立します。

■天平文化
平城京を中心として栄えた貴族文化で，唐の影響を受けた国際色豊かな文化。
『古事記』：稗田阿礼の暗誦内容を太安万侶が記述
『日本書紀』：舎人親王の編纂
『万葉集』：大伴家持編集の和歌集

(2) 律令の動揺

三世一身法（723年）	新たに開墾した者は３代にわたって土地を私有
墾田永年私財法（743年）	開墾地の永久私有を認める　→　墾田地系荘園

INPUT

4 平安時代

桓武天皇	794年，平安京を造営して遷都し，勘解由使を置いて国司交代時に前任者の不正を監査させるとともに，坂上田村麻呂を征夷大将軍に任じて蝦夷を討伐させた。
嵯峨天皇	嵯峨天皇は天皇の秘書官として蔵人頭を，京内の警察や裁判の業務を司る検非違使などを設置した。

(1) 藤原氏による摂関政治の確立

① 藤原良房と基経

藤原良房は，866年に応天門の変で伴善男を失脚させると正式に摂政に任命されました。さらに藤原基経は初めて関白となります。

② 菅原道真

887年に即位した宇多天皇は，基経の死後，摂政・関白を置かずに菅原道真を登用しましたが，醍醐天皇の時に道真は藤原氏によって大宰府に左遷されました。

③ 藤原氏の全盛期（11世紀）

藤原道長と頼通の時代に，摂政や関白の地位を独占した藤原氏の勢力が全盛期を迎えます。頼通は平等院鳳凰堂を建立します。

(2) 院政と平氏の台頭

① 後三条天皇の親政

延久の荘園整理令を発布し，藤原氏など有力者の荘園を整理して，その力を抑えました。10世紀以降，特に院政期に寄進地系荘園（後期荘園）が急増しました。

② 院政

白河上皇が1086年に院政を開始し，鳥羽上皇，後白河上皇と約100年続きました。

③ 武士の台頭

平将門の乱	下総を根拠地とした平将門が反乱を起こし，東国を支配
藤原純友の乱	伊予の国司であった藤原純友が瀬戸内海で反乱

④ 保元・平治の乱

保元の乱	後白河天皇（のちの上皇）と崇徳上皇の対立を背景に起こる　→　後白河天皇の勝利
平治の乱	後白河上皇の近臣の対立　→　平清盛が源義朝を滅ぼす　→　平清盛が太政大臣に

問 飛鳥時代に関する記述として，妥当なのはどれか。 （東京都2003）

1：6世紀前半に，筑紫国造磐井が，百済と結んで九州で反乱を起こし，大和政権の朝鮮半島への派兵を阻止したため，朝鮮半島における大和政権の拠点であった加羅が百済に併合された。
2：大和政権は，地方豪族の反乱をおさえ，各地に屯倉を設置し，地方への支配を強め，渡来人の知識を利用して政治・財政機関を整備した。
3：大連の物部氏が失政や権力争いから，大伴氏によって失脚させられた後，大伴氏と蘇我氏が対立抗争を繰り返し，蘇我馬子は大伴氏を滅ぼして，自ら擁立した崇峻天皇を暗殺するに至った。
4：推古天皇の摂政となった聖徳太子は，法隆寺，薬師寺など官立の大寺院を建立し氏寺と区別して，国家で治める制度をつくった。
5：飛鳥文化は，日本で最初の仏教文化であり，彫刻では，鞍作鳥の作品と言われる法隆寺金堂の釈迦三尊像や唐の影響を受けた興福寺仏頭が，絵画では，高句麗・唐の影響を受けた高松塚古墳壁画がある。

OUTPUT

チェック欄		
1回目	2回目	3回目

実践 問題 **1** の解説

第1章 古代・中世

〈飛鳥時代〉

1× 筑紫国造磐井は新羅と結んで，朝廷が加羅（任那・伽耶）救援のために派兵した新羅討伐軍を阻止した事件である（磐井の乱）。また，加羅は562年に新羅に併合された。

2○ 肢1の磐井の乱を鎮圧した後，朝廷は各地に朝廷の私有地である屯倉を設置し，地方支配を強化した。また渡来人の協力を得て，政治や財政機関の整備にも努めた。

3× 物部氏と大伴氏の説明が逆である。6世紀初頭，日本は百済の要求に従い加羅西部を百済支配下におくことを承認した。これに際し，大連の大伴氏が百済から賄賂を受け取ったと非難されて失脚した。その後，仏教の受容をめぐり蘇我氏と物部氏が対立し，6世紀末期，蘇我馬子は物部守屋を滅ぼし，馬子と対立していた崇峻天皇を暗殺した。

4× 薬師寺が建立されたのは7世紀後半の白鳳文化の時代で，天武天皇によって建立が始まった官立の寺院であり，崇峻天皇暗殺後，推古天皇が即位し（592年）た時代とは異なる。

5× 鞍作鳥（止利仏師）が飛鳥文化の時代に法隆寺金堂釈迦三尊像を作ったことは正しいが，興福寺仏頭と高松塚古墳壁画は白鳳文化の作品である。飛鳥文化は，渡来人の活躍もあって，朝鮮半島の百済や高句麗，中国の南北朝時代（隋・唐の前）の文化の影響を多く受けている。

飛鳥文化	中国・朝鮮・インド・ギリシア文化の影響を受けた日本初の仏教文化。法隆寺・飛鳥寺。鞍作鳥による釈迦三尊像。
白鳳文化	遣唐使による初唐文化を取り入れた清新な文化。薬師寺東塔。興福寺仏頭。高松塚古墳壁画。

正答 **2**

第1章 SECTION 1 古代・中世 古代から律令国家

実践 問題 2　基本レベル

[問] 飛鳥・奈良時代の出来事に関する記述として最も妥当なものはどれか。

（裁判所職員2021）

1：710年に遷都した平城京は，唐の洛陽にならい碁盤の目状に区画された条坊制を持つ都城である。
2：律令体制下の中央組織の一つであり，行政全般をつかさどる神祇官のもと，八省が政務を分担するようになった。
3：6世紀末から7世紀はじめにかけて，厩戸王（皇子）は持統天皇の摂政となり，冠位十二階の制や憲法十七条などを制定した。
4：天平文化の特徴は，かな文字で編纂された日本書紀や正倉院の宝物など，大陸の文化を日本の風土や考え方に合わせて昇華させたことである。
5：743年に制定された墾田永年私財法を契機に，中央の貴族や大寺社などが大規模な開墾を行ったことにより，初期荘園が誕生した。

OUTPUT

チェック欄		
1回目	2回目	3回目

実践 問題 **2** の解説 ──────────────

〈飛鳥・奈良時代〉

1✕ 平城京は唐の都である長安にならった条坊制の都である。

2✕ 神祇官は行政ではなく神祇祭祀をつかさどっていた。行政全般をつかさどったのは太政官である。

3✕ 厩戸王は持統天皇ではなく推古天皇の摂政として政治を行った。

4✕ かな文字や日本の風土にあわせた文化の昇華は国風文化の特徴である。天平文化の特徴は唐の文化の影響が強いことと，仏教的色彩が強いことである。また，日本書紀や正倉院の宝物は天平文化の例であるが，日本書紀にはかな文字は用いられていない。

5○ 初期荘園の発生についての記述として正しい。

> **■墾田永年私財法**
> 743年に723年の三世一身法に代わって公布され，墾田の永久私有を認めた法令である。従来，ほとんど規定のなかった墾田についての規定を明確にして，未墾地も口分田などの既存の開墾地と同様に，国家が掌握しようとする積極的な土地政策の一面を持つが，一方で貴族や寺院，地方豪族たちの私有地拡大を進めることになった。東大寺などの大寺院は広大な原野を独占し，国司や郡司の協力のもと，農民や浮浪人などを使用して灌漑設備をつくり，大規模な原野の開墾を実施した。こうして成立したものを初期荘園とよぶ。

正答 5

第1章 古代・中世

問 わが国の律令制に関する記述として正しいのはどれか。　　　（国Ⅱ2001）

1：大宝律令による中央行政機構としては，祭祀をつかさどる神祇官と一般政務をつかさどる太政官の二官が置かれており，太政官は太政大臣や大納言などの公卿によって構成されていた。そして太政官のもとに大蔵省や兵部省など八省が置かれ，それぞれの政務を分担していた。

2：豪族が土地と人民を領有し官職を世襲する氏姓制度を改め強力な中央集権体制を樹立するため，大化の改新によって八色の姓が制定された。同時に上位の貴族の位階が世襲される蔭位の制が廃止され，実力本位の試験による官吏登用試験が採用された。

3：国家統治の基本法である律令は，儒教や仏教に基づいた官僚国家を実現するために官人に対する心構えを示した律と，刑法・民法である令からなる。しかし，次第に律より令が尊重されたため，最初の法令である大宝律令に存在した律は，後に制定された飛鳥浄御原令や近江令では省略されている。

4：大宝律令による地方行政機構では，全国は畿内・七道に分けられ，その下に国・県が設けられて国造，県主が中央から赴任した。また外交・国防上の要地である筑紫には鎮西探題が置かれて防人が配置され，奥羽には陸奥将軍府が置かれ，蝦夷の反乱に備えて屯田兵が配置された。

5：人民の成人男子のみが検地帳に登録されて口分田を与えられた上，租庸調が課せられた。口分田は三代に限り私有が許されていたために売買が進み，田畑永代売買禁止令が出されたにもかかわらず貴族や寺院に集中していった。

OUTPUT

チェック欄		
1回目	2回目	3回目

実践 問題 **3** の解説

第1章 古代・中世

〈律令制度〉

1○ 大宝律令により祭祀を司る神祇官と一般政務を司る太政官が置かれ，太政官の下に八省が置かれた。

2× 八色の姓は天武天皇が定めたもので，大化の改新の時に定められたものではない。蔭位の制は大化の改新で廃止されたのではなく，律令制度の1つとして導入された。また，官吏登用試験は実施されていない。

> **■蔭位の制**
> 　父や祖父の位階（官職）に応じて，子や孫に位階を与えるもので貴族層の維持が図られた。

3× 律は刑法に，令は行政法と民法にあたるものである。また，飛鳥浄御原令（689年）や近江令（668年）は大宝律令（701年）以前に制定されたものである。なお，近江令は天智天皇によって制定された最初の令であるとされてきたが，制定の確実な史料がないため，存在を否定する説もある。

4× 国造や県主は大和政権の時の役職である。律令体制下で中央から赴任したのは国司である。陸奥将軍府は建武の新政の時の役職，鎮西探題は鎌倉幕府が弘安の役の後に元の来襲に備えて設置したもの。屯田兵は明治時代の初期，北海道の開拓と防衛を目的に設置されたものである。

5× 口分田は6歳以上の男女に貸し与えられたもので，本人が死亡すれば国家に返還された。しかし，重い税制のため逃亡する農民も増え，奈良時代に三世一身法が出された。同法は条件により三世代に限り私有を認めたり，本人一代の私有を認めたが，売買することは認めていなかった。しかし，この法令もあまり効果がなく，のちに墾田永年私財法が出され，墾田の永年の私有が認められた。このため公地公民制は崩れ，寺社や貴族の荘園が発生した。なお，検地はこの時代に行われたものではなく，口分田の支給は戸籍によっていた。また，田畑永代売買禁止令は江戸時代，農民に対して出した法令で，農民から年貢を確実に徴収するためのものである。

正答 1

問 奈良時代に関する記述として最も妥当なのはどれか。 (国Ⅱ2010)

1：朝廷は，中国を統一した唐に対しては遣唐使を派遣し対等の関係を築こうとしたが，中国東北部に勃興した渤海に対しては従属国として扱おうとし，同国との間で緊張が生じた。このため，朝廷は，朝鮮半島を統一した新羅との友好関係を深めて，渤海に対抗した。

2：孝謙天皇の時代，仏教を信仰する天皇が僧侶の道鏡を寵愛し，仏教勢力が政界で勢力を伸ばした。これに危機感をつのらせた太政大臣の藤原仲麻呂は，武力で道鏡を政界から追放し，これ以後，政界で藤原氏が権力を握ることとなった。

3：朝廷は，蝦夷と交わる東北地方において支配地域を広げる政策を進め，日本海側に秋田城，太平洋側に多賀城を築いて蝦夷対策の拠点とした。

4：家父長制的な家族制度は普及しておらず，女性は結婚しても別姓のままで，自分の財産を持っていた。このため，律令制では，租・調・庸と呼ばれる税の負担は男女均等に課せられ，公民としての地位も同じであった。

5：仏教による鎮護国家思想に基づき，朝廷は民衆への仏教の布教を奨励し，各地にその拠点となる国分寺が建立された。また，用水施設や救済施設を造る社会事業を行って民衆の支持を得ていた空也の進言により，大仏造立の大事業が進められた。

OUTPUT

実践 問題 **4** の解説

〈奈良時代〉

1 × 遣唐使は唐との間に対等の関係を築くことを目的として派遣されたわけではない。日本にとって当時の唐は最先端を行く大国であったため，**唐の優れた制度や文化を導入するために遣唐使を派遣した**。渤海国は8世紀初頭に中国東北部に建国され，相互に緊密に使節が往来するなど，友好関係が続いた。一方，日本は新羅とも交流をしていたが，新羅を従属国として扱おうとしていたので，時に緊張が生じた。

2 × 孝謙天皇の在位期間中は，藤原氏出身の光明皇太后の後ろ盾を受けた藤原仲麻呂（恵美押勝）の権力が絶大であった。その後，上皇となった孝謙天皇は，自らの病を癒した道鏡を寵愛するようになった。一方，光明皇太后が亡くなったことにより，後ろ盾を失って孤立した仲麻呂は焦燥にかられ，道鏡を排除しようと恵美押勝の乱（764）を起こしたが，敗死した。その後，上皇は淳仁天皇を廃し，重祚して称徳天皇となり，道鏡と組んで権力を握った。

3 ○ 蝦夷対策として，大化の改新直後には現在の新潟県に淳足柵や磐舟柵などが築かれていた。奈良時代に入ると，日本海側に出羽国が置かれ，秋田城（秋田県）が築かれた。一方，太平洋側には**多賀城**（宮城県）が築かれ，蝦夷対策の拠点となった。

4 × 租については男女均等ではなく，**良民女子には良民男子の3分の2の口分田を耕作**させ，収穫の約3％を稲で納めさせた。また，調と庸は男子のみに課された。

5 × 聖武天皇が，仏教の力で国を治めるという**鎮護国家思想**に基づき，741年に国分寺建立の詔を出し，**全国に国分寺と国分尼寺の建立**を進めたことは正しい。しかし，用水施設などの社会事業を行い民衆の支持を得た後，**東大寺大仏建立**に尽力したのは**空也**ではなく，**行基**である。空也は平安時代の僧侶で「市聖」とよばれ，**浄土教**の布教に尽力した。

正答 3

問 奈良時代の文化に関する記述として，妥当なのはどれか。

(東京都Ⅰ類B 2019)

1：712年に完成した「古事記」は，天武天皇が太安万侶に「帝紀」と「旧辞」をよみならわせ，これを稗田阿礼に筆録させたものである。
2：751年に編集された「懐風藻」は，日本に現存する最古の漢詩集として知られている。
3：官吏の養成機関として中央に国学，地方に大学がおかれ，中央の貴族や地方の豪族である郡司の子弟を教育した。
4：仏像では，奈良の興福寺仏頭（旧山田寺本尊）や薬師寺金堂薬師三尊像に代表される，粘土で作った塑像や原型の上に麻布を漆で塗り固めた乾漆像が造られた。
5：正倉院宝庫には，白河天皇が生前愛用した品々や，螺鈿紫檀五絃琵琶などシルクロードを伝わってきた美術工芸品が数多く保存されている。

OUTPUT

実践 問題 **5** の解説

チェック欄		
1回目	2回目	3回目

第1章 古代・中世

〈奈良時代の文化〉

1 ✕ 『古事記』は，よみならったのが稗田阿礼であり，筆録したのが太安万侶である。それ以外は正しい。

2 ○ 奈良時代に編集された『懐風藻』は日本に現存する最古の漢詩集である。

3 ✕ 中央に置かれたのが大学，各地方に置かれたのが国学である。それ以外は正しい。

4 ✕ 興福寺仏頭や薬師寺金堂薬師三尊像は白鳳文化の代表作品である。天平文化の代表作品としては，乾漆像である鑑真像などが挙げられる。塑像や乾漆像についての説明は正しい。

5 ✕ 正倉院に収められていた遺品は，白河天皇ではなく聖武天皇のものである。それ以外は正しい。白河天皇は平安時代の天皇である。

> **■聖武天皇**
> 　聖武天皇は，仏教の持つ鎮護国家の思想によって国家の安定を図ろうとし，741年に国分寺建立の詔を出して，諸国に国分寺・国分尼寺をつくらせ，743年には大仏造立の詔を出した。

■奈良時代の文化

古事記	天武天皇が稗田阿礼によみならわせた内容を，太安万侶が筆録。神話・伝承から推古天皇まで。
日本書紀	舎人親王が中心となって編纂。編年体で書かれている。
風土記	諸国の地誌として『風土記』が編纂された。
懐風藻	現存最古の漢詩集。
万葉集	東歌，防人の歌を含む。
正倉院宝物	聖武天皇が生前に愛用した品々や，螺鈿紫檀五絃琵琶などシルクロードを伝わってきた美術工芸品を多く所蔵。
仏像	塑像や乾漆像の技法が発達。

正答 2

問 藤原氏に関する記述として，妥当なのはどれか。 (特別区2003)

1：中臣鎌足は，中大兄皇子と謀り，蘇我馬子・蝦夷父子を倒して政治の改革に着手し，内臣として政策の立案に当たり，のちに天智天皇から藤原の姓を与えられた。
2：藤原不比等は，律令制度の確立に大きな役割を果たすとともに，天皇家に接近して，藤原氏発展の基礎を固め，不比等の死後，その4人の子が皇族出身の橘諸兄を策謀により自殺させ権力を握った。
3：藤原冬嗣は，聖武天皇の信任を得た玄昉や吉備真備の追放を求めて，九州で反乱を起こしたが，平定された。
4：藤原良房は，清和天皇が幼少で即位すると，臣下で初めて摂政の任をつとめたのち，初めての関白となって政治を主導した。
5：藤原頼通は，3代の天皇の摂政・関白をつとめるとともに，宇治の平等院鳳凰堂を建てた。

OUTPUT

実践 問題 **6** の解説 ────────────

〈藤原氏の政治〉

1 × 中臣鎌足が中大兄皇子とともに滅したのは，蘇我蝦夷・入鹿父子である（645年）。蘇我馬子は6世紀末に仏教受容をめぐって物部守屋と争い，これを滅ぼした。中臣鎌足は中大兄皇子とともに蘇我氏を滅ぼし，大化の改新を推進した。鎌足は居住地の大和国高市郡藤原にちなんで藤原姓を賜った。これが藤原氏の始祖である。

2 × 橘諸兄ではなく，長屋王である。鎌足の子藤原不比等は娘の光明子を聖武天皇に嫁がせ，4人の男子も政界に進出した。不比等の死後，藤原4兄弟は策略によって皇族の長屋王を自殺に追い込んだ。これを長屋王の変という。しかし，藤原4兄弟が相次いで亡くなると，皇族出身の橘諸兄が政界のトップとなり，唐から帰国した吉備真備らが聖武天皇の信任を得て活躍するようになった。

3 × 橘諸兄が政権を握り，吉備真備らが聖武天皇の信任を得るようになると，藤原広嗣が吉備真備らの排除を求めて九州で反乱を起こした。これを藤原広嗣の乱という。藤原冬嗣は，嵯峨天皇の信任を得て蔵人頭になり，政権を握った。聖武天皇は奈良時代，藤原冬嗣が嵯峨天皇に蔵人頭に任命されたのは平安時代である。

4 × 藤原良房は関白にはなっていない。冬嗣の子良房が承和の変で橘氏などを排斥すると，清和天皇が即位し，良房は臣下で初めての摂政となった。摂政は天皇が幼少であったり，女性の場合に天皇を補佐する役職である。なお，関白は天皇が成人後に補佐する役職で，良房の子藤原基経が臣下として初めて就任した。

5 ○ 藤原頼通（992〜1074年）は摂関政治の全盛期の摂政・関白で，藤原道長の子である。頼通は50年間，摂政・関白を務め，その権勢から「宇治関白」とよばれた。彼は最大の阿弥陀堂である宇治の平等院鳳凰堂を建立した。

正答 **5**

第1章 SECTION 1 古代・中世
古代から律令国家

実践 問題 7 基本レベル

問 院政と平氏政権に関する次の記述のうち，妥当なのはどれか。 （地上1997）

1：鳥羽天皇は幼い白河天皇が皇位につくと，国政の重要問題を自ら決裁するようになり，天皇に代わって上皇が政治の実権を握る院政が始まった。
2：平清盛は，平治の乱のあと，保元の乱において後白河天皇の近臣である藤原信頼を破り，その後，平氏は武士の世界で主導権を握るようになった。
3：平清盛は官位を高め，武士として初めて太政大臣となり，娘の徳子が生んだ子が安徳天皇となると，外祖父として政治の実権を握るようになった。
4：平氏は，摂津の大輪田泊を修築し，瀬戸内海航路の安全を図ることにより，唐との貿易を推進し，その利潤を政権の重要な経済的基盤とした。
5：平氏は，平清盛の死後，源義仲によって京都から西国に追い落とされ一の谷の戦い，壇の浦の戦いのあと，源義経に屋島で滅ぼされた。

OUTPUT

チェック欄		
1回目	2回目	3回目

実践 問題 **7** の解説

〈院政と平氏政権〉

1 ✕ 院政を開始したのは白河上皇である。鳥羽天皇は白河上皇の孫である。白河天皇が堀河天皇に位を譲り，上皇となった。堀河天皇が早く死んだので，孫の鳥羽を天皇に就けた。

院政	白河上皇，鳥羽上皇，後白河上皇

2 ✕ 保元の乱のほうが平治の乱より先に起こっている。

保元の乱	1156年	崇徳上皇と後白河天皇の争いに藤原摂関家の争いが加わったもの。これに源平両氏がつき，武家の台頭のきっかけとなった。後白河天皇の勝利。
平治の乱	1159年	藤原信頼が源義朝と結び，後白河上皇を拉致した事件。しかし，平清盛の反撃を受け，信頼と義朝は敗死した。平氏政権が成立。

3 ○ 平氏政権は，武家でありながら皇室に対しては外戚政策をとるなど，藤原政権と非常に似た貴族的なものであった。平清盛の娘徳子（建礼門院）は高倉天皇の中宮となって安徳天皇を産み，清盛は外戚（天皇の母方の親族）として権勢を振るい朝廷の高位を一族で独占した。

4 ✕ 貿易の相手国は唐ではなく，宋である。平氏は日宋貿易に力を入れ，宋商人の畿内への招来にも努めて貿易を推進した。

5 ✕ 源義仲（木曽義仲）は1183年，北陸の倶利伽羅峠で平氏を破って，京に攻め上り，平氏を都から追放した。しかし，義仲は政治力に乏しく，後白河法皇（上皇は出家して法皇となった）の反感をかい，翌年，源義経らの軍に攻められ戦死した。その後，一の谷，屋島で源氏は連勝し，ついに1185年壇の浦の戦いで平氏を滅ぼした。

正答 3

第1章 古代・中世

問 次のA～Dのうち、平安時代の出来事に関する記述として妥当なもののみを全て挙げているものはどれか。　　　　　　　　　　　　　　（裁判所職員2020）

A：坂上田村麻呂が東北で蝦夷の征討を行い、蝦夷の族長阿弖流為を降伏させた。
B：道鏡が孝謙太上天皇の寵愛を受けて権力を握り、政治が混乱した。
C：学問が重んじられ、有力貴族らも子弟教育のための大学別曹を設けた。
D：農地開拓のために健児制度が設けられ、各地で健児による開墾が行われた。

1：A，B
2：A，C
3：B，C
4：B，D
5：C，D

OUTPUT

実践 問題 **8** の解説

チェック欄		
1回目	2回目	3回目

第1章 古代・中世

〈平安時代の出来事〉

A○ 妥当である。坂上田村麻呂は802年，胆沢城を築き，蝦夷の族長阿弖流為を帰順させて，多賀城から鎮守府を移した。

B× 道鏡が孝謙太上天皇の寵愛を受けて権力を握り，政治が混乱したのは，奈良時代である。

C○ 奈良時代には，官吏養成のための教育機関として中央に国学が，地方に大学が設けられた。平安時代には，文芸を中心として国家の隆盛を目指す文章経国の思想が広まり，宮廷では漢文学が発展し，仏教では密教が盛んになった。また，大学での学問も重んじられ，貴族は一族子弟の教育のために，寄宿舎にあたる大学別曹を設けた。

D× 健児制度が設けられたのは平安時代であるが，この制度は，一般民衆から徴発する兵士の質が低下したことを受けて，軍団と兵士を廃止し，代わりに郡司の子弟や有力農民の志願による少数精鋭の健児を採用したものである。

　以上から，AとCが妥当であるので，肢2が正解となる。

正答 2

LEC東京リーガルマインド　2022-2023年合格目標 公務員試験 本気で合格！過去問解きまくり！　25
⑤人文科学Ⅰ

古代・中世
古代から律令国家

実践 問題 9　基本レベル

頻出度　地上★★　国家一般職★★　東京都★★　特別区★
　　　　裁判所職員★　国税・財務・労基★★　国家総合職★★

問　A～Eは平安時代の出来事に関する記述であるが，これらのうち，下線部について古いものから順に並べたものとして最も妥当なのはどれか。

(国Ⅱ2006)

A：平将門は，常陸・上野・下野の国府を襲い，関東一円を占領して新皇と称し，一時は関東の大半を征服したが，<u>一族の平貞盛と下野の豪族藤原秀郷の軍によって討伐された</u>。

B：藤原良房は，応天門の火災を当時勢力をのばしていた大納言伴善男の仕業として失脚させ，権力を確立して<u>最初の人臣摂政となった</u>。

C：鳥羽院政下において，天皇家では兄の崇徳上皇が皇位継承をめぐり弟の後白河天皇と対立し，摂関家では兄の関白藤原忠通と弟の左大臣頼長の対立が生じていたが，鳥羽法皇が没した後，後白河天皇方が平清盛や源義朝らと結び，<u>崇徳上皇方を破った</u>。

D：桓武天皇により派遣された征夷大将軍の坂上田村麻呂は，<u>胆沢城を築き，やがて鎮守府を多賀城からこの地に移した</u>。

E：他氏の排斥に成功した藤原氏は，次に一族内部で摂政・関白の地位をめぐり激しい争いを繰り返したが，道長・頼通の頃に全盛期を迎え，<u>道長は3天皇の外戚として勢力をふるった</u>。

1：B→D→C→A→E
2：B→D→E→A→C
3：D→A→B→E→C
4：D→B→A→C→E
5：D→B→A→E→C

OUTPUT

実践 問題 **9** の解説

〈平安時代の出来事〉

D 802年　奈良時代に蝦夷討伐のための役所である鎮守府として多賀城が設けられた。平安時代に入り，桓武天皇により派遣された征夷大将軍の坂上田村麻呂は802年，胆沢城を築き，多賀城から鎮守府をこちらに移した。

B 866年　藤原良房は842年の承和の変で，橘逸勢と伴健岑を排斥し，自分の娘と文徳天皇との間に生まれた皇太子を9歳で清和天皇として即位させた。良房は実質的な摂政として権力を握っていく。866年，応天門の変で，大納言の伴善男を失脚させ，同年，正式に摂政に任命された。人臣摂政とは臣下という身分で摂政に就任することで，皇族以外の者で摂政になったのは良房が最初である。

A 939年　平将門が乱を起こしたのは939年である。下野・上野の国府を攻め，関東地方のほとんどを制覇した。自ら新皇と称したが，翌940年，平貞盛と下野の豪族である藤原秀郷によって討伐された。

E 11世紀前半　11世紀前半，藤原道長と頼通父子の時代が摂関政治の全盛期である。道長は4人の娘を天皇に嫁がせ，後一条天皇・後朱雀天皇・後冷泉天皇の外戚として絶大な権力を握った。一方，頼通は前述した3人の天皇の摂政・関白として権勢を振るった。

C 1156年　1156年，後白河天皇と崇徳上皇の対立から保元の乱が起こった。天皇は近臣の藤原通憲を参謀とし，平清盛や源義朝らに命じて上皇軍を打ち破った。この結果，上皇は流罪となり，上皇軍の藤原頼長と源為義は殺された。

よって，D→B→A→E→Cとなり，肢5が正解となる。

正答 5

第1章 古代・中世

第1章 SECTION 2 古代・中世
武家社会の変遷

必修問題　セクションテーマを代表する問題に挑戦！

公武の二元的支配の展開を理解し，経済や文化については鎌倉時代と室町時代の区別をしましょう。

問 鎌倉時代に起った出来事について，正しいものを選べ。

(地上2011)

1：執権の北条氏は評定衆を中心とした合議制をとっていたが，北条一族の嫡男である得宗の力がますます強くなり，元寇以降に得宗体制が完成した。
2：幕府は，朝廷の権力を制限するため西国の支配権を固めようとしたが，後鳥羽上皇が承久の乱を起こしたため，西国の支配権を緩和し朝廷に返還した。
3：鎌倉時代になると市や取引所が定期的に開かれ，常設店舗が発生した。それに伴い貨幣の使用量が増加した。通貨は，輸入に頼っていたが，国産の通貨も出現した。
4：鎌倉時代には，全国の荘園に地頭が配置されたが，荘園と問題を起こし次第に地頭の力は弱まっていった。
5：鎌倉時代には，法然が浄土宗を，親鸞が浄土真宗を開くなど，仏教が庶民など広い階層を対象とするものとなり，厳しい座禅を行う禅宗は衰えた。

直前復習

Guidance ガイダンス

勝利した幕府は，京都に六波羅探題を置いて，朝廷の監視，西国の統括にあたらせ，幕府が優位に立って皇位の継承や朝廷の政治にも干渉するようになった。

頻出度	地上★★　　国家一般職★★　　東京都★★　　特別区★★★
	裁判所職員★★　　国税・財務・労基★★　　国家総合職★★

必修問題の解説

チェック欄

1回目	2回目	3回目

〈鎌倉時代〉

1 ○ 北条時政以来，幕府は合議制を採り，有力御家人の協力を得て政治をしていたが，元寇を契機に幕府の支配権が全国的に強化される中，得宗（北条氏の嫡男）の北条時宗の勢力も強大となり，御内人（得宗家の家臣）平頼綱の力も台頭した。北条貞時が執権になると，平頼綱は有力御家人の安達泰盛を滅ぼした（霜月騒動）。こうして得宗とその家臣である御内人による得宗専制政治が確立した。

2 × 承久の乱後，幕府は西国の支配権を強めるため，京都に六波羅探題を設置し，朝廷や公家の監視を強化した。よって，幕府は西国の支配権を朝廷に返還してはいない。

3 × 月3回の定期市や見世棚という常設店も発生するなど，鎌倉時代から貨幣経済が本格化した。しかし，貨幣はすべて宋銭などの輸入銭を使用した。よって，鎌倉時代には国内で通貨は鋳造していない。

4 × 地頭と荘園領主の間でのトラブルに対し，幕府は地頭請や下地中分などで調停を図ったが，この結果，地頭の土地支配がますます拡大した。

> **■地頭の台頭**
>
> 　地頭は荘園内の農民から年貢を徴収し，荘園領主に納入することが仕事であった。しかし，農民を奴隷のように使ったり，荘園領主に年貢を納めなかったりする地頭が増え，地頭と荘園領主の間でトラブルが多くなった。そこで幕府は地頭請や下地中分などで調停を図った。
>
> | 下地中分 | 地頭と領主が荘園を折半する |
> | --- | --- |
> | 地頭請 | 荘園領主が地頭に年貢の納入を請け負わせる代わりに，荘園の管理を任せる |

5 × 法然が浄土宗を，親鸞が浄土真宗を開いたことは正しい。しかし，この時代には禅宗である臨済宗と曹洞宗が生まれ，武士などを中心に信仰され，鎌倉幕府は臨済宗を保護した。

正答 1

SECTION 2 古代・中世 武家社会の変遷

1 鎌倉時代

(1) 鎌倉幕府成立

平氏を打倒した源頼朝は朝廷から東国の支配権を認められ，さらに全国に守護，地頭を設置するなどその支配権は広く全国に及ぶこととなり，1192年，朝廷から征夷大将軍に任じられました。頼朝の死後，頼朝の妻政子の父・北条時政が執権となり，以後，北条氏一族が実権を握り，執権政治を展開していきます。

(2) 執権政治

北条義時	後鳥羽上皇は朝廷の勢力を挽回しようと倒幕を企てたが，幕府側の勝利に終わる（**承久の乱**）。承久の乱後，幕府は朝廷の監視や京都の警備などにあたる**六波羅探題**を設置。
北条泰時	執権を補佐する**連署**を設置するとともに有力御家人など11人を**評定衆**に選び，合議制に基づいて政治を行った。また，武家社会最初の成文法である**御成敗式目**を制定（1232年）。
北条時頼	評定衆を補佐する**引付衆**を設置し，御家人の所領争いを迅速に解決するため訴訟を専門に扱わせた。
北条時宗	元を建国したフビライ＝ハンは，日本に朝貢を求めてきたが，時宗がこれを拒否したことから元の軍勢が2度にわたり北九州に攻めてきた。元軍は2度とも台風によって敗退したが，幕府は元軍の再来に備えて，九州の博多に北条氏一門を鎮西探題として送り込み，御家人の指揮にあたらせた。
北条貞時	北条氏による専制が強化され，得宗と御内人によって幕政が独占され，その結果，本来の御家人との対立が激化し，有力御家人の安達泰盛を滅亡させた霜月騒動が生じた。以後，貞時時代に得宗専制支配が確立。

文永の役の後，異国警固番役を整備しました。
弘安の役の後，鎮西探題を設置します。

(3) 幕府と朝廷の二重支配

朝廷は国司を任命し，貴族や大寺院が国司や荘園領主として年貢や夫役を農民に課しました。一方，幕府は守護・地頭を置きましたが，やがて，守護や地頭の土地支配が進み，国司や荘園領主との間で争いが起こるようになります。その解決策として**地頭請**や**下地中分**が行われるようになりました。

INPUT

(4) 御家人の窮乏と永仁の徳政令

この時代には所領の分割相続が繰り返されることで，所領が細分化されて御家人の窮乏が激しく，これを救うため幕府は**永仁の徳政令**を発しましたが，効果は上がりませんでした。

永仁の徳政令	御家人が売却した土地を無償で返還させたり，御家人が関係する金銭の訴訟を受け付けないとするものでした。

(5) 幕府の滅亡

後醍醐天皇は，2度にわたり倒幕を試みましたが，いずれも失敗に終わります。後醍醐天皇は流罪となりましたが，北条氏に不平を持つ武士らも倒幕に立ち上がり，後醍醐天皇をはじめ，楠木正成と護良親王が再度挙兵，さらに，**足利尊氏**と新田義貞も幕府にそむき，北条氏一族を滅ぼしました。これにより1333年，幕府は滅亡します。

2 建武の新政から南北朝時代

(1) 建武の新政

後醍醐天皇は院政・摂関政治・幕府を否定し，天皇自らが政治を執ることを目指しました。**後醍醐天皇**による建武の新政は，恩賞の公家偏重が目立ち，武士の不満が増大します。そして，ついに**足利尊氏**が新政権に反旗を翻し，湊川の戦いで朝廷軍を破ります。これにより，新政はわずか3年で崩壊しました（1336年）。

(2) 南北朝の動乱

北朝	足利尊氏が**建武式目**を発表し，光明天皇（持明院統）を擁立
南朝	後醍醐天皇が吉野へ逃れ，正統を主張 南朝側の中心となったのは北畠親房

南北朝の対立は約60年間にわたって続きましたが，3代将軍**足利義満**が1392年に**南北朝の合体**を実現しました。

(3) 室町幕府

室町幕府では，鎌倉幕府の組織をほぼ踏襲し，御成敗式目も**建武以来追加**を発して踏襲します。

また，地方武士を組織化するために守護の権限を拡大させました。やがて，守護は一国全体に及ぶ地域的支配権を確立し，**守護大名**となります。

問 鎌倉幕府に関する記述として，妥当なのはどれか。　　　　　（特別区2009）

1：北条泰時は，新たに公文所を設置し，合議制により政治を行うとともに，武家の最初の体系的法典である建武式目を制定し，源頼朝以来の先例や道理に基づいて，御家人間の紛争を公平に裁く基準を明らかにした。

2：後鳥羽上皇は，新たに北面の武士を置き，軍事力を強化するとともに，幕府と対決する動きを強め，北条高時追討の兵を挙げたが，源頼朝以来の恩顧に応えた東国の武士達は結束して戦ったため，幕府の圧倒的な勝利に終わった。

3：北条時頼は，有力御家人の三浦泰村一族を滅ぼし，北条氏の地位を一層確実なものとする一方，評定衆のもとに引付衆を設置し，御家人達の所領に関する訴訟を専門に担当させ，敏速で公正な裁判の確立に努めた。

4：幕府は，承久の乱に際して十分な恩賞を与えられなかったことから御家人達の信頼を失ったが，永仁の徳政令を発布することで，貨幣経済の発展に巻き込まれて窮乏する御家人の救済と社会の混乱の抑制に成功した。

5：幕府は，2度目の元の襲来に備えて九州地方の御家人による九州探題を整備し，博多湾沿岸に石築地を築いて，防備に就かせるとともに，公家や武士の多数の所領を没収して，新たに新補地頭と呼ばれる地頭を任命した。

OUTPUT

チェック欄		
1回目	2回目	3回目

実践 問題 **10** の解説

〈鎌倉幕府〉

1 ✕ 公文所を設置したのは鎌倉幕府初代将軍源頼朝であり，合議制による政治は，頼朝の死後に北条時政（のちの初代執権）を中心とする13人の御家人によって行われたものである。また，3代執権である北条泰時が制定したのは御成敗式目（貞永式目）であり，建武式目は足利尊氏が室町幕府を開くに際して発表した政治方針である。

2 ✕ 北面の武士とは，平安時代に白河上皇が院の北面に置いた警護の武士たちのことである。後鳥羽上皇が新たに院に置いた警護の武士は西面の武士とよばれている。後鳥羽上皇は幕府を打倒するために執権北条義時追討の兵を挙げた（承久の乱）が，幕府軍に敗れ，流刑に処せられた。なお，北条高時は幕府滅亡時の執権である。

3 ◯ 北条時頼は，有力御家人の三浦一族を滅ぼした（宝治合戦）ほか，評定衆の下部組織として引付衆を設置し，御家人たちの所領に関する訴訟を専門に担当させた。

4 ✕ 鎌倉幕府が御家人に十分な恩賞を与えることができなかったために，御家人の信頼を失ったのは，承久の乱ではなく，元寇に際してである。当時の御家人は従前からの原則である分割相続の繰り返しにより所領が細分化されていたことに加えて，貨幣経済の進展の影響を受けて窮乏していたが，元寇の後に十分な恩賞を得られなかったことで，その窮乏は一層深刻化した。このため幕府は永仁の徳政令を発して御家人救済に努めたが，大きな効果は上がらなかった。

5 ✕ 2度目の元寇に備えて整備されたのは異国警固番役である。九州探題は室町幕府が設置したものである。また，「公家や武士の多数の所領を没収」したのは承久の乱に際して上皇方についた貴族や武士の所領を幕府が没収したことを指し，この承久の乱以降に新たに任命された地頭を新補地頭とよぶ。元寇の後ではない。

正答 **3**

第1章 SECTION ② 古代・中世 武家社会の変遷

実践　問題 11　基本レベル

問 鎌倉時代に関する記述として、妥当なのはどれか。　（東京都Ⅰ類A 2020）

1：1192年に征夷大将軍に任ぜられた源頼朝は、将軍と執権の主従関係を支配の根本においた。
2：京都では、後醍醐天皇が北条義時を追討する命令を発したが、北条泰時率いる幕府軍に追討される平治の乱が起きた。
3：北条早雲は、最初の武家法である武家諸法度を制定し、北条泰時は幕府の裁判制度を完成させた。
4：鎌倉時代を代表する文学作品として、藤原定家らが「金槐和歌集」を編纂し、随筆では鴨長明が「徒然草」を著した。
5：北条時宗を執権とする幕府は、元による二度にわたる襲来を受けたが、いずれも撃退した。

OUTPUT

チェック欄		
1回目	2回目	3回目

実践 問題 **11** の解説

〈鎌倉時代〉

1 ✕ 鎌倉時代に幕府支配の根本となったのは，**将軍と御家人との主従関係**である。頼朝は主人として御家人に対し，主に地頭に任命することによって先祖伝来の所領の支配を保障したり（本領安堵），新たな所領を与えたりした（新恩給与）。この御恩に対して御家人は，戦時には軍役を，平時には京都大番役や幕府を警護する鎌倉番役などを務めて，従者として奉公した。

2 ✕ 第2代執権である**北条義時を追討する命令を出したのは，後鳥羽上皇**である。しかし，東国の武士は頼朝の妻であった北条政子の呼びかけに応じて結集し，後鳥羽上皇は泰時らの率いた幕府軍に敗れ，配流された。これは**承久の乱**である。平治の乱は，後白河上皇の近臣の争いから起こったものである。

3 ✕ 鎌倉時代に制定された最初の武家法は，**御成敗式目**である。また，制定したのは**北条泰時**である。これは**頼朝以来の先例や，道理とよばれた武士社会での慣習・道徳に基づいて，守護や地頭の任務と権限を定め，御家人同士や御家人と荘園領主との間の紛争を公平に裁く基準を明らかにしたもの**で，武家の最初の整った法典となった。この後，時頼の時代に引付衆を任命し，御家人たちに所領に関する訴訟を専門に担当させて，敏速で公正な裁判の確立に努めた。

4 ✕ 藤原定家が編者となったのは『新古今和歌集』である。『金槐和歌集』は将軍源実朝が残した歌集である。また，**『徒然草』は兼好法師**の作品であり，**鴨長明の作品は『方丈記』**である。

5 ◯ 妥当である。二度にわたる元軍の襲来を退けた後も，幕府は警戒態勢を緩めず，御家人以外に，全国の荘園・公領の武士をも動員する権利を朝廷から獲得するとともに，蒙古襲来を機会に西国一帯に幕府勢力を強めていった。

正答 5

S第1章 ECTION ② 古代・中世 武家社会の変遷

実践 問題 **12** 基本レベル

頻出度	地上★★	国家一般職★★	東京都★★	特別区★★
	裁判所職員★	国税・財務・労基★★		国家総合職★★

問 鎌倉時代に関する次のア～オの記述には妥当なものが二つある。それらはどれか。 (地上2021)

ア：鎌倉時代の初期には執権が大きな権力を持っていたが，執権の力は次第に衰え，後期には将軍の権力が強大になった。

イ：守護が荘園や公領におかれ，年貢の徴収・納入と土地の管理を行い，地頭は諸国におかれ，国内の武士を統率し，謀反人の処分や警察権を行使した。

ウ：武士は一族の血縁的統制のもとに，その長である惣領のもとに団結し，戦いのときには惣領が指揮官となって幕府への軍役を果たした。

エ：前の時代までに用いられてきた宋銭が用いられなくなり，幕府が鋳造した金貨や銀貨が用いられるようになった。

オ：鎌倉時代には，浄土真宗や臨済宗などの新しい仏教が生まれ，特に臨済宗は幕府の厚い保護を受けて，各地に寺院が建てられた。

1：ア，イ
2：ア，オ
3：イ，エ
4：ウ，エ
5：ウ，オ

OUTPUT

チェック欄		
1回目	2回目	3回目

実践 問題 **12** の解説

第1章 古代・中世

〈鎌倉時代〉

ア× 鎌倉幕府の成立当初は，優れた指導者である源頼朝が将軍独裁の体制で運営していたが，頼朝の死後，源頼家と実朝の時代になると，御家人の間で政治の主導権をめぐる争いが起こり，その中で勢力を伸ばした北条氏が執権政治を行った。源家将軍が3代で滅びると，以後，摂家（藤原家）将軍2代，皇族（親王）将軍4代を京都から迎えたが，いずれも実権はなく，名目的な将軍にすぎなかった。

イ× 荘園や公領に置かれ，年貢の徴収・納入と土地の管理，治安維持を任務としたのが地頭であり，諸国に置かれ，武士を統率し，謀反人の処刑や警察権を行使したのが守護である。

ウ○ 惣領制の説明として妥当である。鎌倉幕府の政治・軍事体制はこの惣領制に基づいていた。

エ× 鎌倉時代にも宋銭が利用されている。幕府が鋳造した金貨や銀貨が用いられるようになるのは，江戸時代である。

オ○ 鎌倉時代に生まれた新仏教の説明として妥当である。

以上から，ウとオが妥当であるので，肢5が正解となる。

正答 5

LEC東京リーガルマインド　2022-2023年合格目標 公務員試験 本気で合格！過去問解きまくり！　37
⑤人文科学Ⅰ

武家社会の変遷

実践 問題 13 基本レベル

問 室町時代に関する次の記述のうち，妥当なものはどれか。　（地上2010）

1：侍所や管領など，幕府中央の要職は足利一門である細川氏により独占された。地方には守護が置かれたが，守護の権限は鎌倉時代に比べて著しく縮小された。

2：幕府の財源は，御料所と呼ばれる幕府直轄地からの収入と，守護の分担金によりそのほとんどが賄われていたが，日明貿易による利益も財源となっていた。そのため幕府は，それまで商人に対して課していた税を廃止した。

3：惣村が各地にみられた。惣村は村落の自衛や年貢の徴収請負などを行い，年貢の減免や荘官の免職などを求めて強訴や逃散を行った。惣村同士が連合して土一揆を起こしたこともあった。

4：貨幣経済が急速に発達し，幕府は金座や銀座を設け，金貨や銀貨が鋳造された。中国からの輸入銭は鎌倉時代には広く流通していたが，室町時代には急速に使われなくなっていった。

5：室町時代には能や狂言が大成し，和歌や連歌と対等の地位を築いたが，上流社会で愛好されたにとどまり，民衆には広まらなかった。

実践 問題 13 の解説

〈室町時代〉

1 × 管領(将軍の補佐役)・侍所(京都の警備・刑事裁判を行う)は,いずれも室町幕府の要職である。管領には有力守護である細川・斯波・畠山の3氏(三管領)から交代で,侍所の長官は赤松・山名・一色・京極の4氏(四職)から交代で任命されるのが慣例であった。また,鎌倉幕府同様,守護が全国に置かれたとする点は正しいが,室町幕府は,地方武士の組織化のため,守護の権限を鎌倉時代より拡大させている。

2 × 室町幕府の財源は,御料所収入,有力守護に支払わせる分担金,日明貿易(勘合貿易)で得た利益だけでなく,京都で高利貸しを営む土倉や酒屋に対して土倉役(倉役)・酒屋役とよばれる税を課して主要な財源としたり,交通の要所に関所を設けて関銭・津料を徴収したりしていることから,本肢は妥当ではない。なお,鎌倉幕府に比べ,室町幕府の御料所収入は少ないことに留意したい。

3 ○ 鎌倉時代から室町時代にかけて,集落を基礎に地縁的な結びつきを強めた農民たちは,自立的・自治的な惣村(惣)を形成するようになった。惣村は,寄合という名の合議体の決定に従って,おとな・沙汰人などとよばれる村の指導者によって運営されていた。惣村では,村内の秩序を守るために村民自らが警察権を行使したり(地下検断),年貢の徴収を一括して請け負ったりしていた(地下請)。また,強訴とは年貢の減免や不正を働いた荘官の免職を求めて領主のもとに大勢で押しかけたりすること,逃散とは要求が認められなかったときに全員で田畑の耕作を放棄して山林などに逃げ込んだりすることなどを指す。さらに惣村同士が連携して行った土一揆は,1428年の正長の土一揆をはじめ,各地で頻発した。

4 × 室町時代には貨幣経済が発達し,広く民衆にも浸透していったが,貨幣自体は従来の宋銭とともに永楽通宝などの明銭が使用されていた。また,全国的に通用する同規格の金銀貨幣を大量に鋳造するために金座・銀座を開設させたのは,徳川家康である。

5 × 3代将軍足利義満の保護を受けた観阿弥・世阿弥親子は能楽を大成させている。また,風刺性の強い喜劇である狂言が能の合間に演じられるようになったのも室町時代のことである。室町時代には民衆の地位の向上に伴って,民衆が参加して楽しむ文化が生まれてきており,能および狂言は,庶民の間で広く楽しまれていた。上流社会でのみ愛好されていたわけではない。

正答 3

第1章 SECTION 2 古代・中世 武家社会の変遷

実践 問題 14　基本レベル

[問] 室町幕府に関する記述として，妥当なのはどれか。　　　（特別区2015）

1：足利尊氏は，大覚寺統の光明天皇を立てて征夷大将軍に任ぜられ，弟の足利直義と政務を分担して政治を行ったが，執事の高師直を中心とする新興勢力と対立し，観応の擾乱がおこった。
2：足利義満は，将軍を補佐する中心的な職である管領を設け，侍所や政所などの中央機関を統括し，管領には足利氏一門の一色，山名，京極の3氏が交代で任命された。
3：足利義持は，徳政令を出して守護に荘園や公領の年貢の半分を兵粮米として徴収する権限を与えると，守護はさらに，年貢の納入を請け負う守護請の制度を利用して荘園を侵略し，やがて守護大名とよばれて任国を支配した。
4：足利義教は，将軍権力の強化をねらって専制政治をおこない，幕府に反抗的な鎌倉公方足利持氏を滅ぼしたが，有力守護の赤松満祐に暗殺され，これ以降将軍の権威は揺らいだ。
5：足利義政の弟の義尚を推す日野富子と，義政の子の義視のあいだに家督争いがおこり，幕府の実権を握ろうと争っていた細川勝元と山名持豊がこの家督争いに介入し，応仁の乱が始まった。

OUTPUT

実践 問題 **14** の解説

チェック欄		
1回目	2回目	3回目

〈室町幕府〉

第1章 古代・中世

1× 観応の擾乱は，鎌倉幕府以来の法秩序を重んじる足利直義と，尊氏の執事高師直を中心とする，武力による所領拡大を願う新興勢力とが衝突し，師直が敗死した争乱である。したがって，足利尊氏が「執事の高師直を中心とする新興勢力と対立し」たわけではない。また，光明天皇は大覚寺統ではなく，持明院統で，後醍醐天皇が大覚寺統である。

2× 管領には足利氏一門の細川・斯波・畠山の3氏が交代で任命された。なお，一色・山名・京極および赤松の4氏は侍所の長官（所司）に任じられる四職とよばれた。

3× 「守護に荘園や公領の年貢の半分を兵粮米として徴収する権限を与え」たのは半済令である。最初の半済令は初代将軍の足利尊氏が在職した1352年に発布されている。徳政令は，徳政すなわち債権・債務の破棄を命ずる法令で，1441年の嘉吉の徳政一揆以降，幕府が頻繁に発令した。

4○ そのとおり。足利義教は将軍権力の強化をねらって専制的な政治を行い，有力守護を弾圧したため，有力守護の赤松満祐が義教を殺害した。これ以降，将軍の権威は大きく揺らぎ，有力守護家や将軍家に相次いで内紛が起こり，応仁の乱へとつながっていく。

5× 応仁の乱の契機となった家督争いは，8代将軍の足利義政の弟義視と，子の足利義尚を推す義政の妻日野富子の間で起こったものである。この家督争いに細川勝元と山名持豊が介入し応仁の乱となった。

弟・義視	VS	子・義尚（日野富子）

正答 4

LEC東京リーガルマインド　2022-2023年合格目標 公務員試験 本気で合格！過去問解きまくり！　41
⑤人文科学Ⅰ

第1章 古代・中世

章末 CHECK

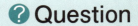 Question

- Q1 大和政権は氏姓制度を導入し，公地公民による支配を行った。
- Q2 仏教を受け入れた蘇我氏は，仏教を排斥した大伴氏を滅ぼした。
- Q3 大化の改新では氏姓制度を改め，強力な中央集権体制を樹立するために八色の姓が制定された。
- Q4 班田収授法では6歳以上の男子のみに口分田が与えられた。
- Q5 日本は7世紀に白村江で唐と高句麗の連合軍と戦って敗れた。
- Q6 中大兄皇子は天智天皇になると，近江令を定め，庚午年籍をつくった。
- Q7 平城京に遷都したのは聖武天皇である。
- Q8 三世一身法によって公地公民が確立した。
- Q9 桓武天皇は検非違使と蔵人頭を設置した。
- Q10 藤原基経が臣下で初めて摂政となり，藤原良房が初めて関白となった。
- Q11 藤原道長・頼通父子の時代が摂関政治の全盛期である。
- Q12 後白河天皇は延久の荘園整理令を出した。
- Q13 最初に院政を行ったのは白河上皇である。
- Q14 平将門は瀬戸内海で，藤原純友は関東で乱を起こした。
- Q15 後白河天皇が平清盛や源義朝らと結び，崇徳上皇方を破ったのは保元の乱である。
- Q16 承久の乱後，京都守護に代わって鎮西探題が置かれた。
- Q17 北条泰時は引付衆を置き，御成敗式目を制定した。
- Q18 北条時頼は文永の役後，異国警固番役を整備した。
- Q19 鎌倉時代には荘園領主と地頭とのトラブルを解決するため，地頭請や半済令が行われた。
- Q20 後醍醐天皇は公家中心の政治を復活させて摂政・関白の下に諸機関を置いた。
- Q21 後醍醐天皇は持明院統，光明天皇が大覚寺統に属している。
- Q22 南北朝を合一したのは8代将軍足利義政である。
- Q23 鎌倉時代には二毛作が全国に広まり，干鰯や油粕などの肥料が使われた。
- Q24 室町時代には守護の力が強くなり，守護大名が各地を支配するようになった。
- Q25 室町時代の守護の権限には守護請と下地中分などがある。
- Q26 室町幕府は明と国交を結び，対等な関係で貿易をした。
- Q27 正長の徳政一揆でようやく徳政令が発布された。

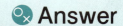

A1	×	氏姓制度を導入したことは正しいが，公地公民ではなく，私地私民制であった。
A2	×	蘇我氏が滅ぼしたのは大伴氏ではなく，物部氏である。
A3	×	八色の姓を制定したのは天武天皇であり，大化の改新の後である。
A4	×	口分田は女子にも与えられた。ただし，男子よりも少なかった。
A5	×	白村江の戦いは，日本が唐と新羅の連合軍に敗れたものである。
A6	○	近江令は日本初の令で，庚午年籍は戸籍である。
A7	×	平城京に遷都したのは元明天皇である。710年のこと。
A8	×	三世一身法により公地公民の原則が崩れた。
A9	×	検非違使と蔵人頭を設置したのは嵯峨天皇である。桓武天皇は勘解由使と征夷大将軍を設置した。いずれも令外官である。
A10	×	良房が臣下で初めて摂政となり，基経が初めて関白となった。
A11	○	藤原氏の全盛期は11世紀前半である。
A12	×	延久の荘園整理令を出したのは後三条天皇である。
A13	○	その後，鳥羽上皇，後白河上皇と約100年間院政が続いた。
A14	×	将門が関東，純友が瀬戸内海で乱を起こした。
A15	○	保元の乱（1156年）の後，後白河上皇の近臣の争いから平治の乱が起こり，争いに勝利した平清盛の地位と権力が高まった。
A16	×	承久の乱後，六波羅探題が置かれた。
A17	×	引付衆は北条時頼が置いた。泰時は評定衆を置いた。
A18	×	異国警固番役を整備したのは北条時宗の時である。
A19	×	半済令ではなく，下地中分である。半済令は室町時代に出された。
A20	×	後醍醐天皇は自ら政治の中心となり，幕府や院政を否定するとともに，摂政・関白などの職務を廃止した。
A21	×	後醍醐天皇が大覚寺統，光明天皇が持明院統である。
A22	×	南北朝の合一を実現したのは3代将軍足利義満である（1392年）。
A23	×	二毛作が全国に広まったのは室町時代，干鰯や油粕は江戸時代。
A24	○	室町時代に守護は地域一帯の支配権を確立し，守護大名とよばれるようになった（守護領国制）。
A25	×	室町時代には守護に荘園の年貢の半分を徴発する権限を認める半済令や，守護請が行われた。下地中分は鎌倉時代。
A26	×	明と国交は結んだが，その立場は対等ではなく，日本が明の皇帝に従属する形式の朝貢貿易である。
A27	×	正長の徳政一揆は最初の徳政一揆で，徳政令は出されなかった。

memo

第2章

近世

SECTION

① 戦国時代から幕藩体制の確立
② 幕藩体制の動揺と崩壊

第2章 近世

出題傾向の分析と対策

試験名	地上			国家一般職(旧国Ⅱ)			東京都			特別区			裁判所職員			国税・財務・労基			国家総合職(旧国Ⅰ)		
年度	13-15	16-18	19-21	13-15	16-18	19-21	13-15	16-18	19-21	13-15	16-18	19-21	13-15	16-18	19-21	13-15	16-18	19-21	13-15	16-18	19-21
出題数 セクション	3	2	2	3	1	2	1	2					1			2	1	2	1		
戦国時代から幕藩体制の確立	★	★★	★★	★★	★	★	★	★★			★			★		★★	★	★		★	
幕藩体制の動揺と崩壊	★				★			★					★							★	

（注）1つの問題において複数の分野が出題されることがあるため，星の数の合計と出題数とが一致しないことがあります。

　戦国時代から織豊政権については，あまり出題が見られませんが，その中でも織田信長と豊臣秀吉の政策の相違，戦国大名の分国支配などについては，地方上級ではコンスタントに出題が見られます。江戸時代についてはいずれの試験区分でも出題が多く見られるため，きちんとマスターしておくべき範囲となります。国家総合職や国家一般職の問題文は長いですが，選択肢の中に複数の誤りが含まれることが多いため，難易度としてはそれほど高いものではありません。一方，東京都や特別区では問題文は短いですが，その分，判断に迷う場合も多くあります。1題の出題といえども，確実に正答したい範囲です。

地方上級

　近年の出題数はそれほど多くありませんが，自治体ではコンスタントに出題が見られます。幕政改革，幕末の藩政改革や外交史のほか，文化や産業，学問，三大都市などについても出題されています。固有名詞も必要ではありますが，全体に時代の理解をしっかりしておけば正誤が判断できる肢がほとんどです。

国家一般職（旧国家Ⅱ種）

　江戸時代の出題は多く，政治史，幕政改革，幕末史などが出題されています。過去は狂歌を出して幕政改革と結びつける問題など，一筋縄ではいかない問題も出題されています。他の科目との融合的な問題も登場していますので文化や学問には注意が必要でしょう。問われている内容は，基礎的な事項ばかりですから，人文科学の中では正答しやすいといえます。

東京都

　かつては日米和親条約と日米修好通商条約についてたいへん基本的な問題が出題されています。どこが開港されたかがポイントとなる問題であり，基礎的なことを確実に身につけていれば解けるレベルのものでした。2012年は享保の改革について，2017年は江戸時代初期の幕府の統治についての基本問題でした。

特別区

　幕末の出来事の並べ替え問題が出ています。近年の特別区の問題は非常に細かい点まで問う難しい問題となっているので，江戸時代については幕政改革や外交も整理しておく必要があります。

裁判所職員

　近年は明治以降からの出題が続いてきましたが，2017年は江戸時代の天保の改革〈上知令〉の史料問題が出題されています。2019年には江戸時代の学問が出題されています。

国税専門官・財務専門官・労働基準監督官

　各将軍の政策や対外関係史などが出題されています。いずれも基本的な事項が問われているので難問ではありません。2019年には鎌倉時代から江戸時代までの対外関係が問われています。

国家総合職（旧国家Ⅰ種）

　2017年は江戸幕府の支配体制からの出題でした。この他には江戸幕府の法令や幕末の動向なども過去に問われています。法令とともに幕政改革についてもまとめておきましょう。近年はテーマ史が問われてきていたので，外交や土地政策といったテーマに沿った部分を，江戸時代についても意識しておくとよいでしょう。

Advice アドバイス　学習と対策

　江戸時代の問題は，出題されたならば確実に正答したい分野となります。また，テーマ史が出題された場合には，江戸時代が含まれる場合がほとんどです。基本となるのは各将軍の政策であり，外交です。時代の流れを背景として理解しながら，きちんと整理しておきましょう。また，学問や文化も要注意です。

近世

SECTION 1 戦国時代から幕藩体制の確立

第2章

必修問題 **セクションテーマを代表する問題に挑戦！**

織田信長から豊臣秀吉，徳川幕府と続く天下統一への歩みについて，政策を中心に学びます。

問 江戸時代初期の統治政策について，妥当なのはどれか。

（国Ⅱ1998）

1：大名を徳川氏との親疎に応じて親藩，譜代，外様に区別し，親藩，譜代は全国の要所に置き，外様は遠方に置き，幕府への反抗を防止した。さらに外様大名については，一国一城令を定めて，居城以外の城を破壊させ，その軍事力を弱めた。

2：武家諸法度を制定したのは5代将軍綱吉であり，大名の妻子を人質として江戸に住まわせ，江戸と領地を往復させる参勤交代を義務づけた。江戸滞在中の諸経費は石高に応じて幕府が負担したが，往復の金は藩の負担のため，藩財政を圧迫した。

3：幕府は，朝廷が外様大名と結びつかないように経済的には十分すぎるほどの金を与える一方で，武家伝奏を通して京都守護職に日常的に朝廷を監視させ，違反したときは，禁中並公家諸法度によって罰した。

4：幕府や藩を支えているのは年貢だったため，年貢の確保と農民の維持のための勧農業に努めた。太閤検地以来の検地を行い，年貢負担者の掌握と村域を確定するとともに，年貢を完全に納めさせるため村請制をとった。

5：寺社は寺社奉行により寺社法度によって管理されていたが，宗派によって組織を作らせ，すべての人がどれかの寺社に属さなければならないとした。また，寺社請制度による経済的支援があったため大がかりな宗教活動が行われた。

Guidance ガイダンス ■幕府の朝廷政策

禁中並公家諸法度	朝廷と公家の統制法。
京都所司代	朝廷の監察や西国大名の監視などにあたる。幕府と朝廷をつなぐ窓口として武家伝奏が置かれた。

直前復習

頻出度	地上 ★★	国家一般職 ★★★	東京都 ★★★	特別区 ★★★
	裁判所職員 ★	国税・財務・労基 ★★★	国家総合職 ★★★	

チェック欄		
1回目	2回目	3回目

必修問題の解説

〈江戸時代の統治政策〉

1 ✕ 一国一城令は外様大名だけを対象としたものではない。全国の大名に居城を1つにさせ，軍事的拠点と戦力の削減を図った。他の記述は正しい。

2 ✕ 最初の武家諸法度（元和令）を制定したのは2代将軍秀忠である。また，参勤交代をその内容に含む武家諸法度（寛永令）を制定したのは3代将軍家光である。参勤交代では，大名の江戸滞在中の滞在費を含めてすべての費用を藩が負担した。これが藩財政を圧迫する一因となった。

3 ✕ 幕府は，朝廷が強い力を持って外様大名と結びついて幕府に対抗しないようにするために，天皇の所領である禁裏御料などの朝廷の経済基盤を，必要最低限に制限した。また，それまで朝廷が持っていた官位を自由に付与する権限を制限して，売官による収入の道も閉ざした。また，江戸時代初期から朝廷の統制や西国大名の監視を行っていたのは京都所司代であり，本問の京都守護職は1862年に設置された役職で，京都の治安を守るのが目的であった。

4 ◯ 江戸時代には秀吉の太閤検地と兵農分離政策を引き継いで政策が行われた。1つの土地に1人の所有者＝年貢納入者を確定し，一定の地理的範囲を村域として確定すること（村切り）を実施して年貢の徴収を徹底した。こうした村を単位とする村高に税率を乗じて村の年貢高を決め，村の責任で一括納入する村請が行われた。

5 ✕ 寺社を統制した法令は寺院については諸宗寺院法度，神社・神主については諸社禰宜神主法度である。寺社は寺社奉行によって管理された。寺院は，宗派ごとに本寺－末寺の制度（本末制度）がつくられた。しかし，すべての人をいずれかの寺の檀家とすることによって管理する寺請制度で寺院は組織化されたため，本来の宗教活動は停滞した。

正答 **4**

Step ステップ

■幕府の大名統制

一国一城令	1615年に発布。諸大名の居城を残してすべて破却させ，軍事拠点と戦力の削減を図った。
武家諸法度	元和令（1615）：家康が秀忠の名で発布。最初の武家諸法度。
	寛永令（1635）：家光によって参勤交代が制度化された。

第2章 SECTION 1 近世
戦国時代から幕藩体制の確立

1 応仁の乱から戦国時代へ

(1) 応仁の乱（1467～77年）

8代将軍足利義政の時代に京都で起きた大乱で，将軍家の家督争いなどをきっかけに細川勝元と山名持豊（宗全）が対立し，開戦となりました。

(2) 戦国大名

戦国大名は国人や地侍を家臣団として編成し，収入を銭に換算した貫高に応じて軍役を負担させました。また，分国法を制定し，指出検地を実施しました。

　指出検地は土地の面積や収入額などを自己申告させるもので，秀吉の検地とは異なります。

2 織豊政権

(1) 織田信長による統一

① 統一の経過

桶狭間の戦いで今川義元（駿河）を破ったのち，1568年に足利義昭を擁して入京し，15代将軍としましたが，1573年には義昭を追放し，室町幕府を滅ぼします。

② 政策

信長は自治都市堺を征服するとともに，安土の城下町に楽市・楽座令を出しました。キリスト教を保護する一方，一向宗や延暦寺を弾圧します。

(2) 豊臣秀吉による統一

明智光秀や柴田勝家を破った秀吉は，天下統一を完成し，朝廷から関白に任命されると惣無事令を発して戦国大名に停戦を命じました。

① 太閤検地（天正の石直し・1582～98年）

石盛による石高制を確立しました。農民の田畑は石高で登録され一地一作人の原則が確立され，これによって荘園制が完全に崩壊します。また，大名は領地の石高にみあった軍役を負担することになりました。

② 刀狩令と人掃令（身分統制令）

刀狩令によって農民から武器を取り上げ，人掃令によって武士が農民や町人になることや農民が商売に従事することを禁じました。

③ キリスト教の禁止

バテレン追放令（1587年）を出し，宣教師を国外追放としました。しかし，交易は認めたので，禁教令は不徹底に終わります。

INPUT

3 幕藩体制の確立

(1) 江戸幕府の成立
① 関ヶ原の戦い（1600年）から天下統一

　五大老の徳川家康と五奉行の石田三成が対立し、**関ヶ原の戦い**で家康が勝利しました。1603年、家康は征夷大将軍となって江戸幕府を開きます。家康は**大坂の役により豊臣氏を滅ぼしました**。

② 武家諸法度

　徳川家康が2代将軍秀忠の名で発し、3代将軍**家光**によって**参勤交代が制度化**されるなど大名に対する根本法典として整備されました。

(2) 初期の外交・貿易と鎖国
① ヨーロッパ諸国との交易など

　家康はスペインとの貿易にも積極的で、田中勝介を派遣しました。秀吉時代に引き続いて**朱印船貿易**が行われ、南方各地に日本人町が形成され、シャムのアユタヤでは山田長政が活躍しました。仙台藩主の伊達政宗は支倉常長をスペインに派遣してメキシコと直接貿易を開こうとしました（慶長遣欧使節）。

② 鎖国体制

1612年：	直轄領に**禁教令** → 翌年、全国へ。
1616年：	ヨーロッパ船の来航を平戸と長崎に制限。
1624年：	スペイン船の来航を禁止。
1633年：	奉書船以外の海外渡航を禁止。
1635年：	日本船の海外渡航および帰国を全面禁止。
1637年：	**島原の乱**（天草四郎時貞）
1639年：	**ポルトガル船の来航を禁止** → 鎖国の完成
1641年：	オランダ人を出島（長崎）へ移す。

補足　鎖国により日本に来航する貿易船はオランダ船と中国船だけになり、貿易港は長崎一港に限られましたが、朝鮮や琉球との交流はありました。

(3) 幕藩体制の確立

徳川綱吉	第5代将軍。武断政治から**文治政治**へ。湯島聖堂を設立して学問を奨励。生類憐みの令。
新井白石	正徳の治。正徳小判の鋳造。**海舶互市新例で長崎貿易を縮小**。

第2章 SECTION 1 近世 戦国時代から幕藩体制の確立

実践　問題 15　基本レベル

頻出度
- 地上 ★★
- 国家一般職 ★
- 東京都 ★
- 特別区 ★
- 裁判所職員 ★
- 国税・財務・労基 ★★
- 国家総合職 ★

問 織豊政権の時代についての下文の下線部分ア～オに関する記述のうち妥当なのはどれか。 (地上2003)

　1世紀にわたる戦国の世が平定されると，ア土地制度の整備や，イ兵農・商農分離などの新たな政策によって近世社会の骨格ができあがり，ウ都市の繁栄，エ国際交流の進展がみられた。また，国内統一と太平の招来は生活文化にも大きな影響をもたらし，オ武将や豪商に支えられた文化も花開いた。

1：ア ── 全国的に検地が行われ，石高制が成立して，農民が年貢納入の責任を負うことになった。しかし，農民の土地所持は認められず，また，荘園は検地の対象とされなかったため，その複雑な土地関係は整理されずに残った。

2：イ ── 太閤検地，刀狩が実施され，さらに身分統制令が出されて兵農・商農分離が確立し，身分制の骨格ができあがった。この後，朝鮮出兵の動員に備えるため全国的に戸口調査が行われた。

3：ウ ── 商人の経済力を政治に利用するため都市の繁栄が図られ，大坂や博多などの重要都市には自治都市の特権が，城下町には楽市・楽座の特権が与えられた。また，主な街道には関所が設けられて関銭が課された。

4：エ ── この時代にはヨーロッパとの交渉が始まった。日本の朱印船が東南アジアに赴いて南蛮船と出会貿易を行い，日本からヨーロッパに生糸が輸出され，銀が輸入された。東南アジアに移住する日本人も増え，各地に日本町ができた。

5：オ ── 安土城，伏見城など豪壮・華麗な城郭が建築される一方，桂離宮や修学院離宮のような簡素な美を求めるものが造られた。絵画では雪舟が出て水墨山水画を大成した。

OUTPUT

実践 問題 **15** の解説

チェック欄
1回目	2回目	3回目

〈織豊政権〉

第2章 近世

1✗ 太閤検地は検地奉行を派遣し、測量して当該土地からの収穫量を石高として記し、それまでの貫高制から石高制に変えた。加えて、1つの土地に1人の権利者という一地一作人の原則を導入し、荘園制を廃止した。織田信長は自己申告制の指出検地を実施している。

■秀吉の太閤検地
①実際に耕作している農民に田畑の所有権を認め、年貢負担を義務付けた。
②荘園を除外することなく、支配した大名の領地を次々に調べた。
③従来の荘園のような1つの土地に耕作・管理・徴収などの権利が複雑にからみ合う体制を一掃した。

2◯ 太閤検地、刀狩を実施した豊臣秀吉は、1591年に武士が農民・町人になることや農民の転業を禁止した人掃令（身分統制令ともいう）を発布している。さらに翌年、関白豊臣秀次により人掃令が発布され、全国的な戸口調査を実施し、村ごとに家数・人数・老若男女を記させるなど、朝鮮出兵の動員準備を図っている。検地、刀狩、そして、こうした2度にわたる人掃令（身分統制令）によって身分を確定させたことから、兵農分離・農商分離の基礎が完成した。

3✗ 信長も秀吉も、交通の障害となる関所を撤廃し経済の活性化を図り、さらに、楽市・楽座令を出して商工業者に自由な営業権を認めた。その一方で、信長は全国一の経済力を持つとされた自治都市の堺を直轄にし、秀吉も京都や堺などの重要都市を直轄にするなど、ともに自治都市に特権を与えてはおらず、豪商を統制下において、政治や軍事などにその経済力を利用した。

4✗ 秀吉が始めたとされる朱印船貿易は、主な輸入品が中国産生糸であり、主な輸出品が銀である。朱印船とは、幕府の朱印を押した渡航許可状を持つ公式貿易船であり、1635年の鎖国令で日本人の海外渡航と海外居住者の帰国を全面禁止するまで活躍した。東南アジアで明との出会貿易を行い、当地に日本町とよばれる日本人居住区も生まれている。

5✗ 桂離宮や修学院離宮は江戸時代初期の建造物であり、また、水墨画を大成した雪舟は室町時代（東山文化の頃）の人物であり、いずれも織豊政権の時代とは関係がなく、妥当でない。

正答 2

LEC東京リーガルマインド　2022-2023年合格目標 公務員試験 本気で合格！過去問解きまくり！　53
⑤人文科学Ⅰ

第2章 SECTION 1 近世
戦国時代から幕藩体制の確立

実践 問題 16 基本レベル

頻出度	地上 ★★	国家一般職 ★★★	東京都 ★	特別区 ★★
	裁判所職員 ★	国税・財務・労基 ★		国家総合職 ★★

問 織豊政権に関する記述として，妥当なのはどれか。 （特別区2017）

1：織田信長は，1560年に姉川の戦いで駿河の今川義元を破り，1567年には美濃の斎藤竜興を倒して，居城を清洲城から稲葉山城に移し，天下布武の印判を使用して，武力による天下統一への意思を示した。

2：織田信長は，1570年に浅井長政と朝倉義景の連合軍を桶狭間の戦いで破り，翌年，宗教的権威であった比叡山延暦寺を焼き打ちにし，1573年には足利義昭を京都から追放して室町幕府を滅ぼした。

3：織田信長は，1575年に長篠の戦いで鉄砲を活用して武田勝頼の騎馬隊を打ち破り，1580年には石山本願寺を屈服させたが，1582年に京都の本能寺で家臣の明智光秀の反乱にあい，統一事業半ばにして倒れた。

4：羽柴秀吉は，1582年に明智光秀を山崎の戦いで破り，翌年には織田信長の重臣であった柴田勝家を賤ヶ岳の戦いで破って，信長の後継者としての地位を固め，石山本願寺の跡地に安土城を築いた。

5：羽柴秀吉は，1584年に小牧・長久手の戦いで徳川家康と戦い和睦し，1585年には伊達政宗をはじめとする東北諸大名を屈服させ，全国統一を完成させると，1586年に太政大臣に就任して後陽成天皇から豊臣の姓を授けられた。

OUTPUT

実践 ▶ 問題 16 の解説

チェック欄		
1回目	2回目	3回目

〈織豊政権〉

1 ✕ 織田信長が今川義元を破ったのは，桶狭間の戦いである。他の記述については正しい。

2 ✕ 肢1の解説にもあるように，桶狭間の戦いは織田信長が今川義元を破った戦いである。一方，織田信長が浅井長政と朝倉義景の連合軍を破ったのは姉川の戦いである。他の記述については正しい。

3 ◯ 妥当である。織田信長と徳川家康の連合軍が，武田勝頼を破った長篠の戦いは，鉄砲が初めて効果的に用いられた戦いであり，以後の戦術や戦法に大きな影響を与えた。

4 ✕ 羽柴（のちの豊臣）秀吉が明智光秀を山崎の戦いで破り，柴田勝家を賤ヶ岳の戦いで破ったことは正しいが，石山本願寺の旧地に秀吉が築いたのは大坂城である。安土城は信長が近江に築いた城郭である。

5 ✕ 小牧・長久手の戦いで徳川家康と戦い和睦したことは正しいが，秀吉はこの頃から軍事力のみならず伝統的な権威を利用しながら全国統一を目指すようになった。具体的には1585年に朝廷によって関白に，翌年，太政大臣に任じられ，豊臣姓を与えられると，天皇から日本全国の支配権を委ねられたと称して全国の戦国大名に停戦を命じ，その領国の確定を秀吉に任せることを強制した（惣無事令）。そして，これに違反したことを理由に九州の島津義久を，1590年には小田原の北条氏政を滅ぼし，伊達政宗ら東北地方の諸大名を服属させて全国を統一した。全国統一　→　太政大臣就任・豊臣姓　ではない。

正答 3

第2章 近世

第2章 SECTION 1 近世
戦国時代から幕藩体制の確立

実践 問題 17 基本レベル

頻出度	地上 ★★	国家一般職 ★★	東京都 ★	特別区 ★
	裁判所職員 ★★	国税・財務・労基 ★★		国家総合職 ★★

問 江戸幕府による国内支配体制について妥当なものを選びなさい。（地上2015）

1：幕府は、大名について江戸初期は領地没収や国替は行っていなかったが、大名の権力増大を防ぐため、江戸中期から幕末期は、領地没収や国替を数多く断行した。

2：幕府は、天皇や公家については、禁中並公家諸法度により、生活や行動を規制したが、経済的には厚遇し、畿内一円を天皇領としたため、石高は幕府直轄領に次ぐ規模となった。

3：幕府は、宗教については、キリスト教の伸張を恐れてその信仰を禁じた。また、特定の寺院と檀家との関係を固定化してきた寺請制度を廃止した。

4：農民については、名主などを中心とする有力者に村の運営をさせ、村単位で年貢を納入させた。また、年貢の徴収を確実に行うため、自由な土地の売買を禁じた。

5：商人や職人については、商工業の発展のため、工商身分内での職業の変更を許可した。しかし、大商人が営業の独占権を持つことは、江戸時代を通じて禁じた。

直前復習

OUTPUT

チェック欄		
1回目	2回目	3回目

実践 問題 **17** の解説

〈江戸幕府の国内支配体制〉

1× 領地没収や国替などは，大名統制のために江戸初期に多く行われている。具体的には，2代将軍秀忠が福島正則を武家諸法度違反で改易（領地を没収）し，3代将軍家光が肥後の外様大名の加藤忠広を処分している。

2× 天皇や公家について，禁中並公家諸法度により生活や行動を規制するとともに，天皇・朝廷が自ら権力を振るうことのないように，禁裏御料（天皇領）や公家領は必要最低限しか認めなかった。したがって，経済的に厚遇したとあるのは誤り。幕府の直轄領が元禄年間に約400万石となったのに対し，天皇領は綱吉の時代までに約3万石となったにすぎない。

3× 江戸幕府がキリスト教の伸張を恐れて，その信仰を禁じたことは正しいが，寺請制度を廃止したとあるのは誤り。幕府は，禁教令を出し，信者に改宗を強制するとともに，宣教師やキリスト教信者に対して処刑や国外追放などの厳しい迫害を加えるとともに，寺院に一般民衆を檀家として所属させ，キリシタンでないことを証明させる寺請制度を実施している。禁教の徹底を図るために家族ごとに宗旨と檀那寺を記載した宗門改帳が作成された。

4○ 江戸時代には名主や組頭，百姓代からなる村役人（村方三役）を中心に村が運営され，年貢も村を単位に割り当て・収納した（村請制）。また，幕府は年貢の徴収を確実にするために，1643年に田畑永代売買の禁令を，また，たばこ・木綿・菜種などの商品作物を自由に栽培することを禁じる田畑勝手作りの禁令を出している。

5× 江戸時代には，商人や職人らはそれぞれの職種ごとに仲間，組合などとよばれる集団をつくり，営業上の取り決めや相互扶助を行った。享保の改革では，株仲間の公認が行われ，問屋商人に株仲間の結成を願い出させ，独占的な営業を認めた。また，田沼意次は，株仲間を積極的に公認し，運上や冥加などの営業税の増収が目指された。したがって，大商人が営業の独占権を持つことが禁じられたのではない。

第2章 近世

正答 4

近世 戦国時代から幕藩体制の確立

実践 問題 18 基本レベル

> 江戸時代初期の幕府の統治に関する記述として，妥当なのはどれか。
> （東京都Ⅰ類B 2017）

1 ： 3代将軍徳川家光の頃には，将軍と諸大名との主従関係が揺らぎ始め，強力な領主権を持つ将軍と大名とが土地と人民を統治する惣領制が弱体化した。
2 ： キリシタン大名の有馬晴信と小西行長は，幕府がキリスト教徒を弾圧したことに反発し，1637年に島原の乱を起こしたが，翌年鎮圧され，有馬と小西の藩は領地を没収された。
3 ： 島原の乱の鎮圧後，幕府はポルトガル船の来航を禁止し，平戸のオランダ商館を長崎の出島に移し，外国貿易の相手をオランダや中国などに制限した。
4 ： 徳川家光は，寛永の御成敗式目を発布し，大名に国元と江戸とを3年交代で往復する参勤交代を義務付け，大名の妻子は江戸に住むことを強制された。
5 ： 幕府の職制は，徳川家康が将軍となると直ちに整備され，五大老と呼ばれる重臣が政務を統轄し，勘定奉行等の五奉行が幕府の財政や裁判等の実務を執り行い，これらの役職には，原則として有力な外様大名が就いた。

OUTPUT

実践 問題 **18** の解説

チェック欄		
1回目	2回目	3回目

〈江戸幕府の初期の統治〉

1✕ 3代将軍徳川家光の時代には，武家諸法度を発布して諸大名に法度の遵守を厳命するとともに，大名に参勤交代を義務付け，将軍と諸大名との主従関係が確立し，強力な領主権を持つ将軍と大名（幕府と藩）が，土地と人民を統治する幕藩体制が確立した。家光の頃に，将軍と諸大名との主従関係が揺らぎ始めたとあるのは妥当でない。なお，惣領制は本家の嫡子で一族の統率者である惣領が庶子を統制し，一族と所領を支配・代表する形態で，鎌倉幕府の御家人支配の基盤となったものである。鎌倉時代の中期以降，所領の細分化を防ぐために惣領の単独相続が進展するにつれて惣領制は崩れていった。

2✕ 島原の乱は，有馬晴信と小西行長が起こしたものではない。島原半島と天草島はかつてキリシタン大名の有馬晴信と小西行長の領地であったが，新たな領主となった松倉氏と寺沢氏は禁教と重税，厳罰をもって領民を支配したため，天草四郎時貞を首領に農民が蜂起したものである。一揆勢の中には有馬・小西氏の牢人やキリスト教徒も多かった。

3○ 幕府は島原の乱を鎮圧すると，キリスト教徒を根絶するために絵踏を強化するとともに，寺請制度を設けて宗門改めを実施したほか，ポルトガル船の来航を禁止して，長崎の出島にオランダ商館を移して鎖国を完成させた。

4✕ 徳川家光が発布したのは寛永の武家諸法度である。御成敗式目は鎌倉時代に発布されたものである。また，参勤交代は大名に国元と江戸とを1年交代で往復させるものである。

5✕ 五大老・五奉行が置かれていたのは豊臣政権の時である。幕府の職制は徳川家康や秀忠時代に側近が担ってきたのを改めて，家光の頃までに整備された。老中が政務を統括し，老中を補佐し旗本を監督する若年寄，大名を観察する大目付のほか，寺社奉行，町奉行，勘定奉行の三奉行が置かれた。また，役職には，外様大名ではなく譜代大名がついた。

正答 3

第2章 近世

SECTION 1 近世 戦国時代から幕藩体制の確立

実践 問題 19 基本レベル

頻出度 地上★★★ 国家一般職★★★ 東京都★★ 特別区★★
裁判所職員★ 国税・財務・労基★★★ 国家総合職★★★

問 江戸時代に関する次の記述のうち、最も妥当なのはどれか。

（市役所 B 日程2017）

1：大名は国元で藩政に専念することを義務付けられていたが、江戸時代末期から各藩の勢力拡大を抑えるために参勤交代制度が導入された。
2：幕府はオランダ・清に対して長崎の出島のみでの交易を許可した。その他ヨーロッパ諸国や琉球・朝鮮・蝦夷地との交流は禁止した。
3：幕府や藩の財政は農民からの年貢に大きく依存していた。年貢は貨幣のみとして米や現物で納めることは禁じた。
4：陸上交通では、幕府のある江戸を起点とした五街道が整備され宿駅が置かれた。海上交通では江戸と大坂を結ぶ航路が整備された。
5：幕府は町民などの人数を厳しく制限し、農民が都市に出稼ぎにくることを禁止したため、江戸の人口は最大でも10万人を超えることはなかった。

OUTPUT

実践 問題 **19** の解説

チェック欄
1回目	2回目	3回目

〈江戸時代〉

1 ✕ 参勤交代制度が導入されたのは，3代将軍徳川家光が発布した武家諸法度（寛永令）による。参勤交代は，大名に国元（在国）と江戸（在府）とを1年交代で往復させ，妻子は江戸に住むことを強制するもので，大名にとっては多額の出費を伴う重い役務であった。

2 ✕ 幕府は島原の乱を鎮圧した後，ポルトガル船の来航を禁止し，オランダの商館を平戸から長崎の出島に移して鎖国体制を完成させたが，琉球や朝鮮，蝦夷地との交易は禁止されていない。長崎にはオランダ船のほか，中国の民間商船が寄港するとともに，江戸時代を通じて朝鮮や琉球からは使節が派遣された。

通信使	朝鮮から江戸幕府に派遣された。
謝恩使	琉球王国の国王の代替わりごとにその就任を感謝して派遣された。
慶賀使	将軍の代替わりごとにそれを奉祝して琉球から派遣された。

3 ✕ 農民に課せられた年貢は，検地帳に登録された田畑・屋敷地に対し，石高の40％から50％を米や貨幣で領主に納めるものであったが，原則は米納である（四公六民・五公五民）。したがって，年貢は貨幣のみとして米や現物で納めることは禁じたとあるのは妥当でない。

4 ◯ 江戸時代には幕府により江戸，大坂，京都を中心に，各地の城下町をつなぐ全国的な街道網が形成された。その中心となったのは，江戸を拠点とする五街道である。街道には多くの宿駅が置かれるとともに，一里塚や橋・渡船場・関所などの施設が整えられた。また，17世紀前半には菱垣廻船が，18世紀前半には樽廻船が大坂・江戸間を運行し，大坂から木綿や油，酒などを大量に江戸に運んだ。

5 ✕ 徳川家康が江戸に幕府を開いた後，徳川の家臣団や諸大名，商工業者等が移り住み，城下町が形成された結果，江戸の人口は急速に増加した。その後も参勤交代が諸大名に義務付けられたことや，農業や諸産業の発達が商品流通を活発にし，流通の要である江戸には全国から人が流れ込み，享保年間の町人人口は約50万人と記録されている。江戸の人口は10万人を超えることはなかったとあるのは妥当でない。なお，天保の改革の際には農村の建て直しのため，農民の出稼ぎを禁止して江戸に流入した貧民に帰郷を強制する人返しの法を発している。

正答 4

第2章 近世

第2章 SECTION 1 近世 戦国時代から幕藩体制の確立

実践　問題 20　基本レベル

頻出度　地上★★　国家一般職★★　東京都★　特別区★
　　　　裁判所職員★★　国税・財務・労基★★　国家総合職★★

問　江戸幕府の支配体制に関する記述として最も妥当なのはどれか。

（国家総合職2017）

1：幕府の常設の統治機構として，政務全体を統轄する大老，大老を補佐する老中，大名を監督する大目付，旗本や政務全般を監察する目付，寺社を管轄する寺社奉行，江戸市街を支配する町奉行などの役職が置かれ，大老及び老中には親藩大名が，その他の役職には譜代大名が就任した。

2：幕府の地方機関として，主に西国大名の監督に当たる京都守護職が置かれた。また，幕府の直轄領は天領と呼ばれて勘定奉行が支配し，現地に郡代・代官が置かれた。天領の石高は幕府成立当初には全国の石高の半分近くあったが，その後の度重なる災害や凶作により収量が大幅に減少し，幕府の財政基盤弱体化の原因となった。

3：幕府は，天皇に禁裏御料，公家に公家領を認め，一部の朝廷儀式や神事の再興を認めるなど，伝統的な権威を維持させて保護した。その一方で，独自に政治的な行動をしたり大名に利用されたりしないよう，禁中並公家諸法度を発布して朝廷内部の秩序を定めるとともに天皇・公家の生活や行動を規制し，京都所司代を置いて監視させた。

4：石高10万石以上の領地を与えられた武家は大名と呼ばれ，徳川氏との関係で親藩，譜代，外様に区別された。大名は将軍により転封（国替），減封（領地削減），改易（領地没収）の処分を受けることがあったが，江戸時代初期は幕藩体制の安定化のため改易はほとんど行われず，第8代将軍徳川吉宗による将軍権力の強化とともに頻繁に行われるようになった。

5：第5代将軍徳川綱吉の時代に参勤交代の制度が定められ，大名は親藩，譜代，外様の別，江戸からの距離にかかわらず3年おきに国元と江戸を往復し，江戸に藩邸を構えて人質として妻子を住まわせることが義務付けられた。また，大名は，江戸城などの修築や河川工事の手伝いを命じられることがあり，多額の支出を強いられた。

OUTPUT

実践 ▶ 問題 **20** ▶ の解説

チェック欄
1回目	2回目	3回目

〈江戸幕府の支配体制〉

1 ✕ 大老は江戸幕府の最高職であるが，常設の役職ではなく非常時に老中の上位に置くものである。また，大老は酒井・土井・井伊・堀田の10万石以上の譜代大名により選任され，老中や若年寄，大目付といった役職も原則として譜代大名や旗本がついた。

2 ✕ 主に西国大名の監督にあたったのは，京都守護職ではなく京都所司代である。京都守護職は京都の治安維持のために幕末に京都所司代の上に新設された役職である。なお，幕府の直轄領である天領に郡代や代官が派遣されてそれを勘定奉行が統括したことは正しいが，天領400万石と旗本知行国地約300万石を加えた700万石は，当時の全国の石高約3000万石の4分の1にあたる。「半分近く」との肢の記述は誤りであるが，幕府の所領は他の大名よりも圧倒的に大きい。

3 ◯ 妥当である。禁裏御料（天皇領），公家領は必要最小限度にとどめられ，京都所司代に朝廷を監視させた。公家から選んだ武家伝奏が幕府側の指示を朝廷に伝えるなど，朝廷と幕府をつなぐ役割を担った。なお，5代将軍綱吉の時代には，朝廷儀式である大嘗会（天皇即位後に最初に挙行する大規模な新嘗祭）が再興された。

4 ✕ 大名の転封（国替）や減封（領地削減），改易（領地没収）の処分が多く行われたのは，江戸時代初期である。特に3代将軍家光の時代には，外様大名29名，一門（親藩）・譜代20名を改易して，力による大名統制を進めた。なお，大名は石高1万石以上の領地を与えられたものを指す。

5 ✕ 参勤交代の制度が定められたのは，3代将軍家光が発した武家諸法度による。また，参勤交代は，1年ごとに国元と江戸とを往復する。なお，大名は石高に応じて一定数の兵馬を常備し，戦時には将軍の命令により出陣する一方，平時には江戸城の修築や河川工事の手伝い（普請役）を命じられることもあったので，肢後半の記述は正しい。

正答 **3**

第2章 SECTION 2 近世
幕藩体制の動揺と崩壊

必修問題 セクションテーマを代表する問題に挑戦！

三大改革の内容を区別するとともに，開国から幕末の状況を順序立てて学びます。

> **問** 寛政の改革（1787）からペリー来航（1853）までの日本の状況として妥当なものはどれか。 （地上2011）

1：幕府は寛政期に入ると，財政再建のため，町人から大名にいたるまで倹約令を出したが，天保の改革では，民間の経済活動を活性化させ，その財源を取り込もうと，これを撤回，株仲間の公認や，長崎貿易の振興を行った。
2：薩摩藩，佐賀藩は，特産品の専売により藩財政を再建し，洋式武器を導入した。この藩政改革の成功により，これらの藩は，幕末の政局で大きな発言力を持つ，雄藩の礎を築いた。
3：欧米より外国船が頻繁に来航したため，外国船員と住民との衝突などを回避するため，幕府は異国船打払令を出して，それらを武力で追い払う政策をとり続けた。
4：各地で新田開発が進み，耕地面積が拡大した。これにより小百姓が土地を手に入れ，小百姓と豪農との対立が緩和された。
5：化政文化は江戸を中心に町人文化として発展し，各地に波及した。文学では，井原西鶴の浮世草子，松尾芭蕉の蕉風俳諧などが生まれた。

直前復習

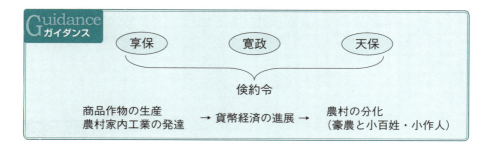

頻出度 | 地上 ★★　　国家一般職 ★★★　東京都 ★★★　特別区 ★★★
裁判所職員 ★★　　国税・財務・労基 ★★★　国家総合職 ★★★

チェック欄		
1回目	2回目	3回目

必修問題 の解説

〈江戸後期の社会〉

1✕ 老中水野忠邦は天保の改革を行い，流通を独占していた株仲間を解散し，厳しい倹約令や風俗統制令を出した。

2◯ 中・下級武士の有能な人材を登用して財政の再建と強化を目指す藩政改革に成功した薩摩藩，佐賀藩，長州藩，土佐藩などの雄藩が幕末の政局に強い発言力を持つようになった。

3✕ 幕府は1825年に異国船打払令を出し，外国船を撃退するように命じたが，1840年にアヘン戦争が起きると，幕府は清国の二の舞になることを恐れ，1842年に薪水給与令を出し，武力を行使せず，来航船に薪水や食料を与えて退去させる方針に転換した。

1787〜93年	**寛政の改革**
1808年	フェートン号事件：イギリス軍艦フェートン号の長崎侵入
1825年	**異国船打払令**
1837年	モリソン号事件 → 蛮社の獄（渡辺崋山・高野長英らの処罰）
1840〜42年	アヘン戦争
1842年	**薪水給与令**
1853年	ペリー来航

4✕ 農村では裕福な本百姓と貧しい小百姓の格差が広がり，小百姓たちの中には田畑を手放して小作人になる者や年季奉公に出る者もいる一方で，裕福な本百姓は豪農として名主や組頭などの村役人となっていた。そうした中で小百姓が村役人の不正を追及し，民主的で公正な運営を求める運動（村方騒動）が頻発した。

5✕ 井原西鶴や松尾芭蕉が活躍したのは，上方を中心とした元禄文化の時代である。化政文化では読本作家の滝沢馬琴や浮世絵師の喜多川歌麿などが活躍した。

元禄文化	井原西鶴，松尾芭蕉，近松門左衛門
化政文化	式亭三馬，十返舎一九，上田秋成，与謝蕪村，小林一茶

正答 **2**

第2章 近世
SECTION 2 幕藩体制の動揺と崩壊

1 幕藩体制の動揺

(1) 幕政の改革

享保の改革 (将軍徳川吉宗) 1716〜45年	上米の制	大名に石高1万石につき100石上納させ、代わりに参勤交代の負担を緩める。
	公事方御定書	裁判の基準を示した判例集。大岡忠相の起用。目安箱の設置。
	足高の制 (人材登用制度)	有能な人材に不足分の禄高を与えて条件を満たし、その役職に就かせる制度。
	相対済し令	金銭トラブルに関する訴訟は一切受理せず、当事者同士で解決させる法令。
	定免法の導入	その年の米の収穫高によって年貢率を定める検見法に代えて、年貢率を一律にする定免法を採用。
田沼意次の時代		行き詰まった幕府財政を再建するために、民間の経済活動を活発にさせ、その富の一部を財源に取り込もうと、株仲間を広く公認し、運上や冥加など営業税の増収を目指した。
寛政の改革 (老中松平定信) 1787〜93年	囲米と旧里帰農令	飢饉に備えて米穀を蓄えさせるとともに(囲米)、旧里帰農令では困窮して江戸に流れてきた農民などに金銭を与えて農村に帰ることを奨励。
	七分積金と棄捐令	町入用の節減額の7割を積立て、困窮した貧民を救う体制を整えたり、困窮する旗本や御家人を救済するために棄捐令を発し、札差に貸金を放棄させた。
	寛政異学の禁	湯島聖堂の学問所で朱子学以外の講義を禁止。
天保の改革 (老中水野忠邦) 1841〜43年	人返しの法	農民が村を離れて江戸に住むことを禁止し、江戸に流入した貧民の帰郷を強制した。
	株仲間の解散	自由な取引による物価引下げを期待。
	倹約令	享保・寛政の改革にならう。
	上知令	江戸・大坂周辺の地を直轄地としようとしたが、反対されて実施できず。

66

INPUT

2 開国と幕末の動乱

(1) 開国と不平等条約

日米和親条約	ペリーの来航を契機に締結。下田・箱館の開港。
日米修好通商条約	大老井伊直弼が孝明天皇の勅許を得られないまま調印。神奈川・長崎などの開港。治外法権・関税自主権の欠如。

① 安政の大獄と桜田門外の変

井伊直弼が勅許を得ずに日米修好通商条約を締結したため，朝廷と幕府が衝突し，井伊直弼は反対派の公家や大名らを多数処罰しました（安政の大獄）。その後，井伊直弼は桜田門外の変により暗殺されます。

(2) 公武合体と尊王攘夷運動

① 公武合体

老中安藤信正は，朝廷との融和により尊王攘夷運動を抑えて幕府の権威回復を図るために，孝明天皇の妹和宮を将軍家茂の夫人に迎えました。

② 攘夷から討幕へ

長州藩は，攘夷の報復として，イギリスなど4カ国から下関砲撃を受け，一方，薩摩藩は生麦事件の報復として起こった薩英戦争で敗れており，攘夷の不可能なことが次第に明らかになりました。

③ 薩長同盟

土佐藩出身の坂本竜馬や中岡慎太郎の仲介で，薩摩藩と長州藩は軍事同盟の密約を結び（薩長連合），反幕府の態度を固めました。

(3) 大政奉還と王政復古の大号令

前土佐藩主山内豊信（容堂）は15代将軍徳川慶喜に政権の返還を勧めます。慶喜はこれを受け入れ，大政奉還を行いました。一方，武力討幕を決意していた薩長両藩は王政復古の大号令を発し，天皇を中心とする新政府を樹立しました。その後，鳥羽・伏見の戦いから戊辰戦争が起こり，最後箱館の五稜郭で幕府側は敗れ，国内は新政府により統一されます。

3 江戸時代後期の学問

国学	本居宣長の『古事記伝』	復古神道	平田篤胤
洋学	杉田玄白・前野良沢の『解体新書』		

第2章 SECTION 2 近世 幕藩体制の動揺と崩壊

実践 問題 21 基本レベル

問 享保の改革に関する記述として，妥当なのはどれか。　（東京都Ⅰ類B 2012）

1：徳川吉宗は，武家諸法度を改定して，大名に1年おきに国元と江戸とを往復させる参勤交代を義務づけることにより，将軍の権威強化を図った。
2：徳川吉宗は，困窮する旗本や御家人を救済するため棄捐令を出し，各地に米や雑穀を蓄える社倉・義倉を設けさせた。
3：徳川吉宗は，農村の振興を図るため，定職をもたないものが農村に帰ることを奨励する旧里帰農令及び人返しの法を出した。
4：徳川吉宗は，法令や裁判の判例を集大成し，公事方御定書を編纂して裁判や刑罰の基準を定めた。
5：徳川吉宗は，朱子学を正学として湯島聖堂の学問所で朱子学以外の講義を禁止し，漢訳洋書の輸入制限を強化した。

OUTPUT

実践 ▶ 問題 **21** の解説 ─────

チェック欄		
1回目	2回目	3回目

〈享保の改革〉

1 ✕ 大名に，1年おきに国元と江戸とを往復させる参勤交代を義務付ける武家諸法度を発布したのは徳川家光である。3代将軍の徳川家光は，1635年に新たに武家諸法度（寛永令）を発布して，参勤交代を大名に義務付け，大名の妻子は江戸に住むことが強制された。

2 ✕ 困窮する旗本や御家人を救済するために棄捐令を出し，各地に米や雑穀を蓄える社倉・義倉を設けた（囲米）のは，松平定信が実施した寛政の改革である。棄捐令は，旗本や御家人が札差から借りたお金の返済を免除，または低利の年賦返済とするもので，事実上の借金の踏み倒しであったため，札差は御家人らに新たな融資を行わなくなり，かえって御家人の窮乏に拍車をかけた面もあった。

3 ✕ 定職を持たないものに対し農村に帰ることを奨励する旧里帰農令は，松平定信の寛政の改革において行われたものであり，人返しの法は水野忠邦の天保の改革で実施された。幕府の財政を支えている年貢米が，18世紀の後半には減少を始め，寛政の改革や天保の改革では，農村復興政策の一環として旧里帰農令や人返しの法が実施された。その背景には，小作農が都市に流入して江戸の人口が増加していたことがある。

4 ◯ 公事方御定書は，徳川吉宗の享保の改革において制定されたものである。享保の改革では，このほかに足高の制や上げ米，相対済し令などが実施された。

5 ✕ 朱子学を正学として湯島聖堂の学問所で朱子学以外の講義を禁止した（寛政異学の禁）のは，松平定信の寛政の改革である。享保の改革ではキリスト教に関係するもの以外の輸入を許可するなど，漢訳洋書の輸入制限を緩めるなどして，実学を重視した。

【江戸時代の三大改革】

享保の改革	公事方御定書，足高の制，上げ米，相対済し令
寛政の改革	棄捐令，囲米，旧里帰農令，寛政異学の禁
天保の改革	人返しの法，上知令

正答 4

第2章 近世

第2章 SECTION 2 近世 幕藩体制の動揺と崩壊

実践 問題 22 基本レベル

問 江戸幕府が行った政策に関する記述A〜Eを古いものから年代順に並べ替えたとき，2番目と4番目に来るものの組合せとして最も妥当なのはどれか。

（国家一般職2016）

A：旧里帰農令を出して都市に流入した農村出身者の帰村を奨励するとともに，村からの出稼ぎを制限して農村人口の確保に努めた。また，飢饉対策として各地に社倉や義倉を設置し，囲米を行った。

B：一国一城令を出して，大名の居城を一つに限り，それ以外の領内の城を破壊させた。さらに武家諸法度を制定し，大名の心構えを示すとともに，城の新築や無断修理を禁じ，大名間の婚姻には許可が必要であるとした。

C：都市や農村の商人・手工業者の仲間組織を株仲間として広く公認し，引換えに運上・冥加金などを納めさせた。また，銅座・人参座などの座を設けて専売制を実施した。金貨の単位で表された計数銀貨である南鐐二朱銀を大量に鋳造し，金銀相場の安定に努めた。

D：町人の出資による新田開発を奨励し，年貢を増徴するため，その年の作柄から年貢率を定める検見法を改めて，一定の税率で徴収する定免法を採用した。また，財政難の下で人材を登用するため足高の制を定めた。

E：武道のみならず忠孝の道徳と礼儀を守るよう大名らに求めた。また，武家に対して忌引を定めた服忌令を，民衆に対して犬や鳥獣の保護を命じた生類憐みの令を出した。江戸湯島に聖堂を建て，儒学を奨励した。

	2番目	4番目
1：	B	A
2：	B	C
3：	D	A
4：	D	E
5：	E	C

OUTPUT

実践 問題 **22** の解説

チェック欄		
1回目	2回目	3回目

〈江戸の三大改革〉

B **徳川家康の時代** 一国一城令を出すとともに，城の新築や無断修理を禁じ，大名間の婚姻には許可が必要であるとする武家諸法度を制定した（1615年）のは，徳川家康・秀忠の時代である。最初の武家諸法度は，家康が秀忠の名で発布した。

E **徳川綱吉の時代** 生類憐みの令を出し湯島に聖堂を建てて儒学を奨励したのは5代将軍徳川綱吉の時代である。徳川綱吉の時代は，政治の安定と経済の発展を背景に，文治主義への転換が図られた時代である。綱吉の時代に出された武家諸法度は「第1条　文武弓馬の道」が「文武忠孝を励し，礼儀を正すべき事」に改められている。

D **享保の改革（1716年～1745年）** 新田開発の奨励，定免法の採用，足高の制から，徳川吉宗が実施した享保の改革である。徳川吉宗は，大岡忠相をはじめ，優秀な人材を多く登用し，金銀貸借についての争いを幕府に訴えさせずに当事者間で解決させるために相対済し令を出した。また，倹約令により支出を抑える一方，大名から米を臨時に上納させる上げ米を実施した。

C **田沼意次の時代（1772年～1784年）** 都市や農村の商人・手工業者の仲間組織を株仲間として広く公認し，引き換えに運上・冥加金などを納めさせていたのは，田沼意次の時代である。田沼意次は幕府財政を再建するために，年貢の増徴だけに頼らず，民間の経済活動を活発にして，そこで得られた利益を幕府の財源に取り込むことを考えた。

A **寛政の改革（1787～1793年）** 旧里帰農令を出して農村出身者の帰村を奨励したり，飢饉対策として囲米などを実施したのは，寛政の改革の時である。寛政の改革は江戸時代の三大改革の1つであり，都市の打ちこわしによって田沼意次が失脚したのを受けて，松平定信が中心となって実施したものである。札差に貸金を放棄させる棄捐令や朱子学を官学として湯島聖堂の学問所で朱子学以外の講義を禁じるなどした。

以上から，2番目がE，4番目がCとなり，肢5が正解となる。

正答 5

第2章 SECTION 2 近世
幕藩体制の動揺と崩壊

実践 問題 23 基本レベル

問 江戸幕府が行った政策に関する記述として最も妥当なのはどれか。

(国税・財務・労基2015)

1：新井白石は，正徳の治において，大名から石高1万石について100石を臨時に幕府に献上させる上げ米を実施し，その代わりに参勤交代の江戸在住期間を半減させる政策を行おうとしたが，大名らに反対されて実施できなかった。

2：徳川吉宗は，享保の改革において，繰り返し大火に見舞われた江戸の消火制度を強化するために，町方独自の町火消を組織させるなど，積極的に江戸の都市政策を行った。また，改革の末期には，それまでの幕府法令を集大成した武家諸法度を初めて制定した。

3：田沼意次は，印旛沼・手賀沼の大規模な干拓工事を始めるなど，新田開発を積極的に試みた。また，最上徳内らを蝦夷地に派遣して，その開発やロシア人との交易の可能性を調査させた。その後，徳川家治が死去すると老中を罷免され，失脚した。

4：松平定信は，寛政の改革において，困窮する旗本・御家人を救済するために，米の売却などを扱う札差に貸金を放棄させる相対済し令を出した。また，蘭学を正学とし，湯島聖堂の学問所で蘭学以外の講義や研究を禁じた。

5：水野忠邦は，天保の改革において，幕府財政の行き詰まりを打開するために，年貢増徴だけに頼らず，民間の商業資本を積極的に利用しようとした。そして，都市や農村の商人・職人の仲間を株仲間として広く公認し，運上や冥加など営業税の増収を目指した。

OUTPUT

チェック欄		
1回目	2回目	3回目

実践 問題 **23** の解説

〈江戸幕府の政策〉

1× 上げ米は8代将軍徳川吉宗の享保の改革により実施された。

2× 最初の武家諸法度は初代将軍徳川家康が2代将軍徳川秀忠の名で発布した元和令である。

3○ そのとおり。

4× 旗本・御家人を救済するために，札差に貸金を放棄させたのは，棄捐令である。また，正学とされたのは朱子学である。

5× 本肢の説明は田沼意次の政策である。水野忠邦は，江戸市中の物価高騰を抑えるために，1841年に十組問屋などの株仲間の解散を命じた。しかし，株仲間の解散はかえって江戸への商品輸送量を減少させることになり，逆効果となった。

新井白石	正徳小判などの良貨の発行 海舶互市新例で長崎貿易を制限
享保の改革	大名から石高1万石について100石を臨時に幕府に献上させる上げ米を実施した。 金銀の貸借についての争いを，幕府に訴えさせず，当事者間で解決させる相対済し令を出す。 公事方御定書を制定して，判例に基づく合理的な司法判断を進めた。
田沼意次	貿易振興・蝦夷地開発・専売制拡大などの商業振興策を採用し，商人・職人の仲間を株仲間として広く公認し，運上や冥加など営業税を課す。
寛政の改革	棄捐令で困窮する旗本・御家人を救済するため，札差に貸金を放棄させた。朱子学を正学とし，それ以外の学派を異学として湯島聖堂の学問所で朱子学以外の講義や研究を禁じる（寛政異学の禁）。
天保の改革	江戸市中の物価高騰を抑えるために，1841年に十組問屋などの株仲間を解散した。

第2章 近世

正答 **3**

LEC東京リーガルマインド　2022-2023年合格目標 公務員試験 本気で合格！過去問解きまくり！　73
⑤人文科学Ⅰ

第2章 SECTION 2 近世
幕藩体制の動揺と崩壊

実践　問題 24　基本レベル

問 幕末の政治・社会に関する記述として最も妥当なのはどれか。　（国Ⅱ2008）

1：アヘン戦争で清がイギリスに敗れたことが日本に伝わると，老中水野忠邦を中心とする幕府は，異国船打払令を出して鎖国政策を強化し，長崎に入港する清・オランダ以外の外国船をすべて撃退することを命じた。
2：1853年に来航して日本の開国を要求したアメリカ東インド艦隊司令長官ペリーは，翌年，再び来航し幕府に対して条約の締結を強硬にせまり，日米修好通商条約を結んだ。この条約では，横浜に領事の駐在を認めること，アメリカに一方的な最恵国待遇を与えることなどが取り決められた。
3：幕府が勅許を得られないまま欧米諸国との通商条約に調印したため，幕府に対する非難や開国に反対する運動が高まる一方で，開国の必要性を説き，開国・貿易を肯定的に受け止めようとする尊王攘夷論も現れた。
4：大老井伊直弼が桜田門外の変で暗殺された後，老中安藤信正は，朝廷と幕府との融和によって政局を安定させようとして公武合体策を進め，孝明天皇の妹である和宮を将軍家茂の夫人に迎えることに成功したが，坂下門外の変で傷つけられ失脚した。
5：欧米との通商条約に基づき，横浜港などが開港されて貿易が始まったが，開港直後は，綿織物を中心とする輸出額が輸入額を上回り，織物を扱う江戸の問屋を中心に，既存の特権的な流通機構が勢いを増した。

OUTPUT

実践 問題 **24** の解説

チェック欄		
1回目	2回目	3回目

〈幕末の政治・社会〉

1 ✕ アヘン戦争後，老中水野忠邦を中心とする幕府が発したのは，薪水給与令（1842年）である。異国船打払令（1825年）は，清・オランダ船以外の外国船を撃退することを命じたもので，フェートン号事件（1808年）の後，外国船の来航に伴う事件を未然に回避するために発された。しかし，1842年に，アヘン戦争で清がイギリスに敗北すると，異国船打払令の危険性を幕府が認識し，打払令を緩和した薪水給与令が発された。

2 ✕ 1853年，ペリーに迫られた結果幕府が締結したのは，日米和親条約である。この条約では，下田・箱館の2港を開港して領事の駐在を認めるとともに，アメリカに一方的な最恵国待遇を与えることなどを決めた。これにより初代アメリカ駐日総領事としてハリスが下田に着任した。なお，最恵国待遇とは，他国に与えている最もよい待遇と同等の待遇を締結国に与えることを内容とするものである。日米修好通商条約は1858年のこと。

3 ✕ 尊王（皇）攘夷論は，開国の必要性を説き，開国・貿易を肯定的に受け止めようとするものではなく，天皇を崇拝する尊王（皇）論と外国人排斥思想である攘夷論とを結びつけた考え方であり，外国の圧迫に対抗しようとする思想である。なお，幕府が通商条約を天皇の勅許のない状態で締結したことから，幕府への批判や開国に反対する運動が高まったことは正しい。

4 〇 1858年，井伊直弼は大老に就任し，無勅許で通商条約の調印を強行したほか，これを批判する公家・大名やその家臣たち多数を処罰するという安政の大獄とよばれた政治弾圧を行うなど，強硬な態度で政治に臨んだ。こうした厳しい弾圧に憤激した水戸脱藩の志士たちが，1860年，井伊直弼を江戸城桜田門外で暗殺している（桜田門外の変）。この後，幕府の中心となったのが老中安藤信正であり，朝廷と幕府の融和を図る公武合体政策を推進し，孝明天皇の妹和宮を将軍徳川家茂の妻に迎えることに成功したが，この政略結婚を尊王攘夷論者に批判され，1862年，江戸城坂下門外で水戸脱藩浪士に傷つけられて，老中を退いた。

5 ✕ 開国直後は，日本から生糸・茶・海産物などの半製品や食料品が輸出される一方，毛織物・綿織物などの繊維製品や鉄砲・艦船などの軍需品が輸入されていた。貿易額は大幅な輸出超過となっている。また，開国後には既存の特権的な流通機構は崩れている。

正答 4

SECTION 2 近世 幕藩体制の動揺と崩壊

実践 問題 25 基本レベル

[問] 江戸時代末期の情勢に関する記述として，妥当なのはどれか。

(東京都Ⅰ類A 2019)

1：江戸幕府は，1854年に日米修好通商条約の締結に踏み切り，下田と箱館の開港，燃料・食料・水の提供，日本の一方的な最恵国待遇が定められた。
2：堀田正睦は，1858年，日米和親条約に調印し，自由貿易の開始，神奈川・長崎・新潟・兵庫の開港などが定められたが，同条約は日本に関税自主権がなく，領事裁判権も認める不平等条約であった。
3：開港により1859年に貿易が始まると，最大の貿易相手国であるアメリカとは，日本から生糸や絹糸を輸出し，毛織物や茶を輸入していた。
4：1863年，会津・薩摩両藩が中心となり，長州藩勢力と尊皇攘夷派の公家三条実美らを京都から追放する八月十八日の政変が起きた。
5：1864年，山内豊信は禁門の変で会津・薩摩両藩に敗れたため，1867年に公議政体論の立場から徳川慶喜に朝廷への大政奉還をすすめ，慶喜は翌年，奉還を申し出た。

OUTPUT

チェック欄		
1回目	2回目	3回目

実践 問題 **25** の解説

〈江戸時代末期の情勢〉

1✕ 本肢の記述は日米修好通商条約ではなく，日米和親条約の説明である。また，この条約で一方的な最恵国待遇を得たのはアメリカである。最恵国待遇とは，日本が他の国と締結した条約において，日本がアメリカに与えた条件よりも有利な条件を定めたときには，自動的にアメリカにもその条件が適用されるというものである。

2✕ 本肢の記述は日米和親条約ではなく，日米修好通商条約の説明である。また，堀田正睦は日米修好通商条約の締結にあたって，勅許を得ようとして失敗した人物で，この条約は大老の井伊直弼が勅許を得ずに結んだ。条約には通商は自由貿易とすること，との規定があったが，日本に関税自主権がなかったために，経済的に不利な立場となった。

3✕ 開港時，アメリカは南北戦争中だったので，最大の貿易相手国はイギリスであり，日本は生糸や茶や海産物などを輸出し，毛織物や綿織物などの製品や軍需品を輸入した。開港により，輸出品の約8割を占めていた生糸の生産が拡大したが，一方で安価な綿織物の大量輸入は，農村で発達していた綿作や綿織物業を圧迫した。綿糸が輸入品から輸出品へと転換するのが日清戦争前夜である。1913年になると生糸や綿糸に加えて，綿織物や絹織物が輸出品の1割を占めるようになる。

4〇 妥当である。長州藩を中心とする尊攘派の動きに対して，薩摩・会津両藩は朝廷内の公武合体派の公家とともに朝廷の実権を奪って，長州藩勢力と急進派の公家三条実美らを京都から追放した。

5✕ 禁門の変は，八月十八日の政変の後，長州藩が池田屋事件を契機に京都に攻め入ったものの，薩摩・会津の両藩によって退けられた事件である。山内豊信は土佐藩主であり，禁門の変とは関係がない。1866年には薩長同盟が成立し，翌年，両藩が武力倒幕を決意すると，土佐藩はあくまで公武合体の立場をとり，坂本竜馬や後藤象二郎は前藩主の山内豊信を通して将軍慶喜に倒幕派の機先を制して政権の返還を勧めた。

正答 **4**

第2章 近世

2022-2023年合格目標 公務員試験 本気で合格！過去問解きまくり！⑤人文科学Ⅰ 77

第2章 近世
SECTION 2 幕藩体制の動揺と崩壊

実践 問題 26 応用レベル

問 江戸時代の政治に関する記述として最も妥当なのはどれか。 （国Ⅱ2006）

1：5代将軍綱吉は，幕府の財政を立て直すために，勘定吟味役柳沢吉保の意見を用いてこれまでの元禄金銀を改鋳し，品質の悪い慶長金銀を発行して幕府の歳入を増やしたが，貨幣価値の下落により物価の上昇をまねき，武士や庶民の生活を困窮させた。

2：6代将軍家宣・7代将軍家継の政務を補佐した朱子学者の新井白石は，貨幣の品質の向上を図るとともに，海舶互市新例を出して長崎貿易を奨励したので，金銀の流出が増大したものの，商品経済は発達したため，幕府の財政が立て直された。

3：8代将軍吉宗は，幕府の財政基盤を強化するために，倹約令によって支出をおさえ，大名には，石高1万石について100石を献上させる足高の制を実施した。また検見法をとりいれて農民の年貢負担率を引き上げ，年貢の増徴を図った。

4：老中の松平定信は，七分積金によって，飢饉・災害時に困窮した貧民を救済する体制を整えたり，困窮する旗本や御家人を救済するために棄捐令を出して札差に貸金を放棄させたりしたが，厳しい統制や倹約の強要は民衆の反発を生んだ。

5：老中の水野忠邦は，株仲間を奨励して商人の自由な営業を認めたり，慶安御触書を出して農民の出稼ぎを禁止し，農村の人口を増加させようとしたが，いずれも十分な効果をあげることはできず，かえって幕府の権威の衰えを表面化させた。

OUTPUT

実践 問題 **26** の解説

チェック欄
1回目	2回目	3回目

〈江戸時代の政治〉

1 ✕ 5代将軍綱吉は勘定吟味役の荻原重秀の建議で，従来の慶長小判を改め，金の含有量を約57％に減らした元禄小判を鋳造させた。このため貨幣の価値が下落し，物価が上昇して混乱を招く結果となった。柳沢吉保は勘定吟味役ではなく，綱吉の側用人として権勢を振るった人物である。

2 ✕ 海舶互市新例は長崎貿易を縮小して金銀の海外流出を抑える政策である。長崎貿易の奨励をしたのは田沼意次である。また，新井白石は元禄小判を改め，金の含有量を慶長小判と同じにした正徳小判を鋳造して経済の安定を図った。これらの財政建て直しを正徳の治という。

3 ✕ 大名に米を献上させるのは足高の制ではなく上米の制である。石高1万石につき100石を献上させる代わりに参勤交代における江戸滞在期間を半年に縮め，大名の負担を軽減した。足高の制は人材登用制度で，有能であっても役高に満たない者に加増して条件を満たし，役職に就ける制度である。また，吉宗は検見法に代えて，定免法を採用した。検見法とはその年の収穫高や米の出来具合によって年貢率を決める方法である。それに対し定免法は，一定の期間，一律の年貢率にして財政を安定させる方法である。

4 ◯ 松平定信は寛政の改革を行った。七分積金や棄捐令のほか，江戸に流入した農民に補助金を与えて返す旧里帰農令や無宿人を収容して職業訓練をさせる人足寄場の設置などの政策を実施した。

5 ✕ 水野忠邦は天保の改革を行ったが，株仲間を奨励したのではなく，解散させた。また，慶安の御触書は徳川家光の時代に出された農民統制の法令である。水野が出したのは人返しの法で，農民の江戸への出稼ぎを禁止したり，江戸在住の農民出身者を強制的に農村に返したりして農業人口の増加に努めた。しかし，江戸・大坂周辺の大名・旗本領を直轄にするために発した上知令をめぐって強い反発を買い，失脚した。

正答 **4**

第2章 近世
章末 CHECK

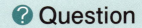 Question

- Q1 戦国大名は石高制で家臣に軍役を課した。
- Q2 織田信長は惣無事令によって惣村を解散させた。
- Q3 信長は桶狭間の戦いで武田勝頼を破った。
- Q4 豊臣秀吉は刀狩や身分統制令を実施し，兵農分離を完成させた。
- Q5 豊臣秀吉による太閤検地によって従来の荘園は消滅した。
- Q6 徳川家康は関ヶ原の戦いで豊臣氏を滅ぼした後，幕府を開いた。
- Q7 織田信長は石山本願寺などの仏教勢力と同盟して勢力を拡大した。
- Q8 豊臣秀吉は，将軍足利義昭を京都から追放して室町幕府を滅ぼした。
- Q9 豊臣秀吉は朝鮮に出兵したが，明が朝鮮に援軍を派兵すると，撤退を決断した。
- Q10 島原の乱は，バテレン追放令に反対して起こったもので，豊臣秀吉が九州の大名を動因して鎮圧した。
- Q11 江戸幕府は，当初，西国大名や豪商に勘合を与えて，東南アジアの国々と出会い貿易を行わせた。
- Q12 江戸幕府の鎖国政策により，日本の貿易相手国はオランダ，ポルトガル，清の3カ国に限られ，朝鮮との交流は禁止された。
- Q13 徳川家康が秀忠の名で出した武家諸法度で，参勤交代が定められた。
- Q14 江戸幕府は，禁中並公家諸法度により天皇や公家の生活等を規制したが，経済的には厚遇し，天皇領の石高は幕府直轄領に次ぐ規模となった。
- Q15 江戸幕府は，キリスト教の信仰を禁じるとともに，寺請制度を廃止した。
- Q16 江戸時代は，年貢を確実に徴収するため自由な土地の売買が禁じられた。
- Q17 江戸時代には，大商人が営業の独占権を持つことは禁じられていた。
- Q18 薩摩藩は朝鮮，対馬藩は琉球王国の外交窓口となった。
- Q19 島原の乱を鎮圧した後，幕府はスペインやイギリスの来航を禁止した。
- Q20 5代将軍綱吉は，武断政治を推し進めるとともに勘定吟味役の荻原重秀の意見により貨幣改鋳を行った。
- Q21 新井白石は海舶互市新例によって長崎貿易を振興した。
- Q22 8代将軍吉宗は，大名に石高1万石につき100石を献上させる足高の制を実施した。

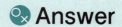

A1	×	戦国大名が採用したのは貫高制である。その後，秀吉の検地により石高制に改められた。
A2	×	惣無事令は秀吉が大名に対して出した内戦停止命令である。
A3	×	信長が武田勝頼を破ったのは長篠の合戦である。桶狭間の戦いは，信長が今川義元を破ったもの。
A4	○	秀吉は，太閤検地，刀狩，身分統制令，バテレン追放令などを実施。
A5	○	一地一作人の原則により，所有者のあいまいな荘園は消滅した。
A6	×	徳川家康は関ヶ原の戦いで石田三成を破って幕府を開いた後に，大坂冬の陣と夏の陣で秀吉の子秀頼を滅ぼした。
A7	×	織田信長は，石山本願寺を中心とする一向一揆を滅ぼした。
A8	×	将軍足利義昭を京都から追放したのは，織田信長である。
A9	×	朝鮮出兵から撤兵したのは，秀吉の死が契機となっている。
A10	×	バテレン追放令は豊臣秀吉が出したものだが，島原の乱が起こったのは，江戸時代の3代将軍家光の時である。
A11	×	室町時代に，明から与えられた勘合を持参して勘合貿易が行われていた。江戸幕府初期には，幕府が発行した朱印状を携えた貿易船が東南アジアの国々で明と出会い貿易を行った。
A12	×	鎖国期の日本の貿易相手国はオランダ，清，朝鮮の3カ国である。
A13	×	参勤交代を定めた武家諸法度は，徳川家光が出したものである。
A14	×	幕府は天皇領は必要最小限にとどめられた。
A15	×	キリスト教徒を根絶するため寺請制度を設け，宗門改めを実施した。
A16	○	田畑永代売買の禁止令が出された。
A17	×	株仲間の公認などが行われている。
A18	×	薩摩藩は琉球王国を支配し，幕府と琉球とのパイプラインとなり，対馬藩が朝鮮との外交窓口となった。
A19	×	島原の乱後，ポルトガル船の来航が全国的に禁止された。
A20	×	綱吉は武家諸法度を改定して儒教に裏づけられた文治主義を採用した。荻原重秀の意見により貨幣を改鋳したことは正しい。
A21	×	新井白石は海舶互市新例により長崎貿易を縮小させた。
A22	×	石高1万石につき100石を献上させるのは上げ米。これにより参勤交代の負担を軽減した。足高の制は人材登用制度。

第2章 近世

章末 CHECK ❓Question

Q23 享保の改革では上げ米の実施や公事方御定書が定められた。

Q24 田沼意次は株仲間を解散させた。

Q25 徳川綱吉は，従来の元禄小判を改鋳して質の悪いものにした。

Q26 徳川吉宗は，幕府法令を集大成し武家諸法度を初めて制定した。幕府は参勤交代を義務付ける棄捐令を発し，諸大名に遵守を厳命した。

Q27 寛政の改革では，蘭学を正学とし，蘭学以外の講義や研究を禁じた。

Q28 天保の改革では，株仲間を広く公認し，運上や冥加など営業税を課した。

Q29 水野忠邦は，江戸や大坂周辺の土地を直轄地とする上知令を出したが，大名の反対にあい，実施できなかった。

Q30 大塩平八郎の乱は，享保の大飢饉の際に，蜂起したものである。

Q31 寛政の改革で実施された棄捐令は農民を都市に移住させる政策である。

Q32 水野忠邦は天保の改革において人返しの法を実施した。

Q33 日米修好通商条約では領事裁判権が認められた。

Q34 井伊直弼は，勅許を得て日米修好通商条約に調印した。

Q35 欧米より外航船が頻繁に来航したため，幕府は異国船打払令を出して武力で追い払う政策をとり続けた。

Q36 薩摩藩や佐賀藩は，特産品の専売や洋式武器を導入するなど藩政改革に成功し，雄藩として幕末の政局で大きな発言力を持った。

Q37 アヘン戦争で清がイギリスに敗れると，幕府は異国船打払令を出した。

Q38 幕府はペリーに迫られ，日米修好通商条約を締結した。

Q39 欧米との通商条約により，横浜などが開港され，貿易が始まると，直後は綿織物を中心とする輸出額が輸入額を上回った。

Q40 戊辰戦争最後の戦いとなった鳥羽・伏見の戦いで幕府が敗れると，徳川慶喜は大政奉還を行った。

Q41 桃山文化は，新興の大名や豪商の気風を反映した豪壮で華麗な文化で，城郭には天守閣や書院造の居館などが建てられた。

Q42 桃山文化では，『徒然草』『平家物語』などの作品が書かれた。

Q43 林羅山は，知と行を一体とし実践を重んじる朱子学を官学と位置づけた。

Q44 荻生徂徠は，実践的な農村指導者として農村の復興に活躍した。

Q45 元禄文化は，葛飾北斎や歌川広重らにより浮世絵が盛んに作成された。

Q46 化政文化は，上方を中心に発達し，松尾芭蕉などの俳諧が生まれた。

Q47 江戸時代には，封建的秩序を支えるための思想として儒学が採用された。

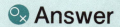

A23 ○	徳川吉宗が行った。
A24 ×	田沼意次は株仲間を奨励，天保の改革で水野忠邦が株仲間を解散。
A25 ×	徳川綱吉は，従来の小判を改鋳して質の悪い元禄小判を鋳造した。
A26 ×	武家諸法度を初めて制定したのは徳川家康である。また，棄捐令は旗本や御家人の窮乏を救うために，札差への借金を帳消しにしたもので，寛政の改革で実施された。
A27 ×	寛政の改革で正学とされたのは，儒学（朱子学）である（寛政異学の禁）。
A28 ×	株仲間を広く公認し，運上や冥加など営業税を課したのは田沼意次である。
A29 ○	改革の失敗は，幕府権力の衰退を示した。
A30 ×	大塩平八郎の乱は，天保期の飢饉に際し起こったものである。
A31 ×	棄捐令は旗本や御家人の借金を帳消しにするものである。
A32 ○	人返しの法は，江戸に流入した農民を強制的に帰農させるものである。
A33 ○	その他，関税自主権がないなどの不平等な条約であった。
A34 ×	勅許を得ないで日米修好通商条約を締結した。これに反対する者を多数処罰した事件は，安政の大獄とよばれる。
A35 ×	異国船打払令はアヘン戦争を機に，薪水給与令に改めている。
A36 ○	そのとおり。
A37 ×	アヘン戦争で清がイギリスに敗れると，幕府は薪水給与令を出した。
A38 ×	ペリーに迫られて締結したのは，日米和親条約である。
A39 ×	開港直後は，日本から生糸が輸出され，綿織物が輸入された。
A40 ×	大政奉還の後，戊辰戦争が起こる。最後の戦いは五稜郭の戦いである。
A41 ○	そのとおり。
A42 ×	『徒然草』『平家物語』等の作品が書かれたのは，平安時代である。
A43 ×	知と行を一体とし実践を重んじるのは陽明学である。
A44 ×	農村指導者として農村の復興に活躍したのは二宮尊徳である。
A45 ×	葛飾北斎や歌川広重らにより浮世絵が盛んに作成されたのは化政文化の時代である。
A46 ×	上方を中心に，松尾芭蕉などの俳諧が生まれたのは元禄文化である。
A47 ○	そのとおり。儒学は君臣や父子の別をわきまえ，上下の秩序が重んじられたため，幕府の統治に利用された。

memo

第3章

近代から現代

SECTION

① 明治時代
② 大正時代から昭和初期
③ 第2次世界大戦と戦後

第3章　近代から現代

出題傾向の分析と対策

試験名	地上			国家一般職（旧国Ⅱ）			東京都			特別区			裁判所職員			国税・財務・労基			国家総合職（旧国Ⅰ）		
年度	13–15	16–18	19–21	13–15	16–18	19–21	13–15	16–18	19–21	13–15	16–18	19–21	13–15	16–18	19–21	13–15	16–18	19–21	13–15	16–18	19–21
出題数 セクション	11	11	5	2	2	2	1	2	2	3	1		2	1		1					2
明治時代	★★	★★	★	★				★			★			★	★	★					★
大正時代から昭和初期	★★★	★★							★		★				★★	★★					
第2次世界大戦と戦後	★×6	★×7	★×4						★												

（注）　1つの問題において複数の分野が出題されることがあるため，星の数の合計と出題数とが一致しないことがあります。

　明治時代以降の歴史に関する出題は非常に多いです。ただし，大学受験の時のような細かい情報は問題の正誤を判定する材料にはあまりなりません。一部，細かい選択肢もありますが，基本的には平易な問題が多く出題されています。明治時代では，明治政府の中央集権体制の樹立の過程，ロシアや朝鮮，清国との対外関係，日清戦争・日露戦争などが基本的な出題テーマとなっています。大正時代から昭和初期にかけての時代では，護憲運動から普通選挙法の制定までの流れ，第1次世界大戦と戦後，太平洋戦争と戦後の民主化などが出題されています。ポイントとなる首相名と事績の組合せは暗記が必要ですが，出題テーマそれぞれにつき，物事が起こっている順番と時代理解に注意を払うことが必要となります。

地方上級

　明治政府の政策，大正時代の金融恐慌，昭和初期の政治や社会，太平洋戦争および戦後の政治，経済や外交が出題されています。特に戦後史では，高度経済成長や日米貿易摩擦など経済史の問題も多いです。自治体対策としては，出題数が非常に多く，他の科目とも関連する近現代史を第一に攻略すべきでしょう。

国家一般職（旧国家Ⅱ種）

　明治政府の政策，議会，政治や外交などについて多く出題されています。他の試験ではあまり見られない大正から昭和前期の政治史も出ています。他の試験種よりも内容が細かく，固有名詞も正誤判断に必須です。行きたい省庁のある人は，

この分野を確実に押さえておくべきでしょう。

東京都

　明治初期の条約，日清・日露戦争，明治の殖産興業などについて出題されています。条約や日清・日露戦争については他の職種でも外交史の中で多く見られるため，平易な問題でした。2016年には東京都Ⅰ類Bと特別区で，大正から昭和初期の恐慌について問われました。東京都の問題は人名を知らなくても流れを理解していれば正答できたのに対し，特別区の問題はかなり細部まで覚えていないと正答できないものでした。

特別区

　明治の殖産興業，大正から昭和初期の政治史，戦後の民主化などが問われています。国家一般職に比べると難易度は低い問題が多いですが，年度によってはマイナーなテーマが出題されていますので注意が必要です。近年は，人文科学の問題の難易度がどの職種よりも高くなっているので，テーマを絞って，重点的に勉強するなど，メリハリが必要となるでしょう。

裁判所職員

　従来は大正時代から昭和初期，日中戦争から太平洋戦争，戦後史もGHQの占領期から国際社会復帰など，近現代史に出題が集中していましたが，直近3年は近現代史が出題されていません。

国税専門官・財務専門官・労働基準監督官

　明治の条約改正，大正時代の政治，外交史，戦後の政治・経済などが出題されています。全体として外交史がらみのものが多いです。

国家総合職（旧国家Ⅰ種）

　明治政府の政策，外交，自由民権運動，昭和の政治史などが出ていますが，最近は五・一五事件や二・二六事件など軍部の台頭についてよく出題されています。

Advice アドバイス　学習と対策

　出題数が多く，他の科目との関連も強いことから，まずはしっかり対策をすべき分野といえます。内閣ごとの事績の整理や物事が起こっている順番などをしっかり整理しておきましょう。特に戦後史については，社会学科（政治・経済）と合わせて学習するのが効果的です。

近代から現代
明治時代

必修問題 セクションテーマを代表する問題に挑戦！

明治政府の近代化政策に始まる政策と，日清・日露戦争へ至る外交を学びます。そのうえで政治史をプラスαしていくとよいでしょう。

問 明治時代の日本の近代化政策に関する次の記述のうち，最も妥当なのはどれか。　　　　　　　　　　　　　　　　　　（地上2004）

1：政府は政治体制を整えるため，当初は太政官制を採用して天皇に権力が集中する体制を採った。しかしその後，国会開設に備えて内閣制度を創設し，憲法を公布して立法府の権限の強い議院内閣制を確立した。
2：政府は各藩に版籍を奉還させ，廃藩置県を断行して中央集権体制を確立した。また，国民皆兵制を採らず，徴兵制によって各藩に属していた士族を軍隊の構成員として集め，近代的軍隊を形成した。
3：政府は，地租改正などを行い財源の安定化を図った。しかし西南戦争の後デフレが起こると，松方正義は紙幣増発や積極財政を行って経済を安定成長に導き，また，この時期に欧米に倣って金本位制を確立した。
4：政府は官営模範工場を通じて外国の技術の導入・普及に努めるなど，殖産興業政策を推し進めた。その後，官営事業の民間への払下げが進み，日清戦争前後には繊維産業部門を中心に産業革命に進展した。
5：政府は不平等条約を改正するため，積極的に西欧の近代思想や生活様式を取り入れた。欧化政策を推進した結果，井上馨は領事裁判権の撤廃に成功し，また小村寿太郎は日清戦争の勝利を機に関税自主権の回復を達成した。

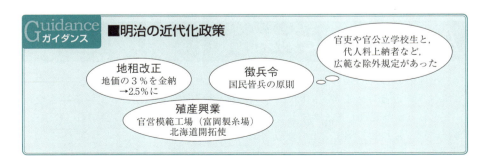

88

頻出度	地上★★	国家一般職★★★	東京都★★★	特別区★★★
	裁判所職員★★	国税・財務・労基★★★	国家総合職★★★	

チェック欄

1回目	2回目	3回目

必修問題の解説

〈明治の近代化政策〉

1 ✕ 議院内閣制は戦後の日本国憲法によって規定されたものである。明治時代には当初太政官制を採用していたが，国会開設に備えて内閣制度が創始され，内閣総理大臣と各大臣をもって内閣を組織することが規定された。この内閣制度は国会の信任が必要な議院内閣制ではなかったため，超然内閣（政党の意向に左右されることなく国家本位の政策を遂行する内閣）が主張された。大日本帝国憲法では（内閣それ自体の規定は特段なし），行政権は，国務大臣の輔弼（ほひつ）によって天皇が自ら行うという原則に立つとともに，立法権も天皇にあり，帝国議会は天皇の立法権行使に協力・同意する協賛機関とされていた。

2 ✕ 徴兵制は国民皆兵制の原則をとり，士族に限らず，満20歳以上の成年男子に兵役の義務が課せられた。1872年に徴兵告諭が出され，翌1873年に徴兵令が公布された。実施に際しては血税一揆など，農民の反対運動も起こったが，西南戦争で政府軍が勝利し，徴兵制の正当性を示すことになった。

3 ✕ 西南戦争に際し，政府が不換紙幣を増発したため，西南戦争後はデフレではなく，インフレが起きた。松方正義（まつかたまさよし）は，紙幣整理，増税，日本銀行の設立，支出削減（緊縮財政）などを実施した。また，明治の初めに，新貨条例が公布され，金本位制が定められたが，貿易上は銀貨が通用しており，この時期には，実質的に銀本位制となった。しかし，松方の政策はデフレを引き起こし，農作物などの物価が下落し，農民を苦しめることになった。

4 ◯ 官営模範工場としては富岡製糸場が有名である。日清戦争前後には繊維産業部門を中心に産業革命が進められた。

5 ✕ 欧化政策を推進したのは井上馨であるが，井上馨は領事裁判権の撤廃に成功していない。1894年に陸奥宗光が領事裁判権の撤廃と関税自主権の一部回復に成功したのである。さらに，小村寿太郎が関税自主権を完全回復したのは1911年で，日露戦争以降のことである。

陸奥宗光	日清戦争直前の1894年に領事裁判権の廃止と関税自主権の一部回復を実現。
小村寿太郎	1911年，関税自主権の完全回復。

正答 4

LEC東京リーガルマインド　2022-2023年合格目標 公務員試験 本気で合格！過去問解きまくり！⑤人文科学Ⅰ

第3章 SECTION 1 近代から現代 明治時代

1 明治維新から立憲国家の形成

(1) 中央集権体制の確立

版籍奉還 (1869年)	版（領地）と籍（領民）を藩主が国家に返上し，藩主が知藩事となって旧領地を統治。
廃藩置県 (1871年)	藩を廃止して府県を設置。知藩事は罷免され，中央政府から府知事・県令が赴任。
徴兵令	満20歳の男子に3年間の兵役義務。国民皆兵制の基礎が形成。
地租改正	地券を発行して課税対象者である土地所有者を確定し，課税基準を従来の収穫高から法定地価に改める。
殖産産業	官営模範工場として富岡製糸場を設立。また，渋沢栄一らが中心となって国立銀行条例を定め，第一国立銀行など，紙幣発行権を持つ民間銀行が設立された。

(2) 士族の不満

① 身分制度の廃止

公家・大名は華族，武士は士族，農工商は平民としました。

② 秩禄処分と廃刀令（1876年）

政府は秩禄の代償として金禄公債証書を交付しますが（秩禄処分），このため武士は困窮し，さらに廃刀令が政府への不満を高め，西南戦争などの反乱が起きます。

(3) 自由民権運動と憲法の制定

① 民撰議院設立の建白書

士族の不満を背景に，板垣退助らは民撰議院設立の建白書を提出し，国会の設立を求めました。これが自由民権運動の口火となります。民権派の政府攻撃に対して政府は讒謗律・新聞条例などを制定して言論統制・弾圧を行いました。

② 国会開設の勅諭

開拓使官有物払下げ事件で世論の政府攻撃が激しくなると，政府は大隈重信をこの世論の動きに関係ありとして罷免する一方で，国会開設の勅諭により10年後の国会開設を公約しました。この時，伊藤博文を中心とする政権が確立します。国会開設の時期が決まると，急進的な自由主義を唱える板垣を中心とする自由党に対し，大隈重信を中心にイギリス風の議会主義を主張する立憲改進党が結成されました。

INPUT

③ **松方財政**

　西南戦争後のインフレに対し，松方正義は増税による歳入増加と厳しい緊縮政策をとったため，農民の生活は窮乏，社会不安の増大から民権運動も激化しました。

④ **憲法の制定（1889年）**

　伊藤博文が憲法制定の中心となります。大日本帝国憲法は欽定憲法であり，天皇と行政府の権限がきわめて強いものでした。

⑤ **初期議会**

　第1回衆議院選挙では，旧民権派が大勝し，第1回帝国議会は立憲自由党や立憲改進党などの民党が衆議院の過半数を占めます。選挙権は直接国税を15円以上納入した満25歳以上の成年男子のみに与えられていました（全人口の1％強）。

(4) 条約改正

井上　馨	鹿鳴館を建設。欧化政策を採用したが内外の反発を受けて失敗
陸奥宗光	領事裁判権の撤廃と関税自主権の一部回復（日英通商航海条約）
小村寿太郎	関税自主権の完全回復

(5) 日清・日露戦争

① **日清戦争と三国干渉**

　日清戦争で日本が勝利し，下関条約（1895年）が締結され，日本に台湾と遼東半島が割譲されると，ロシアがフランスとドイツとともに三国干渉を行い，日本に遼東半島の返還を求めました。

② **近代産業の発展**

　日清戦争で得た賠償金により，軍備拡張と産業の振興が図られます。1897年には貨幣法を制定して金本位制を確立し，また，官営の八幡製鉄所が建設され，鉄鋼の生産が開始されました。

③ **隈板内閣の成立**

　自由党と進歩党が合同して憲政党を結成すると，伊藤内閣に代わってわが国で初めての政党内閣である隈板内閣が成立しました。

④ **日露戦争**

　北清事変後に満州を占領したロシアとの対立が深まり，1902年に日英同盟を締結，国内には反戦論を唱える人もいましたが，1904年に日露戦争が起こりました。日本の勝利でポーツマス条約が締結されましたが，賠償金が得られず，国民の不満が高まり日比谷焼打ち事件が起こりました。なお，日本は樺太の南半分を獲得しました。

第3章　近代から現代

SECTION 1 近代から現代 明治時代

実践 問題 27 基本レベル

問 明治政府の初期の政策に関する記述として，妥当なのはどれか。

(東京都Ⅰ類B 2014)

1：政府は，殖産興業を進めるため，先に設置した内務省に軍需工場や鉱山の経営，鉄道・通信・造船業などの育成にあたらせ，続いて設置した工部省に軽工業の振興，内国勧業博覧会の開催を行わせた。
2：政府は，新貨条例を定めて円・銭・厘を単位とする新硬貨を発行するとともに国立銀行条例を定めて全国に官営の国立銀行を設立し，そのうちの第一国立銀行を日本初の中央銀行に指定して唯一の紙幣発行銀行とした。
3：政府は，西欧にならった近代的な軍隊の創設を目指して徴兵令を公布したが，平民は徴兵の対象には含まれず，武士の身分を失い生活に困窮していた士族のうち，満20歳以上の男子のみが徴兵の対象とされた。
4：政府は，土地の売買を認め，土地所有者に地券を発行するとともに，課税の基準を収穫高から地価に改め，地価の一定割合を地租として土地所有者に金納させることにより，安定的な財源の確保を図った。
5：政府は，民間による鉄道の敷設を奨励したため，日本鉄道会社により新橋・横浜間に日本で初めての鉄道が敷設されたほか，東海道線をはじめとする幹線鉄道の多くが民営鉄道として敷設された。

OUTPUT

チェック欄		
1回目	2回目	3回目

実践 問題 **27** の解説

〈明治政府の初期の政策〉

1 ✕ 政府が殖産興業を進めるために1870（明治３）年に設置したのは工部省であり，鉄道の敷設，鉱山の経営，軍需工場の設立・運営等にあたったが，官営事業が民間に払い下げられると1885（明治18）年に廃止され，逓信省と農商務省に分割された。一方，内務省は1873（明治６）年に設置され，地方行政や警察，土木などを所管した。肢にある，軽工業の振興，内国勧業博覧会の開催も内務省の所管であった。

2 ✕ 国立銀行条例は1872（明治５）年に制定されたが，ここでいう国立銀行とは官営ではなく，国法によって設立された民間の銀行である。日本初の中央銀行は，1882（明治15）年に設立された日本銀行で，その後，1883（明治16）年に国立銀行条例が改正されると，第一国立銀行を含めたこれまでの国立銀行は普通銀行に移行するとともに，紙幣発行権を日本銀行に集中し，1885（明治18）年から日本銀行兌換券が発行された。

3 ✕ 1873（明治６）年１月に公布された徴兵令は，士族・平民の身分にかかわりなく，満20歳に達した男子を兵役に服させるという新しい軍制である。

4 ○ そのとおり。なお，当初の地租率は３％であったが，地租改正反対の大規模な農民一揆等を受けて，1877（明治10）年に2.5％に引き下げられた。

5 ✕ 新橋・横浜間に敷設された日本で初めての鉄道や，東海道線は民営鉄道として敷設されたのではなく官営である。幹線鉄道の多くが民営鉄道として敷設されたことは正しい。1881（明治14）年に設立された日本鉄道会社が政府の保護を受けて成功したことから，会社設立ブームが起こり，日本鉄道会社が上野・青森間を全通させたのをはじめ，山陽鉄道や九州鉄道などの民営鉄道も幹線の建設を進めた。なお，その後，軍事的な配慮もあり，1906（明治39）年に鉄道国有法が公布され，主要幹線の民営鉄道を買収して国有化した。

【ポイント】

本問が基本レベルであるのは，正解肢が基本事項だからです。地租改正の内容を，迷わず選べるように復習しましょう。

正答 **4**

問 明治の新政府の近代化政策に関する記述として，最も妥当なのはどれか。

(地上2014)

1：廃藩置県が行われ，藩がすべて廃止され，府・県が設置された。府知事・県令がおかれ，当初は旧藩主がそのまま就いていたが，間もなく住民の投票によって決定されるようになった。

2：地券が発行され，土地の耕作者に公式に所有権を認め，地租改正が行われた。課税は土地の収穫高に応じて，租税は土地の所有者に金銭によって納付させた。

3：西洋の法典を範として法の制定が行われた。フランスの法律をモデルとして刑法・民法が制定された。また，憲法に関してもフランスのものが参考になるとの結論を得て，大日本帝国憲法が発布された。

4：旧幕府が制定した不平等条約の改正が行われた。岩倉具視を大使とする使節団を欧米に派遣し，諸外国と交渉した。この交渉の結果，新政府の近代化政策は海外から評価されて，不平等条約は改正された。

5：近代的な軍隊の創設をめざす政府により，徴兵令が定められた。これによって，国民皆兵を原則とし，士族・平民の別なく，満20歳に達した男性は選抜されて3年間の兵役に服する義務を負うこととなった。

OUTPUT

実践 問題 28 の解説

〈明治の近代化政策〉

1 ✕ 旧藩主がそのまま就いていたのは，版籍奉還後の知藩事である。明治政府は版籍奉還によって領地と領民を天皇に返還させたが，旧大名には石高に代わる家禄を与え，旧領地の知藩事に任命した。次いで廃藩置県により，すべての藩を廃止して府県が置かれ，中央政府が府知事と県令を派遣した。この府知事と県令は住民投票により決定されたのではなく，雄藩の下級武士が政府により任命された。

2 ✕ 地租改正は，地主や自作農など，原則として従来の年貢負担者に地券を発行し，地価の3％を金納させるものである。地租改正において課税額の基準を不安定な収穫高から，土地の面積や収穫高，平均米価などをもとに決定した土地の価格（地価）に改め，豊凶にかかわらず一定の固定額を徴収した。

3 ✕ フランスの法律をモデルとして刑法・民法が制定されたことは正しいが，憲法は天皇と政府に強い権限を与えるものが目指され，ドイツの憲法を模範に草案がつくられ，1889（明治22）年に大日本帝国憲法（明治憲法）が発布された。

4 ✕ 不平等条約の改正は明治政府の大きな課題であったが，岩倉具視の欧米使節団は条約改正の目的を達成することはできなかった。陸奥宗光外相が日清戦争の直前の1894（明治27）年に領事裁判権の撤廃と関税自主権の一部回復に成功，1911（明治44）年に小村寿太郎が関税自主権の完全回復を実現している。

5 ◯ 徴兵令は国民皆兵を原則とし，士族・平民の区別なく満20歳に達した男子から選抜して3年間の兵役に就かせるものである。国民皆兵制に基づく近代的軍隊の創設は，山県有朋によって実現した。しかし，徴兵令では戸主とその後継ぎや官吏，学生のほか，代人料を納めたものには兵役免除を認めていたため，実際に兵役に就いたのは貧しい農村の二男以下であった。

正答 5

第3章 SECTION 1 近代から現代
明治時代

実践 問題 29 基本レベル

問 明治新政府が実施した改革に関する記述のうち，妥当なものはどれか。

(地上2021)

1：学制が施行され，すべての男子に小学校に就学する義務が課された。女子の学校教育については原則として認められていなかったが，高額納税者等のみが入学が認められた。
2：税を安定的に確保するために土地の所有者に税を課す地券制度が開始された。地券は売買に制限が課されていたため，これが日本の産業経済の発展が遅れる一因となった。
3：士族に対しては金禄公債証書を発行して，秩禄処分を実施したが，これに反発した士族が反乱を起こしたため，秩禄制度を復活した。
4：北海道における開拓とロシアなどに対する警備を図るため，屯田兵制度を設けて，全国から士族，後に平民も組織的かつ計画的に移住・配置されるようになった。
5：新政府は神仏習合を否定して神仏分離を推進した。その上で，神道と仏教の両方を同数に定め，間接的に保護した。

OUTPUT

実践 問題 **29** の解説

チェック欄
1回目	2回目	3回目

〈明治政府の施策〉

1 ✕ 学制は国民皆学を理念としており，男子のみならず，当初から納税額にかかわらず女子も義務教育の対象であった。

2 ✕ 地券を発行するにあたり，田畑永代売買の禁止令を解いて，土地の所有権をはっきりと認めたので，売買に制限が課せられていたのではない。地租改正は全国同一の基準で豊凶にかかわらず一律に貨幣で徴収される近代的な税制を整えたが，従来の年貢による収入を減らさない方針で進められたため，農民は負担の軽減を求めて各地で一揆を起こした。

3 ✕ 秩禄処分や廃刀令により士族はその特権を奪われたことが契機となって不平士族の反乱が起こったが，これに対して秩禄制度を復活してはいない。

4 ◯ 屯田兵の説明として，妥当である。

5 ✕ 明治政府は，当初，王政復古による祭政一致の立場から，古代以来の神仏習合を禁じて，神道を国教とする方針を打ち出し（**神仏分離令**），そのため全国で一時，廃仏毀釈の嵐が吹き荒れた。

第3章 近代から現代

正答 **4**

LEC東京リーガルマインド　2022-2023年合格目標 公務員試験 本気で合格！過去問解きまくり！　97
⑤人文科学Ⅰ

第3章 SECTION 1 近代から現代 明治時代

実践 問題 30 基本レベル

問 明治時代の政治に関する記述として最も妥当なのはどれか。

(国税・財務・労基2018)

1：政府は，版籍奉還により旧藩主を旧領地の知藩事に任命し藩政に当たらせた。その後，政府は薩摩・長州・土佐の3藩の兵から成る御親兵によって軍事力を固めた上で廃藩置県を行った。これにより藩は廃止され府県となり，知藩事に代わって中央政府が派遣する府知事や県令が地方行政に当たることとなった。

2：西郷隆盛を中心とした鹿児島士族らによる反乱である西南戦争が起こると，これに続き，佐賀の乱や萩の乱などの士族の反乱が全国各地で頻発した。政府はこれらの反乱を長期間にわたる攻防の末に鎮圧したが，その後，兵力不足を痛感した政府は国民皆兵を目指す徴兵令を公布した。

3：大隈重信は，開拓使官有物払下げ事件が起こると，これをきっかけにして明治十四年の政変を主導して伊藤博文らを中心とする藩閥勢力に大きな打撃を与えた。大隈重信は，その後，下野し，国会開設に備え，フランスのような一院制の導入と主権在民を求める立憲改進党を設立した。

4：第1回衆議院議員総選挙においては，立憲自由党や立憲改進党などの民党は大敗し，その勢力は衆議院の過半数にはるかに及ばない結果となり，民党は政府と激しく対立していった。また，この選挙結果に不満を持った民党の支持者らは，福島事件や秩父事件を起こした。

5：日露戦争で我が国が勝利すると，山県有朋内閣は軍事力の更なる拡大を目指し軍部大臣現役武官制を定めるとともに，治安警察法を公布して政治・労働運動の規制を強化した。その後，ジーメンス事件と呼ばれる汚職事件の責任をとって退陣した山県有朋は立憲政友会を結成し，伊藤博文が率いる軍部・官僚・貴族院勢力と対立した。

OUTPUT

チェック欄		
1回目	2回目	3回目

実践 ▶ 問題 **30** の解説

〈明治時代の政治〉

1 ○ 廃藩置県の説明として妥当である。

2 × 西郷隆盛を中心とした鹿児島士族らによる反乱である**西南戦争は，士族の反乱の最後のもの**である。1874年に江藤新平が中心となった佐賀の乱が起こり，1876年に廃刀令が出され，秩禄処分が断行されると秋月の乱や萩の乱が起こった。こうした士族の反乱が鎮圧される中，1877年に西南戦争が起こり，政府は鎮圧に約半年を費やしたが，不平士族による反乱は収まった。また，こうした士族の反乱は，1873年に発布された徴兵令によって徴発された兵力により鎮圧されたのであり，西南戦争の後に徴兵令が公布されたのではない。

3 × 自由民権運動の国会開設運動が高まる中，開拓使官有物払下げ事件が起こって世論の政府攻撃が激しくなると，政府は大隈重信をこの世論に関係ありと罷免し，国会の開設を公約した。この明治十四年の政変により伊藤博文を中心とする薩長藩閥の政権が確立した。また，**大隈重信はイギリス流の議会政治を主張する立憲改進党**を結成した。**フランス流の急進的な自由主義を唱えたのは板垣退助**であり，板垣は**自由党**を結成した。

4 × 1890年に行われた第1回衆議院議員総選挙では，立憲自由党や立憲改進党などの民党が大勝し，衆議院の過半数を占めた。福島事件や秩父事件などはすでに1882年から84年に起こっている。福島事件や秩父事件が起こった背景は，松方財政下で農村が窮迫し，運動から手を引くものが続出したこと，政府の弾圧，板垣退助の懐柔による統一的指導者の欠如などである。

5 × 山県有朋が軍部大臣現役武官制を定めたのは1900年のことであり，これは日清戦争後の1898年に初の政党内閣である隈板内閣が成立したことを背景とし，政党の力が軍部に及ぶのを阻むという意図による。また，シーメンス事件（1914年）によって退陣したのは山本権兵衛内閣である。なお，山本内閣は文官任用令や軍部大臣現役武官制を改め，官僚・軍部に対する政党の影響力の拡大に務めた。立憲政友会を結成したのは伊藤博文である。

正答 1

第3章 近代から現代

問 明治時代の教育・文化に関する記述として，妥当なのはどれか。

(東京都Ⅰ類B 2021)

1：政府は，1872（明治5）年に教育令を公布し，同年，小学校令によって6年間の義務教育が定められた。
2：文学の分野において，坪内逍遥が「小説神髄」で自然主義をとなえ，夏目漱石ら「文学界」の人々を中心に，ロマン主義の作品が次々と発表された。
3：芸術の分野において，岡倉天心やフェノロサが日本の伝統的美術の復興のために努力し，1887（明治20）年には，官立の東京美術学校が設立された。
4：1890（明治23）年，教育に関する勅語が発布され，教育の基本として，国家主義的な教育方針を排除し，民主主義教育の導入が行われた。
5：絵画の分野において，洋画ではフランスに留学した横山大観らが印象派の画風を日本に伝え，日本画では黒田清輝らの作品が西洋の美術に影響を与えた。

OUTPUT

実践 問題 31 の解説

〈明治時代の教育・文化〉

1 × 1872（明治5）年に公布されたのは学制であり，教育令は1879（明治12）年に公布されたものである。また，小学校令は1886（明治19）年に公布され，義務教育の期間を4年とした。その後，1907（明治40）年には義務教育は6年間に延長された。学制や教育令，小学校令が発布された年号を覚えるのではなく，これらが順番に公布され，日本の近代教育の基礎が形成されたことを理解しておくことが大切である。本肢は，教育令と小学校令は同年ではない，と切る。

2 × 「文学界」はロマン主義文学の母体となった文芸雑誌で，島崎藤村や樋口一葉らが寄稿しているが，夏目漱石が「文学界」でロマン主義の作品を発表していたわけではない。なお，坪内逍遥は，戯作文学の勧善懲悪や政治小説の政治至上主義に対し，西洋の文学理論をもとに人間の内面や世相を客観的・写実的に描くことを提唱し，国木田独歩や田山花袋，島崎藤村らの自然主義とは区別されるのが一般的である。

3 ○ 東京美術学校の設立についての記述として正しい。

4 × 教育に関する勅語（教育勅語）には忠君愛国に基づく国家主義的な教育方針が示されている。教育令は，アメリカの教育制度を参考にして学制を改正したものであり，中央集権的画一主義を改め，自由主義的なものであったが，翌年には全面的に改正され，中央集権的傾向が強められて，その後，小学校令を含む学校令の公布，教育勅語の公布に至る。

5 × フランスに留学して印象派の画風を日本に伝えたのが黒田清輝であり，日本画において活躍したのが横山大観である。

正答 **3**

問 近代における我が国の社会・文化に関する記述として最も妥当なのはどれか。
(国家総合職2021)

1：明治政府は，新しい知識や技術を学ばせるため，欧米に留学生を送り出し，多くの外国人を雇い入れた。廃藩置県直後には，特命全権大使の岩倉具視を団長，勝海舟を副団長とする岩倉使節団を欧米に派遣した。この使節団には多くの留学生も加わっており，その中には，後に『学問のすゝめ』を著した福沢諭吉や，女子英学塾（現津田塾大学）を創設した津田梅子も含まれていた。

2：明治政府は，富国強兵を目指し，産業を振興する殖産興業政策を推し進めた。鉄道の敷設や鉱山，造船所の経営に加えて，富岡製糸場などの官営模範工場を開業し，通信では前島密の建議により郵便制度を発足させた。また，新貨条例を定めて近代的な貨幣制度を採用するとともに，渋沢栄一が中心となって国立銀行条例を公布し，近代的な金融制度の基礎を整えていった。

3：明治政府は，大教宣布の詔を発して神道を国教と定め，仏教とキリスト教を含む神道以外の宗教の信仰を禁じたが，キリスト教は欧米諸国からの抗議を受けて禁制が廃止された。その後，信教の自由を認めた大日本帝国憲法の発布で，キリスト教会による教育活動や慈善活動が盛んになった。他方，キリスト教徒の新渡戸稲造が教育勅語に敬礼しなかったとして教職を追われるなど様々な圧迫を受けた。

4：日清戦争前後には，啓蒙主義や合理主義に反発して，感情・個性の躍動を重んじるロマン主義が文壇の主流となり，国木田独歩，田山花袋らが活躍した。庶民の姿を情緒豊かに描いた樋口一葉もロマン主義の影響を受けた人物であり，彼女は，日露戦争が始まると，「君死にたまふこと勿れ」とうたう反戦詩を発表して，戦争の早期講和を世論に訴えた。

5：日露戦争後，大正デモクラシーの風潮の下で，多様な学問や芸術が発達した。自然科学では，野口英世の黄熱病の研究や本多光太郎のＫＳ磁石鋼の発明など優れた業績が生まれた。文学では，西洋的教養を身に付けた森鷗外や尾崎紅葉らの白樺派と，耽美的作風で知られる有島武郎や志賀直哉らの新思潮派が活躍した。音楽では，滝廉太郎が本格的な交響曲の作曲や演奏で活躍した。

実践 問題 32 の解説

〈近代の社会と文化〉

1 × 勝海舟と福沢諭吉は幕末に遣米使節の随行艦である咸臨丸に乗船しているが，明治初期に派遣された岩倉使節団に含まれていない。岩倉使節団の副団長は木戸孝允，大久保利通，伊藤博文らである。なお，多くの留学生の中に津田梅子が含まれていた点は妥当である。

2 ○ 明治政府による近代化政策の説明として正しい。

3 × キリスト教徒として**教育勅語に最敬礼をせず，職を追われたのは**，新渡戸稲造ではなく**内村鑑三**である。新渡戸稲造は国際連盟事務局次長として国際親善に努めた人物である。

4 × 国木田独歩や田山花袋は，人間社会の暗い現実の姿をありのままに写し出そうとした自然主義の作家である。また，「君死にたまふこと勿れ」という反戦詩を発表したのは，樋口一葉ではなく与謝野晶子である。樋口一葉は『にごりえ』や『たけくらべ』などの名作を残した人物である。

5 × 森鷗外や尾崎紅葉は明治期に活躍した作家であって，大正文学の主流である白樺派に属していない。**有島武郎や志賀直哉は新思潮派ではなく白樺派の作家**である。さらに，滝廉太郎は明治期の作曲家である。大正デモクラシー期に本格的な交響曲の作曲や演奏で活躍したのは山田耕作である。

正答 2

第3章 SECTION 1 近代から現代 明治時代

実践 問題 33 基本レベル

頻出度	地上★★	国家一般職★	東京都★	特別区★
	裁判所職員★	国税・財務・労基★	国家総合職★	

問 明治時代の産業に関する次のア〜エの記述には，妥当なものが二つある。それらはどれか。
(地上2018)

ア：生糸産業の成長を目指して，官営の模範工場である富岡製糸場が設けられた。また，ヨーロッパから先進技術の導入や普及が行われ，工女の育成がなされた。

イ：通信や運輸の近代化が図られ，通信では国営の郵便制度が始まった。運輸では官営鉄道のほか民営鉄道も建設されたが，明治時代後期に政府は，主要幹線の民営鉄道を国有化した。

ウ：重工業部門では，日清戦争後，鉄鋼業の国内生産を目指して八幡製鉄所が建設された。同製鉄所では，鉄鉱石の一部を国内で賄えたものの，鉄鋼の生産に必要な石炭は，国内ではほとんど産出されなかったため，ほぼ全てを輸入に依存していた。

エ：軽工業，重工業ともに，明治時代を通じて輸出額は増加の傾向を見せていたが，明治時代末期においても輸出総額のほとんどを占めていたのは，米や茶などの農作物であった。

1：ア，イ
2：ア，ウ
3：ア，エ
4：イ，エ
5：ウ，エ

OUTPUT

チェック欄		
1回目	2回目	3回目

実践 ▶ 問題 **33** の解説 ――――――――――――――――――

〈明治時代の産業〉

ア○ 明治政府は，輸出の中心となっていた生糸の生産拡大に力を入れ，群馬県に官営の模範工場である富岡製糸場を設けた。

イ○ 1872（明治5）年に東京・横浜間で鉄道が開通し，官営の東海道線が全通した1889（明治22）年には，多くの民営鉄道が敷設されていたが，日露戦争直後の1906（明治39）年には，第1次西園寺内閣が，軍事的な配慮もあって主要幹線の民営鉄道を国有化した。

ウ× 軍備拡張を急ぐ政府が，日清戦争の賠償金の一部を用いて，鉄鋼の国産化を目指して北九州に八幡製鉄所を設立したが，北九州が選ばれたのは，筑豊炭田から石炭が供給されたからである。1960年代後半に石炭から石油へと主要なエネルギーが転換するまで，石炭産業は日本の重要な産業であった。

エ× 明治初期の輸出品は，生糸や緑茶，水産物，石炭，銅といった1次産品が主であったが，政府の殖産興業により，徐々に綿糸や絹織物，綿織物などの工業製品が増えた。米や茶などの農作物が輸出総額のほとんどとあるのは妥当でない。また，明治時代の主要産業は軽工業で，重工業の輸出はほとんどない。なお，明治時代に入って米の生産高は上昇したが，非農業人口の増加により，米の国内需要が増大し，日清戦争後には朝鮮などから毎年米を輸入するようになった。

以上から，アとイが妥当であるので，肢1が正解となる。

第3章 近代から現代

正答 1

第3章 SECTION 1 近代から現代 明治時代

実践 問題 34 基本レベル

頻出度 地上★★ 国家一般職★★ 東京都★★ 特別区★★
裁判所職員★★ 国税・財務・労基★★ 国家総合職★★

問 明治時代前半に関する記述として最も妥当なのはどれか。 （国Ⅱ2009）

1：江戸幕府下で締結されたアメリカ合衆国との不平等条約の改正を目的に，いわゆる岩倉使節団が派遣され，外務卿の大久保利通は関税自主権を認めさせることに成功し，同権を回復させた。
2：国交樹立を朝鮮に拒否されたため，明治政府は西郷隆盛を大使とする使節団を朝鮮に派遣し，領事裁判権等を盛り込んだ不平等条約である日朝修好条規（江華条約）の締結に成功した。
3：自由民権運動の中心人物であった板垣退助や江藤新平らは，武力を背景とした征韓論に反対し続け，江華条約の締結を不服とし，参議の職を辞して，明治政府に対する批判を強めた。
4：黒田清隆が起こした開拓使官有物払下げ事件などを契機に高まった政府批判を抑えるために，参議の伊藤博文を中心とした政府は，国会の開設を公約する国会開設の勅諭を発布した。
5：国会開設の勅諭が出された後，自由民権運動が活発化し，明治政府から追放された寺島宗則を党首とし，イギリス型議会政治の実現を主張する立憲改進党が結成された。

実践 問題 34 の解説

〈明治時代前半の出来事〉

1 × 岩倉使節団は，1871年に派遣されたが，副使として参加した大久保利通は外務卿ではなく，大蔵卿であった。この時の条約改正交渉では，日本側の法体系の未整備などを理由にほとんど相手にされず，関税自主権を認めさせることなどできなかった。関税自主権については，1894年に陸奥宗光外相がその一部を認めさせ，1911年に小村寿太郎外相が完全回復に成功した。

2 × 日朝修好条規締結の時（1876年），西郷隆盛はすでに下野していた。明治政府は発足とともに朝鮮に国交樹立を求めたが，鎖国体制をとっていた朝鮮はこれを拒否していた。政府内では西郷隆盛や板垣退助が武力行使も辞さない征韓論を唱えていたが，大久保利通らの反対にあって征韓派は下野（明治六年の政変）した。その一方で政府は1875年，江華島事件を契機に朝鮮に圧力をかけ，黒田清隆を全権使節として派遣し，日朝修好条規を締結した。当該条約は領事裁判権の容認などを盛り込んだ不平等条約であった。

3 × 板垣退助も江藤新平も征韓論者である。政府は1873年8月に西郷隆盛を使節として朝鮮に派遣し，その交渉がうまくいかなければ，派兵するという方針を内定していたが，帰国した岩倉使節団の大久保利通や木戸孝允は征韓論に反対し，10月に征韓論の方針が取り消された。このため，西郷や板垣ら征韓論者の参議が一斉に辞職，これを明治六年の政変という。その後，板垣退助らは士族の不満を背景に政府批判の運動を開始し，1874年に「民撰議院設立の建白書」を提出し，自由民権運動の口火が切られた。一方，江藤新平は郷里の佐賀で不平士族に迎えられて政府に対して反乱を起こした（佐賀の乱）。

4 ○ 開拓使長官黒田清隆は，政商の五代友厚に安価で官営事業を払い下げしようとしたため（開拓使官有物払下げ事件），これを契機に世論の政府批判が激化した。政府内では参議の伊藤博文と大隈重信が対立していたが，政府は世論の形成に大隈が関係しているとして1881年に大隈を罷免（明治十四年の改変），その一方で国会開設の勅諭を発した。これは民権派の悲願である国会開設を公約することによって，民権派の動きを抑えるとともに，政府主導による国会開設と立憲政治の実現を図るのが目的であった。

5 × イギリス型議会政治の実現を主張する立憲改進党の党首となったのは政府から追放された大隈重信である。国会開設の勅諭が発布されて国会開設の時期が決まると，「私擬憲法」が次々と発表されるとともに，民権派の政党が多く生まれた。大隈はイギリス型議会政治を目指す立憲改進党を結成，板垣退助の自由党とともに自由民権運動の中心的な政党となった。

正答 4

問 江戸時代末期から明治時代においてわが国が締結した条約に関する記述として，妥当なのはどれか。　　　　　　　　　　　　　　　　　　（東京都2008）

1：日米和親条約では，新潟や兵庫など4港を開き，アメリカの船に薪水，食料，石炭を供給することが定められ，この条約は，大老の井伊直弼が勅許を得て締結した。

2：日米修好通商条約では，通商は自由貿易とし，開港場に居留地を設けることが定められたが，日本に関税自主権はなく，アメリカに領事裁判権があり，この条約は，不平等な条約であった。

3：日清修好条規は，日清戦争の講和のために締結された条約であり，この条約では，清国は遼東半島と台湾を日本に譲渡し，日本は2億両の賠償金を清国に支払うことが規定された。

4：樺太・千島交換条約は，日本とロシアとの国境を明確にすることを目的とした条約であり，この条約では，両国の雑居地となっていた樺太をロシアが放棄して日本領とし，千島全島をロシア領とすることが規定された。

5：日朝修好条規は，日露戦争の結果，ロシアが朝鮮に対する日本の優越権を認めたために日本と朝鮮との間で締結された条約であり，この条約では，日本による朝鮮の独立国としての承認と朝鮮総督府の設置が規定された。

OUTPUT

実践 問題 **35** の解説

チェック欄

1回目	2回目	3回目

〈江戸末期から明治の条約〉

1 × 日米和親条約（1854年）では下田と箱館の2港が開港された。また，日米和親条約が締結された時の幕府の最高責任者は老中阿部正弘である。大老井伊直弼は1858年に勅許を得ないまま，日米修好通商条約を締結した。

2 ○ 日米修好通商条約（1858年）では神奈川・長崎・新潟・兵庫の4港を開港した。領事裁判権の容認や日本に関税自主権がないなどの点で，日本にとって不平等条約であった。アメリカに続いて，オランダ・ロシア・イギリス・フランスとも同等の条約を結んだ。これらを総じて安政の五カ国条約という。

3 × 日清戦争の講和のために締結されたのは下関条約（1895年）である。日清修好条規（1871年）は日清間の最初の条約で，日本が外国と結んだ初めての対等条約である。下関条約においては台湾と遼東半島が日本に割譲されるとともに，清国が日本に賠償金を支払うことが規定された。

4 × 幕末以来，ロシアとの間で樺太の帰属が懸念となっていたが，1875年には樺太・千島交換条約を締結し，日本は樺太に持っていた権利の一切をロシアに譲り，樺太がロシア領，千島全島が日本領に定められた。その後，日露戦争に勝利してロシアと締結したポーツマス条約（1905年）によって，樺太の北緯50度以南が日本領となった。

5 × 日朝修好条規（1876年）は，前年の江華島事件を契機に締結された条約である。釜山など3港が開港され，日本の領事裁判権が容認されるなど，朝鮮にとって不平等条約であった。日露戦争後の日本は，アメリカとイギリスに韓国の保護国化を承認させ，1905年に第2次日韓協約を締結して韓国の外交権を奪い，統監府を置いて統治にあたった。その後，1907年に締結された第3次日韓協約によって韓国の内政権を奪い，軍隊を解散させた。なお，朝鮮総督府が設置されたのは1910年の韓国併合後である。

第3章 近代から現代

正答 2

近代から現代 明治時代

実践 問題 36 基本レベル

頻出度 地上★★★ 国家一般職★★ 東京都★★★ 特別区★★★
裁判所職員★★ 国税・財務・労基★★ 国家総合職★★

問 日清戦争から日露戦争にかけての出来事に関する記述として，妥当なのはどれか。 (東京都2010)

1：日清戦争は，朝鮮で江華島事件が起こったことから，日本が朝鮮政府の要請を受けて朝鮮へ出兵し，清国もこれに対抗するため出兵して朝鮮王宮を占拠し，日本国艦隊を攻撃して始まった。

2：清国は，下関条約で朝鮮の独立と遼東半島及び台湾・澎湖諸島を日本に譲ることを認めたが，ロシア，フランス及びドイツが，遼東半島と台湾を清国に返還するよう要求したことから日本は台湾の返還を受け入れた。

3：日本は，北清事変の鎮圧後もロシアが満州を占領し撤退しなかったことから日英同盟を結び，日本とイギリスは，清国におけるイギリスの権益と清国及び韓国における日本の権益とを相互に承認した。

4：日露戦争は，日本が旅順のロシア軍を攻撃して始まり，日本は，多大な損害を出しながらも旅順や奉天で勝利したが，日本海海戦でバルチック艦隊に敗れて戦争継続が困難となった。

5：日本とロシアとの間でポーツマス条約が結ばれ，この条約でロシアは，韓国における優越権を日本に認め，旅順・大連の租借権と長春以南の鉄道の利権及び賠償金の支払いを約束した。

OUTPUT

チェック欄		
1回目	2回目	3回目

実践 問題 **36** の解説 ―――――――――――

〈日清・日露戦争〉

1 ✕ 江華島事件（1875年）は日朝修好条規締結のきっかけとなった事件である。
日清戦争の契機となった事件は，東学党の乱（甲午農民戦争，1894年）で
ある。この朝鮮で起きた農民反乱を鎮圧するため，日清両軍が出兵し，乱
を鎮圧した。しかし，事後処理をめぐり両国が対立し，日清戦争（1894〜
1895年）が勃発した。

2 ✕ 下関条約後，ロシア・ドイツ・フランスが返還を求めたのは，遼東半島で
ある。台湾の返還は求めていない。大国に対抗できる力のない日本はやむ
なく３カ国の要求を受け入れ，遼東半島を清国に返還した。これを三国干
渉という。返還後，ロシアが遼東半島南部の旅順や大連を，ドイツは山東
半島の膠州湾を，フランスは広州湾を租借地とした。

3 ◯ 北清事変とは，1900年の義和団事件に対して日本を含む列強諸国が出兵し
て鎮圧し，義和団に同調して各国に宣戦布告した清国が北京議定書で謝罪
して莫大な賠償金を支払うとともに北京などに列強の守備兵を置くことを
認めるに至った一連の事件を指す。鎮圧後もロシアは満州から撤兵しよう
とせず，これを事実上占領していた。これに対して，ロシアの極東進出を
危惧していたイギリスと日本は1902年に日英同盟を結び，協力してロシア
の南下政策に対抗する姿勢をとった。

4 ✕ 日本は，日本海海戦でロシアのバルチック艦隊を打ち破り，勝利している。
旅順のロシア要塞の陥落と日本海海戦の勝利で，戦局は日本に有利になっ
たものの，戦費がかさみ，戦争を継続するのは財政的に苦しくなっていた。
そのため，日本はセオドア＝ルーズベルト米大統領に仲介を頼み，ポーツ
マス条約を締結する運びとなった。

5 ✕ ポーツマス条約では，賠償金の支払いについては取り決められなかった。
この結果に不満を抱く民衆が，東京の日比谷公園で反政府集会を行い，大
暴動に発展した。これを日比谷焼打ち事件という。

第3章 近代から現代

正答 **3**

LEC東京リーガルマインド　2022-2023年合格目標 公務員試験 本気で合格！過去問解きまくり！　111
⑤人文科学Ⅰ

第3章 SECTION 1 近代から現代
明治時代

実践 問題 37 応用レベル

問 日清戦争又は日露戦争に関する記述として、妥当なのはどれか。

(特別区2021)

1：1894年に、朝鮮で壬午事変が起こり、その鎮圧のため朝鮮政府の要請により清が出兵すると、日本も清に対抗して出兵し、8月に宣戦が布告され日清戦争が始まった。

2：日清戦争では、日本が黄海海戦で清の北洋艦隊を破るなど、圧倒的勝利を収め、1895年4月には、日本全権伊藤博文及び陸奥宗光と清の全権袁世凱が下関条約に調印した。

3：下関条約の調印直後、ロシア、ドイツ、アメリカは遼東半島の清への返還を日本に要求し、日本政府はこの要求を受け入れ、賠償金3,000万両と引き換えに遼東半島を清に返還した。

4：ロシアが甲申事変をきっかけに満州を占領したことにより、韓国での権益を脅かされた日本は、1902年にイギリスと日英同盟を結び、1904年に宣戦を布告し日露戦争が始まった。

5：日露戦争では、日本が1905年1月に旅順を占領し、3月の奉天会戦及び5月の日本海海戦で勝利し、9月には、日本全権小村寿太郎とロシア全権ウィッテがアメリカのポーツマスで講和条約に調印した。

OUTPUT

実践 問題 **37** の解説

チェック欄		
1回目	2回目	3回目

〈日清戦争と日露戦争〉

1× 壬午事変は1882年に朝鮮で起きた反日クーデタであり，日清戦争の契機となった事件ではない。1894年に朝鮮で起きた，日清戦争の契機となった事件は甲午農民戦争（東学党の乱）である。

2× 下関条約における清の全権は李鴻章である。袁世凱は中華民国の初代大総統となった人物である。

> **■下関条約**
> ・清国は朝鮮の独立を認める
> ・遼東半島，台湾，澎湖諸島を日本に割譲
> ・賠償金2億両

3× 三国干渉についての記述であるが，遼東半島の返還を求めたのはロシア・フランス・ドイツの3国であった。

4× ロシアが満州を占領する契機となったのは，甲申事変ではなく北清事変である。甲申事変は朝鮮において親日派である独立党が日本の援助のもと，親清派である事大党から政権を奪取しようとした事件である。

5○ 日露戦争についての記述として正しい。日本は日本海戦でロシアのバルチック艦隊を全滅させたが，長期にわたる戦争は日本の国力が許すところではなく，一方，ロシア国内でも革命運動を皇帝が弾圧する血の日曜日事件が起こり，戦争継続が困難となったため，セオドア＝ルーズベルト米大統領のあっせんによって日本全権小村寿太郎とロシア全権ヴィッテ（ウィッテ）がポーツマス条約に調印した。

> **■ポーツマス条約**
> ・ロシアは韓国に対する日本の指導・監督権を全面的に認める
> ・旅順・大連の租借権，長春以南の鉄道とその付属の利権を日本に譲渡
> ・北緯50度以南のサハリン（樺太）と付属の諸島の譲渡
> ・沿海州とカムチャッカの漁業権を日本に認める
> ⇒ 賠償金がとれなかった

第3章 近代から現代

正答 5

LEC東京リーガルマインド　2022-2023年合格目標 公務員試験 本気で合格！過去問解きまくり！　113
⑤人文科学Ⅰ

第3章 SECTION 1 近代から現代 明治時代

実践 問題 38 基本レベル

頻出度 地上★★★ 国家一般職★★ 東京都★★★ 特別区★★★
裁判所職員★★ 国税・財務・労基★★ 国家総合職★★

[問] 日清戦争，日露戦争の頃における日本の東アジア進出に関する次の文中の下線部分ア～オのうちにおいて妥当なものが二つある。それらはどれか。

(地上2020)

　1894年，朝鮮をめぐる対立から日本と清との間に日清戦争が起こった。日清戦争では日本が勝利して下関条約が締結された。下関条約では遼東半島や台湾を日本に割譲することは明記されたが，ア条約内に賠償金について明記することができなかった。また，日本に対し，イロシアなどが日本に遼東半島の返還を求めたが，日本はこれに応じなかった。その後，義和団戦争などを通じて，ロシアが満州（中国東北部）に勢力拡張を図ると，ウロシアの勢力拡張を阻止したい日本とイギリスの利害が一致し，日英同盟が締結された。

　1904年に日露戦争が始まると，旅順や日本海海戦で日本がロシアに勝利し，翌1905年にはポーツマス条約が締結された。戦費や戦死者数について日清戦争と日露戦争を比較すると，エ日露戦争の方が戦費・戦死者数ともに少なかった。

　1906年に日本は満州に南満州鉄道株式会社（満鉄）を設立した。満鉄はオ鉄道経営だけでなく，沿線の鉱山開発なども進め，日本の満州経営の中心となった。一方，朝鮮（大韓帝国）に対しては統治権を奪って保護国化し，1910年には韓国併合を行った。

1：ア，ウ
2：ア，エ
3：イ，エ
4：イ，オ
5：ウ，オ

実践 問題 38 の解説

〈日清・日露戦争の頃〉

ア ✗ 日清戦争後の下関条約では，清から日本への賠償金が明記されている。日清戦争の賠償金により，軍備拡張が推進されるとともに，金融・貿易の制度面の整備が図られた。

イ ✗ ロシアやフランス，ドイツが日本に遼東半島の返還を日本に要求したことに対し，日本はこの勧告を受け入れた。

ウ ◯ 義和団事件後もロシアが満州に軍隊を駐屯させていたことから，1902年に日本とイギリスは日英同盟を締結した。

エ ✗ 日露戦争は機関銃や速射砲のような新兵器の登場によって，本格的な近代戦・物量戦となり，日露戦争の戦費は17億円に及んだ。日清戦争の時の戦費は約2億円あまりと，圧倒的に日露戦争のほうが多い。また，日露戦争における戦死者も，日清戦争の時の10倍のおよそ8万4千人といわれている。

オ ◯ 日露戦争後に日本の満州進出が本格化し，南満州鉄道株式会社（満鉄）が大連に設立され，ロシアから譲り受けた長春・旅順間の鉄道に加えて，鉄道沿線の炭鉱なども経営し，満州への経済進出の足がかりとなった。

以上から，ウとオが妥当であるので，肢5が正解となる。

正答 5

問 明治期の条約締結，改正に関する記述として最も妥当なのはどれか。

(国税・労基2010)

1：岩倉具視は，使節団の全権大使として欧米の近代的な政治や産業の状況を視察して帰国した。その後，政府は，自由貿易の開始や開港場における外国人居留地の設置などについて定めた日米修好通商条約を締結した。

2：井上馨外相は，外国人判事任用案の中止や領事裁判権の撤廃に重点を置いて英国と交渉を進め，領事裁判権の撤廃について同国の同意を得た。しかし，大津事件をきっかけに辞任に追い込まれ，条約改正には至らなかった。

3：小村寿太郎外相は，領事裁判権の撤廃と関税自主権の一部回復を求めて欧米諸国と交渉し，了承を得た。しかし，欧化政策の採用や外国人の内地雑居を認める方針が国民の反発を招いたため，辞任に追い込まれ，条約改正には至らなかった。

4：青木周蔵外相は，日米通商航海条約を締結し，米国との間で領事裁判権の一部撤廃に成功した。しかし，ノルマントン号事件により辞任に追い込まれ，関税自主権の回復については，交渉が中止された。

5：陸奥宗光外相は，日清戦争開戦を目前にして，領事裁判権の撤廃，最恵国待遇の相互平等，関税自主権の一部回復などを内容とする日英通商航海条約の調印に成功した。その後，政府は他の欧米諸国とも同様の改正条約を締結した。

OUTPUT

チェック欄		
1回目	2回目	3回目

実践 問題 **39** の解説

〈明治時代の外交〉

1 × **日米修好通商条約**は，江戸時代末期の1858年に大老井伊直弼とハリスの間で調印された条約である。**関税自主権の欠如や領事裁判権の容認**など，日本にとっての不平等条約であった。これを受け継いだ明治政府にとって条約改正は重要な課題であり，1871年には改正交渉のために，岩倉具視を大使とする遣欧使節団が渡航したが，交渉は失敗した。その後，使節団は欧米の近代的な政治や産業の発展状況を視察して帰国している。

2 × **井上馨**は外国人裁判官の任用や，外国人に日本国内を開放して営業活動や旅行・居住の自由を認めること（内地雑居）などと引き換えに領事裁判権を撤廃するという条件で諸外国と交渉を進めていた。しかし，この交渉を有利に進めるために井上が採用していた**極端な欧化政策**への反感は強く，また，井上案に対しては政府内からの激しい反対もあり，1887年に井上は交渉を中止して外相を辞任している。なお，大津事件を契機に辞職したのは青木周蔵外相である。青木は，イギリスと交渉を進め，領事裁判権の撤廃にイギリスも同意の意向を示すようになっていたが，1891年，おりしも**訪日中のロシア皇太子が警官に襲われるという大津事件**が起きた。青木は事件の責任をとって辞職し，交渉は中断された。

3 × **小村寿太郎**外相は，1911年，アメリカと交渉し，**関税自主権の完全回復を達成**している。これを契機に諸外国との不平等条約の改正も完了し，日本は条約上諸外国と対等の地位を得ることができた。なお，欧化政策の採用や外国人の内地雑居を認める方針が国民の反発を招いたため，辞任に追い込まれたのは井上馨である。

4 × 青木周蔵は大津事件を契機に辞職したため，条約改正交渉は中断した。**ノルマントン号事件**は井上馨在任中の1886年，紀伊半島沖でイギリス船ノルマントン号が沈没した際に，日本人乗客らを見捨ててイギリス人船長以下の乗組員が脱出した事件である。この事件で日本人乗客25人やインド人火夫らが死亡したが，イギリス領事による裁判の結果，船長らは無罪となったため，日本政府は激しく抗議して再審を要求，結果として船長は有罪となったものの，これを契機に条約改正に向けた世論が高まった。

5 ○ 日清戦争勃発直前の1894年7月，**陸奥宗光**外相は，イギリスと交渉し，**領事裁判権の撤廃と関税自主権の一部回復**に成功した。その後，イギリスに続き他の欧米各国とも新しい通商航海条約を締結している。

正答 5

問 大日本帝国憲法（明治憲法）下での政府と政党の対立に関する記述として最も妥当なのはどれか。
(国Ⅱ 2011)

1：憲法発布直後，黒田清隆首相は，政府の政策は政党の意向に左右されてはならないという超然主義の立場を声明していたが，我が国で初めての衆議院議員総選挙では，旧民権派が大勝し，第一回帝国議会では，立憲自由党など反藩閥政府の立場をとる民党が衆議院の過半数を占めた。

2：第一回帝国議会が開かれると，山県有朋首相は，満州を「利益線」としてその防衛のために軍事費を拡大する予算案を提出したが，政費節減・民力休養を主張する民党に攻撃され，予算案を成立させることができず，衆議院を解散した。

3：日清戦争の前後にわたり，政党は一貫して政府の軍備拡張に反対していたが，第3次伊藤博文内閣が地租増徴案を議会に提出したことを機に，政府と政党の対立が激化した。これに対し，政党側は合同して衆議院に絶対多数をもつ憲政党を結成したため，伊藤内閣は退陣し，かわって我が国で初めての政党内閣である犬養毅内閣が成立した。

4：初の政党内閣は内部分裂によりわずか4か月で倒れ，かわって第二次山県内閣が成立した。山県内閣は，政党の弱体化を機に，政党の力が軍部に及ぶのを阻むために軍部大臣現役武官制を廃止する一方で，文官任用令を改正し，主に高等文官試験の合格者から任用されていた高級官吏の任用資格規定を廃止して自由任用とした。

5：日露戦争後，藩閥勢力が天皇を擁して政権独占を企てているという非難の声が高まり，桂太郎や清浦奎吾らの政党人を中心に「閥族打破・憲政擁護」を掲げる第一次護憲運動が起こった。当時の西園寺公望内閣は，治安維持法を制定してこれを鎮圧しようとした。

OUTPUT

チェック欄		
1回目	2回目	3回目

実践 問題 **40** の解説

〈明治憲法体制下における政府と政党の対立〉

1 ○ 黒田清隆首相は，政府は政党の意見に左右されず不偏不党の立場をとるとの超然主義を宣言した。しかし，1890年の第1回衆議院議員総選挙では民党（民権派の流れをくむ勢力）が過半数の議席を占める結果となった。

2 × 山県有朋首相（第1次山県内閣）が「利益線」としたのは満州ではなく，朝鮮半島である。また，山県が提出した軍事費増強の予算案に対して，民党が政費節減・民力休養（租税を軽くして国民の経済力を養うこと）を主張して対立したことは正しいが，山県は民党の要求を一部受け入れる妥協案で乗り切り，予算案を成立させた。よって，衆議院は解散しなかった。

3 × 日清戦争中は政府と政党の争いを中止して挙国一致体制をとった。戦後も政府と自由党は共同歩調をとって軍備拡張などを盛り込んだ予算案を認めた。しかし，第3次伊藤内閣が地租増徴案を出すと，自由党や進歩党（立憲改進党の後身）が反対し，衆議院は解散され，自由党と進歩党が合併して憲政党を結成した。伊藤内閣退陣後，憲政党による第1次大隈重信内閣（隈板内閣）が生まれ，わが国で初めての政党内閣となった。なお，犬養毅内閣は昭和初期の内閣である。

4 × 初めての政党内閣である第1次大隈内閣が4カ月で終わったことは正しい。しかし，第2次山県内閣は政党の力を抑えるため，文官任用令を改正し，政党員が官吏になる道を制限，また，現役の大将・中将が軍部大臣になるという軍部大臣現役武官制を確立した。廃止したのではない。

5 × 桂太郎も清浦奎吾も政党人ではなく，いずれも護憲運動により打倒の対象となった。

> ■護憲運動
> 桂園時代 → 第1次護憲運動
> 清浦奎吾内閣（超然主義）→ 第2次護憲運動へ
> ⇒護憲三派による加藤高明内閣
> 1925年 普通選挙法・治安維持法

正答 1

SECTION 1 近代から現代 明治時代

実践 問題 41 基本レベル

問 明治時代の政治・外交に関する記述として最も妥当なのはどれか。

(国Ⅱ 2005)

1：新政府の指導により、諸藩はその藩士に対する俸禄を廃止し、政府が直接に藩士に対して家禄を与えることとなった。これを秩禄処分という。秩禄処分によって藩士に対する統制力を失った各藩は、政府に対して領地と領民の返上を申し出て、廃藩置県が行われた。

2：国会開設の勅諭が出ると、板垣退助らは立志社を創立して自由民権運動を主導した。さらに政府が内閣制度を発足させると、国会で政府と対抗できる勢力を確立するために、立志社を発展解消して立憲改進党を結党した。

3：大日本帝国憲法発布後最初の衆議院選挙で自由党と立憲改進党を中心とする民党が衆議院の議席の過半数を獲得すると、両党は合同して憲政党を結成し板垣退助が首相となった。また、憲政党は、後に山県有朋が党首となるなど、我が国の政党の主要な存在となった。

4：日清戦争で日本が勝利し下関条約が結ばれた。この条約により遼東半島が日本に割譲されたが、ロシアがフランスとドイツとともに同半島を清に返還することを要求した結果、日本はその要求を受け入れた。後に、ロシアは遼東半島にある旅順・大連港を清から租借した。

5：北清事変が起きると、日本を含む列強は連合軍を派遣して清を降伏させた。日本はこれを機に朝鮮半島における権益を守ることを目的として満州全域を占領したが、シベリア東部に進出していたロシアと対立することとなり、北清事変の翌年には日露戦争が勃発した。

OUTPUT

実践 問題 **41** の解説

〈明治時代の政治・外交〉

1 × 　秩禄処分とは，旧幕府や旧藩に代わって政府が士族たちに支給していた家禄を打ち切る政策である。これは廃藩置県後に実施された。士族らへの支給額は国家財政の約30％を占めて大きな負担となっていたので，政府は財政負担を軽減するため，秩禄処分に踏み切ったが，この結果，士族の不満が高まることになった。また，「領地と領民の返上を申し出」とは廃藩置県ではなく，藩主が天皇に申し出た版籍奉還である。

2 × 　国会開設の勅諭以前に立志社は結成されている。また，立憲改進党は大隈重信が発足させた政党であり，板垣退助が発足させたのは自由党である。

3 × 　第1回の選挙で，民党が過半数の議席を占めたことは事実だが，その結果，憲政党が発足して板垣退助が首相になったのではない。選挙後に発足したのは第1次山県有朋内閣である。板垣が首相になったことはない。また，憲政党は自由党と立憲改進党が合同したのではなく，自由党と進歩党が合同して成立したものである。のちに憲政党による日本初の政党内閣として大隈重信と板垣退助による第1次大隈重信内閣が発足したが，内部対立により4カ月ほどで終わった。山県は長州閥・軍閥の巨頭として組閣し，政党の影響力が官僚や軍部に及ぶのを防ぐため，文官任用令を改正，軍部大臣現役武官制を定めた元老の一人である。

4 ○ 　ロシアは不凍港を求めていたため，日本が下関条約によって遼東半島を清に割譲させたことを受けて，ドイツとフランスとともに三国干渉を行った。国際的な摩擦を恐れた日本はこれに応じ，清朝に遼東半島を返還した。これを契機にロシア，ドイツ，フランスは清朝からそれぞれ租借地を得た。

5 × 　北清事変を契機に満州を占領したのはロシアである。北清事変は1900年に扶清滅洋を掲げた義和団が北京の外国公使館を包囲し，清朝がこれにおされて列強に宣戦した事件で，日本を含む8カ国連合軍がこれを鎮圧した。事件後，朝鮮半島の権益を守りたい日本は満州占領を継続させているロシアとの対立を深め，1902年に日英同盟を締結，1904年には日露戦争となった。したがって北清事変の翌年に日露戦争が勃発したのではない。

正答 **4**

第3章 SECTION 1 近代から現代 明治時代

実践 問題 42 基本レベル

頻出度 地上★★★ 国家一般職★★★ 東京都★★ 特別区★★
裁判所職員★★ 国税・財務・労基★★★ 国家総合職★★★

問 明治憲法公布から明治末（1889年〜1912年）までの説明として妥当なものはどれか。 (地上2016)

1：日本は近代的な立憲君主制の確立により近代化を進めたが，開国時に列強と結んだ条約の改正には進展がなく，関税自主権の回復や領事裁判権の廃止は実現できなかった。

2：八幡製鉄所など重工業が発展をしたが，産業の中心は依然として軽工業であった。特に輸出においては生糸や綿糸，絹織物や綿織物などの繊維製品が大部分を占めた。

3：明治憲法では議院内閣制をとっており，衆議院で最も議席の数が多い政党が内閣を組織する政党政治が行われた。

4：当初，衆議院の選挙権は納税額など一定の基準を満たす男性のみに与えられていたが，その後，納税額や性別に関わりなく選挙権が与えられるようになった。

5：初等教育は義務教育でなかったために，教育は受ける者の数は大きくは増えずに，国民の就学率は低い水準にとどまった。

OUTPUT

実践 問題 42 の解説

〈明治時代の政治・経済〉

1 × 明治時代に大日本帝国憲法の発布（1889年）など、立憲君主制の確立により近代化を進めたことは正しいが、1894（明治27）年に陸奥宗光外相により領事裁判権の撤廃と関税率の引き上げ（関税自主権の一部回復）が、1911（明治44）年に小村寿太郎外相のもとで関税自主権の回復も実現している。

2 ○ 日清戦争後に軍備拡張を急ぐ政府は、重工業の基礎となる鉄鋼の国産化を目指して官営八幡製鉄所を設立した。八幡製鉄所は1901（明治34）年に操業を開始したが、当時の産業の中心は依然として軽工業であった。開国当初は、生糸や緑茶、水産物が輸出品であったが、1899（明治32）年は生糸、綿糸、絹織物などが輸出品となり、1913（大正2）年には、生糸や綿糸、絹織物に加えて綿織物が輸出されるようになった。特に生糸は昭和の戦前期まで重要な外貨獲得商品であった。

3 × 明治憲法では議院内閣制を採っていない。議院内閣制が採られるのは第2次世界大戦後の日本国憲法である。明治時代には元老が後継首相候補者を天皇に推薦するなど、重要な政治問題について国家の最高機関的な役割を果たしていた。このため、1912（大正元）年に桂太郎が元老会議によって首相になると、「閥族打破・憲政擁護」をスローガンに第1次護憲運動が起こったのである。

4 × 明治時代には、選挙権は納税額など一定の基準を満たす男性のみに与えられていた。納税額にかかわりなく、25歳以上の男性に選挙権が与えられたのは1925（大正14）年、普通選挙法の成立による。また、女性に参政権が与えられるのは、第2次世界大戦後のことになる。

5 × 1890（明治23）年に小学校令が改正され、尋常小学校3年あるいは4年の義務教育が明確化された。また、1900（明治33）年に義務教育の授業料が廃止されたため、明治末期には就学率が90％を超えるに至った。したがって、国民の就学率が低い水準にとどまった、とあるのは妥当でない。

正答 **2**

SECTION 1 近代から現代 明治時代

実践 問題 43 基本レベル

頻出度 地上★★★ 国家一般職★★★ 東京都★★★ 特別区★★★
裁判所職員★★★ 国税・財務・労基★★★ 国家総合職★★★

問 日本は，明治時代前半に，近代国家の基礎を築き，明治時代後半に近代化をさらに進展させた。明治時代後半（1890～1912年）の日本に関する次の記述のうち，最も妥当なのはどれか。　　　　　　　　　　　　　　　　（地上2012）

1：朝鮮半島を植民地化するなど，東アジアへの進出を拡大させた。しかし，欧米列強との不平等条約改正交渉は進展せず，領事裁判権の撤廃や関税自主権の回復は，いずれも明治時代には実現しなかった。

2：第1回衆議院議員総選挙が行われ，反藩閥を掲げる民党が過半数を占め，民党による初の政党内閣が成立した。政党内閣はその後も続き，藩閥勢力は急速に弱体化した。

3：重工業の発展が進み，明治時代末期には機械工業が日本の最大の輸出品となった。一方，軽工業は衰退し，開国以来，主要輸出品となっていた綿糸や生糸は，急速に輸出されなくなっていった。

4：初等教育における義務教育制度が整えられた。しかし，義務教育は男子のみに課せられており，女子については任意であったため，女子の就学率は明治時代末期においても低いままであった。

5：工場労働者のストライキや，労働組合の結成など，労働運動の活発化がみられた。社会主義運動も展開されたが，大逆事件で多くの社会主義者が検挙され，大きな打撃を受けた。

直前復習

OUTPUT

実践 ▶ 問題 **43** ▶ の解説 ────────

〈明治時代後半の政治〉

1 ✕ 不平等条約の改正は，明治政府の重要な課題であった。当初は改正交渉がなかなか進展しなかったが，1894年に外相陸奥宗光のもとで領事裁判権の撤廃が実現，1911年に小村寿太郎外相のもとで関税自主権の回復も達成された。したがって，領事裁判権の撤廃や関税自主権の回復は，いずれも明治時代に実現している。

2 ✕ 第1回衆議院議員総選挙（1890年）が行われた結果，反藩閥を掲げる民党が過半数を占めたことは正しいが，この選挙は第1次山県有朋内閣のもとで実施されたもので，選挙後の議会では民党は「政費削減・民力休養」を唱えて，第1次山県内閣と激しく対立した。したがって，第1回総選挙後に初の政党内閣が成立したとあるのは妥当でない。1898年に初の政党内閣として第1次大隈内閣（隈板内閣）が成立したが，これは短期で瓦解し，本格的な政党内閣は1918年に成立した原敬内閣である。

3 ✕ 明治時代の産業・輸出の中心は綿糸や生糸である。一方，重工業は，八幡製鉄所が1901年から操業を開始，日露戦争後には生産が軌道に乗るなど，著しい発展をみたが，重工業が日本の産業で本格的に重要な地位を占めるようになるのは第1次世界大戦期で，明治時代末期の日本の主要産業は依然として軽工業であった。

4 ✕ 明治政府は1872（明治5）年に学制を公布し，男女に等しく学ばせる国民皆学教育の実現を目指した。しかし，学制は当時の現実とあまりにもかけ離れたものであり，授業料や小学校設立の負担も重かったので，学制反対一揆が発生，当初の就学率には男女差があった。しかし，1900年に義務教育期間の授業料が廃止され，就学率は1902年には90％を超えた。

5 ◯ 日清戦争前後の産業革命の進展期には待遇改善や賃金引上げを要求する工場労働者のストライキが始まり，労働組合が組織されるようになった。しかし，これらの労働運動は社会主義運動と結びついて発展しつつあったため，政府は治安警察法を制定して労働者の団結権，ストライキ権を制限して労働運動を取り締まった。1910年には明治天皇暗殺計画との理由で数百名の社会主義者や無政府主義者を検挙し，幸徳秋水らを大逆罪で死刑に処した（大逆事件）。

正答 5

近代から現代
大正時代から昭和初期

必修問題 セクションテーマを代表する問題に挑戦！

満州国建国から政党政治を終焉させた五・一五事件、日中戦争への流れを学びます。過去問を繰り返し、問われるポイントをマスターしましょう。

問 大正時代の政治・国際関係に関する記述として最も妥当なのはどれか。 (国税2011)

1：日清戦争後から昭和初期にかけて、政治・社会・文化の諸方面で、民主主義的・自由主義的な風潮が高まった。これを大正デモクラシーといい、この潮流は第一次世界大戦をまたいで都市から農村にまで広がったが、二・二六事件と呼ばれる政党内閣の崩壊により終焉を迎えた。

2：東京帝国大学教授の吉野作造は、主権は国民にあり、天皇はあくまで国家の機関であるとする天皇機関説を唱え、大正期の政党内閣を理論面から支えた。これに対し、同大学教授の美濃部達吉は、主権は天皇にあると反論し、日本の統治体制に関する論争が展開された。

3：第一次世界大戦末期には、華族でも藩閥出身者でもない原敬が首相となり、日本で最初の本格的な政党内閣が成立した。原内閣は、普通選挙法を成立させて国民の参政権を拡大するなど政治刷新を行う一方で、社会主義思想に対しては厳しい姿勢をとり、幸徳秋水ら社会主義者を大量検挙した。

4：米国大統領ウィルソンが民族自決の原則を提唱したことなどの影響から、朝鮮では、独立を求める動きが強まり、三・一独立運動が起こったが、日本はこれを軍隊・警察によって鎮圧した。また、中国では、北京における学生の抗議運動をきっかけに、五・四運動と呼ばれる激しい排日運動が起こった。

5：第一次世界大戦後、世界的な軍縮の機運の高まりを受けてワシントン会議が開かれ、太平洋の現状維持のための九か国条約、中国の主権尊重を定めた四か国条約などが調印された。この軍縮と列国の協調を基礎にした国際秩序をワシントン体制というが、日本はこれを受け入れず、孤立外交の道を進んだ。

必修問題の解説

〈大正期の国内外の政治〉

1 × 大正デモクラシーは，大正時代（1912～1926年）におけるデモクラシーの胎動であることから，「日清戦争（1894年）後から」というのは妥当ではない。また，政党内閣に終止符を打ったのは五・一五事件である。

2 × 天皇機関説を唱えたのは，吉野作造ではなく，美濃部達吉である。天皇機関説に対し，軍部や国家主義者が統治権の主体は天皇であると主張して，天皇機関説問題が起こった。吉野作造は民本主義を唱え，大正デモクラシーに理論的根拠を与えた人物である。

3 × 1918年，原敬が首相となって，わが国初の本格的な政党内閣が成立したことは正しいが，普通選挙法（1925年）を成立させたのは加藤高明内閣である。また，幸徳秋水ら社会主義者を大量検挙したのは第2次桂太郎内閣の時代で，これを大逆事件（1910年）という。

4 ○ ウィルソン米大統領が提唱した民族自決の原則を受けて，1919年3月1日，知識人・学生が中心となってソウルで独立宣言を発表，多くの民衆が「独立万歳」を叫んで運動に合流し，運動は朝鮮全土に拡大した。日本はこれに武力鎮圧で臨み，多くの犠牲者を出した（三・一独立運動）。また，中国でも日本の「二十一カ条の要求」を撤回するべく，同年5月4日，北京で反日・反帝の学生デモが起きた（五・四運動）。

5 × ワシントン会議を開催したアメリカの目的の1つは，東アジアにおける日本の膨張を抑制することにあり，ワシントン海軍軍縮条約で主力艦保有率は米英5に対し日本は3と低く抑えられた。しかし，政府はこれに調印し，協調外交の基礎をつくった。

■ワシントン会議

四カ国条約	太平洋の平和に関する条約　⇒　日英同盟の破棄
九カ国条約	中国の主権尊重，門戸開放，機会均等
海軍軍縮条約	主力艦保有量の制限

正答 4

近代から現代
大正時代から昭和初期

1 第1次世界大戦と日本

(1) 列強の接近
① 日本の中国進出とシベリア出兵
イギリスがドイツに宣戦すると，日英同盟を理由に日本もドイツに宣戦し，中国におけるドイツの根拠地を占領しました。また，袁世凱政府に「二十一力条の要求」を承認させ，ロシアで革命が起こるとシベリアに出兵します。

② 戦争中の好景気
ヨーロッパ列強が後退したアジア市場や欧米向けの輸出が増大し，貿易は大幅な輸出超過となり，海運業や造船業も空前の好況となりました。

③ ワシントン体制
アメリカの主導でワシントン会議が開催され，海軍軍縮条約や太平洋諸島に関する四カ国条約，中国に関する九カ国条約が締結されました。

(2) 社会運動の勃興と普通選挙運動
大戦中の産業の急速な発展により，労働者の数は大幅に増加しましたが，物価高でその生活は苦しくなり，労働運動が高揚します。

1918年には原敬を首相とする初めての本格的な政党内閣が成立しました。原は非華族で衆議院議員から首相になったので「平民宰相」とよばれました。

① 第2次護憲運動
貴族院の勢力を背景に清浦奎吾が組閣すると，憲政擁護運動が起こりました。

② 加藤高明内閣
普通選挙法（1925年）を成立させるとともに，治安維持法を成立させて，国体の改革や私有財産制度の否認を目的とする結社の組織者と参加者を処罰することを定めました。対外的には幣原喜重郎外相が協調外交を進め，1925年に日ソ基本条約を締結し，ソ連と国交を樹立します。

(3) 戦後恐慌から金融恐慌へ
第1次世界大戦後には戦後恐慌と関東大震災によって経済は打撃を受けます。その後，震災手形の処理問題で取付け騒ぎが起き，休業する銀行が続出し，金融恐慌となります。

① 田中義一内閣のモラトリアム（1927年）
若槻内閣が台湾銀行救済問題で退陣すると，田中義一が組閣し，モラトリアム（支払猶予令）を発することによって，金融恐慌を鎮めました。

② 浜口雄幸内閣と井上準之助蔵相

財政を緊縮して物価の引き下げを図り，産業の合理化を促進して国際競争力の強化を目指しました。1930年には金輸出解禁を断行します。

1920年代には再三，恐慌が発生しましたが，政府の対応は一時的なもので，工業の国際競争力の不足とインフレ傾向のために貿易の輸入超過が増大し，外国為替相場は非常に不安定でした。このため浜口内閣は外国為替相場の安定と経済界の整理を図ろうとしたのです。

③ 昭和恐慌

浜口内閣は不況を打開するため，金輸出を解禁しましたが，この頃発生した世界恐慌の影響もあって，輸出が大幅に減少し，企業の倒産が相次いで失業者が増大するなど経済は大混乱に陥りました。

2 軍部の台頭

(1) ロンドン軍縮会議（1930年）

浜口内閣は幣原喜重郎を外相に起用し，ロンドン海軍軍縮条約に調印しましたが，野党や海軍司令部，右翼などが統帥権の干犯であると政府を激しく攻撃しました。

(2) 満州事変

武力による満州支配を計画した関東軍は，1931年に柳条湖事件を起こし軍事行動を開始しました。第2次若槻内閣は不拡大方針を発表しますが，関東軍は軍事行動を拡大したため，内閣は総辞職し，犬養毅内閣が発足しました。

(3) 国際連盟脱退と五・一五事件

1932年に軍部が満州国を建国しましたが，犬養内閣は承認を拒否し，五・一五事件で犬養毅首相は暗殺されます。次いで斎藤実内閣が成立し，満州国を承認しましたが，1933年に国際連盟が日本の占領を不当として撤退勧告を発すると，日本は国際連盟を脱退しました。

五・一五事件で犬養毅首相が暗殺されたことにより政党政治に終止符が打たれました。

(4) 二・二六事件（1936年）

1936年には皇道派の陸軍青年将校らが兵を率いて政府要人を殺害し，永田町一帯を占拠した二・二六事件が起こります。まもなく鎮圧され皇道派は一掃されましたが，以後，皇道派と対立していた統制派を中心に軍部の発言権が強化されました。

問 護憲運動に関する記述として，妥当なのはどれか。　　　　（特別区2018）

1：立憲政友会の犬養毅や立憲国民党の尾崎行雄らの政党政治家，新聞記者，実業家たちは，「閥族打破・憲政擁護」を掲げて，第3次桂太郎内閣の倒閣運動を起こし，桂内閣は総辞職に追い込まれた。

2：憲政会総裁の加藤高明は，立憲政友会，革新倶楽部と連立内閣を組織し，国体の変革や私有財産制度の否認を目的とする運動を処罰し，共産主義思想の波及を防ぐことを目的とした治安警察法を制定した。

3：枢密院議長の清浦奎吾は，貴族院の支持を得て超然内閣を組織したが，これに反発した憲政会，立憲政友会，革新倶楽部の3政党は，内閣反対，政党内閣実現をめざして護憲三派を結成した。

4：立憲政友会総裁の原敬は，華族でも藩閥でもない衆議院に議席をもつ首相であったため「平民宰相」とよばれ，男性の普通選挙の実現を要求する運動が高まると，普通選挙法を制定し，25歳以上の男性に選挙権を与えた。

5：海軍大将の山本権兵衛は，立憲同志会を与党として組閣し，文官任用令や軍部大臣現役武官制の改正を行ったが，外国製の軍艦購入をめぐる海軍高官の汚職事件で世論の批判を受け，山本内閣は総辞職した。

OUTPUT

実践 問題 **44** の解説

チェック欄
1回目	2回目	3回目

〈護憲運動〉

1 × 犬養毅や尾崎行雄が中心となって「閥族打破・憲政擁護」を掲げて，第3次桂太郎内閣の倒閣運動を起こしたことは正しいが，犬養毅が立憲国民党，尾崎行雄が立憲政友会である。

2 × 加藤高明内閣が，国体の変革や私有財産制度の否認を目的とする運動を処罰し，共産主義思想の波及を防ぐことを目的に成立させたのは，治安警察法ではなく，治安維持法である。治安警察法は，日清戦争後の労働運動の高まりに対処するために，1900年に制定されたもので，政治結社や政治集会の届出義務などを定めた。

3 ○ 妥当である。1924年に貴族院や官僚の勢力を背景に清浦奎吾が超然内閣を組織すると，憲政会，立憲政友会，革新倶楽部の3党が護憲三派を結成し，憲政擁護運動を展開した（第2次護憲運動）。清浦内閣は議会を解散したが，総選挙の結果，護憲三派が圧勝し，憲政会総裁の加藤高明が3党の連立内閣（護憲三派内閣）を組織した。

4 × 立憲政友会の総裁である原敬が華族でも藩閥出身者でもなく，平民籍の衆議院議員だったので，「平民宰相」とよばれたことは正しいが，国民の期待に反して，原内閣は普通選挙制の導入には冷淡であった。普通選挙法を制定して，25歳以上の男性に衆議院議員の選挙権を与えたのは，護憲三派による加藤高明内閣である。

5 × 海軍大将山本権兵衛は立憲政友会を与党として組閣した。他の記述については妥当である。山本権兵衛は，文官任用令を改正して，政党員にも高級官僚への道を開き，また軍部大臣現役武官制を改めて予備・後備役の将官にまで資格を広げ，官僚・軍部に対する政党の影響力の拡大に努めたが，シーメンス事件が発覚すると，総辞職した。

第3章 近代から現代

正答 **3**

LEC東京リーガルマインド　2022-2023年合格目標 公務員試験 本気で合格！過去問解きまくり！　131
⑤人文科学Ⅰ

第3章 SECTION 2 近代から現代
大正時代から昭和初期

実践　問題 45　基本レベル

問　大正から昭和初期の我が国の出来事に関する記述として、妥当なのはどれか。
（東京都2016）

1：第一次世界大戦の開戦以来、我が国はアジア、アメリカ市場に軍需品を輸出したことで大戦景気と呼ばれる好況となり、設備投資が進んで生産性が向上したことから、大戦終結後も好況が継続した。

2：関東大震災の死者・行方不明者は10万人以上、壊れたり焼けたりした家屋は50万戸以上に上り、我が国の経済は大きな打撃を受け、企業の手持ちの手形が決済不能となり、日本銀行の特別融資でしのいだが、決済は進まなかった。

3：手形の処理法案を審議する過程で、一部の銀行の不良な経営状態が暴かれ、群衆が預金の払戻しを求めて行列する騒ぎが起こり、銀行の休業が続出する金融恐慌が発生し、モラトリアム（支払猶予令）によっても収拾できなかった。

4：世界恐慌が始まった翌年、我が国は、生産性の低い企業を救済することを目指して、輸入品の代金支払のために金貨や地金を輸出することを禁じたが、世界恐慌の影響を受け、昭和恐慌と呼ばれる恐慌に陥った。

5：我が国のゆきづまりの原因が財閥・政党などの支配層の無能と腐敗にあると考えた一部の将校が二・二六事件を起こし、岡田啓介首相を殺害して、大正末以来の政党内閣が終わった。

OUTPUT

チェック欄		
1回目	2回目	3回目

実践 問題 45 の解説

〈大正から昭和初期のわが国の出来事〉

1 ✗ 第1次世界大戦の開戦以来，わが国が軍需品を輸出して**大戦景気**となったことは正しいが，戦後はヨーロッパ諸国の復興が進み，その商品がアジア市場に再び登場してくると，日本経済は苦境に立たされ，**戦後恐慌**が発生した。

2 ○ 妥当である。政府は日本銀行に約4億3000万円を特別融資させたが，1926年の末時点で，そのうちの2億680万円が未決済であった。

3 ✗ **金融恐慌**が発生すると，時の若槻礼次郎内閣は経営が破綻した鈴木商店に対する巨額の不良債権を抱えた台湾銀行を緊急勅令によって救済しようとしたが，枢密院の了承を得られずに辞職，次いで成立した田中義一内閣が**モラトリアム（支払猶予令）**を発して，日本銀行から巨額の救済融資を行い，全国的に広がった金融恐慌をようやく鎮めた。したがって，モラトリアム（支払猶予令）によっても収拾できなかったとあるのは誤り。

4 ✗ 世界恐慌が始まった翌年，**浜口雄幸内閣**は産業の合理化（企業整理・経営の合理化）を促進して国際競争力の強化を目指し，**金輸出解禁**に踏み切ったのである。金輸出を禁じたのではない。しかし，日本経済はこの金解禁と，おりからの不況により，昭和恐慌とよばれる深刻な恐慌状態に陥った。

> 大戦景気 ⇒戦後恐慌
> ⇒関東大震災（1923年）⇒金融恐慌 ⇒モラトリアム（支払猶予令）
> ⇒世界恐慌 ⇒金解禁 ⇒昭和恐慌

5 ✗ **政党内閣を終焉させたのは，犬養毅首相が暗殺された五・一五事件である。**岡田啓介首相は二・二六事件の際の首相であったが，首相官邸を襲撃されたものの，あやうく難を逃れ，殺害はされていない。

第3章 近代から現代

正答 2

SECTION 2 大正時代から昭和初期

実践 問題 46 基本レベル

頻出度	地上★★★ 国家一般職★★★ 東京都★★ 特別区★★
	裁判所職員★★★ 国税・財務・労基★★★ 国家総合職★★★

問 昭和初期の日本経済に関するア〜エの記述を年代が古いものから順に並べたものとして妥当なのはどれか。　　　　　　　　　　　　（国税・労基2008）

ア：田中義一内閣は、恐慌の収拾に当たるため、緊急勅令によって3週間のモラトリアム（支払猶予令）を発し、日本銀行から巨額の救済融資を行い、全国的に広がった恐慌を鎮めた。

イ：浜口雄幸内閣は、膨張した財政を緊縮して物価の引下げを図りながら、産業の合理化を促進して国際競争力を強化しようとした。そして、金輸出解禁（金解禁）を断行した。

ウ：第1次若槻礼次郎内閣は、慢性化した不況を打開するため、震災手形の整理を図ろうとしたが、その処理をめぐる議会で銀行の経営悪化が問題となった。これをきっかけに預金者の銀行に対する不安が高まり、銀行への取付け騒ぎが起こり、銀行の休業が続出した。

エ：犬養毅内閣は、国内での通貨と金との兌換を停止し、管理通貨制度を導入した。通貨は、金の保有量に縛られずに、財政・金融当局の判断で自由に発行できるようになった。

1：イ→ウ→ア→エ
2：イ→エ→ウ→ア
3：ウ→ア→イ→エ
4：ウ→イ→ア→エ
5：ウ→エ→イ→ア

実践 問題 46 の解説

〈昭和初期の日本経済〉

ウ 第1次若槻礼次郎内閣は1926年1月から1927年4月までである。
前任の加藤高明首相が病死したため,組閣されたのが第1次若槻礼次郎内閣である。関東大震災のため現金に替えられなくなった手形(震災手形)の処理をめぐり,金融恐慌が起こった。若槻礼次郎内閣は台湾銀行救済のため,緊急勅令案を作成したが,枢密院に反対され,総辞職した。

ア 田中義一内閣は1927年4月から1929年7月までである。
田中義一内閣は第1次若槻礼次郎内閣の総辞職を受け,組閣された。若槻内閣総辞職の原因である金融恐慌をモラトリアムと日銀からの20億円の非常貸し出しによって収拾させた。しかし,張作霖爆殺事件をめぐり退陣した。

イ 浜口雄幸内閣は1929年7月から1931年4月までである。
田中義一内閣の後に組閣された。長引く不況を打開するため,金の輸出を解禁し,産業の合理化を図ったが,おりしも世界恐慌の影響を受け,昭和恐慌を引き起こしてしまった。一方,浜口内閣は外相に幣原喜重郎を起用し,協調外交を推進,ロンドン海軍軍縮条約に調印したが,これに対し軍部などは統帥権の干犯であると政府を激しく批判した。政府はこれらの反対を押し切って枢密院での条約の批准に成功したが,浜口首相はこれに反発する右翼に銃撃されて重傷を負い,翌年総辞職した。

エ 犬養毅内閣は1931年12月から1932年5月までである。
1931年4月に成立した第2次若槻礼次郎内閣のもとで満州事変が起こったが,内閣の不拡大方針を無視して関東軍が占領地を拡大したため,若槻内閣は総辞職した。その後に組閣されたのが犬養毅内閣である。犬養内閣は金本位制から離脱して管理通貨制度を導入することによって恐慌からの脱出を図ったが,満州国建国に反対したため,犬養首相は海軍の青年将校らに五・一五事件で暗殺された。これをもって戦前における政党内閣は終焉を迎えた。

以上から,年代の古い順に並べ替えると,ウ→ア→イ→エとなり,肢3が正解となる。

正答 3

SECTION 2 近代から現代 大正時代から昭和初期

実践 問題 47 基本レベル

頻出度 地上★★　国家一般職★★　東京都★★★　特別区★★★
　　　　裁判所職員★★　国税・財務・労基★★　国家総合職★★

問 わが国の第2次世界大戦前の内閣に関する記述として，妥当なのはどれか。
(特別区2002)

1：清浦奎吾内閣は，憲政会，革新倶楽部及び政友会の3党と提携して，貴族院の改革をめざして第2次護憲運動を起こしたが，虎ノ門事件で総辞職した。

2：加藤高明内閣は，普通選挙法を制定して満25歳以上のすべての男子に衆議院議員の選挙権をもたせるとともに，治安維持法を制定して国体の変革や私有財産制度の否認を目的とする結社の組織者と参加者とを処罰することとした。

3：若槻礼次郎内閣の井上準之助外相は，欧米列強とは協調外交を基本とし，日ソ基本条約で対ソ国交を実現し，また，中国に対する内政不干渉を方針とした。

4：田中義一内閣は，最初の普通選挙による衆議院総選挙により成立し，これ以後，衆議院の多数党の総裁を首相とする政党内閣制が憲政の常道として慣行となった。

5：犬養毅内閣の高橋是清蔵相は，わが国の経済を再建するために，緊縮財政政策をとって物価を引き下げ，企業整理・経営の合理化によって国際競争力を強め，輸出を増進させる方針をとった。

OUTPUT

チェック欄		
1回目	2回目	3回目

実践 ▶ 問題 **47** の解説 ────────────────

〈大正から昭和初期の内閣史〉

1 × 清浦奎吾内閣は政党内閣ではなく，政党の意見を無視した超然内閣である。そのため清浦内閣は「閥族打破・憲政擁護」を掲げた第2次護憲運動によって辞職に追い込まれた。なお，虎の門事件は第2次山本権兵衛内閣の時に起こった摂政宮裕仁親王（昭和天皇）狙撃事件で，これを機に山本は辞職した。

2 ○ 加藤高明内閣によって1925年に普通選挙法が制定され，納税額に関係なく満25歳以上の男子に選挙権が与えられた。これによって選挙権を持つ人は4倍に増えた。しかし，一方で同年，治安維持法を制定し，社会運動や労働運動を取り締まった。その後，同法は拡大解釈されていった。

3 × 日ソ基本条約が締結され，対ソ国交が実現したのは，加藤高明内閣の時で，外相は幣原喜重郎である。

4 × いわゆる憲政の常道とは1924年の加藤高明内閣から犬養毅内閣までの間に行われた政党政治のことを指す。1932年の五・一五事件で犬養が殺害されると，政党政治は終わり，軍部が政治に介入するようになっていた。

5 × 緊縮財政による産業の合理化をしたのは浜口雄幸内閣の井上準之助蔵相である。1930年金輸出を解禁したが，世界恐慌のあおりを受け，昭和恐慌を引き起こした。井上は1932年に右翼団体の血盟団によって暗殺された。

第2次山本権兵衛内閣（1923年）	虎の門事件によって総辞職。
清浦奎吾内閣（1924年）	超然主義をとったため第2次護憲運動が展開され総辞職。
加藤高明内閣（1924～26年） 幣原外交（協調外交）	護憲三派による政党内閣。 普通選挙法と治安維持法の制定。 日ソ基本条約を締結しソ連と国交樹立。
第1次若槻礼次郎内閣（1926～27年）	金融恐慌の発生　→　総辞職
田中義一内閣（1927～29年）	モラトリアムにより金融恐慌を鎮める。
浜口雄幸内閣（1929～31年）	金輸出の解禁　→　世界恐慌のあおりを受け，昭和恐慌を引き起こした。

第3章 近代から現代

正答 2

近代から現代
大正時代から昭和初期

実践 問題 48　応用レベル

問 我が国の恐慌に関する記述として，妥当なのはどれか。　（特別区2016）

1：加藤高明内閣は，震災手形の整理に着手したが，1927年に議会での高橋是清蔵相の失言をきっかけとする一部の銀行の経営悪化が世間に知られ，不安に駆られた人々が預金の引出しに殺到して，取付け騒ぎへと発展した。

2：若槻礼次郎内閣は，経営が破綻した鈴木商店に対する巨額の不良債権を抱えた台湾銀行を緊急勅令によって救済しようとしたが，衆議院で否決され，総辞職した。

3：田中義一内閣は，3週間のモラトリアムを発し，日本銀行からの非常貸出しによって，金融恐慌をしずめたが，金融恐慌で中小銀行の整理，合併が進み，三井・三菱・住友・安田・第一の5大銀行が支配的な地位を占めた。

4：浜口雄幸内閣は，蔵相に前日本銀行総裁であった井上準之助を起用し，金輸出禁止を断行したが，世界恐慌が発生していたため，日本経済は金輸出禁止による不況と世界恐慌の波及によって，深刻な恐慌状態に陥った。

5：犬養毅内閣は，円高で一時的に経営が苦しくなる企業の国際競争力を高めるために産業合理化政策をとり，1931年には基幹産業におけるカルテルの結成を促す重要産業統制法を制定した。

OUTPUT

実践 問題 **48** の解説

チェック欄

1回目	2回目	3回目

〈わが国の恐慌〉

1 ✕ 一部の銀行の経営悪化が世間に知られ，取付け騒ぎが起こり，銀行の休業が続出した「金融恐慌」は，若槻礼次郎内閣の時である。また，この時の蔵相は片岡直温である。高橋是清蔵相は，田中義一内閣の蔵相として３週間の支払猶予令（モラトリアム）を公布している。

2 ✕ 若槻礼次郎内閣は経営が破綻した鈴木商店に対する巨額の不良債権を抱えた台湾銀行を緊急勅令によって救済しようとしたことは正しいが，これを否決したのは枢密院である。このため，若槻礼次郎内閣は総辞職して田中義一内閣が成立した。

3 ◯ 妥当である。金融恐慌の過程で，中小銀行の整理・合併が進み，預金は大銀行に集中して５大銀行が支配的な地位を占めるに至り，財閥と政党との結びつきも深まっていった。

4 ✕ 浜口雄幸内閣は井上準之助（前日銀総裁）を蔵相に起用し，金輸出解禁に踏み切ったのである。その目的は為替相場を安定させて外国との貿易の振興を図り，あわせて産業の合理化を進め，日本企業の国際競争力を強化することにあった。しかし，金解禁（1930年）の前年の1929年にニューヨークのウォール街で株価が暴落し，世界恐慌が発生していたため，日本は金解禁と恐慌の二重の打撃を受け，深刻な恐慌状態となった（昭和恐慌）。

5 ✕ 産業合理化政策をとり，基幹産業におけるカルテルの結成を促す重要産業統制法（1931年）を制定したのは，浜口雄幸内閣である。

第３章 近代から現代

正答 **3**

第3章 近代から現代
SECTION ② 大正時代から昭和初期

実践 問題 **49** 〈 応用レベル 〉

頻出度	地上★	国家一般職★	東京都★	特別区★
	裁判所職員★	国税・財務・労基★		国家総合職★

問 第一次世界大戦から第二次世界大戦にかけての我が国の経済等に関する記述として最も妥当なのはどれか。 (国家一般職2019)

1 ：通貨制度については，第一次世界大戦以来，金本位制を停止していた中で，為替相場の安定を目的として，世界恐慌の最中に旧平価で金本位制に復帰した。しかし，深刻な不況に陥り，金が大量に海外に流出したため，政府は金輸出を再び禁止し，管理通貨制度に移行した。

2 ：化学工業は，第一次世界大戦中にフランスからの輸入が途絶えたために興隆した。その後，円高水準で金本位制に復帰したために輸入超過となり，生産が壊滅的な打撃を受けたため，管理通貨制度への移行後の円安でも輸出は回復しなかった。

3 ：農業では，第一次世界大戦中の米価高騰により米の生産量と農家の所得が増加したが，昭和恐慌で各種農産物の価格が暴落し，農業恐慌となった。多数の困窮した農民が都市労働者として都市に移住して農業生産量が激減したため，政府は植民地での米の増産に取り組むこととなった。

4 ：都市では，大戦景気を背景とした工業化と都市化の発展に伴い，俸給生活者が急増し，新中間層が形成された。昭和恐慌により失業者が増大すると，政府は満蒙開拓青少年義勇軍として失業者を満州に移住させることで都市の人口過剰を解消しようとした。

5 ：経済界では，大戦景気を背景に急速に拡大した鈴木商店などの新興企業を中心に新興財閥が形成された。新興財閥は，繊維工業や重化学工業といった製造業を中心とし，台湾，朝鮮，満州を拠点に，政党と結び付いて本土での経済基盤を拡大した。

実践 問題 49 の解説

〈戦間期の日本経済〉

1 ◯ 妥当である。金本位制は1871年に新貨条例で採用した，貨幣と金を自由に交換できる制度である。採用当時は，貿易決済に銀を使っていたこともあり，実態を伴っていなかったが，日清戦争の賠償金を準備金として本格的に採用。第１次世界大戦の際に，一時停止。1930年には金輸出を解禁したが，この際，旧平価での解禁とした。旧平価では，100円＝49.85ドルだったが，為替相場の実勢は100円＝46.5ドル前後だったので実質的には円の切り上げになった。その後，世界恐慌の打撃を受けて，1931年には犬養毅内閣の高橋是清蔵相が再び金本位制を停止。国が国内通貨を政策的に管理して物価を安定させる，管理通貨制度へ移行した。

2 × 化学工業が興隆したのは，フランスではなく，ドイツからの輸入が途絶えたからである。また，1931年に犬養内閣が金輸出再禁止を断行し，兌換制度が停止されて管理通貨制度となった後は，円安を利用して輸出振興が図られ，綿織物の輸出が世界１位となった。

3 × 第１次世界大戦中の好景気のもと，農産物の価格も上昇して農家の所得は増加した。しかし，工業労働者の増加と人口の都市集中が米の消費量を増大させたものの，寄生地主制のもと，農業生産は停滞しており，米価の高騰を招いた。したがって，米の生産量が増加したという記述に誤りがある。また，昭和恐慌によって，農村から都市に出稼ぎに出ていた労働者が職を失って帰村したため，農家は一層生活が苦しくなった。

4 × 満蒙開拓青少年義勇軍の説明に誤りがある。これは，日中戦争の影響で満州移民を送り出せなくなったために，1937年から若年層を送り出したものである。また，満州移民の目的は満州国を支えるためであり，都市の人口過剰の解消ではない。1930年に昭和恐慌が起こったが，1931年に犬養毅内閣の高橋是清蔵相が金輸出再禁止を決め，積極的な財政政策を実施したことにより景気は回復していった。この間，満州国が樹立され，当初は在郷軍人らによる満蒙開拓団が編成されて，多数の移民が送り込まれた。

5 × 大戦景気を背景に急速に拡大した鈴木商店は，1927年に関東大震災を契機に起こった金融恐慌で倒産している。新興財閥とは，昭和恐慌からの景気回復期に，目覚ましい発展を遂げた重化学工業を担った，日産や日窒などをいう。軍需，重化学工業を中心に急成長した新興財閥は，政党ではなく軍部と結びついて経済基盤を拡大していった。

正答 1

第3章 SECTION ② 近代から現代
大正時代から昭和初期

実践 問題 50 基本レベル

頻出度	地上★★★	国家一般職★★	東京都★★	特別区★★
	裁判所職員★★	国税・財務・労基★★		国家総合職★★

問 昭和初期の日本に関する次の文章中の下線部ア〜オに関する次の記述のうち，正しいものはどれか。
(地上2011)

　日本は長期にわたって不況が続いていたが，1930（昭和5）年には ア昭和恐慌が発生した。外交政策においては，浜口雄幸内閣のもとで行われた イロンドン海軍軍縮会議における日本の対応について，国内から批判が噴出した。不況を打開するため，中国大陸への積極的膨張の要求が高まり，1931（昭和6）年には ウ満州事変が引き起こされた。軍国主義が進展する中， エ政党政治を打倒するために，国家改造を目指して軍人や右翼による，政財界の要人を狙った事件が多発した。このような中，1937（昭和12）年には， オ日中戦争が発生した。

ア：不況を脱却するため，輸出の増加を目指して浜口内閣は金輸出解禁を断行した。しかし，これは世界恐慌の最中に行われたため，輸出が減少し，正貨が大量に海外に流出したため，深刻な不況に陥った。

イ：浜口内閣の外交方針は，アメリカ・イギリスに対する強硬姿勢であった。軍縮会議の交渉において，日本の主張が通らなかったため，日本は条約に調印せず，日本は国際的な孤立を深めていった。

ウ：関東軍は，中国大陸への勢力拡大を狙って，満州事変を引き起こし，満州国を建国した。中国はこれに対し非難したが，国際連盟は満州国の建設を承認し，日本の中国大陸進出は黙認された。

エ：政党政治は，五・一五事件などのクーデターによって何度も危機に陥った。しかし，これらのクーデターはいずれも失敗し，政党政治は，大政翼賛会の成立まで続いた。

オ：日本は，開戦後数カ月で中国の主要な都市を占領し，勝利を決定づけた。日本は，翌年には国民政府との間で講和を結び，戦争を終結させた。

1：ア
2：イ
3：ウ
4：エ
5：オ

実践 問題 50 の解説

〈昭和初期の日本〉

ア○ 第1次世界大戦後,日本は不況が続いた。このため浜口雄幸内閣は金の輸出入を自由化し,為替相場の安定を図るとともに,輸出の促進によって景気の回復を図ろうとして金の輸出解禁を行った。しかし,世界恐慌のあおりを受け,輸入超過となり,昭和恐慌を引き起こすことになった。

イ× 浜口内閣の外交政策は協調外交であり,ワシントン会議で手腕を振るった幣原喜重郎を外相として起用し,ロンドン海軍軍縮条約に調印した。この条約では補助艦保有率を英・米10に対し日本は7とすることが決められた。このため,こうした協調外交・軍縮政策に反対する国家主義団体の青年によって,浜口は狙撃され,満州事変が勃発したことで協調外交は挫折した。

ウ× 国際連盟はリットン調査団の調査に基づき,日本の権益を認めつつも,満州の主権は中国にあり,満州国建国は自発的な民族運動による結果ではないとし,満州国を承認しなかった。さらに日本軍の撤退も勧告したため,1933年,日本は国際連盟から脱退した。

エ× 1932年の五・一五事件によって犬養毅首相が暗殺され,政党政治は終結した。続く斎藤実内閣,岡田啓介内閣の頃から軍部の発言力が強くなり,二・二六事件後,軍部大臣現役武官制が復活し,軍部の政治に対する介入が一層強くなっていった。

オ× 1937年に盧溝橋事件から始まった日中戦争では,日本軍が上海や南京などを次々と占領したが,国民政府も重慶に退いて抗戦を続け,戦争は長期化した。日中戦争は1945年に日本の降伏によって終結した。

以上から,肢1が正解となる。

1931年	柳条湖事件:満州事変
1932年	五・一五事件 ⇒ 政党政治の終焉　満州国建国
1933年	国際連盟脱退
1936年	二・二六事件
1937年	盧溝橋事件:日中戦争
1941年	太平洋戦争
1945年	ポツダム宣言受諾

正答 1

S ECTION ②

第3章
近代から現代
大正時代から昭和初期

実践 問題 **51** 〈 基本レベル 〉

頻出度	地上★★★	国家一般職★★★	東京都★★	特別区★★
	裁判所職員★★★	国税·財務·労基★★★	国家総合職★★★	

問 我が国の20世紀前半の動きに関する記述として最も妥当なのはどれか。

(国家一般職2017)

1：1914年に始まった第一次世界大戦はヨーロッパが主戦場となったため，我が国は参戦せず，辛亥革命で混乱している中国に干渉し，同大戦中に清朝最後の皇帝溥儀を初代皇帝とする満州国を中国から分離·独立させた。

2：1917年，ロシア革命によりアレクサンドル2世が亡命すると，ロマノフ王朝は崩壊し，世界で最初の社会主義国家が誕生した。その影響が国内に波及することを恐れた我が国は，米国と石井·ランシング協定を結び，米国に代わってシベリアに出兵した。

3：1918年，立憲政友会総裁の原敬は，陸·海軍大臣と外務大臣を除く全ての大臣を立憲政友会党員で占める本格的な政党内閣を組織した。同内閣は，産業の振興，軍備拡張，高等教育機関の拡充などの積極政策を行った。

4：1920年に設立された国際連盟において，我が国は米国と共に常任理事国となった。1933年，国際連盟はリットン報告書に基づいて満州における中国の主権を認め，日本の国際連盟からの除名を勧告したため，我が国は国際連盟を脱退した。

5：1930年，浜口雄幸内閣は金の輸出禁止を解除したが，ニューヨーク株式市場の大暴落から始まった世界恐慌のため，我が国では猛烈なインフレが生じ，労働争議が激化した。そのため，同内閣は治安維持法を成立させ，労働争議の沈静化を図った。

実践 問題 51 の解説

〈20世紀前半の動き〉

1 × 1914年に第1次世界大戦が始まると，日本は日英同盟を理由に参戦して，中国におけるドイツの根拠地（青島）や権益を接収し，赤道以北のドイツ領南洋諸島の一部を占領した。また，満州国を樹立したのは1932年のことであり，これは第1次世界大戦が1918年に終了した後のことである。

2 × 石井・ランシング協定は，第1次世界大戦中に日本の中国進出を警戒したアメリカと日本との間で結ばれたもので，両国は中国の領土保全・門戸開放という原則を確認するとともに，日本が中国に対して特殊権益を持つことを認めた。したがって，ロシア革命やシベリア出兵とは関係がない。また，ロシア革命の際に退位したのはニコライ2世である。ニコライ2世が退位して社会主義政権が樹立されると，イギリス，フランス，アメリカ，日本が対ソ干渉戦争を行った。したがって，アメリカに代わって日本がシベリアに出兵とあるのも誤りである。

3 ○ 妥当である。原敬内閣は最初の本格的な政党内閣であり，鉄道敷設や産業の振興，高等教育機関の拡充などの積極政策を行ったが，普通選挙法には反対し，選挙権の納税資格を引き下げ，小選挙区制を導入するにとどまった。

4 × 1920年に設立された国際連盟で，日本は常任理事国となったがアメリカは国際連盟に参加していない。また，リットン報告書に基づいて，国連総会は満州国からの日本の撤兵と日本の満州国承認の撤回を勧告したのであり，日本の国際連盟からの除名を勧告したのではない。これを受けて日本は国際連盟を脱退した。

5 × 浜口雄幸内閣が金輸出解禁を断行したことは正しいが，世界恐慌の影響もあって猛烈なデフレが生じ，労働争議や小作争議が激増した。また，治安維持法は1925年に日ソ国交樹立による共産主義思想の波及を防ぎ，普通選挙法による労働者階級の政治的影響力の増大に備えるために，国体の変革や私有財産制度の否認を目的とする結社の組織者と参加者を処罰することを定めたもので，加藤高明内閣の時に成立している。

正答 **3**

SECTION 2 近代から現代
大正時代から昭和初期

実践　問題 52　基本レベル

問　近代の日本の経済に関する次のA～Dの記述の正誤の組合せとして最も適当なものはどれか。
（裁判所職員2015）

A：西南戦争期の緊縮政策の影響で、日本経済は激しいデフレ状態となったため、松方正義大蔵卿は、不換紙幣の発行で歳出を膨張させる政策を行った。その結果、物価が急騰したため農民生活は窮乏化し、土地を手放して小作農に転落するものが続出した。

B：産業革命期の日本では、工場労働者の大半を男性労働者が占めており、彼らは劣悪な環境の下、安い賃金で長時間労働に従事していた。日本最初の労働者保護法である工場法は、明治末になってようやく制定され、1日8時間労働制などが定められた。

C：1918年、シベリア出兵を当て込んだ投機的な米の買占めで米価が急騰すると、富山県の女性たちの行動をきっかけに、米騒動が全国各地で発生した。これを強硬策で鎮圧した寺内内閣は、世論の強い批判を浴びて総辞職した。

D：日中戦争期に国家総動員法が制定され、戦争に必要な労働力や物資を統制・運用する権限が政府に与えられた。政府は、これに基づいて国民徴用令を制定して、一般国民を軍需工場に動員し、また価格等統制令を制定して、公定価格制を導入した。

	A	B	C	D
1	正	正	誤	誤
2	正	誤	正	誤
3	誤	正	正	誤
4	誤	誤	正	正
5	誤	正	誤	正

OUTPUT

実践 問題 **52** の解説

チェック欄		
1回目	2回目	3回目

〈近代日本の経済〉

A ✕ 西南戦争期の不換紙幣の増発の影響で，日本経済は激しいインフレ状態となったため，松方正義大蔵卿は増税によって歳入の増加を図る一方，軍事費以外の歳出を徹底的に緊縮，不換紙幣を処分するデフレ政策をとった。その結果，米や繭などの物価が下落したため（松方デフレ），農民生活は窮乏し，土地を手放して小作農に転落するものが続出した。

B ✕ 産業革命期の日本では，工場労働者の大半を繊維産業従事者が占めており，その大部分は女性であった。女性労働者の多くは，苦しい家計を助けるために出稼ぎにきた小作農家などの子女たちで，賃金前借りや寄宿舎制度で工場に縛り付けられていた。劣悪な労働条件のもと，安い賃金で長時間労働に従事していたことは正しい。日本最初の労働者保護法である工場法は，資本家の反対もあって明治末期の1911年にようやく制定されたが，その内容は少年・女性の労働時間の限度を1日8時間ではなく，12時間とし，深夜業を禁止するものであった。しかし，適用範囲は15人以上を使用する工場に限られ，製紙業などに14時間労働，紡績業につき，期限付きで深夜業を認めるものであった。

C ◯ そのとおり。なお，寺内正毅内閣の総辞職を受けて，立憲政友会の総裁である原敬を首班とする内閣が成立した。原は，華族でも藩閥でもなく，衆議院に議席を持つ首相であったため，「平民宰相」とよばれて，国民から歓迎された。

D ◯ そのとおり。さらには1940年にぜいたく品の製造・販売を禁止し，砂糖やマッチなどの消費を制限する切符制がしかれ，翌年には米も配給制になるなど，生活必需品への統制が極端に強まった。一方，戦時体制の形成に伴って，国体論に基づく思想統制が厳しくなり，1937年には近衛文麿内閣によって，挙国一致・尽忠愛国・堅忍持久をスローガンに，節約・貯蓄などの国民の戦争協力を促すための国民精神総動員運動が展開された。

以上から，CとDが妥当であるので，肢4が正解となる。

第3章 近代から現代

正答 4

LEC東京リーガルマインド　2022-2023年合格目標 公務員試験 本気で合格！過去問解きまくり！　147
⑤人文科学Ⅰ

第3章
SECTION ② 近代から現代
大正時代から昭和初期

実践 問題 **53** 応用レベル

頻出度	地上★	国家一般職★	東京都★	特別区★
	裁判所職員★★★	国税・財務・労基★		国家総合職★

問 わが国の近現代の政治・行政に関する次のA～Dの記述の正誤の組合せとして最も適当なのはどれか。 (裁判所職員2013)

A 大日本帝国憲法には，日本国憲法のような地方自治に関する規定がなく，憲法以外の法令によって市制・町村制，府県制・郡制などといった地方自治に関わる諸制度が整えられた。

B 軍部大臣現役武官制は，陸海軍大臣に就任できるのは現役軍人でなければならないという規定であった。1912年には，これを利用した軍部によって第2次西園寺公望内閣が倒されたが，のちに現役規定がはずされ，大正から昭和初期にかけての政党内閣の時代には，文民が陸海軍大臣に就任した。

C 太平洋戦争が始まり，様々な統制強化が行われたあとも男子普通選挙のもとでの衆議院議員総選挙は実施された。この選挙では候補者の推薦制が導入され，反政府的とみなされて推薦が与えられなかった候補者は，警察の激しい選挙干渉を受けた。

D 大政翼賛会結成に伴って政党は解散したが，太平洋戦争の終結後，戦前からの政治家たちは，日本自由党や日本進歩党などの新しい政党を立ち上げた。また，戦後に結成された日本社会党は，わが国初めての合法無産政党である。

	A	B	C	D
1：	正	正	正	誤
2：	正	正	誤	正
3：	正	誤	正	誤
4：	誤	正	正	正
5：	誤	誤	誤	正

実践 問題 53 の解説

〈わが国の近現代の政治〉

A ○ 正しい。日本の地方自治の仕組みが整えられたのは日本国憲法制定以降であり、大日本帝国憲法体制下においては、地方は中央からの指揮命令を受けるにすぎず、「地方制度」でしかなかった。

B × 軍部大臣現役武官制は、陸海軍大臣に就任できるのは現役軍人でなければならないという規定であり、1912年に、これを利用した軍部によって第2次西園寺公望内閣が倒されたことは正しい。西園寺首相が陸軍による二個師団増設の要求を拒否したことから、陸軍大臣が退陣し、陸軍が後任を示さなかったことから内閣は総辞職せざるをえなかったのである。ただし、1913年に現役規定がはずされたが、以前として軍部大臣武官制は存続していたため、文民が陸海軍大臣に就任したのではない。再び、軍部大臣現役武官制が復活するのは二・二六事件の後であり、広田弘毅内閣による。以後、軍部の政治介入が一層強まった。

C ○ 正しい。1942年に東条英機内閣は、戦争翼賛体制の確立を目指し、5年ぶりの総選挙を実施し（翼賛選挙）、その結果、政府の推薦を受けずに立候補した鳩山一郎、尾崎行雄、芦田均、片山哲らは執拗な選挙干渉に悩まされ、結果、政府の推薦を受けた候補が絶対多数を獲得した。選挙後には、挙国一致的政治結社として翼賛政治会が結成され、議会は政府提案に承認を与えるだけの機関となった。

D × 前半は正しい。しかし、合法無産政党は、戦後の政党ではなく、戦前にも存在した。無産政党とは、ブルジョワなど有産階級ではなく、労働者などの無産者による政党で、本格的な無産政党の嚆矢としては片山潜らの社会民主党があるが、これは即日禁じられたから、問題のいう「合法無産政党」とはいえないが、戦前の合法的な無産政党としては、労働農民党（1926年）がある。

以上から、肢3が正解となる。

正答 3

SECTION ② 近代から現代
大正時代から昭和初期

第3章

実践 問題 **54** 応用レベル

頻出度	地上★　　　　国家一般職★★★　東京都★　　　　特別区★★ 裁判所職員★★★　国税・財務・労基★★★　国家総合職★★★

問 明治から昭和初期における政党に関する次のA～Dの記述の正誤の組合せとして最も適当なものはどれか。　　　　　　　　　　　　（裁判所職員2016）

A 初期議会において，民党と呼ばれた自由党は次第に政府と協調するようになり，これに反発した立憲改進党や国民協会などの残存民党は，平等条約の締結を要求して政府と激しく対立したので，政府は憲法を停止して議会を閉鎖した。

B 日清戦争後，日本で最初の政党内閣が誕生するなど政党は勢力を拡大してきたが，この頃から総理大臣経験者によって後継総理大臣を推薦する元老制度が定着して，以後，事実上の国家運営の最高機関として機能するようになった。

C 第一次護憲運動に対して，総理大臣の桂太郎は新党（のちの立憲同志会）を組織して対抗しようとしたが議会の少数派にとどまった。その後，立憲同志会は憲政会を経て立憲民政党に発展し，大正末から昭和初期にかけて，立憲政友会と交代で政権を担当した。

D 総理大臣寺内正毅が米騒動の責任をとって辞職した後，立憲政友会総裁の原敬が総理大臣に任命された。原は平民宰相と呼ばれて国民の期待を集めたが，それは原が華族でも藩閥出身でもなく，衆議院に議席を持つ最初の総理大臣だからである。

	A	B	C	D
1：	正	正	誤	誤
2：	正	誤	正	正
3：	誤	正	正	誤
4：	誤	誤	正	正
5：	誤	正	誤	誤

OUTPUT

実践 問題 **54** の解説

〈明治から昭和初期の政党〉

A × 初期議会において，民党とよばれた自由党が次第に政府と協調するようになり，これに反発した立憲改進党などの残存民党が，平等条約の締結を要求して政府と激しく対立し（不平等条約の改正問題），たびたび衆議院が解散されたことは正しいが，その際に憲法の停止や議会の閉鎖はされていない。なお，国民協会はもともと民党の対抗勢力を標榜していた吏党であったが，第2次伊藤内閣と自由党の接近に伴い，改進党などとともに対外硬派を形成し，伊藤内閣と自由党に対抗した。したがって，「国民協会などの残存民党」との記述も誤りとなる。

B × 元老とは明治国家の創建時に功労のあった者で，第2次世界大戦前に後継首相候補者の推薦など，重要な政治問題について天皇の諮問に答える国家の最高機関的役割を果たした政治家のことを指す。具体的には黒田清隆，伊藤博文，井上馨，西郷従道，大山巌，松方正義，桂太郎，西園寺公望を指す。この中には井上馨，西郷従道，大山巌など，内閣総理大臣を経験していない者も含まれるため，総理大臣経験者によって後継総理大臣を推薦する元老制度とあるのは誤り。

C ○ 妥当である。1916年に加藤高明を総裁とする立憲同志会を中心に諸政党が合同して憲政会が結成された。憲政会は普通選挙を求める運動の指導権を握り，軍備縮小を唱えて第2次護憲運動の主力となり，清浦奎吾内閣を倒して，護憲三派内閣を成立させた。1927年に憲政会は政友本党と合同して立憲民政党となり，立憲政友会とともに2大政党として交代で政権を担当した。

D ○ 米騒動により寺内内閣が総辞職すると，元老の山県も国民の政治参加の拡大を求める民衆運動の力を目の当たりにして政党内閣を認めるに至り，立憲政友会の総裁原敬を首班とする内閣が成立した。原は華族でも藩閥でもない，衆議院に議席を持つ首相であったため「平民宰相」とよばれた。

以上から，肢4が正解となる。

正答 **4**

第3章 近代から現代
SECTION 3 第2次世界大戦と戦後

必修問題 セクションテーマを代表する問題に挑戦！

日中戦争から太平洋戦争への流れと戦後の民主化を中心に学びます。

問 我が国の近代に関する記述として最も妥当なのはどれか。

(国Ⅱ 2007)

1：原敬内閣は1919年，第1次世界大戦後のパリでの講和会議に西園寺公望を全権として派遣し，中国政府に対して多額の賠償金支払いを要求した。しかし，中国政府が拒否したため，講和条約調印の日に東京で開かれた国民大会は暴動化し，いわゆる日比谷焼打ち事件に発展した。

2：アメリカ合衆国は1921年，海軍の軍備縮小及び極東問題を審議するため，ジュネーブ会議を招集した。会議では，日本，アメリカ合衆国，英国，中国によって四カ国条約が締結され，中国の領土と主権の尊重，中国における各国の経済上の機会均等などが約束された。

3：関東軍は1928年，反日的な満州軍閥の張作霖を爆殺した。当時，盧溝橋事件と呼ばれた，この事件の真相は国民には知らされなかった。田中義一内閣は，この事件を処理するため，中国関係の外交官・軍人などを集めて東方会議を開き，事件の不拡大方針を決定した。

4：齋藤実内閣は，1932年に日満議定書を取り交わして満州国を承認したが，1933年の国際連盟の総会において，満州における中国の主権を認める勧告案が採択されると，国際連盟脱退を通告し，独自で満州の経営に乗り出した。

5：近衛文麿内閣は，1937年の柳条湖事件に始まる日中戦争について，当初は不拡大方針に基づき中国政府との和平交渉を試みたが，半年も経たないうちに交渉に行き詰ったため，「国民政府を対手（あいて）とせず」として1938年に中国政府に対し，正式に宣戦布告を行なった。

Guidance ガイダンス

張作霖爆殺事件（満州某重大事件）
　　→　柳条湖事件・満州事変
　　　　　→　盧溝橋事件・日中戦争

頻出度	地上★★★　国家一般職★★★　東京都★★★　特別区★★★
	裁判所職員★★★　国税・財務・労基★★★　国家総合職★★★

チェック欄

1回目	2回目	3回目

必修問題の解説

〈日本近代史〉

1 × 日本は第1次世界大戦で中国と交戦しておらず，したがって中国政府に賠償金の支払いを要求していない。また日比谷焼打ち事件は，日露戦争の講和条約であるポーツマス条約の内容に不満を抱いた国民が日比谷公園で集会をしたことから起こった事件である。

2 × アメリカ合衆国が1921年に招集したのはジュネーブ会議ではなく，ワシントン会議である。また，中国の領土と主権の尊重などが約束されたのは，九カ国条約である。四カ国条約は日本，アメリカ合衆国，英国とフランスで締結されたもので，太平洋の平和に関する条約である。この結果，日英同盟が破棄された。

■ワシントン会議

四カ国条約	太平洋諸島の領土保全と安全保障を約し，日英同盟の破棄を決定。
九カ国条約	中国に対する機会均等と，中国の主権尊重，門戸開放を定め，石井・ランシング協定の破棄を決定。
海軍軍縮条約	主力艦保有率を取り決め。

3 × 関東軍が1928年に満州軍閥の張作霖を爆殺したのは張作霖爆殺事件であり，盧溝橋事件ではない。なお，東方会議（1927年）は，「満蒙は中国にあらず」として，満州における日本権益を実力で守る方針を決定したもので，その後に張作霖爆殺事件が起きている。

4 ○ 満州国は日本政府に承認されたものの，国際連盟はリットン調査団を派遣し，調査の結果，日本に対して，満州からの撤兵や満州における中国の主権を認める勧告案が出された。その結果，日本は国際連盟を脱退した。

5 × 日中戦争のきっかけは盧溝橋事件である。柳条湖事件は満州事変のきっかけとなった事件である。日中戦争勃発後，近衛内閣はドイツを通じて中国との和平工作を進めたが，日本側の厳しい和平条件に国民政府が難色を示したので，「国民政府を対手とせず」として，和平工作を断念した。

第3章　近代から現代

正答 **4**

近代から現代
第2次世界大戦と戦後

1 第2次世界大戦

(1) 統制の強化
1937年に盧溝橋事件から日中戦争が起こり，1938年に**国家総動員法**が制定され，その結果，国民徴用令や価格等統制令が発布されて，国民生活は戦争遂行体制へと組み込まれていきます。小学校は国民学校に改められ，国家主義的教育が推進されました。

(2) 第2次世界大戦
① 日独伊三国軍事同盟
　第2次世界大戦が勃発すると，政府は大戦不介入を宣言しましたが，第2次近衛文麿内閣は北部仏印進駐を進め，日独伊三国軍事同盟を締結します。
② 太平洋戦争
　第2次近衛文麿内閣はアメリカとの関係を調整するために日米交渉を開始していましたが，その後，日本が南部仏印進駐を実行すると日米関係は悪化します。1941年東条英機内閣が発足し，真珠湾攻撃を行い**太平洋戦争**が勃発しました。1942年のミッドウェー海戦の敗北から劣勢となり，1944年にはアメリカの本土空襲が開始され，アメリカ軍が沖縄本島に上陸，1945年8月に広島と長崎に原爆投下，さらにソ連が対日宣戦します。日本は**ポツダム宣言**を受諾して無条件降伏します。

2 第2次世界大戦後

(1) 占領
　1945年にポツダム宣言に基づき，アメリカが各地に進駐，マッカーサーを最高司令官とする連合国軍最高司令官総司令部（GHQ）が**間接統治**を行いました。

(2) 戦後の民主化政策

財閥の解体	GHQは日本の経済民主化のため，**財閥の解体**と資産の凍結を指令し，財閥が所有する持株を売却させた。
農地改革	政府は，自作農の創出を目的に，地主の貸付地を強制的に買い上げ，小作農に安く売り渡した。
労働組合法	労働者の団結権・団体交渉権・団体行動権を定めた労働組合法が制定（1945年）。47年には労働基準法が制定された。
教育の民主化	1947年に教育基本法が制定され，義務教育が6年から9年に延長され，学校教育法で，六・三・三・四の新学制が発足。教育の地方分権を目指して，都道府県や市町村に公選の教育委員会が設置。
新選挙法 （1945年）	婦人参政権を認めた新選挙法が制定され，46年の総選挙では39名の婦人代議士が誕生した。

INPUT

(3) 日本国憲法

　ＧＨＱ草案が政府に提出されると，大日本帝国憲法を改正する形式で日本国憲法の制定が進められ，衆議院と貴族院で一部修正・可決されて，公布されました。

(4)　戦後の復興と講和

① 経済安定9原則

　ＧＨＱは予算の均衡・徴税強化・物価統制などの経済安定9原則を指示します。アメリカはドッジ＝ラインに基づき，赤字を許さない予算案を作成させ，1ドル＝360円の単一為替レートを設定しました。

② 朝鮮戦争と講和

　1950年に朝鮮戦争の勃発に伴い，アメリカは自由主義陣営の拠点としての日本の役割に期待し，1951年に西側諸国のみとの間にサンフランシスコ平和条約が調印され，占領は終了しましたが，全面講和とはなりませんでした。同時に日米安全保障条約が調印され，米軍の駐留を認めました。また，朝鮮戦争におけるアメリカ軍の膨大な特需により日本の経済は復興します。

③ 日ソ共同宣言（1956年）

　鳩山一郎内閣は，共産主義諸国との関係改善を進め，北方領土問題は棚上げする形で日ソ共同宣言に調印しました。これを受けて，従来，日本の国連加盟を拒否していたソ連が支持にまわり，日本は国際連合加盟を果たします。

④ 55年体制と高度成長時代

　1955年には，自由民主党が議席の3分の2を，社会党が3分の1を占める保革対立のもとでの保守一党優位の政治体制が成立しました（55年体制）。55年体制は，1993年に非自民8党派の連立政権（細川護熙首相）が誕生し，終焉します。

　一方，1955年から73年の間，日本は高度経済成長時代を迎えます。しかし，急速な経済成長は深刻な公害問題を発生させました。

⑤ 日中共同声明（1972年）

　韓国との間には，1965年に佐藤内閣が日韓基本条約を締結して国交を樹立していました。中国とは1972年に田中首相が訪中，日中共同声明により国交を正常化します。1978年に福田首相が日中平和友好条約を締結しました。

⑥ 貿易摩擦から円高不況そしてバブル経済

　1980年代には，自動車や半導体部門での輸出が伸び，日本の貿易黒字が大幅に拡大したため，欧米諸国との間に貿易摩擦が起こります。1985年にはドル安誘導が合意され（プラザ合意），円高が急速に進み円高不況となりました。1987年頃からは，超低金利政策のもとで金融機関や企業にだぶついた資金が不動産市場や株式市場に投資目的で流入し，地価や株価が実体とはかけ離れて高騰しました（バブル経済）。

第3章　近代から現代

第3章 SECTION 3 近代から現代
第2次世界大戦と戦後

実践　問題 55　基本レベル

問　太平洋戦争が行われるまでの昭和時代について文中のア〜オについて妥当なものを選べ。
　　　　　　　　　　　　　　　　　　　　　　　　　　　　　　　　　（地上2006）

　1930年代に入ると、日本は不況を克服できないまま、世界恐慌に巻き込まれ、国民の生活は窮乏していった。政府はア国内経済の回復を図る一方で、イ大陸への膨張政策を進めていった。その中でウ軍事勢力が台頭し、1937年には全面的な日中戦争へと発展していった。エ経済と国民生活の統制が厳しくなる中、日本は日独伊三国軍事同盟を結び、南進政策へ転換していった。そして、1941年オ太平洋戦争が始まった。

1：ア　高橋是清蔵相は金輸出の解禁、緊縮財政、産業の合理化を進めたが、不況は改善しなかった。
2：イ　日本は大陸進出をするため、国際連盟を脱退し、関東軍による中国東北部、華北地区を占領して「満州国」を建国した。
3：ウ　二・二六事件を制圧した陸軍によって、軍人や官僚による挙国一致内閣が誕生し、政党政治に終止符が打たれた。
4：エ　国家総動員法が制定され、国民徴用令や価格等統制令が発布され、国民は戦争遂行体制へ組み込まれていった。
5：オ　日本軍は、太平洋戦争における最も激戦といわれたミッドウェー海戦で勝利し、半年で東南アジアおよび太平洋一帯を制圧したが、ソ連の参戦で徐々に劣勢へとなっていった。

実践 問題 55 の解説

〈太平洋戦争〉

1 × 金輸出解禁などを行ったのは高橋是清ではなく，浜口雄幸内閣（井上準之助蔵相）である。浜口内閣は長く続く不況に対抗するため，金輸出を解禁し，産業の合理化を図ったが，おりしも発生した世界恐慌のあおりを受け，昭和恐慌を引き起こす結果となった。

2 × 関東軍が1931年満州事変を起こし，満州国を建国したが，国際連盟からは満州からの撤兵などを勧告されたため，1933年に日本は国際連盟を脱退した。

3 × 政党政治が終わったきっかけは1932年の五・一五事件である。この事件で犬養毅首相が暗殺され，後任の斎藤実内閣が挙国一致内閣を発足させた。

4 ○ 日中戦争が長期化の様相を見せたので，政府は1938年に国家総動員法を発布し，言論や経済の統制を行った。さらに国民徴用令や価格等統制令を出し，国民の生活を締めつけ，戦争のために国民を動員できるシステムを形成していった。

5 × ミッドウェー海戦で日本軍は大敗し，以降，敗色が濃厚となっていった。また，ソ連の参戦は1945年8月，終戦直前のこと。

1937年	盧溝橋事件 → 日中戦争
1939年	第2次世界大戦勃発
1940年	ドイツ・イタリア・ソ連との連携強化，南進政策
	→ 北部仏印進駐，日独伊三国同盟，日ソ中立条約
1941年	太平洋戦争
1942年	ミッドウェー海戦の敗北 → 劣勢
1944年	本土空襲
1945年4月	米軍沖縄上陸
7月	ポツダム宣言発表
8月6日	広島に原爆投下
8月8日	ソ連の対日宣戦
8月9日	長崎に原爆投下
8月14日	ポツダム宣言受諾

正答 4

SECTION 3 第2次世界大戦と戦後

近代から現代

実践 問題 56 基本レベル

問 昭和初期から太平洋戦争に関する記述として妥当なのはどれか。 （地上2017）

1：1920年代にアメリカで始まった世界恐慌の国内経済への影響は，欧米諸国との貿易額が小さかったため，あまり受けず，1930年代の日本経済は好況であり，その恩恵は農村にも及んだ。
2：日本は中国東北部に満州国を建て，これを実質的に支配していたが，中国軍が満州国に侵攻した。この事件を満州事変という。この結果，満州国は崩壊し，日中戦争が開始された。
3：日本の陸海軍の青年将校や右翼運動家らは，首相や大臣の暗殺を企て五・一五事件や二・二六事件を起こしたが，要人の暗殺はいずれも失敗し，以後，軍部の発言力は弱まった。
4：政府は国民に対し，節約と貯蓄を促し，国家総動員法を制定した。これにより政府は議会の承認なく，物資や労働力を調達できるようになった。
5：日本は真珠湾を奇襲攻撃して，アメリカに宣戦した。一方，ソ連にも宣戦し，ソ連の極東地域に侵攻して，広大なシベリアを占領した。

OUTPUT

実践 問題 **56** の解説

〈昭和初期から太平洋戦争〉

1 × 1929年10月にニューヨーク株式市場での株価暴落が世界恐慌へと発展する中，日本では1930年1月に浜口雄幸内閣が，金輸出解禁（金解禁）を断行し，外国為替相場の安定と生産性の低い不良企業を整理・淘汰して日本経済の体質改善を図り，経済界の抜本的整理を図った。このため世界恐慌の影響に加え，金解禁によって深刻な不況となった（昭和恐慌）。昭和恐慌が発生すると米をはじめとする農作物の価格が暴落するとともに，アメリカの市場が縮小したことで生糸の輸出が激減，価格が下落し，農家の困窮は著しかった（農業恐慌）。

2 × 満州事変は，1931年に関東軍が奉天郊外の柳条湖で南満州鉄道の線路を爆破し（柳条湖事件），これを中国軍のしわざとして軍事行動を開始したことを指す。翌32年に関東軍は清朝最後の皇帝溥儀を執政として満州国の建国を宣言させた。その後，1933年に日本は国際連盟から脱退，1937年の盧溝橋事件から日中戦争が開始された。

3 × 五・一五事件では犬養毅首相が，二・二六事件では斎藤実内大臣，高橋是清蔵相らが殺害された。二・二六事件は陸軍の皇道派の一部青年将校らが起こしたもので，このクーデタは反乱軍として鎮圧されたが，以後，陸軍では統制派が主導権を確立し，陸軍の政治的発言力は一層強まった。

4 ○ 日中戦争が始まると政府は巨額の軍事予算を編成するとともに，直接的な経済の統制に踏み切り，軍需産業に資金や輸入資材を集中的に割り当てた。さらに，1938年に国家総動員法が制定され，政府は議会の承認なしに戦争遂行に必要な物資や労働力を動員する権限を与えられ，国民生活を全面的統制下においた。

5 × 日本が真珠湾を奇襲攻撃してアメリカ（およびイギリス）に宣戦したことは正しいが，それに先立って，南進政策を進め，北方の安全を確保するために1940年にソ連との間に日ソ中立条約を締結している。日本がソ連の極東地域に侵攻して広大なシベリアを占領したとあるのは妥当でない。ソ連は終戦間際の1945年8月8日に日ソ中立条約を無視して日本に宣戦布告し，満州や朝鮮に一挙に侵攻した。したがって，日本がソ連に宣戦したのではない。

正答 **4**

第3章 SECTION 3 近代から現代
第2次世界大戦と戦後

実践　問題 57　基本レベル

頻出度	地上★★★	国家一般職★	東京都★★	特別区★★
	裁判所職員★★★	国税・財務・労基★		国家総合職★

問　アジア・太平洋戦争開戦から終戦直前までの日本に関する下記の記述のうち，正しいものを 2 つ選んでいるものとして，妥当なのはどれか。　（地上2015）

ア：満州事変以降，急激に勢力を拡大した日本に対して，米国等は経済制裁を実施した。対米戦争を避けたい日本は米国との対話を継続したが難航し，交渉は妥結することなく米国等との戦争が始まった。

イ：開戦直後より日本は資源を求めて南進し，東南アジア，オーストラリア，ニュージーランドを次々に占領した。特にオーストラリアの地下資源の獲得は，日本の戦争遂行に大きく寄与した。

ウ：戦時中，日本は物資と労働力，兵力の不足から，物資を配給制とし，学生も労働力，兵力に当てることとなった。当時植民地であった朝鮮や台湾にも物資供給を強要したが，労働力や兵力は動員することはなかった。

エ：米国は広島と長崎に原爆を投下し，地上戦が日本本土に及んだことにより国力が急激に低下することとなる。連合国によるポツダム宣言が発表された直後に日本は降伏し，戦争が終結することとなった。

オ：終戦の直前，ソ連が日ソ中立条約を無視して満州・朝鮮への侵攻を開始した。そこでソ連に捕らえられた人々はシベリアに送られ，強制労働に従事させられることとなった。

1：ア，イ
2：ア，ウ
3：ア，オ
4：ウ，エ
5：イ，オ

実践 問題 57 の解説

〈日中戦争から太平洋戦争〉

ア○ そのとおり。日本が東亜新秩序の形成に乗り出すと、米国は1939年7月、日米通商航海条約の廃棄を日本に通告した。さらに三国同盟が結成されると、米国の態度が一層硬化した。1941年に南部仏印進駐が実行されると、米国は対日石油輸出の禁止を決定し、イギリスやオランダもこれに同調し、ABCD包囲陣が形成された。日米交渉の妥結を強く主張する近衛首相が退陣し、交渉の打ち切りと開戦を主張していた東条英機が組閣すると、同年12月の真珠湾奇襲攻撃を機に太平洋戦争が開始された。

イ× 日本が地下資源を求めて南進したことは正しいが、オーストラリアやニュージーランドは占領していない。日本はマレー半島、シンガポール、香港、ビルマ、インドネシア、フィリピンなどを制圧して軍政下においた。

ウ× 戦時中、学徒動員が行われたことは正しい。ただし、植民地であった朝鮮や台湾からも労働力や兵士を動員している。朝鮮では1943年、台湾では1944年に徴兵制が施行されている。

エ× 1945年の7月にポツダム会談が開催され、日本の無条件降伏と日本の戦後処理方針からなるポツダム宣言が発表されたが、日本政府はこれを黙殺すると発表、8月6日に広島に、9日に長崎に原爆が投下された。加えて8月8日に日ソ中立条約を無視してソ連が日本に宣戦布告し、満州・朝鮮に一挙に侵入した。こうした中、8月14日にポツダム宣言の受諾が宣言されたのである。ポツダム宣言の発表直後に日本が降伏したとあるのは誤り。また、地上戦が行われたのは沖縄であり、地上戦が日本本土に及んだとあるのも誤り。

オ○ 終戦直前のソ連の侵攻により、満蒙開拓移民をはじめ多くの日本人が悲惨な最期を遂げ、また、生き残った人々も引き揚げに際して非常に厳しい苦難にあい、多数の中国残留孤児を生む結果となった。

以上から、アとオが妥当であるので、肢3が正解となる。

正答 3

第3章 SECTION 3 近代から現代
第2次世界大戦と戦後

実践　問題 58　基本レベル

問 第二次世界大戦後のわが国に対する連合国軍最高司令官総司令部（GHQ）の政策に関する記述として，妥当なのはどれか。 （東京都2005）

1：GHQは，日本のポツダム宣言受諾の後，マッカーサーを最高司令官とし，日本を占領して，直接統治による占領政策を行った。
2：GHQは，日本の経済を民主化するため，財閥の解体と資産の凍結を指令し，持株会社整理委員会を発足させて財閥が所有する持株を売却させた。
3：GHQは，農業の生産性を高めるため，農地改革を実施し，全農地の半分近くを占めていた小作地を地主に集約し，寄生地主制を促進した。
4：GHQは，日本政府が作成した旧憲法の改正案について，修正の指示をすることなく原案どおり承諾し，帝国議会の審議の後，日本国憲法として公布した。
5：GHQは，ドッジ=ラインを示し，日本政府はこれを受けて経済安定九原則を定め，為替を固定相場制から変動相場制に移行した。

OUTPUT

実践 問題 **58** の解説

チェック欄		
1回目	2回目	3回目

〈GHQの政策〉

1× ドイツが米・英・仏・ソの4カ国により分割占領され，直接軍政のもとに置かれたのに対し，日本はマッカーサー元帥を総司令官とする連合国軍最高指令官総司令部（GHQ）の指令・勧告に基づいて日本政府が政治を行う間接統治の方法がとられた。マッカーサーは幣原喜重郎首相に対し五大改革を指示するとともに，政府による神社・神道への支援・監督を禁じ，国家神道を解体した。

> **■五大改革**
> ①婦人参政権の付与　②労働組合の結成奨励　③教育制度の自由主義的改革　④秘密警察などの廃止　⑤経済機構の民主化

2○ GHQは，日本経済の後進性を象徴する財閥・寄生地主制が軍国主義の温床になったとみて，経済機構の民主化を指示し，財閥の資産の凍結を命じ，持株会社整理委員会を発足させて，財閥が所有する株式を売却させ，財閥の解体を進めた。

3× 農地改革は寄生地主制を解体し，自作農（土地を所有する農民）を創出することが目的である。

> **■寄生地主（制）**
> 自らは田畑を耕すことなく，小作農（土地を所有しない農民）に土地を貸し付けて，高額の現物小作料を取り立てる大地主，またはその制度。

4× 最初に日本が示した憲法案は，天皇の統治権を認める保守的なものであったため，GHQは自から英文の改正草案を作成し，政府はこれに手を加えて政府原案として発表，大日本帝国憲法を改正する形式をとり，改正案は衆議院と貴族院で修正可決された後，日本国憲法として交付された。GHQが修正の指示をすることなく原案どおり承諾，とあるのは妥当でない。

5× ①GHQが1948年に予算の均衡や賃金の安定，物価統制などを含む経済安定9原則の実施を指令し，②これを実施させるためにドッジを招聘して具体策の策定にあたらせた。赤字を許さない超均衡予算，単一為替レートの設定など，一連の施策をドッジ＝ラインという。したがって，ドッジ＝ラインにより1ドルを360円とする固定相場制が採用された。固定相場制から変動相場制に切り替わったのは1970年代である。

正答 2

SECTION 3 近代から現代 第2次世界大戦と戦後

実践 問題 59 応用レベル

問 第二次世界大戦直後の日本の状況に関する記述として，妥当なのはどれか。
(東京都Ⅰ類B 2020)

1：ワシントンの連合国軍最高司令官総司令部（GHQ）の決定に従い，マッカーサーは東京に極東委員会（FEC）を置いた。
2：経済の分野では，財閥解体とともに独占禁止法が制定され，農地改革により小作地が全農地の大半を占めるようになった。
3：現在の日本国憲法は，幣原喜重郎内閣の草案を基礎にしてつくられ，1946年5月3日に施行された。
4：新憲法の精神に基づいて作成された地方自治法では，都道府県知事が国会の任命制となり，これまで以上に国の関与が強められた。
5：教育の機会均等をうたった教育基本法が制定され，中学校までを義務教育とする，六・三制が採用された。

OUTPUT

実践 ▶ 問題 59 ▶ の解説

チェック欄

1回目	2回目	3回目

〈第2次世界大戦直後の日本〉

1 × 極東委員会（ＦＥＣ）は連合国による日本占領政策の最高決定機関として
ワシントンに設置されたものである。東京には連合国軍最高司令官総司令
部（ＧＨＱ）が設けられ，アメリカ政府主導で占領政策が立案，実施された。
なお，敗戦当時の日本管理の形式上の命令系統は［極東委員会→米国政府
→ＧＨＱ→日本政府］となっていたが，実質的な決定権は極東委員会より
もＧＨＱのほうが大きかった。

2 × 農地改革の目的は自作農の創出であり，地主の土地を小作人に安く売り渡
した。これによって全農地の半分近くを占めていた小作地が1割程度にま
で減少し，農家の大半が零細な自作農となった。

3 × 現在の日本国憲法はＧＨＱ草案（マッカーサー草案）を基礎につくられて
いる。なお，公布は1946年11月3日，施行は1947年5月3日である。

4 × 憲法93条2項に基づき，地方自治法が成立して，都道府県知事と市町村長
は公選となった。地方自治法は民主的な行政を目的に制定されたもので，
首長の公選のほか，リコール制を取り入れた。これによって，国の関与は
むしろ弱められた。

5 ○ 教育基本法についての記述として正しい。義務教育の期間について，六・
三制が採用された。教育基本法と同時に成立した学校教育法においては，
単線型学校体系の六・三・三・四制が導入された。

第3章 近代から現代

正答 5

LEC東京リーガルマインド　2022-2023年合格目標 公務員試験 本気で合格！過去問解きまくり！　165
⑤人文科学Ⅰ

第3章 SECTION 3 近代から現代
第2次世界大戦と戦後

実践 問題 60 基本レベル

頻出度 地上★★★ 国家一般職★ 東京都★★ 特別区★★
裁判所職員★ 国税・財務・労基★ 国家総合職★

問 第二次世界大戦後の占領期の日本に関する次の記述のうち妥当なのはどれか。
（地上2013）

1：連合国により極東国際軍事裁判（東京裁判）が行われた。この裁判では，戦前・戦中の指導者たちが，侵略戦争の計画・実行等をしたとして，「平和に対する罪」を犯したA級戦犯として有罪の判決を受けた。
2：日本国憲法はGHQ（連合国軍最高司令部）により制定された。民主的な内容の憲法であったが，制定作業はGHQが独占的に行い，日本側は憲法案の起草・修正に関与することはできなかった。
3：経済の民主化・自由化の一環として，持株会社の設立が認められるようになった。この措置によって三井や三菱といった財閥が，持株会社を中心に形成され，これら財閥が日本の経済復興をリードした。
4：農地改革が行われた。これは，国が零細農家から農地を買い上げ，それを大地主に払い下げる政策であった。この結果，農業の大規模化・合理化が進んだおかげで，食料生産も回復した。
5：教育基本法や学校教育法が制定され，これらの法律により義務教育が導入された。義務教育は六・三・三・四制の新しい学校制度のうち小学校の6年間と定められた。

直前復習

OUTPUT

実践 問題 **60** の解説

チェック欄
1回目	2回目	3回目

〈占領期の日本〉

1 ○ ポツダム宣言の受諾から講和条約発効までの7年間は，連合国軍最高指令官総司令部（ＧＨＱ）の**間接統治下**におかれ，**五大改革指令**や極東国際軍事裁判所の設置などが行われた。極東国際軍事裁判所においては，侵略戦争の計画・実行をした東条英機，広田弘毅らが「平和に対する罪」を犯したＡ級戦犯として有罪の判決を受けた。

2 ✕ 日本国憲法の起草はＧＨＱのもとで作成され（マッカーサー草案），その内容は主権在民に基づく象徴天皇制と戦争放棄といった民主的な内容であった。その後，日本国内で大日本帝国憲法の改正という手続きをとり，帝国議会においても修正可決された。この間，**日本政府の手によって修正追加が加えられている**ため，「日本側が関与できなかったと」いうのは妥当ではない。

3 ✕ ＧＨＱの五大改革指令の中に経済機構の民主化があり，**農地改革**と**財閥解体**はその大きな柱である。戦前の財閥は持株会社を中心としていたが，戦後は**財閥の解体のために財閥の資産は凍結され，翌年には持株会社整理委員会が財閥の持株を譲り受けて公売**，持株会社は解体された。持ち株会社が解禁されたのは1997年のこと。

4 ✕ 第2次世界大戦後に行われた**農地改革**は，国が不在地主の全貸付地と，在村地主については，一定面積以上の**貸付地を強制的に買い上げて，小作農に優先的に売り渡した**のである。これにより，日本では小規模経営の自作農が中心を占めるようになり，現在でも国際的にみて1農家あたりの耕地面積は小さい。

5 ✕ 戦後には**教育基本法**と**学校教育法**により**六・三・三・四制**の新しい学校制度が成立した。このうち，義務教育は小学校の6年間と中学校の3年間である。なお，戦前には複線型の学校体系が採用されていたが，戦後は単線型の学校体系が規定されるとともに，教育の地方分権が目指され，公選制の教育委員会を都道府県・市町村に設置することになった。

第3章 近代から現代

正答 1

近代から現代
第2次世界大戦と戦後

実践 問題 61 基本レベル

頻出度 地上★★★ 国家一般職★★ 東京都★★★ 特別区★★
裁判所職員★★ 国税・財務・労基★★ 国家総合職★★

問 第二次世界大戦後,日本は連合国に占領されたが,1951年にサンフランシスコ平和条約(以下「平和条約」)が調印され,国際社会に復帰した。これに関連する次の記述のうち,妥当なのはどれか。　　　　　　　　　　　(地上2010)

1：連合国軍は,当初日本の経済復興を優先し政治改革には消極的であったが,占領期の末期には平和条約締結に備えて,新憲法制定,軍国主義者の公職追放など,民主化,非軍事化を目的とする改革に着手した。

2：米ソの対立が激化する中,平和条約はアメリカなど西側諸国とのみ締結すべきとする意見が政府内でも根強かったが,吉田茂首相の強い意向によって,中国,ソ連など東側諸国も調印する全面講和が実現した。

3：平和条約により,日本は戦後連合国軍の軍政下にあった地域のうち,南樺太,台湾の領有権を放棄することになったが,沖縄,小笠原諸島については,日本への帰属が認められ,即時返還が実現した。

4：平和条約と同時に日米安保条約が結ばれ,アメリカとの同盟および駐留軍の撤退が取り決められたが,両条約発効後もアメリカは駐留軍の撤退を実施せず,基地の使用を続けた。

5：平和条約により,連合国は日本への賠償請求権を原則として放棄したが,日本は,韓国や東南アジアの国々に対して2国間協定を結び,賠償やさまざまな形での経済協力を行った。

直前復習

実践 問題 61 の解説

〈サンフランシスコ平和条約〉

1 × **占領軍の統治政策は，前期には政治改革などの民主化が，後期には経済復興が中心となった**。初期のGHQの目標は日本の非軍事化・民主化におかれ，軍国主義者の公職追放や日本国憲法制定は1946年（施行は1947年）に行われている。その後，米ソ対立が深まる中で，アメリカは，極東における自国の利益を守るためには日本の経済復興が必要と考え，経済安定9原則を掲げ，財政の安定化や生産・輸出の拡大が目指された。

2 × **全面講和論**とは，平和条約をソ連や中国を含む全交戦国と締結すべきとの主張であり，これに対し，米ソの冷戦下で米ソの妥協ができない状況下では，アメリカなど一部の西側諸国とのみ締結するのもやむを得ずとする立場が**単独講和論**である。政府，保守党の主張は単独講和論であった。サンフランシスコ講和会議に中国は招かれず，ソ連や東欧諸国は会議に参加したものの調印を拒否したため，**サンフランシスコ平和条約は単独講和**である。

3 × サンフランシスコ平和条約により，日本は主権を回復したものの，南樺太・台湾などの領有権を放棄することになった。この点に関する本肢の記述は正しい。しかし，沖縄・小笠原諸島は，アメリカの施政権下におかれ，即時返還は実現しなかった。**小笠原諸島は1968年，沖縄は1972年になってようやく日本への復帰が実現している**。

4 × サンフランシスコ平和条約と同時に締結された**日米安全保障条約**では，**アメリカ軍の日本への駐留などが取り決められた**。駐留軍の撤退が取り決められたのではない。なお，安保条約に基づいて**日米行政協定**が結ばれ，日本がアメリカ駐留軍に基地を提供することと，駐留費用を分担することが取り決められている。

5 ○ 多額の賠償金の支払いによって日本経済が危機に陥らないようにというアメリカの方針もあって，**サンフランシスコ平和条約では，多くの国が日本に対する賠償請求権を放棄している**。ただし，フィリピン・インドネシア・ミャンマーなどの東南アジアの国々とは個別の交渉を行い，賠償金支払いを決定している。また，連合国ではなかった韓国に対しては，日本の植民地支配に対する対日請求権という形で，無償の経済協力や低利息の借款を行っている。

正答 5

第3章 SECTION 3 近代から現代
第2次世界大戦と戦後

実践 問題 62 〈基本レベル〉

頻出度	地上★★★	国家一般職★	東京都★★★	特別区★★
	裁判所職員★	国税・財務・労基★		国家総合職★

問 1950年から1960年代に関する次の文章の下線部に関する記述について，妥当なのはどれか。 （地上2016）

　1950年にはじまった朝鮮戦争は，₁日本経済に影響を与えただけでなく，₂アメリカの対日占領政策にも影響を与えた。1950年に₃サンフランシスコ平和条約が締結され，この条約は51年に発効し，日本は主権を回復したが，同年，₄日米安全保障条約が締結された。岸信介内閣は，日本の地位をアメリカと対等なものとすべく，1960年に₅日米相互協力及び安全保障条約（新安保条約）を締結した。

1：朝鮮戦争がはじまると，民間船の航行に制限が加えられたため，輸出入が滞り，日本経済は停滞した。
2：アメリカは日本との講和を急ぎ，日本の独立直後に，旧職業軍人や国粋主義者の処分を急いで実施した。
3：サンフランシスコ講和条約は，アメリカなどの西側諸国のみならず，ソ連や中国とも締結し，全面講和が実現した。
4：日米安全保障条約（安保条約）には，アメリカ軍の即時撤退が規定されていたが，条約の発効後もアメリカ軍は駐留を続けた。
5：日米相互協力及び安全保障条約（新安保条約）の締結の際には，これに反対する人々が国会を取り囲んだ。

実践 問題 62 の解説

〈1950〜60年代の日本〉

1 × 朝鮮戦争が始まると，武器や弾薬の製造，自動車や機械の修理など，アメリカ軍による膨大な特需が発生したため，繊維や金属を中心に生産が拡大し，1951年には，鉱工業生産・実質国民総生産・実質個人消費などが戦前の水準に回復し，特需景気とよばれる好景気となった。

2 × 朝鮮戦争により日本の戦略的価値を再認識したアメリカは，日本の占領を終了させて日本を西側陣営に組み込むために，講和を急いだことは正しい。ただし，旧職業軍人や国粋主義者の処分は，ポツダム宣言受諾後，直ちに進められ，戦争指導者は1946年5月から極東国際軍事裁判所で裁判が行われた。これは1951年にサンフランシスコ平和条約が締結され，独立を回復するよりも前のことである。

3 × サンフランシスコ平和条約は，西側との単独講和であり，ソ連や中国を含む全交戦国との全面講和はならなかった。

4 × 日米安全保障条約には，日本の独立後にも日本国内にアメリカ軍が極東の平和と安全のために駐留を続けることが規定されていた。アメリカ軍の即時撤退が規定されていたのではない。

5 ○ 1957年に成立した岸信介内閣は，安保条約を改定して日米関係をより対等にすることを目指し，1960年日米相互協力及び安全保障条約（新安保条約）に調印した。新安保条約では，アメリカの日本防衛義務が明文化され，さらに条約付属の文書で在日アメリカ軍の日本および「極東」での軍事行動に関する事前協議が定められた。一方，国内の革新勢力は新条約によってアメリカの世界戦略に組み込まれる危険性が高まるとして，安保改定反対運動を組織し，学生や一般市民も含めた巨大なデモが連日国会を取り巻いた。

正答 5

第3章 SECTION 3 近代から現代
第2次世界大戦と戦後

実践 問題 63 基本レベル

問 高度経済成長期（1955年〜1973年頃）の日本に関する次の記述のうち，妥当なのはどれか。 (地上2019)

1：55年体制と呼ばれる政治体制が続いた。この時期は，自民党などの保守勢力と，社会党などの革新勢力による政権交代が頻繁に行われた。
2：この時期には，大企業を中心に，年功序列ではなく成果主義による賃金体系や，終身雇用を特徴とする，いわゆる日本型経営が成立した。
3：国民の消費活動に大きな変化が生まれ，車，カラーテレビ，携帯電話が「三種の神器」と呼ばれ，各家庭に普及した。
4：公害問題が深刻化し，水俣病などの被害をめぐって，いわゆる四大公害訴訟が提起されたが，いずれの訴訟も原告である住民の敗訴で確定した。
5：高度経済成長によって生じた都市問題に対し，福祉政策，教育政策など都市住民の生活を重視する政策を掲げる，いわゆる革新首長が東京都などで誕生した。

OUTPUT

実践 問題 63 の解説

チェック欄		
1回目	2回目	3回目

〈高度経済成長期〉

1 ✕ 55年体制の間は，頻繁な政権交代ではなく，保守勢力の自由民主党が議席のおよそ3分の2，革新勢力の社会党が議席のおよそ3分の1を維持し，保革対立のもと保守一党優位が続いた。

2 ✕ 日本型経営は，成果主義よりも年功序列を重視したものである。終身雇用を特徴としているという説明は正しい。日本が石油危機を乗り越えて経済大国となると，日本的経営が世界でも高く評価されるようになった。しかし，1990年代初頭にバブル景気が終わって平成不況に入ると，日本的経営に対する評価も後退し，成果主義が導入されるようになった。

3 ✕ 高度経済成長の前半期にはテレビ，冷蔵庫，電気洗濯機が「三種の神器」とよばれ，1960年代末以降は，自家用自動車，クーラー，カラーテレビが3C，または新三種の神器とよばれた。携帯電話はどちらにも含まれない。

4 ✕ 四大公害訴訟が提起されたが，いずれの訴訟も原告である住民は勝訴している。高度経済成長期には公害問題が全国で深刻化したが，経済発展が優先されて企業や政府の対策は遅れ，1967年に公害対策基本法が制定されたものの，その中には経済の発展との調和を図るとの条項が置かれていた。被害を受けた人たちは公害反対運動を行い，企業を相手に裁判を起こし（四大公害訴訟），この結果，1970年の「公害国会」では，公害対策基本法が改正され，翌年環境庁が設置された。

5 ◯ 妥当である。1967年には社会党や共産党や市民団体が推す美濃部亮吉が東京都知事に就任したのをはじめ，1970年代には大都市を中心に革新自治体が成立し，革新首長は公害規制条例の制定や老人医療無料化などの福祉政策に成果を挙げた。

第3章 近代から現代

正答 5

SECTION 3 近代から現代 第2次世界大戦と戦後

実践 問題 64 基本レベル

頻出度	地上★★★	国家一般職★	東京都★	特別区★
	裁判所職員★	国税・財務・労基★		国家総合職★

問 1950年代から1990年代までの日本の対外関係に関する次の記述のうち妥当なのはどれか。
(市役所B日程2011)

1：占領状態からの脱却：50年代はじめに日本は西側諸国と講和条約を結び、主権を回復した。この条約においては米英などから多額の賠償金を課され、その返済のために50年代の経済成長は鈍化した。

2：対米関係：50年代初めに日米安全保障条約が結ばれた。この条約には米国の日本防衛義務が定められず、60年代初めにその明記をもとめる安保闘争が高揚したが米国の反対で条約改定は見送られた。

3：東側諸国との関係：中華人民共和国とは50年代にいち早く国交を正常化した。これに対してソ連と国交正常化したのは東西対立の緩和が生じた70年代のことであった。

4：貿易摩擦：60年代から一部品目で欧米との貿易摩擦が発生した。しかし、70年代以降企業が生産販売拠点を海外に求めるようになると貿易摩擦はほぼ解消し、80年代には逆に日本の貿易赤字が恒常化した。

5：国連平和維持活動（PKO）：自衛隊のPKOへの参加が湾岸戦争を機に大きな論議の的となった。こうしたなかでPKO協力法が成立し、自衛隊の部隊がカンボジアなどに派遣された。

OUTPUT

実践 問題 64 の解説

チェック欄		
1回目	2回目	3回目

〈戦後の日本〉

1× 1951年に日本は西側諸国を中心にサンフランシスコ平和条約を締結して主権を回復したことは正しいが，ここには連合国からの賠償請求が放棄される旨の明文規定がある。また，1950年代は，朝鮮戦争の特需景気があり，それに続く形で日本の高度経済成長が始まっていく。

2× 1951年に締結された日米安全保障条約は，アメリカ合衆国軍隊の日本駐留に基づく片務的な性格の条約であったが，アメリカによる日本防衛義務の明文規定はなかった。1960年の新安保条約ではアメリカによる日本防衛義務が明記されたが，安保闘争は本肢のような趣旨のものではない。安保闘争は，日米の軍事同盟の深化を憂慮し，米国の軍事戦略に日本が巻き込まれることへの懸念などから発生した，新安保条約への反対運動としての闘争であった。

3× 中華人民共和国との国交回復は田中内閣による日中共同声明（1972年），ソ連との国交回復は鳩山一郎内閣による日ソ共同宣言（1956年）である。時期の先後が本肢とは反対である。

4× 貿易摩擦は60年代から90年代初めまで，主としてアメリカとの間で大きな問題となっていた。50〜60年代では繊維製品，80年代には自動車や半導体など，時代により対象は異なるが，アメリカの恒常的な貿易赤字と日本の恒常的かつ巨額の貿易黒字という状況により，問題は先鋭化した。生産販売拠点の海外展開は，こうした貿易摩擦の解消やプラザ合意（1985年）後の円高の進行により，輸出不振に陥った企業が1990年代に進めたもので，これにより日本国内では，産業の空洞化が進んだ。

5○ 正しい。日本は宮沢内閣の時にＰＫＯ協力法を成立させ，自衛隊は国連のＰＫＯ史上最大規模といわれたカンボジアでのＰＫＯ活動に参加した。陸上自衛隊にとっては初のＰＫＯ参加となった。

正答 5

第3章 近代から現代

第3章 SECTION 3 近代から現代 第2次世界大戦と戦後

実践 問題 65 　基本レベル

頻出度　地上★★★　国家一般職★　東京都★　特別区★
　　　　裁判所職員★　国税・財務・労基★　国家総合職★

問 1945年以降の日本の政治について，妥当なのはどれか。　　　（地上2017）

1：占領下の日本においては，GHQ（連合国軍最高司令官総司令部）により議会が停止され，政党は解散させられた。その後，1950年代初頭に日本が主権を回復すると，政治活動が再開され，戦後初めて国会議員の選挙が行われた。

2：1950年代には55年体制が成立した。55年体制は自民党の一党優位体制であり，自民党はその間，衆議院において，つねに議席の3分の2以上を占めていた。

3：1980年代初頭に成立した中曽根内閣は，小さな政府を目指す新自由主義と決別し，社会保障制度を大幅に増大させ，国鉄民営化を白紙撤回した。

4：1990年代に自民党は衆議院議員総選挙で過半数を割り込む大敗を喫し，自民党から分裂した諸政党を含む非自民連立政権である細川内閣が成立した。

5：2000年代に成立した小泉内閣は当初，高い内閣支持率を保っていたが，郵政民営化を強引に推し進め，郵政民営化を争点とした衆議院議員総選挙において大敗して退陣した。

OUTPUT

チェック欄		
1回目	2回目	3回目

実践 問題 **65** の解説

〈戦後の日本政治〉

1 ✕ ポツダム宣言の受諾後，日本ではＧＨＱの指令・勧告に基づいて日本政府が政治を行う**間接統治**の方法がとられ，当初の目標は非軍事化と民主化におかれた。これにより戦時中の責任を問われた指導者らが公職追放され，財閥が解体された一方，政党も復活ないし結成された。1945年12月には女性参政権を認めた新選挙法が制定され，**翌46年4月には戦後初の総選挙が実施され，多くの女性議員が誕生した**。主権が回復した後に国会議員の選挙が行われたのではない。

2 ✕ 1954年に鳩山内閣が成立すると，鳩山首相は憲法改正，再軍備を推進する姿勢を打ち出したが，1955年2月の総選挙で，社会党は左右両派あわせて改憲阻止に必要な3分の1の議席を確保して，同年10月に左右両派の統一を実現した。これを受けて同年11月に日本民主党と自由党が合流して自由民主党が成立した（保守合同）。この政治体制を**55年体制**とよぶが，この間，自民党は衆議院の第1党であり続けたが，3分の2以上の議席を確保できなかった。

3 ✕ 1980年代初頭に成立した**中曽根内閣は，小さな政府を目指す新自由主義のもと行財政改革を実施**し，老人医療や年金などの社会保障を後退させ，電電公社（現ＮＴＴ）・専売公社（現ＪＴ）・国鉄（現ＪＲ）の民営化を断行した。

> **■新自由主義**
> 　一般的に，1980年以降，イギリスやアメリカなどの西側先進諸国が採用した**市場原理を優先して政府機能の縮小（「小さな政府」）を唱える経済思想**および政策のことを指す。ケインズ流の福祉国家論を批判し，アダム＝スミスに代表される古典的自由主義の自由放任政策の現代における再興と考えられたため，新自由主義・新保守主義とよばれている。**イギリスのサッチャー首相やアメリカのレーガン大統領が新自由主義政策の旗手**とされた。

4 ◯ 1993年7月の衆議院議員総選挙で自民党は過半数割れの大敗北を喫し，宮沢内閣は退陣した。その後，**共産党を除く非自民8党派連立政権である細川内閣が成立し，55年体制は崩壊した**。

5 ✕ 2001年4月に成立した**小泉内閣**は，小さな政府を目指す新自由主義的な政策をとり，財政赤字の解消と景気の浮揚を目指して大胆な民営化と規制緩和を進めた。その一環として行われたのが**郵政の民営化**である。2005年8月に郵政民営化法案が参議院で否決されると，小泉内閣は衆議院を解散して総選挙に臨んだ。同年9月の選挙では自民党が大勝したため，郵政民営化法案が可決・成立した。その後，2007年10月に郵政民営化が実現された。

正答 4

第3章 SECTION 3 近代から現代
第2次世界大戦と戦後

実践 問題 66 基本レベル

問 1980年代から1990年代にかけての日本経済に関する次の文中のア～オの｛　｝に関する記述のうち、aが妥当なのはどれか。　　　(地上2013)

　1980年代、ア｛a：鉄鋼、石油化学、造船　b：自動車、半導体、コンピュータ｝の海外輸出向けの生産が急速に増大し、欧米諸国との間で貿易摩擦が発生した。1985年のプラザ合意以降、イ｛a：円高の加速による輸出企業への打撃　b：円安の加速による石油などの輸入額の急上昇｝による、急速な景気後退が発生したが、1980年代後半には後にバブル景気とよばれる好景気となった。その主因は、ウ｛a：内需拡大政策に伴う企業業績の好調さに伴い、株価が実体経済に伴って上昇した　b：金融機関の余剰資金が不動産や株式に流入し、株価が実体経済と乖離して上昇した｝ことにあり、地価については、エ｛a：東京都心部では上昇したが、それ以外の地域の地価は下落した　b：東京だけでなく大阪や名古屋でも上昇し、都心部から離れた地域でも地価が上昇した｝。

　1990年代に入るとバブル経済が崩壊し、金融機関の不良債権が表面化するなどして、長期にわたる不況に突入した。生産コストを削減するため、生産拠点をオ：｛a：海外から国内に戻す　b：国内から海外に移す｝企業が増加し、産業の空洞化が問題となった。

1：ア
2：イ
3：ウ
4：エ
5：オ

OUTPUT

実践 問題 **66** の解説 ――――――――

チェック欄		
1回目	2回目	3回目

〈1980～90年代の日本経済〉

ア✕ 1980年代に欧米諸国との間で貿易摩擦の原因になったのは，b：自動車，半導体，コンピュータである。鉄鋼，石油化学，造船などの工業は，いわゆる重工業とよばれるものであるが，これは第1次世界大戦期から高度経済成長期にかけての日本経済を支えた工業である。

イ〇 プラザ合意の背景は，当時貿易赤字が拡大していたアメリカの状況を踏まえ，特に対日貿易赤字の削減を目指したことがある。この結果，国際社会が協調してドル安誘導，とりわけ円高ドル安に誘導する流れが出来上がり，短期間のうちに大幅な円高が進んだ。このためa：円高の加速による輸出企業への打撃による景気後退が発生した（円高不況）。

ウ✕ バブル景気とは，b：金融機関の余剰資金が不動産や株式に流入し，株価が実体経済と乖離して上昇したことから名づけられた。

エ✕ バブル期における地価は，b：東京だけでなく大阪や名古屋でも上昇し，都心部から離れた地域でも地価が上昇した。投機マネーが流入したのが一因であるが，1987年に制定されたリゾート法が，ゴルフ場やリゾート地の開発を促し，それまで見向きもされなかった土地が高価格で取引されるようになったことが大きい。

オ✕ 1990年代以降，いわゆる「失われた20年」とよばれる不況期に突入した日本では，企業が利益を維持するためのコストダウンを迫られた。特に1990年代半ばは円高が急加速した時期でもあり，生産コストを削減するために生産拠点をb：国内から海外に移す企業が増加した。その結果，「産業の空洞化」が生じた。

したがって，aが妥当なのはイの記述であり，正解は肢2である。

第3章 近代から現代

正答 2

第3章 SECTION 3 近代から現代
第2次世界大戦と戦後

実践 問題 67 基本レベル

頻出度 地上★★★　国家一般職★　東京都★　特別区★
　　　　裁判所職員★　国税・財務・労基★　国家総合職★

問 55年体制（1955～1993年）の時期の日本に関する次の記述のうち、妥当なのはどれか。
(地上2012)

1：国会は、自由民主党による一党優位が続いていた。野党は、日本社会党など小政党の乱立が相次ぎ、野党第一党と呼びうる勢力は存在しなかった。
2：アメリカ軍による日本駐留が続けられ、駐留経費は日本も負担した。アメリカによる日本防衛義務が新安保条約に明記されるなど、日米の同盟関係は深まっていった。
3：中華人民共和国やソ連などとの国交は、冷戦期の東西対立の影響で断絶していた。これらの国とは、1980年代後半の冷戦終結によって、ようやく国交が成立した。
4：経済は、1970年代までは低迷していたが、1980年代になると、国民総生産（GNP）が年平均10％の高度経済成長を見せるようになった。
5：終身雇用や年功序列の賃金体系などの日本型雇用体系は1960年代に廃れ、代わって成果主義等の人事制度を取り入れる大企業が増えた。

OUTPUT

実践 問題 **67** の解説

チェック欄
1回目	2回目	3回目

〈55年体制〉

1 ✕ 1955年から1993年まで続いた**55年体制**とは，衆議院議席の3分の2弱を占める自民党が政権を保持し，約3分の1を占める野党の社会党と国会で対立する体制をいう。1993年に日本新党の細川護熙を首班とする非自民8党派の連立内閣が成立したことで，55年体制は終結した。

2 ◯ 1951年に**サンフランシスコ平和条約**が締結され，翌年条約が発効して戦後の7年に及んだ米軍の占領は終結し，日本は独立国としての主権を回復した。これと同時に**日米安全保障条約**が調印されて独立後もアメリカ軍が駐留を続け，1960年に調印された日米相互協力及び安全保障条約（新安保条約）では，アメリカの日本防衛義務が明文化された。

3 ✕ ソ連はサンフランシスコ講和条約に調印せず，中国は講和会議に招かれなかったことから国交が断絶していた。しかし，第3次鳩山内閣は1956年に**日ソ共同宣言**に調印して国交を回復，中国との関係については，当初，国共内戦に敗れた国民党が建てた中華民国を正規の中国としていたが，**1972年にニクソン米大統領が中華人民共和国を訪問**して，事実上，中華人民共和国を承認すると，同年，日本も**田中角栄首相**のもと，日中共同声明が発表され，**日中国交正常化**が実現している。

4 ✕ 日本経済は戦後低迷していたが，朝鮮戦争によって金属を中心に特需景気となり，**1955年から73年まで，20年近くにわたり日本経済は年平均10%を超える成長をみせた（高度経済成長）**。しかし，第1次石油危機による原油価格の暴騰から激しいインフレが発生し，1974年には戦後初のマイナス成長となって高度経済成長に終止符が打たれた。

5 ✕ **終身雇用や年功序列の賃金体系などの日本型雇用体系は，高度経済成長を支えたシステム**である。一方，**成果主義**などの人事制度が取り入れられるようになったのは，バブル崩壊後に生じた**1990年代の複合不況の時代**である。複合不況の時代には，企業が生き残りをかけて事業の整理や人員削減などの経営効率化を進めるとともに，従来型の日本型雇用体系の見直しが図られた。

第3章 近代から現代

正答 2

第3章 近代から現代

章末 CHECK

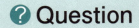 Question

- Q1 版籍奉還によって知藩事が廃止され，県令が派遣された。
- Q2 地租改正によって課税標準は法定地価から収穫高に改められた。
- Q3 明治政府は，各藩に属していた士族を軍隊の構成員とする近代的軍隊を編成した。
- Q4 明治政府は憲法を公布して立法府の権限の強い議院内閣制を確立した。
- Q5 西南戦争後にデフレが起こり，松方正義が紙幣増刷や積極財政をとった。
- Q6 明治初期に義務教育制度が実施され，国民の反対もなかった。
- Q7 明治政府は政府支出削減のため秩禄を廃止，華族・士族制度を廃止した。
- Q8 板垣退助や江藤新平は征韓論に反対し，参議を辞した。
- Q9 士族の不満を背景に板垣退助らは民撰議院設立の建白書を提出した。
- Q10 板垣退助は立憲改進党，大隈重信は自由党を発足させた。
- Q11 第1回衆議院議員総選挙が行われ，民党が過半数を占め，民党による初の政党内閣が成立し，藩閥勢力は急速に弱体化した。
- Q12 明治期に衆議院議員選挙の選挙権を有したのは全人口の20％であった。
- Q13 わが国最初の政党内閣（隈板内閣）が成立したが，旧自由党系と旧進歩党系の対立があり，短期間で瓦解した。
- Q14 清浦奎吾らを中心に第1次護憲運動が起こったが，西園寺公望内閣は治安維持法を制定して，これを鎮圧しようとした。
- Q15 日清戦争後の賠償金をもとに，官営の八幡製鉄所が設立された。
- Q16 ポーツマス条約では2億テールの賠償金支払いが取り決められた。
- Q17 井上馨は欧化政策を採用し条約改正に臨んだが反対にあい辞任した。
- Q18 青木周蔵外相の時，領事裁判権の撤廃と関税自主権の一部回復が実現した。
- Q19 日清戦争の勝利を機に，大隈重信が関税自主権を完全に回復した。
- Q20 樺太・千島交換条約では，樺太を日本領，千島全島をロシア領とした。
- Q21 明治後半の輸出の中心は機械となり，綿糸や生糸は輸出されなくなった。
- Q22 明治後半には工場労働者のストライキや労働組合の結成など，労働運動の活発化が見られ，大逆運動で多くの社会主義者が検挙された。
- Q23 江華島事件をきっかけに日清戦争が起こった。
- Q24 わが国で初めての本格的な政党内閣である犬養内閣が成立した。

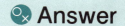

A1 ×	版籍奉還によって知藩事が設置され，廃藩置県により知藩事が廃止されて府知事・県令が中央から派遣された。
A2 ×	地租改正により課税標準は収穫高から法定地価に改められた。
A3 ×	政府は，国民皆兵を原則とする徴兵令を公布し，満20歳以上の成年男子に兵役の義務が課せられた。
A4 ×	大日本帝国憲法では議院内閣制は採られていない。
A5 ×	西南戦争後にインフレが起こり，松方正義が緊縮財政をとった。
A6 ×	当初は小学校の設置の負担をきらって農民一揆が起こっている。
A7 ×	秩禄は廃止したが，華族・士族制度が廃止されるのは戦後である。
A8 ×	板垣退助や江藤新平は征韓論を主張したが，これが受け入れられなかったため，参議を辞した。
A9 ○	民撰議院設立の建白書が自由民権運動の口火となった。
A10 ×	板垣が自由党，大隈が立憲改進党を発足させた。
A11 ×	初の衆議院議員総選挙で民党が過半数を占めたが，成立したのは超然主義に立つ第1次山県内閣である。藩閥勢力は弱体化していない。
A12 ×	全人口の1％強である。
A13 ○	大正の初めまで一部を除き，総理大臣は旧薩長出身者であった。
A14 ×	第2次護憲運動で倒されたのが清浦内閣，治安維持法の制定は加藤内閣の時である。
A15 ○	八幡製鉄所は1901年に操業を開始し，重工業発展の基盤となった。
A16 ×	ポーツマス条約では賠償金をとれず，日比谷焼打ち事件が起こった。
A17 ○	外国人の裁判で判事を半数以上外国人とする案に反対が強まった。
A18 ×	領事裁判権の撤廃と関税自主権の一部回復は陸奥宗光外相の時である。
A19 ×	日露戦争後の日本の国際的地位の向上を背景に，1911年小村寿太郎が関税自主権の完全回復を実現した。
A20 ×	樺太はロシア領，千島全島を日本領とした。
A21 ×	明治後半の輸出の中心となったのは綿糸と生糸である。
A22 ○	大逆事件（1910年）で社会主義者を弾圧する一方，翌年，工場法を制定した。
A23 ×	日清戦争のきっかけは東学党の乱（1894年）。江華島事件は1875年である。
A24 ×	わが国で初めての本格的な政党内閣は原内閣である。

第3章 近代から現代
章末 CHECK

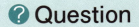

Q25	日清戦争後に三国干渉が行われ，日本は台湾を清に返還した。
Q26	日露戦争で日本は日本海海戦で破れ，戦争継続が困難になった。
Q27	日露戦争後のポーツマス条約で，旅順・大連の租借権と賠償金を得た。
Q28	第1次世界大戦後，韓国を併合し，統監府が設置された。
Q29	原敬内閣が普通選挙法を制定した。
Q30	第1次世界大戦で日本は連合軍側に立って参戦した。
Q31	第1次世界大戦中は不況であったが，戦後は好景気となった。
Q32	ワシントン会議が開催され，中国の主権尊重を定めた四カ国条約が締結されたが，日本はこれを受け入れず，孤立外交の道を選んだ。
Q33	浜口雄幸内閣は金輸出禁止に踏み切った。
Q34	日本は大陸に進出するために国連を脱退し，その後満州国を建国した。
Q35	二・二六事件を制圧した陸軍主導の内閣が誕生し，政党政治が終わった。
Q36	若槻礼次郎内閣のもと，日ソ基本条約が締結されて対ソ国交を樹立した。
Q37	柳条湖事件を契機に満州事変が起きた。
Q38	張作霖爆殺事件を契機に日中戦争が勃発した。
Q39	日本の南部仏印進駐に対し，ABCD包囲陣による経済封鎖が行われた。
Q40	太平洋戦争が勃発すると，国家総動員法が制定された。
Q41	ミッドウェー海戦に勝利したものの，地上戦が全土に及ぶと敗戦色が濃くなった。
Q42	連合国軍はＧＨＱによる直接統治により，日本の民主化を進めた。
Q43	ＧＨＱが五大改革指令を発した時の首相は吉田茂である。
Q44	サンフランシスコ平和条約の調印により，日本は国連に加盟した。
Q45	サンフランシスコ平和条約締結により沖縄と小笠原諸島が返還された。
Q46	原爆が投下されて戦局が悪化したため，ポツダム宣言が発表された直後に日本は降伏した。
Q47	戦後，日本経済は低迷していたが，1980年代に高度経済成長となった。
Q48	1960年代から貿易摩擦が生じたが，日本企業は生産拠点を海外に移し，70年代には解消された。
Q49	田中角栄内閣が中国と国交を回復したことにより，中華民国との国交は断絶した。
Q50	1970年代には日本の貿易黒字が拡大し欧米諸国との間に貿易摩擦が発生したが，80年代には逆に日本の貿易赤字が恒常化した。

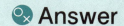

A25	×	三国干渉で日本が清に返還したのは遼東半島である。
A26	×	日本は日本海海戦で勝利したが，戦争の長期化は国力の許すところでなかった。
A27	×	ポーツマス条約で賠償金を得られず，日比谷焼討ち事件が起こった。
A28	×	1910年に韓国を併合し，朝鮮総督府が置かれた。
A29	×	普通選挙法を制定したのは加藤高明内閣である。
A30	○	日英同盟を口実にドイツに宣戦し，中国のドイツ根拠地を占領した。
A31	×	第1次世界大戦中は好景気であったが，戦後は不景気となった。
A32	×	中国の主権尊重を定めたのは九カ国条約で，日本も調印している。
A33	×	浜口雄幸内閣は，金輸出を解禁した。
A34	×	満州国樹立（1932年）→リットン調査団→日本の国連脱退（1933年）。
A35	×	政党政治の終焉は，五・一五事件（1932年）による。
A36	×	日ソ基本条約（1925年）は加藤内閣のもと，幣原外相による。
A37	○	柳条湖事件は南満州鉄道爆破事件ともいう。
A38	×	日中戦争の契機は盧溝橋事件である。
A39	○	Aはアメリカ，Bはイギリス，Cは中国，Dはオランダ。
A40	×	国家総動員法の制定は日中戦争が契機である。
A41	×	日本はミッドウェー海戦で大敗北を喫している。また，地上戦が行われたのは沖縄である。
A42	×	GHQは，日本政府に指示を出しながら間接統治を行った。
A43	×	幣原喜重郎内閣である。
A44	×	1956年日ソ共同宣言でソ連との国交が正常化，国連加盟が実現した。
A45	×	サンフランシスコ平和条約により沖縄と小笠原諸島はアメリカの施政下におかれ，小笠原諸島は1968年，沖縄は1972年に復帰した。
A46	×	ポツダム宣言発表→原爆投下→ソ連参戦→ポツダム宣言受諾である。
A47	×	1955年から1973年まで高度経済成長である。
A48	×	1980年代前半も，半導体や自動車を対象に貿易摩擦が起こっている。生産拠点が海外に移転するのは1990年代のことである。
A49	○	1972年の日中共同声明により，日中国交が正常化した結果，中華民国（台湾）との国交は断絶した。
A50	×	1970年代に日本の貿易は黒字を計上するようになり，80年代には貿易黒字が恒常化し，欧米諸国との貿易摩擦が起こり，プラザ合意となる。

第3章 近代から現代

memo

解答かくしシート

LEC東京リーガルマインド

第4章

テーマ史

SECTION

① 通史・制度・政策
② 外交史
③ テーマ史

第4章 テーマ史

出題傾向の分析と対策

試験名	地　上			国家一般職 (旧国Ⅱ)			東京都			特別区			裁判所職員			国税・財務・労基			国家総合職 (旧国Ⅰ)		
年　度	13-15	16-18	19-21	13-15	16-18	19-21	13-15	16-18	19-21	13-15	16-18	19-21	13-15	16-18	19-21	13-15	16-18	19-21	13-15	16-18	19-21
出題数 セクション	2	2	3	3	1	2		2			2			2		1	1	2	3	2	1
通史・制度・政策	★★	★	★★★	★		★		★			★		★			★	★	★	★★		
外交史		★																★★	★		
テーマ史				★		★		★			★				★★		★		★	★	★

（注）　1つの問題において複数の分野が出題されることがあるため，星の数の合計と出題数とが一致しないことがあります。

　公務員試験の日本史ではテーマ史や通史的な問題が多く出題されています。ピンポイントで細かい知識を問うものよりも，日本史全体の基本的な理解を求めるものが大半ですが，教育史や外交史などは，やや細かい事項も問われます。通史的な問題はそれぞれの時代の基本事項が並べられているものですから，問題の攻略に特に必要なものがあるわけではありませんが，教育史や文化史，仏教史，外交史などのテーマについては，テーマごとにしっかりと暗記をしておくべきでしょう。

地方上級

　土地制度史，文化史，仏教史，教育史，近代以前の都市などについて出題されています。他の試験種と比べて特にテーマ史が多いということではありませんが，文化や仏教については，通常の問題の選択肢にも登場するため，時代ごとの特徴をよくつかんでおくことが必要となります。

国家一般職（旧国家Ⅱ種）

　各時代の軍事制度，周辺諸国との外交史，元禄文化，文化史（並べ替え），教育史，政変史などが出題されています。時代ごとの基本的な特徴を問うものが多いです。出題されるテーマは公務員試験の日本史の定番ですから，得点源としていきましょう。

東京都

近年はほとんどテーマ史らしいものは出題されていませんが，2017年の東京都Ⅰ類Aでは典型的なテーマ史である土地制度史が久しぶりに出題されました。

特別区

古代から近世の争乱史，古代から近世の日中関係史，交易史，土地制度史や各幕府の政策などについて出題されています。国家一般職の問題よりも問題文が短いですが，2013年の試験から難易度がかなり上がりました。2019年には鎌倉仏教が出題されました。2020年は江戸時代（元禄文化）の美術作品が出題されています。

裁判所職員

明治教育史，古代から近世の外交史などが出題されています。教育史はかなり細かい出題がありました。外交史ではアイヌの酋長コシャマインや刀伊の入寇など，かなりマイナーな事項も出題されています。しかし，いずれも高校の教科書の範囲ではありますから，大学受験で日本史を選択していた人は正答したい問題でした。

国税専門官・財務専門官・労働基準監督官

奈良時代から江戸時代までの政治，交通の歴史，14〜16世紀の戦乱，朝廷と武家の関係，文化史，2021年には中国王朝との関係史が出題されるなど，テーマ史からの出題が多くなっています。選択肢は古代・中世・近世からの出題も多く見られるため，各時代の基本を押えておくことが得策です。

国家総合職（旧国家Ⅰ種）

近世以前の土地制度史，公武関係史，古代から近世の政治史，文化史，仏教史，仏像史（写真付），キリシタン史，日中関係史，日米関係史，日露関係史，商工業史，法令史など，かなりテーマ史は多いです。

Advice アドバイス　学習と対策

公務員試験の日本史は，時代横断型のテーマ史や通史的な問題が多いといえるでしょう。まずは，それぞれの時代の特徴をしっかり理解しておくことが大切です。また，土地制度史，教育史，文化史，仏教史など，よく出題されるテーマは年表も含めて，きちんと整理しておきましょう。外交史については時代ごとの基本事項が出題されますので，基本重視の勉強を心掛けましょう。近年は文化史の出題が増えていますので，落とさないようにしてください。

第4章 SECTION 1 テーマ史
通史・制度・政策

必修問題 セクションテーマを代表する問題に挑戦！

各時代の幕府の政策について、朝廷との関係も含めて整理します。それぞれの時代の基本事項は何かを把握しましょう。争乱の区別も大切です。

問 我が国の幕府が行った政策に関する記述として、妥当なのはどれか。　　　　　　　　　　　　　　　　　　　（特別区2011）

1：鎌倉幕府は、訴訟を専門に扱う六波羅探題を置き、源頼朝以来の先例や道理と呼ばれた武士社会での慣習、道徳に基づいて、御家人同士や御家人と公家との間の紛争を公平に裁く基準を明らかにした御成敗式目を制定した。
2：鎌倉幕府は、窮乏する御家人を救うため、永仁の徳政令を発布し、御家人の所領の質入れや売買を禁止して、それまでに質入れ、売却した御家人領を無償で返却させ、御家人が関係する金銭の訴訟を受け付けない対策をとった。
3：室町幕府は、南北朝の内乱の中で半済令を出して、国人に任国の荘園、公領の年貢の半分を兵粮米として徴発し、それを国内の武士に分け与える権限を与えた。
4：江戸幕府は、禁中並公家諸法度を定め、天皇や公家が守るべき心得や朝廷のあり方にまで規制を加えるとともに、大目付を置いて公家から任命された武家伝奏を通じて、朝廷内部や公家の行動を監視、統制した。
5：江戸幕府は、天明の飢饉を契機に本格的に農民対策を講ずるようになり、年貢を負担する農民が土地を失うことを防ごうとする田畑永代売買禁止令を出し、さらに農民の衣食住にも細かな規制を加えて農村の立て直しを図った。

直前復習

Guidance ガイダンス ■鎌倉幕府の組織図

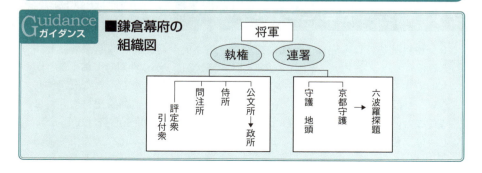

〈幕府の政策〉

1 ✗ 六波羅探題は，承久の乱後，鎌倉幕府が朝廷の監視と西国の御家人の統轄を目的に設置したものであって，訴訟を取り扱う機関ではない。訴訟を扱う機関として設置されたのは，問注所である。なお，御成敗式目（貞永式目）についての説明については正しい。

2 ○ 妥当な記述である。永仁の徳政令は，1297年に発令された。しかし，鎌倉幕府のこのような政策は社会の混乱を増幅させ，幕府の弱体化を早めることになった。

3 ✗ 半済令により任国の荘園，公領の年貢の半分を兵糧米として徴発し，それを国内の武士に分け与える権限を与えられたのは守護である。国人とは地頭や荘官が土着して領主となったもので，守護は徴収した兵糧米を国人に分け与えることで，国人を家臣として組織し，守護領国制とよばれる支配体制を確立していった。

4 ✗ 禁中並公家諸法度についての記述は正しい。しかし，大目付は，大名・旗本らを監察する目的で設置されたものであり，幕政安定後は各藩への法令伝達などの役目も果たしたが，朝廷および公家を監視する職ではない。江戸時代に朝廷の監察等を目的に設置されたのは京都所司代である。

■幕府と朝廷

鎌倉時代	京都守護⇒承久の乱⇒六波羅探題
江戸時代	禁中並公家諸法度，武家伝奏，京都所司代

5 ✗ 天明の飢饉とは，天明年間（1781～89年）に連続して発生した飢饉をいうが，田畑永代売買禁止令は，1643年に家光が将軍であった江戸幕府草創期に出されものである。また，「農民の衣食住にも細かな規則を定めて」とは1649年の慶安の触書を指すもので，いずれも時期が異なる。天明の飢饉は田沼意次の勢力が衰える契機となり，続いて松平定信が寛政の改革を実施して，荒廃した農村の復興を図った。

■江戸幕府の農民統制
　初期：田畑永代売買の禁令，田畑勝手作りの禁止，慶安の触書
　後期：旧里帰農令（寛政の改革），人返しの法（天保の改革）

正答 **2**

SECTION 1 第4章 テーマ史
通史・制度・政策

1 土地制度史

大和政権	私地私民制：大王や豪族が私有地と私有民を支配する。
大化の改新 以降	公地公民制：国が土地と民を支配する。 班田収授法：6歳以上の男女に口分田を貸与する。
奈良時代	三世一身法（新たに溝池をつくって開墾した者には3世代にわたって土地の私有を認める）→ 墾田永年私財法（墾田の永久私有を認める）→ 公地公民制の崩壊 → 荘園の発生
平安時代	寄進地系荘園の発展（藤原氏など有力者に集中）→ 延久の荘園整理令（11世紀後半）→ 院政により院に荘園が集中
鎌倉時代	地頭請・下地中分 （荘園領主と地頭の土地支配をめぐる紛争の解決法）
室町時代	守護請・半済令（荘園における守護の権限拡大）→ 守護領国制へ
戦国時代	戦国大名の分国支配：指出検地・貫高制 豊臣秀吉の太閤検地：一地一作人・石高制 → 荘園の消滅
江戸時代	石高制・村方三役による農村と農民の管理
明治時代	地租改正（政府が定めた地価に基づき地主が地租を金納する）
昭和時代	戦後の農地改革（自作農の創設）→ 寄生地主の消滅

2 兵制史

大宝律令（701年）による兵役	農民から徴兵し，軍団で訓練の後，衛士（都の防衛）や防人（北九州の防衛）に就く。
健児の制（平安初期）	桓武天皇は東北と九州を除く軍団を廃止し，郡司の子弟を兵士にした。
封建制度（鎌倉時代）	将軍は御恩として土地を与え，御家人は軍役や京都大番役などの務めを行う（奉公）。
貫高制（戦国時代）	戦国大名は貫高により家臣の身分や土地の保障をし，家臣はそれに見合う軍役を負担した。
石高制（豊臣秀吉が導入）	石高に見合う軍役を負担する。江戸幕府も石高制を採用。
徴兵令（明治時代）	満20歳以上の男子を兵役に就かせる国民皆兵制度。その後，徴兵制度は1945年まで続いた。

INPUT

3 歴史上の主な争乱

平安時代	承平・天慶の乱 保元の乱 平治の乱	東国の平将門の乱・瀬戸内海の藤原純友の乱 後白河天皇（平清盛）が崇徳上皇に勝利 後白河上皇の近臣の争い → 平清盛が勝利
鎌倉時代	承久の乱	後鳥羽上皇が義時追討の兵を挙げたが鎮圧される
室町時代	観応の擾乱 正長の土一揆 応仁の乱	鎌倉幕府以来の法秩序を重んじる尊氏の弟直義と、新興勢力が支持する高師直の対立 惣村の結合をもとにした農民勢力が，高利貸しを営んでいた土倉や酒屋を襲って貸借証文を奪い，私徳政を実施 義政の弟義視と子義尚（妻日野富子）の家督争いに細川勝元と山名持豊が介入
江戸時代	島原の乱 大塩の乱	キリスト教徒弾圧や領主の圧制に反対する反乱 大塩平八郎が天保の飢饉による貧民救済のために起こす
明治時代	戊辰戦争 西南戦争	鳥羽・伏見の戦いから，箱館の五稜郭の戦い 西郷隆盛が起こした最後の不平士族の反乱

4 公武（朝廷と武家政権）関係史

平安末期	・平清盛が後白河上皇の信任を得て政治を行う。 ・源頼朝が朝廷より守護と地頭の任命権を得る。 ・朝廷より征夷大将軍に任じられる → 鎌倉幕府の成立
鎌倉時代	・後鳥羽上皇が承久の乱を起こす → 六波羅探題の設置 ・幕府が皇族将軍を採用
建武の新政	・足利尊氏と後醍醐天皇の対立 → 新政の崩壊
南北朝時代	・足利尊氏が光明天皇を擁立（北朝） → 尊氏は征夷大将軍に任じられ，室町幕府を開く。
室町時代	・足利義満が南北朝を合一
江戸時代	・幕府が禁中並公家諸法度を発布，京都所司代や武家伝奏（公家2人）を通じて朝廷の監視や統制をする。禁裏御料（天皇領）・公家領などは必要最小限度にとどめられた。 ・大老井伊直弼が勅許を得ず，日米修好通商条約に調印 → 尊王攘夷運動が起こる。 ・公武合体政策による皇女和宮と将軍徳川家茂の結婚 ・徳川慶喜が大政奉還をする → 江戸幕府の滅亡

第4章 テーマ史

テーマ史 通史・制度・政策

実践 問題 68 基本レベル

問 日本における近代以前の政治の特徴として妥当なのはどれか。 （地上2018）

1：奈良時代：律令体制と呼ばれる国家体制が確立した。この体制では，豪族の間接的な統治が原則であり，朝廷は土地や人民を直接掌握せず，豪族が土地や人民を私有して税を負担した。

2：平安時代：天皇を退位した上皇が，天皇の政務を代行・補佐する摂政や関白となって政治の実権を握る摂関政治が行われた後，天皇の外戚であった藤原氏が政治の実権を握り，院政を行った。

3：鎌倉時代：幕府は将軍と御家人の主従関係を基盤としていた。蒙古襲来後，多くの御家人が窮乏する一方で，政治の実権を握っていた北条氏の勢力が拡大し，御家人の反感を買うようになった。

4：室町時代：応仁の乱以前には，幕府の守護に対する統制力は不十分で，守護は領国に在住していたが，応仁の乱の後には，幕府の支配権が確立し，守護は原則在京して，幕府に出仕するようになった。

5：江戸時代：幕府と藩が全国の土地と人民を支配する幕藩体制が確立した。この体制では，老中などの幕府の要職は，加賀藩など石高の多い有力な藩の外様大名が就任する慣行であった。

OUTPUT

チェック欄		
1回目	2回目	3回目

実践 問題 **68** の解説

〈各時代の政治〉

1 ✕ 律令体制下では，豪族による土地や人民の支配が排除され，土地や人民は朝廷のものとする班田収授が行われた。豪族はすでに天武天皇（在位673～686年）のもと，**八色の姓**により天皇を中心とした身分秩序に編成され，律令体制下では位階に応じて官職に任ぜられた。

2 ✕ 摂政や関白となって政治の実権を握ったのが天皇の外戚であった藤原氏であることは正しいが，**藤原氏の摂関政治は，藤原道長（966～1027年）と頼通（992～1074年）の時代に全盛期を迎え**，その後，天皇を退位した上皇が天皇を後見しながら政治の実権を握る院政が行われた。院政は11世紀の白河上皇から鳥羽上皇，後白河上皇と100年余りも続いた。

> 藤原氏の摂関政治　→　上皇の院政

3 ○ 蒙古襲来は御家人らに多くの犠牲を払わせたが，幕府はこれに対して十分な恩賞を与えることができず，御家人が経済的に窮乏した。一方，幕府の支配権が全国的に強化されていく中で北条氏の権力が拡大し，特に家督を継ぐ得宗の勢力が強大となった。それにつれて，得宗の家臣である御内人と本来の御家人との対立が激しくなり，御家人の反発を買うようになった。

4 ✕ 足利義満の頃になると守護職は世襲されるようになり，守護は守護代に領国を統治させ，自身は在京して幕府に出仕するようになった。しかし，応仁の乱によって主戦場となった京都が戦火に焼かれて荒廃する中，守護大名の多くが領国に下り，有力守護が在京して幕政に参加する幕府の体制は崩壊した。

5 ✕ 老中などの幕府の要職は，三河以来，もともと徳川氏の家臣であった譜代大名の中から選ばれた。関が原の戦いの後に徳川氏に従った外様大名は，なるべく遠隔地に配置された。

第4章 テーマ史

正答 **3**

LEC東京リーガルマインド　2022-2023年合格目標 公務員試験 本気で合格！過去問解きまくり！
⑤人文科学Ⅰ

第4章 SECTION 1 テーマ史
通史・制度・政策

実践 問題 69 応用レベル

問 我が国の歴史における政変に関する記述として最も妥当なのはどれか。

(国Ⅱ 2011)

1：大和王権下の豪族であった蘇我氏は，6世紀末に仏教の受容に賛成する物部氏を滅ぼして政治を独占した。その後，蘇我蝦夷・入鹿父子は，親戚関係にあった厩戸皇子（聖徳太子）を天皇に即位させようとしたが，645年，天皇中心の国政改革をめざす中大兄皇子と中臣鎌足によって滅ぼされた。

2：藤原氏は，藤原良房が天皇の外祖父として摂政となるなどして次第に勢力を強めていった。これに対し，宇多天皇は関白を置かず親政を推し進め，次に即位した村上天皇は，醍醐天皇の皇子の菅原道真を登用し藤原氏に対抗させた。しかし，密告により菅原道真は失脚し，969年，大宰府に左遷された。

3：源頼朝の没後，子の頼家が将軍となったが，1203年，北条時政は，頼家を修禅寺に幽閉して頼家の弟の実朝を将軍にたて，みずからは政所別当に就任した。ついで時政の子の義時は，政所別当のほか侍所別当の職も獲得して幕政の実権を握った。こうして北条氏は政治的地位を執権として確立し，以後，北条氏の間で世襲された。

4：足利義満のあとを継いだ子の義持は，権力を確立させるため，側近の武士，公家，守護に対して強圧的な態度で臨み，多数の者を処罰したが，これに恐怖を抱いた赤松満祐により，1441年に暗殺された。この後将軍となった義教は，以前の義満と同様，有力守護との合議によって政治を行った。

5：大老となった井伊直弼は，一橋慶喜を将軍の後継ぎに決定するとともに，日米修好通商条約に調印したが，これらの決定に対して激しい幕府非難が起こった。直弼は継嗣問題に破れた南紀派や条約調印に反対する攘夷派の志士を厳しく弾圧したが，これに反発した彦根藩浪士らによって1860年，江戸城の桜田門外で暗殺された。

OUTPUT

チェック欄		
1回目	2回目	3回目

実践 問題 **69** の解説

〈わが国の政変〉

1 ✗ 蘇我氏が物部氏を滅ぼしたことは正しいが，物部氏は仏教の受容に反対だった。また，645年，中大兄皇子と中臣鎌足が蘇我蝦夷・入鹿父子を滅ぼしたことは正しいが，聖徳太子（574〜622年）の活躍した時代とは異なる。中大兄皇子と中臣鎌足によって行われた改革を大化の改新という。

2 ✗ 藤原良房が天皇の外祖父として摂政となり，次第に勢力を強めていったことは正しいが，菅原道真を重用して藤原氏に対抗しようとしたのは宇多天皇である。道真は学者であって皇族ではない。次の醍醐天皇の時代に，藤原氏は策謀によって道真を大宰府に左遷した（901年）。醍醐天皇の子が村上天皇である。10世紀の前半は，醍醐天皇と村上天皇が親政を行い，「延喜・天暦の治」とたたえられた。なお，969年に左遷されたのは源 高明である（安和の変）。

3 ◯ 北条時政は2代将軍頼家の権力を抑えるため，13人の合議制を設け，その中心として力を持った。時政の娘政子は源頼朝の正室であったため，北条氏の力は強くなり頼家を修善寺に幽閉した。時政は頼家の弟の実朝を3代将軍にさせ，その補佐役の執権となった。これ以降，北条氏は執権職を独占し，幕府政治を行った。

4 ✗ 将軍の権力強化のために高圧的な恐怖政治をしき，それが原因で守護の赤松満祐に殺されたのは，6代将軍足利義教である。これを嘉吉の乱という。嘉吉の乱以降，幕府政治は大きく揺らぎ，有力な守護大名たちが台頭した。なお，足利義持は4代将軍で，日明貿易を一時中断したり，上杉禅秀の乱を鎮圧したりしたが，その時代は将軍と有力守護の勢力均衡が保たれ，比較的安定していた。

5 ✗ 将軍継嗣問題とは，14代将軍に徳川慶福（のちの家茂）を推す勢力（南紀派）と一橋慶喜を推す勢力（一橋派）とが争った問題であるが，一橋派を抑えて，大老井伊直弼（彦根藩主）が将軍後継者として強く推したのは徳川慶福であった。井伊直弼は，将軍継嗣問題に敗れた一橋派や吉田松陰など尊王攘夷論者を安政の大獄で弾圧し，勅許を得ぬまま日米修好通商条約に調印したこともあり，幕府批判が高まった。さらにそのため，水戸藩浪士らによって暗殺された（桜田門外の変）。

第4章 テーマ史

正答 3

SECTION 1 テーマ史 通史・制度・政策

実践 問題 70 基本レベル

問 鎌倉時代から江戸時代初期までの朝廷と武家との関係に関する記述として最も妥当なのはどれか。 （国税・財務・労基2016）

1：源頼朝の死後，将軍の後継者をめぐる兄の頼家と弟の実朝との争いによって鎌倉幕府が分裂すると，後鳥羽上皇は幕府打倒を目指し承久の乱を起こした。しかし，執権の北条氏らは，乱を短期間のうちに鎮圧し，幕府はこの後，侍所，問注所などの機関を設置し勢力基盤を強化していった。

2：後醍醐天皇は，公家と武家とを統一した新しい政治を目指して建武の新政を開始し，京都に記録所などの諸機関を置くとともに地方には国司と守護を併置した。しかし，新政権の人事，恩賞の配分，所領紛争の裁定などにおいて公家偏重の方針がとられたため多くの武士の不満を引き起こした。

3：室町時代の初期には，吉野の南朝と京都の北朝との間で天皇の地位をめぐる争いが激化したため，幕府の調停によって南朝と北朝が交互に皇位に就くという，いわゆる両統迭立の状況となった。その後，将軍足利義政は，南朝の後亀山天皇が北朝の後小松天皇に譲位する形で南北朝の合一を実現させた。

4：天下統一を目指した織田信長は，足利義昭を追放して室町幕府を滅ぼした。一方，自らの権威を確立するために朝廷に接近し関白や太政大臣に任ぜられるとともに，後陽成天皇を招いて，配下の諸大名に天皇と信長に対して忠誠を誓わせるなどした。

5：江戸時代の初期，徳川家康は朝廷を監視するため京都守護職を設置するとともに，大名の中から武家伝奏を任命して朝廷と幕府の間の連絡役とした。さらに，家康は禁中並公家諸法度を制定して天皇の生活にまで規制を加えるとともに，朝廷の経済的基盤を弱体化させるために天皇の支配地である禁裏御料を没収するなどした。

OUTPUT

チェック欄		
1回目	2回目	3回目

実践 ▶ 問題 **70** ▶ **の解説**

〈鎌倉時代から江戸初期までの朝廷と武家の関係〉

1 ✕ 侍所や問注所などの機関が整備されたのは，源頼朝が征夷大将軍に任じられるよりも前のことである。承久の乱の後に設置されたのではない。また，承久の乱が起こったのは３代将軍実朝が暗殺された後である。頼朝は源平の争乱に際し，関東を動かず，1180年には侍所を設け，1184年には公文所（のちの政所）と問注所を開いた。1185年には後白河法皇が義経に頼朝追討を命ずると，頼朝は軍勢を京都に送って追討令を撤回させるとともに，諸国に守護を，荘園や公領に地頭を任命する権利を獲得した。この結果，東国を中心とした頼朝の勢力が広く全国に及ぶようになった。

2 ◯ 後醍醐天皇の建武の新政の説明として妥当である。後醍醐天皇は幕府，院政，摂政，関白を否定し，土地所有権の確認は天皇の綸旨を必要とするなど，天皇への権力集中を図った。

3 ✕ 南北朝の合一を実現させたのは，３代将軍の足利義満である。両統迭立とは，鎌倉時代の後期，皇位や所領をめぐって対立した持明院統と大覚寺統の２つの皇統との間で，交互に天皇を出すこととした原則のことを指す。

4 ✕ 朝廷に接近して関白や太政大臣に任ぜられたのは，織田信長ではなく豊臣秀吉である。また，後陽成天皇を招いて，配下の諸大名に天皇と秀吉に対して忠誠を誓わせたのも秀吉である。秀吉は軍事力だけでなく，天皇の権威をたくみに利用しながら統一国家をつくり上げていった。織田信長が足利義昭を京都から追放して室町幕府を滅ぼしたことは正しい。

5 ✕ 江戸時代の初期に朝廷を監視するために設置されたのは，京都守護職ではなく京都所司代である。京都守護職は江戸時代の末期に設置され，京都や近畿の治安維持にあたった役職である。また，朝廷と幕府の連絡役として武家伝奏が置かれたことは正しいが，これは大名の中から任命されたのではなく，公家が任命された。天皇の支配地である禁裏御料は必要最小限度にとどめられたが，没収されたのではない。

第４章 テーマ史

正答 2

問 北海道や沖縄等の歴史に関する次の記述のうち，最も妥当なのはどれか。

(国税2004)

1：和人の蝦夷地（北海道）への進出が平安時代から始まったが，各地に館と呼ばれる居留地や荘園が広まると，アイヌとの交易を独占していた安東氏やアイヌがこれに抗して蜂起した。しかし，征夷大将軍であった坂上田村麻呂により奥羽地方の反乱と同様に鎮圧された。

2：沖縄本島では三山と呼ばれる三つの勢力が長期にわたり分立していたが，江戸時代に入ると，中山王の尚巴志が薩摩藩の支援を受けて琉球を統一し，琉球王朝を成立させた。この王朝は明や日本，東南アジア諸国と対等な条件で国交を開き，中継貿易を主として栄えた。

3：豊臣政権下において松前氏の領土であった蝦夷地は，江戸幕府が成立すると直轄領となり，国替え等で失業した武士が屯田兵として送り込まれた。また，18世紀にロシアが蝦夷地まで勢力を伸ばすと，幕府は開拓使かつ箱館奉行所である五稜郭を設け，北方の防備を固めた。

4：18世紀に清国から国交を断絶された琉球王朝は，貿易による利益を失い，国力が衰退した。領地拡大をねらった江戸幕府は，軍隊を送って王朝を滅ぼし，琉球藩を置いた。その後清国との間で日清修好条規が結ばれ，琉球藩が清国との貿易を江戸末期まで独占するようになった。

5：日本とロシアとの間で樺太国境問題が長らく懸案となっていたが，19世紀後半に樺太・千島交換条約が結ばれ，樺太をロシア領，千島全島を日本領とすることが定められた。また，帰属問題が未解決であった小笠原諸島については，日本がその領有を宣言し，アメリカ合衆国などに認められた。

OUTPUT

チェック欄		
1回目	2回目	3回目

実践 ▶ 問題 **71** の解説

〈北海道と沖縄の歴史〉

1 ✕ 和人（日本人のこと）が蝦夷地（北海道）に進出したのは中世に入ってからである。彼らは北海道南部に館を建て，アイヌとの交易を行った。平安時代の頃の「蝦夷」とは東北の豪族のことで，坂上田村麻呂は北海道まで討伐していない。15世紀にはアイヌの酋長コシャマインの反乱も起こったが，蠣崎氏（のちに松前氏と改名）がこの地域の支配者となった。

2 ✕ 中山王の尚巴志が沖縄の3つの勢力を束ねて，琉球王国を成立させたのは15世紀（室町時代）のことである。また，琉球王国は明とは朝貢関係にあり，対等な関係ではない。

3 ✕ 秀吉の時代に蠣崎氏（松前氏）が蝦夷島主の扱いを受けていたことは正しいが，蝦夷地が幕府の直轄地となるのは，18世紀末以降，ロシア使節の来航などを契機に一時的なものであった。また，屯田兵は明治初頭，北海道開拓と防衛の目的で創設されたもので，江戸時代ではない。開拓使も明治時代の役職である。五稜郭は江戸時代末期，オランダの城郭建築に基づいて建てられた城で，北方警備の箱館奉行庁舎として使用され，戊辰戦争のとき，榎本武揚らが拠点とした。

4 ✕ 日清修好条規が結ばれたのは明治時代である。また，琉球王朝は江戸時代も清国と朝貢関係にあり，国交は続いていた。江戸時代初頭，薩摩藩は幕府の許可を得て，琉球を武力制覇したが，独立した王国の姿を維持し，中国との朝貢関係を維持させた。幕府軍が王朝を滅ぼしたのではない。明治に入り，政府は廃藩置県を実施したが（1871年），琉球に対しては，いったん琉球藩を置き（1872年），琉球王を華族に列したうえで，1879年に廃藩置県を実施し，沖縄県を置き，日本の領土とした。

5 ◯ 江戸時代末期の日露和親条約では，択捉以南の千島列島を日本領，得撫島以北の千島列島をロシア領，樺太は日露両国民の雑居地域と定められた。明治に入り，樺太・千島交換条約で，樺太をロシア領，千島全土を日本領と定められた。また，小笠原諸島については1876年に日本領であることが確定した。

第4章 テーマ史

正答 5

LEC東京リーガルマインド　2022-2023年合格目標 公務員試験 本気で合格！過去問解きまくり！　201
⑤人文科学Ⅰ

第4章 SECTION 1 テーマ史
通史・制度・政策

実践　問題 72　応用レベル

頻出度	地上 ★	国家一般職 ★	東京都 ★	特別区 ★
	裁判所職員 ★	国税・財務・労基 ★		国家総合職 ★

問 前近代の日本の領地に関する次の文中の下線部ア〜オには，妥当なものが二つあるが，それらはどれか。　　　　　　　　　　（市役所B日程2011）

　7世紀に大化の改新が行われた頃，朝廷の支配は北海道や沖縄はもちろん，東北地方や九州南部にも及んでいなかった。

　奈良時代に入ると，九州南部には薩摩藩などが置かれ，律令国家の支配が及ぶようになった。しかし，琉球（沖縄）まで朝廷の支配が及ぶことはなく，15世紀には琉球王国が誕生し，ア 中国・日本・東南アジア各国との中継貿易で栄えた。しかし，江戸時代に入ると，イ 幕府の命を受けた薩摩藩の侵略を受けて琉球王国は滅亡し，琉球の島々は幕府の直轄領となった。

　東北地方の蝦夷居住地域に征服事業が開始されたのは，ウ 近世に入り，豊臣秀吉による奥州征伐が行われてからであり，これによって陸奥国が置かれ，中央の行政組織への組み入れが進められた。北海道の蝦夷地には古くからアイヌが居住していたが，サケや昆布などを求める和人の動きが強まったのに合わせて，江戸時代には蝦夷地南部に松前藩が置かれた。しかし，エ 鎖国政策が始まると，和人とアイヌとの交易は厳禁され，アイヌの居住地への和人の往来も禁じられた。

　18世紀末以降，異国船が蝦夷地周辺に来航するようになると，幕府は調査隊を派遣し，オ 東蝦夷，国後・択捉島の調査を行わせ，番所を築き，蝦夷地全土を幕府の直轄下に置いたこともあった。

1：ア，ウ
2：ア，オ
3：イ，エ
4：イ，オ
5：ウ，エ

実践 問題 72 の解説

〈近代以前の日本の領土〉

- **ア○** 沖縄では，北山・中山・南山の三勢力が争っていたが，15世紀に中山王の尚巴志が三山を統一し，琉球王国を成立させた。琉球は明や日本と国交を結ぶとともに，南方のジャワ島やインドシナ半島にまで交易圏を広げ，東南アジア諸国間の中継貿易により繁栄した。
- **イ×** 江戸時代に入ると，琉球王国は1609年に幕府の許可を得た薩摩の島津氏によって征服され，島津氏は，琉球王国の尚氏を石高8万9000石余りの王位に就かせ，支配下におく一方で，独立した王国の体裁をとらせて中国との朝貢貿易を継続させた。琉球王国が滅亡して幕府の直轄領となったのではない。
- **ウ×** 東北地方の蝦夷居住地域には，奈良時代からすでに城柵が設けられ，蝦夷地域の支配浸透が進められ，平安時代の初めには，桓武天皇が坂上田村麻呂を派遣し，田村麻呂は蝦夷を制圧して胆沢城を築き，鎮守府を多賀城からここに移している。12世紀には陸奥の平泉を根拠地として奥州藤原氏が繁栄を誇った。
- **エ×** 北海道南部の和人地に勢力を持っていた蠣崎氏は，近世になると松前氏と改称して，江戸時代には徳川家康からアイヌとの交易独占権を保障され藩制をしいた。鎖国政策が始まってもアイヌとの交易が禁止されたのではない。1669年にはシャクシャインを中心に反乱が起こり，アイヌは全面的に松前藩に服従させられた。
- **オ○** 18世紀末にロシア使節ラクスマンが根室に来航すると，幕府は江戸湾や蝦夷地の海防強化を命ずるとともに，近藤重蔵や最上徳内らに択捉島を探査させ，1807年には松前藩と蝦夷地を一時的に幕府の直轄地として松前奉行の支配下においた。

以上から，アとオが妥当であるので，肢2が正解となる。

正答 **2**

第4章 SECTION 1 テーマ史
通史・制度・政策

実践 問題 73 応用レベル

問 沖縄の歴史に関する記述として，妥当なのはどれか。 （特別区2014）

1：琉球王国は，按司と呼ばれる地方豪族が勢力を競い分裂していた北山・中山・南山の三山を，1429年に南山王の尚泰が統一し建国したものである。
2：琉球王国は，薩摩の島津氏の軍に征服され実質的に島津氏の属領となったため，明に対しての朝貢関係を解消した。
3：琉球王国は，琉球国王の代替わりごとにその即位を感謝する慶賀使を，徳川将軍の代替わりごとにその就任を奉祝する謝恩使を，それぞれ幕府に派遣した。
4：琉球藩は，日本政府が1872年に琉球国王尚巴志を藩王とし設立したのち，琉球処分により廃止され沖縄県となったが，王府は存続された。
5：1945年の沖縄戦では，沖縄本島に上陸したアメリカ軍に対し，男子生徒の鉄血勤皇隊や女子生徒のひめゆり部隊などの学徒隊が動員された。

OUTPUT

チェック欄		
1回目	2回目	3回目

実践 ▶ 問題 **73** の解説

〈沖縄の歴史〉

1 ✕ 琉球王国は，1429年に中山王の尚巴志が三山を統一して成立した王国である。王国の首都首里の港である那覇は重要な国際港となって発展した。

琉球王国	明や日本と国交を結ぶとともに，ジャワ島やインドシナ半島にまで交易圏を広げ，東南アジア諸国間の中継貿易により繁栄した。

2 ✕ 薩摩藩は1609年に琉球王国を占領し，国王の尚氏を石高8万9000石余りの王位に就かせ，独立した王国の姿をとらせて明（のちに清）との朝貢関係を継続させた。琉球王国が中国との冊封関係を破棄するのは，明治政府によって王政が廃止され，沖縄県が設置された琉球処分の時である。

3 ✕ 慶賀使と謝恩使に関する説明が反対である。琉球は，国王の代替わりごとにその就任を感謝する謝恩使を，将軍の代替わりごとにそれを奉祝する慶賀使を江戸に派遣した。

謝恩使	琉球王の代替わりごとにその就任を感謝して送った使節
慶賀使	徳川将軍の代替わりごとにその就任を奉祝して送った使節

4 ✕ 琉球王国は，江戸時代以来，事実上薩摩藩（島津氏）の支配下にあったが，名目上は清を宗主国とする複雑な両属関係にあった。1872（明治5）年，明治政府は琉球藩を置いて琉球王国を廃し，琉球国王の尚泰を藩王とした。明治政府は尚泰に清国との冊封関係の破棄を迫ったが藩王がそれに従わなかったため，1879（明治12）年の琉球処分によって，琉球藩の廃止と沖縄県の設置が決定した。沖縄県には鍋島直彬が赴任し，これによって王統による支配は終わった。

5 ◯ そのとおり。沖縄戦の犠牲者は15万人を超えた。

第4章 テーマ史

正答 5

LEC東京リーガルマインド　2022-2023年合格目標 公務員試験 本気で合格！過去問解きまくり！　205
⑤人文科学Ⅰ

第4章 SECTION 1 テーマ史
通史・制度・政策

実践 問題 74 基本レベル

問 日本の古代・中世における権力闘争に関する記述として最も妥当なのはどれか。 （国税・労基2009）

1：飛鳥時代において，中大兄皇子と中臣鎌足は，当時の有力氏族であった蘇我馬子を滅ぼし，その後，天皇中心の強力な中央集権国家をつくるため，都を飛鳥浄御原宮に移して，大化の改新と呼ばれる一連の政治改革に着手した。

2：奈良時代において，藤原不比等は，淳仁天皇を擁立して即位させるなど勢いを伸ばしたが，孝謙上皇の信任を受けた僧の道鏡が進出してくると，対立して敗死した。その後，道鏡は，光仁天皇のもと，混乱した律令政治と国家財政の再建を図った。

3：平安時代において，藤原道長は，醍醐天皇のとき，対立する右大臣の菅原道真を九州の大宰府に左遷して政治の実権を握った。これを機に，藤原氏はその地位を安定させて，摂政・関白を独占するようになるとともに，荘園制を廃止して班田制を強化した。

4：平安時代において，後白河天皇と崇徳上皇とが対立し，源義朝，平清盛らがついた天皇側が勝利を得た。後白河は上皇となって院政を開始したが，その後，義朝と清盛が争い，これに勝利した清盛は，後に武士として初めて太政大臣となった。

5：鎌倉時代において，持明院統の後醍醐天皇は，ひそかに倒幕計画を進めていたことが幕府に発覚したため，執権の北条時宗によって隠岐の島に流された。その後，後醍醐天皇の命を受けて，反幕勢力の結集に努めた足利高氏（のち尊氏）が鎌倉幕府を滅ぼした。

OUTPUT

チェック欄		
1回目	2回目	3回目

実践 ▶ 問題 **74** ▶ の解説 ─────────────────────

〈古代・中世の権力闘争〉

1× 中大兄皇子と中臣鎌足（のちの藤原鎌足）らが滅ぼしたのは蘇我馬子ではなく、馬子の子の蘇我蝦夷とその子の入鹿父子である。中大兄皇子が飛鳥から遷都したのは難波であり、その後、近江大津宮から飛鳥浄御原宮に遷都したのは中大兄皇子（のちの天智天皇）の弟の天武天皇である。645年、中大兄皇子は蝦夷・入鹿を滅ぼした後、年号を大化と改めたうえで、天皇中心の中央集権体制による国家建設を進めた。これを大化の改新という。

2× 「淳仁天皇を擁立して勢力を伸ばしたが、道鏡と対立して敗死した」のは藤原仲麻呂である。その後、道鏡は称徳天皇（孝謙太上天皇が重祚）の支持を得て権力を握り仏教政治を行ったが、称徳天皇の道鏡寵遇は政治や財政の混乱を招き、貴族の反感をかって、称徳天皇の死後、追放された。称徳天皇の次に即位した光仁天皇が道教時代の仏教政治によって混乱した律令政治と国家財政の再建を目指した。

3× 藤原氏が他氏を排斥して摂政・関白の地位を独占するようになり、その後、10世紀末から11世紀前半にかけて、藤原道長と頼道の時代に藤原氏の摂関政治は最盛期になる。菅原道真を左遷したのは藤原時平であるが、遣唐使の廃止を建言した菅原道真と藤原道長が同時代に存在しない点で妥当でないと判断したい。また、平安時代には寄進地系荘園が発達し、荘園制度が消滅するのは豊臣秀吉の太閤検地による。

4○ 妥当である。後白河天皇と崇徳上皇の対立から起こったのが保元の乱であり、源義朝と平清盛が争い、清盛が勝利したのが平治の乱である。

5× 後醍醐天皇は大覚寺統である。また、後醍醐天皇を隠岐に流したのは、北条高時である。反幕府勢力が蜂起し、幕府軍と戦う中、鎌倉を攻めて鎌倉幕府を滅亡させたのは新田義貞であり、足利高氏（尊氏）は幕府軍の指揮官として畿内に派遣されたが、幕府に背いて六波羅探題を攻め落とした。

第4章 テーマ史

正答 4

問 我が国における奈良時代から江戸時代の政治に関する記述として最も妥当なのはどれか。 （国税・財務・労基2012）

1：奈良時代には，氏姓制度と呼ばれる仕組みの下で，有力な豪族の中から大臣や大連が任命され中央の政治を司った。また，藤原鎌足らによって大宝律令が制定され，刑罰や行政組織に関する規定が整備された。

2：平安時代初期，桓武天皇は政治改革を行い神祇官と太政官を新たに設置し，太政官の下で式部省などの八省が政務を分担することとなった。また，荘園の増加が国衙領を圧迫しているとして，延久の荘園整理令を出した。

3：鎌倉時代初期，鎌倉幕府は源頼朝の支配体制を有力御家人が補佐する体制であった。その後，蒙古襲来によって幕府の勢力が衰退する中，六波羅探題が新たに設置され統治体制が強化されたものの，執権の北条氏の勢力は衰えた。

4：室町時代には，三代将軍足利義満の時に南北朝の合体が実現した。また，室町幕府の機構についてみると，将軍を補佐する中心的な職である管領が，足利氏一門の斯波，細川，畠山の三氏から任命され，侍所，政所などの中央諸機関を統轄した。

5：江戸時代には，将軍の下に老中がおかれて政務を統轄した。また，老中を補佐する大目付や諸大名を監察する若年寄がおかれたほか，参勤交代などを義務付ける棄捐令が発せられ，幕府は諸大名にその遵守を厳命した。

OUTPUT

チェック欄		
1回目	2回目	3回目

実践 問題 **75** の解説

〈古代から近世におけるわが国の政治〉

1✕ **氏姓制度**は，血縁をもとにした集団である氏に，大臣や大連などの姓を与え，豪族を秩序づけた制度で，大和朝廷で採用されていた。また，**大宝律令**を制定し（701年），律（刑法）と令（行政法）による支配を整えたのは，藤原鎌足の子，**藤原不比等**である。したがって，いずれも奈良時代の内容ではない。

2✕ 平安京遷都を行った桓武天皇が政治の刷新を目指したのは正しいが，神祇官と太政官の二官の下に八省を設置したのは大宝律令による。また，摂関政治で栄華を誇った藤原家などの財政基盤を弱めるために，**延久の荘園整理令**（1069年）を出したのは**後三条天皇**である。

3✕ 鎌倉幕府が，将軍源頼朝のもとに，有力な御家人が侍所や政所，問注所などに配されて，将軍支配を補佐する体制であったことは正しい。しかし，**六波羅探題は承久の乱後に朝廷を監視するために設けられたもの**であって，設置は元寇後ではない。元寇の後，幕府は元の再来に備えて九州の御家人を異国警固番役に動員する一方，御家人以外の全国の荘園・公領の武士をも動員する権利を朝廷から獲得するなど，西国一帯に幕府勢力を強めていき，北条氏の権力も拡大，北条家の家督を継ぐ得宗の勢力が強大となった。

> **■元寇後の政治**
> 得宗専制政治（直属の家臣である御内人（み うちびと）と御家人の対立）
> → 幕府から恩賞を得られなかった御家人の窮乏 → 永仁の徳政令
> 一方，元寇の後，御家人らは恩賞を得られずに窮乏し，得宗専制政治に対する不満が大きくなった。

4◯ 1392年，**足利義満**は，南朝（奈良）と北朝（京都）に分立されたままになっていた朝廷の分裂を統一（**南北朝の合体**）し，幕府権力も最盛期を迎えた。室町幕府は，「三管領」とよばれた斯波，細川，畠山の三氏が管領として将軍を補佐した。

5✕ 江戸幕府における政務統括を担ったのが老中であることは正しい。非常の職として大老があるが，通常は老中が政務を取り仕切った。しかし，**参勤交代を義務付けたのは，3代将軍家光が発した武家諸法度（寛永令）**であって，棄捐令ではない。棄捐令は寛政の改革の際に出された法令であり，旗本・御家人層が札差から借りた借金を破棄させる（棄捐）ものであった。なお，**老中を補佐したのが若年寄，大名を監察したのが大目付で**ある。

正答 4

第4章 テーマ史

問 我が国の歴史上の争乱に関する記述として，妥当なのはどれか。

(特別区2006)

1：保元の乱とは，後白河上皇の近臣間の対立から，藤原信頼が源義朝と結んで藤原通憲を倒したが，平清盛により鎮圧された争乱であり，これにより武士の地位が高まり，武家政権への道が開かれた。

2：明徳の乱とは，後醍醐天皇が，討幕のための挙兵を企てたが失敗して隠岐に流された争乱であり，これをきっかけとして，有力御家人の足利尊氏や新田義貞が挙兵して鎌倉幕府を滅亡させた。

3：応仁の乱とは，室町幕府の実権をめぐる細川勝元と山名持豊との対立に，将軍継嗣問題と管領家の家督争いが絡んで起こった争乱であり，これにより幕府の権威が失われ，地方ではその後も争いが続いた。

4：島原の乱とは，バテレン追放令や領主の圧制に反対するキリシタンを中心とする農民が，天草四郎時貞を大将として原城に立てこもった争乱であり，豊臣秀吉は九州の諸大名を動員してこれを鎮圧した。

5：大塩の乱とは，生田万の乱に影響を受けた元与力の大塩平八郎が，享保の大飢饉による窮民救済のため，民衆とともに武装蜂起した争乱であり，武士の主導による反抗は江戸幕府に大きな衝撃を与えた。

OUTPUT

実践 ▶ 問題 76 の解説

チェック欄		
1回目	2回目	3回目

〈歴史上の争乱〉

1✕ 本肢の説明は保元の乱ではなく，平治の乱についてのものである。12世紀，後白河天皇と崇徳上皇の対立から保元の乱が起き，後白河天皇が勝った。その後，天皇が退位し上皇となって院政を始めると，後白河上皇の近臣の内部抗争から，平治の乱が起こった。その結果，平清盛が政権を握ることとなった。

2✕ 本肢の説明は明徳の乱ではなく，元弘の変（1331年）である。これは正中の変（1324年）に続く2回目の後醍醐天皇の挙兵であったが失敗に終わり，天皇は隠岐に流された。しかし，天皇は脱出し，足利尊氏，新田義貞や楠木正成の助けで，再度挙兵し，1333年に鎌倉幕府を滅ぼした。なお，明徳の乱（1391年）とは足利義満が反抗する山名氏清を滅ぼした事件である。

3〇 8代将軍足利義政の治世に将軍家後継者問題や細川勝元と山名持豊の対立などがからんで，応仁の乱が起きた。この乱により室町幕府の威信は大きく揺らぎ，戦国時代となった。

4✕ 島原の乱は江戸時代初期の1637年に起きた事件であり，豊臣秀吉ではなく，江戸幕府が総攻撃により落城させ，一揆勢3万人近くを殺害した。バテレン追放令は秀吉によるもの。秀吉は貿易は奨励したためキリスト教取締りは不徹底であった。島原の乱の背景には江戸幕府が出した禁教令により信者に改宗を強制するなどの弾圧を加えたことがある。

5✕ 大塩の乱は天保の飢饉の影響で起こったものである。天保の大飢饉は大きな社会問題となったが，これに対して幕府は無策であったため，元大坂与力の大塩平八郎が大塩の乱を起こした。武士の主導による反抗は江戸幕府に大きな衝撃を与えるとともに，その波紋は全国に及び，各地で一揆が続発した。その中でも国学者の生田万が大塩門弟を称して起こした生田万の乱は有名である。大塩の乱の影響を受けて生田万の乱が起こっていることにも注意。そのような中，幕府はようやくお救い小屋の設置などによって庶民の救済に尽力するようになった。

第4章 テーマ史

正答 3

第4章 SECTION 1 テーマ史 通史・制度・政策

実践 問題 77 基本レベル

問 我が国における一揆に関する記述として最も妥当なのはどれか。

(国税・財務・労基2020)

1：15世紀前半，将軍の空位という政治的混乱に乗じて，下総の民衆が正長の徳政一揆（土一揆）を起こした。民衆の代表者であった佐倉惣五郎は，民衆の要求を幕府に直訴し，借金の帳消しを平和的に認めさせた。

2：15世紀後半，山城南部の国人らが，領地争いを続ける源氏・平氏双方の国外退去を求めて国一揆を起こした。しかし，両氏は要求を拒否し，一揆を結ぶ国人らを味方にしようとする動きを活発化させたため，国人らは足軽となって分裂し，翌年に一揆は崩壊した。

3：15世紀後半，加賀国で勢力を伸ばした一向宗の門徒が国人らと結んで一向一揆を起こし，加賀国の守護大名を倒した。これ以降，加賀国では，織田信長に制圧されるまでの間，一向宗の門徒が国を治めた。

4：17世紀前半，キリスト教を黙認する領主に反対する島原・天草地方の農民たちが，宣教師の国外追放を訴えて一揆を起こした。大塩平八郎を首領とした農民たちは，大砲などで武装したが，幕府の軍勢に半日で鎮圧された。

5：明治維新直後には，不安定な政治情勢や物価の高騰を背景に，民衆が「ええじゃないか」と連呼しながら金融業者や米商人などを襲う世直し一揆が多発した。また，政府の地租改正事業に反発する農民が血税一揆を起こした。

実践 問題 77 の解説

〈わが国の一揆〉

1 × 佐倉惣五郎は17世紀の下総（現千葉県北部と茨城県の南西部）佐倉藩の名主であり，藩主の苛政について江戸幕府の将軍に直訴した人物である。正長の土一揆は，京都をはじめ畿内一帯に広がった土一揆である。徳政を求めて土倉や酒屋を襲い，質物や売買・貸借証文を実力で奪う私徳政がなされた。

2 × 山城の国一揆についての記述であるが，15世紀後半に山城南部で両派に分かれて争っていたのは畠山氏である。畠山氏を国外に退去させた後は，山城の住民の協力を得て，三十六人衆の月行事による8年間の自治支配を実現している。

3 ○ 加賀の一向一揆についての記述として正しい。なお，この一揆で倒されたのは守護大名の富樫政親である。

4 × 17世紀前半，キリスト教を（黙認ではなく）弾圧する領主に対して，島原・天草地方の農民たちが（大塩平八郎ではなく）天草四郎を首領として一揆を起こし，原城跡に立てこもった。幕府は約12万人の軍勢を動員して（半日ではなく）半年の攻囲でようやく鎮圧した。

5 × 「ええじゃないか」は明治維新直後ではなく，幕末の1867年秋から冬にかけて流行した熱狂的乱舞であり，実力行使を伴う世直し一揆とは別物である。また，血税一揆は政府の地租改正事業ではなく徴兵令に反発した一揆である。

正答 3

第4章 SECTION 1 テーマ史
通史・制度・政策

実践 問題 78 基本レベル

頻出度 地上★ 国家一般職★★ 東京都★ 特別区★★
　　　 裁判所職員★★★ 国税・財務・労基★★ 国家総合職★★

問 我が国における一揆や反乱等に関する記述として最も妥当なのはどれか。

(国家一般職2014)

1：平安時代中期，関東で勢力を伸ばしていた平将門が朝廷に対して挙兵し，関東の大半を征服し，自ら新皇と称した。一時は京都付近まで攻め上ったが，朝廷は，伊予を本拠地とし瀬戸内海の海賊を支配下においていた藤原純友の協力を得て平将門を討伐した。

2：室町時代，貨幣経済の進展によって金融業を営む土倉などが増加した。これらに対し，幕府や荘園領主は収入を増やす目的で重税を課した。応仁の乱の後に京都で発生した正長の土一揆は，こうした課税に反対した土倉が起こしたものである。

3：江戸時代初期，凶作と飢饉をきっかけにキリスト教の信徒を中心とする島原・天草一揆（島原の乱）が起きた。幕府は，両地方の領主であったキリシタン大名の支援を受けた信徒たちと戦い，和睦したが，この後，幕府はキリスト教を禁止し，取締りを強化した。

4：明治維新後，秩禄処分や廃刀令などによって，士族は特権を失い，政府の政策に対する不満が高まっていた。征韓論争に敗れて参議を辞職した西郷隆盛が鹿児島で兵を挙げると，九州各地の士族が加わり，戦闘は半年以上に及んだ。

5：昭和初期，浜口雄幸首相は協調外交路線を採り，ロンドン海軍軍縮会議に参加し海軍の補助艦艇の制限に関する条約に調印した。二・二六事件は，天皇の統帥権を侵すものとしてこの条約に反対する青年将校らが，首相官邸を襲い，浜口首相を射殺したものである。

直前復習

実践 問題 78 の解説

〈わが国の一揆・反乱〉

1 × 平将門は、関東の大半を征服し、自らを新皇と称したが、京都付近まで攻め上ることなく、朝廷が派遣した平貞盛と藤原秀郷によって討伐された。藤原純友は、同じ頃、伊予を本拠地とし瀬戸内海の海賊を支配下において反乱を起こした人物である。伊予の国府や大宰府を攻め落としたが、源経基らによって討伐された。この2つの反乱を承平・天慶の乱とよぶ。

2 × 正長の土一揆は、近江の馬借(運送労働者)の蜂起を契機に、山城から畿内一帯に波及した土一揆である。人々は徳政を要求して、京都の高利貸を営んでいた酒屋・土倉などを襲い、質物や売買・貸借証文を奪った。この一揆は近畿地方や周辺に広がり、各地で実力による債務放棄や売却地の取り戻しが展開されたのである。また、その発生時期は1428(正長元)年であり、応仁の乱が発生した1467(応仁元)年よりも前のこと。室町時代には、農民の自立的・自治的な惣村が発達し、しばしば一揆を起こしたが、正長の土一揆は惣村の結合をもとにしており、中央の政界に衝撃を与えた。

3 × 島原の乱は、飢饉の中、天草領主の寺沢氏と島原領主の松倉氏らが過酷な年貢を課し、キリスト教徒を弾圧したことに対して、農民が起こした反乱である。天草と島原は、かつてキリシタン大名の有馬晴信と小西行長の領地であり、反乱を起こした者の中には有馬・小西氏の浪人も多かった。したがって、島原の乱が起こった時の両地方の領主はキリシタン大名ではない。幕府は九州の諸大名らおよそ12万人の兵力を動員し、一揆勢3万人を殺害しているので、和睦という言葉は適切でない。また、禁教令が全国に及ぼされたのは1613年で、これは島原の乱(1637年)よりも前のことである。島原の乱の後には、キリスト教徒を根絶するため、絵踏を強化し、寺請制度を設けて、宗門改めを実施した。

4 ○ 西南戦争の説明として正しい。政府軍の勝利と西郷軍の敗北は、新しい徴兵制による軍隊の威力を示した。こうして、西南戦争を最後として士族による武力反抗に終止符が打たれた。

5 × ロンドン海軍軍縮会議(1930年)において、軍縮条約に調印したことが激しい政府批判となり、右翼の青年が浜口首相を襲っているが、これは二・二六事件ではない。二・二六事件(1936年)は、陸軍統制派との派閥的対立の中で生じた皇道派青年将校を中心とするクーデタ未遂事件である。彼らは首相官邸や警視庁などを襲い、首相岡田啓介を負傷させ、蔵相高橋是清や内大臣斎藤実などを殺害した。

正答 4

第4章 SECTION 1 テーマ史
通史・制度・政策

実践　問題 79　基本レベル

頻出度　地上★　国家一般職★★　東京都★　特別区★★
　　　　裁判所職員★★　国税・財務・労基★★　国家総合職★★

問 14世紀から16世紀までの我が国の戦乱に関する記述として最も妥当なのはどれか。
（国税・財務・労基2014）

1：後醍醐天皇は，足利尊氏や新田義貞らとともに鎌倉幕府を滅ぼし，建武の新政を始めた。しかし，新政において後醍醐天皇は名目的な存在に留まる一方，新田義貞に実権が集中し，政治機構も鎌倉幕府のものをそのまま踏襲したため，足利尊氏が中先代の乱を起こし反旗を翻した。

2：建武の新政が崩壊した後，足利尊氏は光明天皇を擁立して北朝とし，後醍醐天皇を中心とした南朝と対立した。足利尊氏は南朝方の新田義貞や高師直などの有力武将をいち早く破るなどして短期間で南北朝の争乱を収拾し，その後，室町幕府を開いた。

3：足利義満が3代将軍に就任すると，幕府の中心を担う管領の細川氏や畠山氏らの間で観応の擾乱と呼ばれる争いが起こり，一時，幕府の勢力は弱まった。しかしその後，足利義満が日明貿易により莫大な利益をあげるとともに，三好長慶や上杉憲忠らの有力守護大名を滅ぼすなどしたため，幕府の勢力は回復した。

4：将軍足利義政の継嗣争いや管領家の家督相続争いが，室町幕府の実力者である細川勝元と山名持豊（宗全）の対立と結び付き，応仁の乱と呼ばれる全国の守護大名を巻き込んでの戦乱に発展した。この戦乱によって京都の市街地の多くが焼失し，多くの公家や僧侶が地方に逃れた。

5：織田信長は，今川義元を桶狭間の戦いで破った後，室町幕府の権威を利用するとともに，石山本願寺などの仏教勢力とも同盟してその勢力を急速に拡大したが，家臣の明智光秀に殺された。その後，信長の後継者である豊臣秀吉によって将軍足利義昭が京都から追放されたことで，室町幕府は完全に滅亡した。

OUTPUT

実践 ▶ 問題 79 の解説

チェック欄
1回目	2回目	3回目

〈中世戦乱史〉

1✕ 後醍醐天皇は，幕府も院政も摂政・関白も否定して天皇への権限集中を進め，土地の所有権の確認は綸旨（天皇の指令書）を唯一の根拠とすることを取り決めた。したがって，「新政において後醍醐天皇は名目的な存在に留ま」っていはいない。また，中先代の乱は，鎌倉幕府第14代執権北条高時の子時行が鎌倉幕府の再興を図って起こした反乱であり，足利尊氏によって平定された。

2✕ 足利尊氏は室町幕府を開いたが，南北朝の動乱は約60年にわたり，発足当初の幕府は南北朝の対立で不安定であった。南北朝の合体を実現したのは，室町幕府第3代将軍の足利義満である。なお，高師直は，足利尊氏の武将であり，観応の擾乱では尊氏の弟である直義と対立して殺された。

3✕ 観応の擾乱とは，足利尊氏とその弟である直義両派の抗争と，それに連動した全国的争乱である。南北朝の動乱も足利義満の頃には収まり，幕府は安定期を迎え，義満は南北朝の合一を実現した。また，足利義満は動乱の中で強大になった守護の統制を図り，明徳の乱では山名氏清，応永の乱では大内義弘をそれぞれ攻め滅ぼした。

4○ そのとおり。応仁の乱によって京都が荒廃したため，公家や僧侶などの文化人が地方の大名を頼って続々と地方へ下った。たとえば，大内氏の城下町の山口には連歌の宗祇をはじめ多くの文化人や公家が集まった。また，関東では，上杉憲実によって足利学校が再興され，全国から集まった僧侶や武士に対して高度な教育が施された。

5✕ 足利義昭を京都から追放して室町幕府を滅ぼしたのは織田信長である。また，織田信長は，石山本願寺などの仏教勢力を徹底的に弾圧した。戦国時代には一向宗（浄土真宗）が守護大名の領国支配に対して各地で一揆を起こしたが，信長は10年に及ぶ石山本願寺との戦いで，これを屈服させた。

第4章 テーマ史

正答 **4**

第4章 SECTION 1 テーマ史
通史・制度・政策

実践 問題 80 基本レベル

問 我が国での戦いに関する次の記述のうち、〔　　〕に当てはまる人物が「征夷大将軍」に任命されたものとして最も妥当なのはどれか。

(国家一般職2021)

1：陸奥北部の豪族安倍氏を、源頼義は子の源義家と共に出羽の豪族清原氏の助けを得て滅ぼしたが、その清原氏一族に内紛が起こると、源義家は〔　　〕を助けて内紛を制圧した。この後、奥羽地方は平泉を根拠地として〔　　〕、基衡、秀衡の三代100年にわたって繁栄した。

2：後白河天皇は、対立した崇徳上皇方を〔　　〕や源義朝らの武士を動員して破った。さらに、院政を始めた後白河上皇の近臣間の対立により、〔　　〕は、藤原信頼や源義朝を滅ぼした。〔　　〕は娘の徳子を高倉天皇の中宮に入れ、その子の安徳天皇の即位後は外戚として威勢を振るった。

3：源実朝が暗殺された事件をきっかけに、後鳥羽上皇は〔　　〕追討の兵を挙げたが、幕府は、〔　　〕の子の泰時、弟の時房らの率いる軍を送り京都を攻めた。戦いは幕府側の圧倒的な勝利となり、三上皇を配流した。

4：建武の新政の後、吉野の南朝と京都の北朝が対立して、約60年にわたる全国的な南北朝の動乱の中、北朝側では〔　　〕が弟の直義と分担して政治を執ったが、後に〔　　〕の執事高師直と直義の両派が対立して、武力対決することとなった。

5：桶狭間の戦いで今川義元を破った〔　　〕は、畿内を追われていた足利義昭を立てて入京し、姉川の戦いで近江の浅井氏と越前の朝倉氏を破り、長篠の戦いで武田勝頼に大勝する一方、敵対した足利義昭を追放して室町幕府を滅ぼした。

実践 問題 80 の解説

〈征夷大将軍〉

1 ×　藤原清衡　藤原清衡は平安後期の奥州藤原氏の祖である。平泉に本拠を定め，京都の文化を移殖し，中尊寺金色堂を建てたが，征夷大将軍にはなっていない。

2 ×　平清盛　前半は保元の乱，および平治の乱についての記述である。保元の乱で後白河天皇側につき，平治の乱で源義朝らを破ったのは平清盛である。平清盛は1167年には太政大臣となって娘の徳子を高倉天皇の中宮に入れ，その子である安徳天皇を皇位に就けたが，征夷大将軍にはなっていない。

3 ×　北条義時　承久の乱についての記述である。北条義時は幕府側であり，後鳥羽上皇と対立した。北条氏は征夷大将軍ではなく，その補佐役の執権となって政治を執り行った。征夷大将軍にはなっていない。

4 ○　足利尊氏　建武の新政後に，弟の直義とともに政治を執り行ったのは足利尊氏である。足利尊氏は1338年に征夷大将軍となり，室町幕府を開いている。

5 ×　織田信長　織田信長は桶狭間の戦い，姉川の戦い，長篠の戦い，室町幕府滅亡に関連した人物である。織田信長は尾張の武将であり，1582年に本能寺の変で討たれるまで，天下統一の事業を進めた人物であるが，征夷大将軍にはなっていない。

■征夷大将軍
　もともとは，奈良末期から平安初期にかけて，東北の蝦夷征討のために派遣された遠征軍の総指揮官を指したが，鎌倉幕府を開いた源頼朝が朝廷から任じられて以降，江戸時代まで，代々幕府の首長は朝廷から将軍宣下によって征夷大将軍に任じられた。

正答 4

第4章 SECTION 1 テーマ史
通史・制度・政策

実践　問題 81　応用レベル

問　我が国の歴史上の争乱に関する記述として，妥当なのはどれか。

(特別区2012)

1：保元の乱とは，天皇家や摂関家の内部対立が表面化して起きた武力衝突であり，藤原忠通と結んで源義朝・平清盛を味方につけた後白河天皇側が，藤原頼長と結んで源為義・平忠正を味方につけた崇徳上皇側に勝利した。

2：承久の乱とは，北条政子の死をきっかけに，後鳥羽上皇が鎌倉幕府打倒のために起こした兵乱であり，北条義時は，北条泰時・北条時房を将として京都を攻撃し，上皇方を破り，この後，幕府の朝廷に対する優位が確立した。

3：観応の擾乱とは，鎌倉幕府以来の秩序を重んじる足利尊氏の執事高師直を支持する勢力と，急進的な改革をのぞむ尊氏の弟足利直義を中心とする勢力との争いであり，一方が一時的に南朝方につくなどして，長期化した。

4：島原の乱とは，ポルトガル船の来航禁止をきっかけに，苛酷な年貢を課す領主とキリスト教徒を弾圧する幕府に対し，農民らが天草四郎時貞を大将として起こした一揆であり，幕府は，九州の諸大名の兵力を動員し，これを鎮圧した。

5：西南戦争とは，鹿児島の私学校生を中心とした士族が西郷隆盛を擁して起こした反乱であり，この反乱は，激戦の末，徴兵制による政府軍によって鎮圧されたが，これ以降，各地で士族の反乱があいついで起こった。

OUTPUT

チェック欄		
1回目	2回目	3回目

実践 ▶ 問題 81 の解説

〈歴史上の争乱〉

1 ○ 保元の乱の記述として妥当である。**保元の乱**の結果，崇徳上皇は讃岐に流されたが，その後，後白河上皇の近臣間の対立から**平治の乱**が起こった。平治の乱では，平清盛と結ぶ藤原通憲に反感を抱いた藤原信頼が源義朝と結んで兵を挙げ，通憲を殺害したが，**平清盛**によって信頼や義朝は滅ぼされた。

2 × **承久の乱**は**後鳥羽上皇**が鎌倉幕府打倒のために起こした兵乱であることは正しいが，この乱が起こった1221年の時にはまだ北条政子は死去しておらず，義時追討の院宣に動揺する御家人に対して，頼朝の恩を示して団結を訴えた。このため東国武士の大半は北条政子の呼びかけに応じて結集し，戦いに臨んだため，上皇側が敗北した。北条義時が子の泰時や弟の時房を将として京都を攻撃して上皇方を破ったことは正しい。

3 × 観応の擾乱が足利直義と高師直の対立から生じたものであることは正しいが，足利尊氏の執事高師直が急進派であり，尊氏の弟の直義が鎌倉幕府以来の秩序を重んじる側である。

4 × **島原の乱（1637年）**は，領主が過酷な年貢を課し，キリスト教徒を弾圧したことに抵抗した農民らの一揆であり，天草四郎時貞を大将としていたこと，幕府が九州の諸大名の兵力を動員してこれを鎮圧したことは正しい。しかし，**ポルトガル船の来航の禁止は乱の後の1639年**である。

5 × 戊辰戦争に際して政府軍に加わって戦った士族の中には，新政府において自分たちの意見が反映されないことへの不満を持つ者も多く，自由民権運動もそうした士族の不満が背景にある。1874年には**江藤新平**が郷里の佐賀で**佐賀の乱**を，また，1876年に廃刀令が出され，秩禄処分が断行されると熊本でも不平士族の反乱が起こった。こうした士族の反乱が政府軍によって鎮圧される中で起こった大規模な反乱が**西南戦争（1877年）**である。明治維新の功労者でもある**西郷隆盛**を首領として，旧薩摩藩士だけでなく，九州各地の不平士族がこれに呼応したが，政府は約半年を費やして鎮圧し，**これを最後に不平士族による反乱は収まった。**

第4章 テーマ史

正答 1

第4章 SECTION 1 テーマ史
通史・制度・政策

実践　問題 82　基本レベル

問 我が国の土地政策の歴史に関する記述として，妥当なのはどれか。

（東京都Ⅰ類A 2017）

1：律令国家は，すべての男女を単位として口分田を班給し，死者の口分田を3年ごとに収公する三世一身法を実施した。
2：律令国家は，人口減少による口分田の荒廃の対策として，墾田永年私財法を施行し，新たに未開地を開発した田地の私有を3世代にわたって保障した。
3：11世紀の開発領主の中には，所領を荘園として中央の権力者に寄進し，権力者を領主と仰ぐ者が現れたが，このような荘園は寄進地系荘園と呼ばれる。
4：11世紀に政府は，荘園の増加が公領を圧迫しているとして，延喜の荘園整理令を発し，摂関家を除き，基準に合わない荘園を停止した。
5：豊臣秀吉は，新しく獲得した領地に太閤検地と呼ばれる検地を行い，石高を定め，全国の生産力を地価に換算した地租制を確立した。

実践 問題 82 の解説

〈土地制度史〉

1 × 三世一身法は，人口増加による口分田の不足を補い，税の増収を図るために施行されたもので，新たに溝地（灌漑施設）を設けて未開地を開墾した場合には3世代にわたって，旧来の施設を利用して開墾した場合には本人一代の間，田地の保有を認めるというものである。なお，律令国家のもとで成立した班田収授は，死者の口分田を6年ごとに回収した。

2 × 新たに未開地を開発した田地の私有を3世代にわたって保障したのは三世一身法である。墾田永年私財法では，開墾した田地の私有を永年にわたって保障した。三世一身法により3世代にわたって私有を保障されていた田地の回収が近づくと，農民たちが耕作を放棄して口分田の荒廃が顕著になっていたため，永年の私有を認めたのである。人口減少による口分田の荒廃の対策ではない。

3 ○ 妥当である。荘園の中には貴族や有力寺社の権威を背景にして，政府や国衙に納める租税や臨時の雑役の免除（不輸）を承認してもらうものが増加し，やがて，不輸の範囲や対象をめぐる開発領主と国司の対立が激しくなると，検田使などの国司の使者の立ち入りを認めない不入の特権を得る荘園も多くなった。

4 × 延喜の荘園整理令が出されたのは10世紀初頭のことである。11世紀に政府が発したのは延久の荘園整理令である。また，この荘園整理令では摂関家の荘園も例外ではなく，基準に合わない荘園が停止されたため，かなりの成果を挙げた。なお，延喜の荘園整理令は，違法な土地所有を禁じ，律令の再建を目指したものであるが，券契（土地の権利証書）が明らかで国務を妨げない荘園については認めたため，不徹底であった。

5 × 豊臣秀吉が太閤検地を行い，石高を定めたことは正しいが，この結果，全国の生産力が米の量で換算された石高制が確立した。石高制は明治時代に地租改正によって廃止されるまで，江戸時代にも続いていた。明治時代には，地価を定め，地価の3％の地租を政府に金納する地租改正が実施された。

正答 3

第4章 SECTION 1 テーマ史 通史・制度・政策

実践 問題 83 基本レベル

問 我が国の土地政策又は土地制度に関する記述として，妥当なのはどれか。

(特別区2007)

1：班田収授法は，律令制度において，農民の最低生活を保障し，租・庸・調等の税を確保するため，戸籍に基づき6歳以上の男子に限って口分田を与え，その永久私有を認めたものである。

2：寄進地系荘園は，開発領主らが，租税の免除の特権を得たり，検田使の立入りを拒否するために，その所有地を国司に寄進し，自らはその荘官となって支配権を確保した荘園をいい，鎌倉時代に各地に広まった。

3：下地中分は，室町幕府が，軍費調達のため一国内の荘園の年貢の半分を徴収する権限を守護に認めたものであり，また地頭請は，守護が地頭にその年貢の納入を請け負わせたことをいう。

4：太閤検地は，豊臣秀吉がほぼ同一の基準で全国的に実施した土地の調査であり，田畑の生産力を石高で表示するとともに，一地一作人の原則により，検地帳に登録した農民に耕作権を認め，年貢納入等の義務を負わせた。

5：地租改正は，明治政府が，地主に地券を与えて土地の所有権を法的に認めたものであり，安定した財源確保のため，収穫高を課税標準として地租を納入させるとともに，土地の売買を禁止した。

OUTPUT

チェック欄		
1回目	2回目	3回目

実践 問題 **83** の解説

〈土地政策・土地制度〉

1 × 班田収授法は，6歳以上の男女に口分田を与え，収穫の約3％を租税として徴収したものである。よって，男子のみに与えられたわけではない。ただし，男女によって与えられる田の広さは異なる。また，公地公民が原則であり，永久私有は認めていない。奈良時代に墾田永年私財法が制定されてから土地の永久私有が認められるようになった。

2 × 10世紀以降，国司が開発領主に不当な課税をするようになると，開発領主は保身のために，権力者に土地を寄進し，国司の横暴から身を守った。開発領主は有力貴族や寺社の荘園の管理者となり，権力者の保護を受ける。しかし，荘園の支配権は名義人である有力貴族や寺社などにあり，開発領主にはない。このような背景・仕組みからなる寄進地系荘園は，平安時代に拡大したものである。

3 × 下地中分とは鎌倉時代，荘園領主と地頭の間における土地の支配権をめぐるトラブルを防ぐために，土地を両者で折半する方法である。守護に，軍費調達のために年貢の半分を徴収できる権限を認めた法令を半済令という。地頭請は鎌倉時代に行われたもので，地頭が荘園領主の年貢の納入を請け負う。室町時代は守護が荘園領主の年貢の納入を請け負う守護請が行われた。鎌倉時代は地頭が，室町時代は守護が，土地の支配に強い影響力を持っていた。

4 ○ 太閤検地によって，耕作地を役人が調査し，石高で田畑の生産力を表示するとともに，一地一作人の原則を確立した。これにより従来の名義人があいまいな荘園のシステムが完全に崩壊し，年貢を確実に徴収できるようになった。

5 × 地租改正は，地主所有地の地価を定めて，地券を与え，地価の3％を地租として現金で納入させたものである。よって，収穫高は課税標準ではない。また，江戸時代初期には田畑永代売買の禁令（1643年）が出されていたが，1872年に田畑永代売買の禁令を解除している。土地の売買が禁止されたのではない。

鎌倉時代	**地頭請**：荘園領主が年貢の一定額納入を地頭に請け負わせる
	下地中分：荘園の下地（収益権のある田畑や山林）を荘園領主と地頭とで折半する
室町時代	**半済令**：守護に年貢の半分を徴収する権限を与える
	守護請：守護が荘園の経営を領主から任され，一定の年貢納入を請け負う

正答 **4**

第4章 テーマ史

第4章 SECTION 1 テーマ史
通史・制度・政策

実践 問題 84 基本レベル

問 近世以前における我が国の土地所有に関する記述として最も妥当なのはどれか。
(国Ⅰ2004)

1：6世紀後半，聖徳太子は天皇中心の中央集権国家を建設する目的の下，豪族の私的な人民支配や土地所有を禁じ，国家が一定年齢以上の人民に口分田を授ける班田収授の法を実施した。しかし，太子の死後，私有地の拡大を目指す有力豪族や寺院の根強い反対のため，8世紀初頭にはこの仕組みは名目的なものとなっていった。

2：三世一身の法が出されてから約20年後，新しく開いた墾田に限りその開墾者の私有を永久に認めるという墾田永年私財法が発布された。これにより大寺院・貴族などは，租税を国家に納めなくてよい不輸の特権や，検田使を立ち入らせない不入の権を与えられたため，広大な原野を独占することとなり，初期荘園が発生した。

3：鎌倉時代に入ると，鎌倉幕府は全国に守護・地頭を設置して領国の一元的支配を図ったが，領地を武士に侵略されることをおそれるようになった地方の荘園領主の中には，保護を求めて有力な中央貴族や寺社に私領を寄進する者が出てきた。こうした荘園は，初期荘園と区別して寄進地系荘園と呼ばれ，鎌倉時代初期に急速に増加した。

4：室町時代の初期に初めて出された半済令により，守護は国内の荘園・公領の年貢の半分を兵糧として徴発し，これを家臣となった国人に分け与えたが，のちには土地そのものを分割するものもあった。この権限を利用して守護は国人を家臣として組織し，守護領国制と呼ばれる支配体制を確立していった。

5：15世紀半ばに応仁の乱が勃発し，守護大名が京都で抗争を繰り返している間に，領国では守護代や国人らが主君をしのぐ実力を持つ下剋上の風潮が高まるようになった。この間，領国の実権は守護大名の元から離れていったため荘園や公領は再び拡大していったが，全国を統一した豊臣秀吉による太閤検地により，それらはほぼ消滅した。

OUTPUT

実践 問題84 の解説

〈近世以前の土地制度〉

1 × 班田収授法は、7世紀半ばの大化の改新以降に実施されたものである。よって、それ以前の聖徳太子の政策ではない。班田収授法は8世紀以降も施行されたが、8世紀半ばに墾田永年私財法が発されると、公地公民の仕組みが崩れ、10世紀初頭には完全に機能しなくなった。

2 × 墾田永年私財法により、初期荘園が発生したことは正しいが、不輸の権や不入の権は後期荘園における特権である。後期荘園は10世紀以降、国司の圧力に耐えかねた開発領主が土地を有力者に寄進したことから発生した。いわゆる寄進地系荘園である。寄進された有力者はさらに保身のために藤原氏など、最高権力者に寄進していった。

初期荘園	8～9世紀	墾田永年私財法（743年）により寺院や貴族が開墾や買収により私有地を拡大して成立。
寄進地系荘園	10世紀～	国司の圧力に耐えかねた開発領主が土地を中央の権力者に寄進して発生。不輸の権や不入の権を得るようになる。

3 × 寄進地系荘園は、肢2の解説で述べたように10世紀初頭に発生した。よって、鎌倉時代に発生したのではない。鎌倉時代は公武二重政治であり、各国に幕府は守護を、朝廷は国司を派遣していた。ことに荘園では荘園領主と地頭が対立し、両者間におけるトラブルを防ぐため、地頭請や下地中分という方法がとられるようになった。

4 ○ 室町時代になると、守護の権限が強くなり、軍事費の調達を目的として荘園や公領の年貢の半分を守護に徴収する権利を与える半済令が出されるようになった。国人は土着の武士のことで、守護は国人や地頭を家来として吸収し、守護領国制による支配体制を確立していった。それとともに守護も世襲制になり、守護の土地支配は強まっていった。

5 × 応仁の乱後、下剋上による風潮が高まり、守護大名に代わって台頭した戦国大名たちは荘園や公領を否定し、検地をしばしば行って、農民に対する直接支配を強化した。よって、荘園や公領が再び拡大したのではない。なお、太閤検地によって荘園が消滅したことは正しい。

正答 **4**

SECTION 1 テーマ史
通史・制度・政策

実践 問題 85 〈基本レベル〉

問 次の文は我が国の古代から現代の税制度について述べた文である。正しいものはどれか。 (地上2020)

1：奈良時代には，班田収授法が実施され，それまでの土地の公有が否定され，豪族が土地と民を支配し，税を負担することとなった。
2：室町時代には，商工業の発展に伴い，金融業を営んでいた土倉や酒屋に税が課され，幕府の重要な財源となっていた。
3：江戸時代には，個々の農民が幕府や藩に年貢を直接納入することとなり，江戸時代以前の村請制や五人組といった連帯責任制は廃止された。
4：明治時代には，地価の一定の割合を地租として課したが，凶作のたびに一揆が頻発したので，豊凶にあわせて毎年税率を調整するようになった。
5：第二次世界大戦後の占領期には，アメリカ主導のもと税制改革が行われ，間接税中心とするために所得税の減税や消費税の導入が行われた。

OUTPUT

チェック欄		
1回目	2回目	3回目

実践 問題 **85** の解説 ─────────────────────

〈わが国の税制〉

1 ✕ 班田収授は，豪族が土地と民を支配していた状態に代えて，**公地公民制への移行**を示すものである。9世紀になると，墾田の増加により大土地私有が進み，口分田不足となって班田が不可能になり，10世紀初頭に廃絶した。

2 ○ 室町幕府の財政は，御料所からの収入，守護の分担金，地頭・御家人に対する賦課金などのほか，京都で高利貸を営む土倉や酒屋にも税を課した。

3 ✕ 江戸時代には，村は，**村方三役**を中心に運営され，入会地の利用や用水，山野の管理，道の整備や治安や防災などの仕事を共同で自主的に担った。大名や旗本は，こうした村の自治に依存して，年貢や諸役を割り当て，収納した。これを**村請制**という。また，村民は数戸ごとに**五人組**に編成され，年貢の納入や犯罪の防止に連帯責任を負わされた。

4 ✕ 明治時代には，**地租改正**により，**地価の一定の割合を地租として課した**。一揆が起こった後には，その税率を下げたが，豊凶にあわせて毎年税率を調整するようなことはしていない。

5 ✕ 第二次世界大戦後の占領期には，シャウプ勧告を受けて，直接税中心主義や累進所得税制が採用された。**大型間接税としての消費税の導入は1989年**のことである。

第4章 テーマ史

正答 **2**

第4章 SECTION 1 テーマ史 通史・制度・政策

実践 問題 86 基本レベル

頻出度	地上★	国家一般職★★	東京都★	特別区★★
	裁判所職員★★★	国税・財務・労基★★	国家総合職★★	

問 わが国の近現代の軍事,外交に関する次のA〜Dの記述の正誤の組合せとして最も適当なものはどれか。　　　　　　　　　　　　　　　（裁判所職員2014）

A：幕末に締結した日米修好通商条約は,長く日本とアメリカの貿易関係において大きな役割を果たした。しかし,日中戦争が長期化し,日本とイギリス,アメリカの関係が悪化した1930年代末に廃棄された。

B：主にヨーロッパが戦場となった第一次世界大戦には,日本は参戦しなかった。そのため日本の工業生産が発展し,ヨーロッパ向けの輸出が大幅に増えて「成金」と言われる人々が生まれた。

C：ソビエト連邦（ソ連）と日本の国交は,1930年代までには樹立されていなかった。しかしナチス・ドイツが1939年にソ連と不可侵条約を結んだため,後に日本もソ連と中立条約を締結し国交を樹立した。

D：朝鮮戦争では,日本に置かれた米軍が動員された。また日本国内では米軍が必要とする物資・サービスに対する「特需」が生まれ好景気となった。これも作用して鉱工業生産は,1950年代の初めに戦前の水準に戻った。

	A	B	C	D
1：	正	正	正	誤
2：	正	正	誤	誤
3：	正	誤	誤	誤
4：	誤	誤	正	正
5：	誤	誤	誤	正

直前復習

OUTPUT

チェック欄		
1回目	2回目	3回目

実践 問題 86 の解説

〈わが国の近現代の軍事・外交〉

A ✕ 1858年に結ばれた日米修好通商条約は，関税自主権の喪失や，治外法権などが規定された不平等条約であったため，1899年，陸奥宗光外相が結んだ日米通商航海条約によって破棄され，治外法権の撤廃と関税自主権の一部回復がなされた。1911年に小村寿太郎外相によって新日米通商航海条約が締結され，わが国は関税自主権を完全に回復することとなる。なお，この新日米通商航海条約は日米間の関係悪化のため1939年にアメリカ側から破棄を通告され，翌年失効した。

B ✕ 日本はイギリスと日英同盟を締結しており1914年8月に日英同盟を理由にドイツに宣戦，第1次世界大戦に参加した。大戦中は参戦国から軍需品等の注文を受けて大戦景気が発生し，成金が出現したが，大戦後は一転して戦後恐慌となった。

C ✕ 日ロ間の国交は日ソ中立条約以前に樹立されている。1924年に加藤高明内閣が成立すると，幣原喜重郎外相のもとに協調外交が進められ，1925年に日ソ基本条約が締結され，日本とソ連の間に正式に国交が樹立されることとなった。しかし，一方で私有財産の否認を目的とする結社を禁止する治安維持法を制定して，社会主義運動の活発化を防ごうとした。

D ○ 正しい。1950年6月に始まった朝鮮戦争は，韓国を支援した在日アメリカ軍や在朝鮮アメリカ軍によってわが国に物資やサービスの発注が大量になされ，特需景気，あるいは朝鮮特需とよばれる，戦後最初の好景気を出現させた。これによりわが国では，1951年に鉱工業生産指数，実質個人消費，民間消費が戦前の1935年のレベルまで回復し，翌年には実質国民総生産，製造業の実質賃金が回復した。

以上から，肢5が正解となる。

正答 5

第4章 テーマ史

第4章 SECTION 2 テーマ史
外交史

必修問題 セクションテーマを代表する問題に挑戦!

中国や朝鮮半島との関係を中心に整理していきます。近現代史は政治史とリンクさせましょう。

問 第一次世界大戦から第二次世界大戦の終結までの日本の対外関係に関する次の記述のうち,妥当なのはどれか。 （地上2010）

1：第一次世界大戦中,日本は中国に二十一か条の要求を突き付け,これを拒んだ中国に宣戦布告し,山東半島を占領した。しかし,第一次世界大戦後のヴェルサイユ条約で,日本は山東半島を中国に返還させられた。

2：1920年代から1930年代初めにかけて,ワシントンやロンドンで国際的な軍縮会議が開かれた。しかし,日本はこれらの会議に参加せず,軍備拡張を続け,幣原喜重郎外相の下,対中強硬外交を推し進めた。

3：1930年代初頭,中国軍が南満州鉄道を爆破した事件をきっかけにして,日中両国軍が衝突し,日本は,満州全域を占領し,満州国を建国した。国際連盟は,中国側の爆破行為を非難し,中国に満州国を承認するよう勧告を出した。

4：1930年代後半,盧溝橋で日中両国軍の衝突事件が起こり,日中戦争へと発展した。中国では,国民党と共産党が対日民族統一戦線を結成し抗戦を続けたため,日中戦争は,当初の日本側の予想に反し,長期戦となった。

5：1940年代初頭,太平洋戦争が始まった。日本は,ミッドウェー海戦に大勝するなど,戦局を有利に進めたが,ソ連が日ソ中立条約を無視して対日参戦すると,日本は徐々に劣勢に転じ,最終的に無条件降伏した。

Guidance ガイダンス
■戦間期のフロー

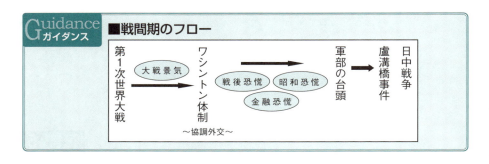

頻出度	地上 ★★★　　国家一般職 ★★　　東京都 ★★　　特別区 ★★
	裁判所職員 ★★★　　国税・財務・労基 ★★　　国家総合職 ★★

チェック欄		
1回目	2回目	3回目

必修問題の解説

〈戦間期の日本の対外関係〉

1 ✕ 第1次世界大戦において，日本が宣戦したのは中国ではなくドイツである。また，日本はヴェルサイユ条約において，山東省における旧ドイツ権益を引き継ぐことを認められた。その結果，中国国内では旧ドイツ権益の中国への直接返還などを求めて，五・四運動が起こった。山東半島における旧ドイツ権益を日本が中国に返還したのは，ワシントン会議で締結された九カ国条約に関連して締結された条約による。

2 ✕ 戦勝国の日本は国際連盟の常任理事国を務め，積極的に軍縮会議にも出席した。特に幣原喜重郎外相はアメリカとの協調関係を強化し，中国に対する内政不干渉政策を推進した。こうした協調外交は国際的に高い評価を得，「幣原外交」と称された。したがって，ワシントン会議やロンドン軍縮会議にも参加し，ワシントン海軍軍縮条約やロンドン海軍軍縮条約にも調印している。

3 ✕ 南満州鉄道を爆破したのは日本の関東軍である（柳条湖事件）。これを契機に満州事変が起こり，関東軍は元清朝最後の皇帝溥儀を執政として満州国を建国した。一方，1933年，国際連盟は満州の主権は中国にあるとし，満州からの撤兵を日本に勧告したが，日本はこれを不満として国際連盟を脱退した。

4 ○ 西安事件（1936年）を契機に国共内戦が停止され，1937年7月，盧溝橋事件が勃発し，全面的な日中戦争となると，同年9月に抗日民族統一戦線が成立した。日本側の予想に反し，中国の抵抗は強く，長期戦となっていった。

5 ✕ 当初，日本は東南アジアや南太平洋の広大な領域を制圧したが，ミッドウェー海戦（1942年）で大敗し，太平洋における制空権・制海権を失った。これ以降，日本は劣勢に転じ，米軍による本土空襲，沖縄占領，広島・長崎への原爆投下となり，終戦間際にソ連が日ソ中立条約を破って満州に侵攻したため，日本はポツダム宣言を受け入れ，無条件降伏した。

第4章 テーマ史

正答 **4**

第4章 SECTION 2 テーマ史 外交史

1 近世までの外交

(1) 古代の朝鮮半島との関係
4世紀には朝鮮半島に高句麗・新羅・百済・伽耶(かや)が成立していました。

① 白村江の戦い

新羅と唐の連合軍に滅ぼされた百済の救援要請を受けて出兵した日本軍は，663年白村江の戦いで唐と新羅の連合軍に大敗しました。その後，新羅は高句麗を滅ぼして朝鮮半島を統一します。

(2) 元寇から倭寇対策
① 元寇

元のフビライ＝ハンは高麗を服属させ，日本にも朝貢を要求してきました。しかし，鎌倉幕府の執権北条時宗がこれを退けたため，元は高麗の軍勢も合わせて2度にわたって来寇します。しかし，2度とも台風に遭遇し撤退しました。

② 日明貿易

明の倭寇禁止の求めに応じた足利義満は，明と国交を開き，勘合貿易を開始しました。明との貿易は対等な関係ではなく，日本が明に従属するという関係（朝貢）で行われました。1523年の寧波の乱を契機に大内氏が貿易を独占しましたが，大内氏の滅亡とともに勘合貿易も断絶します。

③ 李氏朝鮮との貿易

義満は李氏朝鮮との間にも国交を開き貿易を開始しました。日朝貿易は明との朝貢貿易と異なり，幕府だけでなく守護大名や豪族も参加して盛んに行われましたが，朝鮮側は対馬の宗氏を通して貿易を統制します。

(3) 豊臣秀吉の時代（16世紀末）
① バテレン追放令

秀吉が宣教師の国外退去を命じたものですが，貿易は許可していたのでキリシタン排除にはあまり効果はありませんでした。

② 朝鮮出兵

豊臣秀吉は朝鮮半島に大軍を派遣しましたが，次第に戦局は不利となり，撤退します（文禄の役）。再びの出兵も，秀吉の死により撤退しました（慶長の役）。

(4) 江戸時代初期の対外関係
① 朱印船貿易

江戸時代初期には，日本人の海外渡航が盛んに行われ，幕府は彼らに渡航許可証として朱印状を与え，朱印状を携えた朱印船が東南アジアで明との出会貿易を行いました。生糸や絹織物などが輸入され，銀や銅が輸出されました。

INPUT

② 鎖国体制

　島原の乱の後にポルトガル船の来航を禁止し，オランダ商館を平戸から長崎の出島に移して，鎖国体制が完成します。鎖国体制のもとではオランダや清との交易は続き，朝鮮からも通信使が訪れるなど交流がありました。

2 江戸時代末期以降の外交

(1) 朝鮮との関係

日朝修好条規	江華島事件を契機に朝鮮を開国させ，領事裁判権を承認させた。
日韓協約	日露戦争後に第2次日韓協約を締結し，統監府を設置し初代統監に伊藤博文が就任。
韓国併合	1910年に韓国を併合して植民地とし，朝鮮総督府を置いた。

(2) ロシアとの関係

日露和親条約	開国後にロシアと締結。千島列島の択捉島以南は日本領，得撫島以北はロシア領に，樺太は両国民の雑居地。
樺太・千島交換条約	1875年に締結。樺太全土をロシア領，千島全島を日本領。

3 近代の外交

(1) 第1次世界大戦と戦後

1914年	日本は**日英同盟**を理由に**ドイツに宣戦** → 山東省のドイツ権益を接収
1915年	「二十一カ条の要求」 → 袁世凱政府
1919年	国際連盟設立 → 日本は常任理事国に
1921年	**ワシントン会議** → 海軍軍縮条約で日本の主力艦保有率は米英より低く抑えられたが，日本はこれに調印，協調外交を進めた

(2) 日中戦争から太平洋戦争

1931年	満州事変 → 満州国建国
1932年	**五・一五事件** → **犬養毅首相の暗殺** → 政党政治の終焉
1933年	国際連盟を脱退
1936年	二・二六事件
1937年	**盧溝橋事件** → **日中戦争**
1941年	太平洋戦争 → ミッドウェー海戦の敗北から劣勢に
1945年	ポツダム宣言を受諾して無条件降伏

第4章 SECTION 2 テーマ史 外交史

実践 問題 87 基本レベル

問 次は，我が国と過去に存在した中国王朝との関係に関する記述であるが，A，B，Cに当てはまるものの組合せとして最も妥当なのはどれか。

（国税・財務・労基2021）

○ 小野妹子が A に派遣され，翌年に A の煬帝は使節を我が国に送った。また， A への留学生である高向玄理らは，中国の制度，思想，文化についての新知識を我が国に伝え，7世紀半ば以降の政治に大きな影響を与えた。

○ 平清盛は，摂津の大輪田泊を修築して B の商人の畿内への招来に努め，貿易を推進した。 B との貿易がもたらした多くの珍宝や銭貨，書籍は我が国の文化や経済に大きな影響を与え，その利潤は平氏政権の重要な経済的基盤となった。

○ 足利義満は，倭寇と呼ばれる海賊集団と区別するために C から発給された勘合を用いて朝貢貿易を行った。この貿易は，滞在費，運搬費などを全て C が負担したことから，我が国の利益は大きいものであった。

	A	B	C
1：	隋	宋	明
2：	隋	宋	清
3：	隋	元	清
4：	唐	宋	明
5：	唐	元	清

OUTPUT

チェック欄		
1回目	2回目	3回目

実践 問題 **87** の解説

〈中国王朝との関係史〉

A 隋 小野妹子が派遣されたのは隋であり，煬帝は隋の皇帝である。律令国家を形成する時期に，日本は中国王朝の隋や唐に使節を送って，制度や文化を学んだ。

B 宋 平清盛が推進していたのは，日宋貿易である。

C 明 足利義満が朝貢貿易を行ったのは明である。日明貿易は，海賊と区別をつけるために勘合を用いたことから勘合貿易ともよばれている。この貿易は，日本が明に貢物を持って行き，明から褒美を受け取るという朝貢形式の貿易であった。

以上から，肢1が正解となる。

正答 **1**

第4章 テーマ史

LEC東京リーガルマインド 2022-2023年合格目標 公務員試験 本気で合格！過去問解きまくり！ 237
⑤人文科学Ⅰ

SECTION 2 テーマ史 外交史

実践 問題 88 基本レベル

問 鎌倉時代から江戸時代までにおける我が国の対外関係に関する記述として最も妥当なのはどれか。 (国家一般職2013)

1：13世紀後半，元のフビライは，日本に対して二度にわたって軍事行動を起こした。鎌倉幕府は執権北条時宗の指導の下，朝鮮半島の高麗の支援も受けて，二度とも対馬沿岸において元軍を撃退した。

2：15世紀初め，足利義満は室町幕府の経済的基盤を強化することを目的として，日本と明の対等な関係に基づく勘合貿易を始めた。貿易の主要品目についてみると，日本から明に生糸や絹織物が輸出される一方，明からは大量の銅銭が輸入された。

3：16世紀末，豊臣秀吉は，キリスト教の国内への広がりを抑えるためバテレン追放令を出すとともに，海外貿易を全面的に禁止した。また，秀吉は朝鮮半島に出兵し，明からの独立を図る李氏朝鮮とともに明と戦ったが，失敗に終わった。

4：17世紀前半に江戸幕府によって行われた鎖国政策により，日本の貿易相手国はオランダ，ポルトガル，清の三か国に限られることとなった。この政策により，17世紀前半まで行われていた通信使と呼ばれる使節を通じた朝鮮との交流も禁止された。

5：19世紀半ば，アメリカ合衆国のペリーは軍艦を率いて日本に来航し，江戸幕府に開国を要求した。幕府はやむなく，下田と箱館を開港することなどを内容とする日米和親条約を結んだ。次いで幕府はイギリスやロシアなどとも同様の条約を結び，200年以上続いた鎖国体制は崩壊した。

OUTPUT

チェック欄		
1回目	2回目	3回目

実践 問題 88 の解説

〈鎌倉時代から江戸時代までの対外関係〉

1 ✕ 高麗は元に征服され，元寇に際しては二度にわたり元軍とともに高麗兵も壱岐・対馬を襲った。この元寇の時には，御家人らの活躍や暴風雨により，元が敗退している（文永の役・弘安の役）。日本が高麗の支援を得て元軍を撃退したのではない。

2 ✕ 室町幕府第3代将軍足利義満が始めた勘合貿易は日本が明に臣従する形をとった朝貢貿易であり，対等な関係に基づくものではない。また，生糸や絹織物は明から日本が輸入したものである。日本からの輸出品は銅・硫黄・金・刀剣・扇・漆器，明からの輸入品は生糸・絹織物・綿糸・砂糖・陶磁器・書籍・絵画などであった。永楽通宝など大量の銅銭が輸入されたことは正しく，この時期の貨幣経済に基づく商品流通の興隆を後押しする役割を担った。

3 ✕ 秀吉がバテレン追放令を出したことは正しいが，秀吉はキリスト教と南蛮貿易を分離できると考えたので，ポルトガル船や商人の来航は従来どおり認める方針をとった。このため，バテレン追放令の効果は薄かった。また，秀吉による朝鮮出兵は，明への先導役を朝鮮に求めたものであり，朝鮮とともに明と戦ったわけではない。朝鮮は李舜臣の活躍や明の援軍を得て，戦局を有利にした。

4 ✕ 江戸幕府の鎖国政策の例外とされた交易国は，オランダ，清，李氏朝鮮であり，ポルトガルの来航は1639年に禁止されている。また，秀吉の朝鮮侵攻の後，江戸時代初期に朝鮮との間に講和が成立し，朝鮮通信使が江戸時代に将軍の代替わりに来日した。鎖国体制が完成していくときに，朝鮮との交流が禁止されたのではない。

5 ○ 妥当である。ペリー来航により，薪水の供給や下田・箱館を開港地と定めるなどを内容とする日米和親条約が締結され，次いでプチャーチンによって日露和親条約が，イギリス，オランダとも同様の条約が締結された。

第4章 テーマ史

正答 5

第4章 SECTION 2 テーマ史 外交史

実践 問題89 基本レベル

[問] 鎌倉時代から江戸時代までの我が国の対外関係に関する記述として最も妥当なのはどれか。 (国税・財務・労基2019)

1:13世紀後半,元のフビライ=ハンは,日本に朝貢を求めたが,北条時宗はその要求に応じなかった。元は,文禄の役,慶長の役と二度にわたって日本に兵を派遣したが,高麗や南宋の援軍を得た日本軍は,集団戦法や火薬で圧倒し,元軍を二度とも退けた。

2:15世紀初め,国内を統一した足利義満は,対等な通交を求めてきた明に使者を送り,国交を開いた。この日明貿易では,正式な貿易船と海賊船とを区別するために勘合という証明書が用いられ,その後,16世紀半ばまで,室町幕府が貿易の実権を独占した。

3:16世紀半ばに始まった南蛮貿易では,主に,銅銭,薬草,生糸などを輸入し,刀剣,銅,硫黄などを輸出した。南蛮船で日本に来たキリスト教の宣教師は,布教活動を行ったが,キリスト教信者の増大を警戒した九州各地の大名によって国外に追放された。

4:17世紀,江戸幕府は当初,諸外国との貿易に意欲を出し,キリスト教を黙認していたが,後に貿易統制とキリスト教の禁教政策を強化していった。そして,異国や異民族との交流は長崎・対馬・薩摩・松前に限定され,鎖国と呼ばれる状態が完成した。

5:18世紀末以降,中国・ロシア・アメリカ合衆国などの諸外国が日本に開国を求めた。19世紀半ばには,アメリカ合衆国のペリーが二度来航したことを受け,江戸幕府は,自由貿易や下田・箱館の開港などを内容とする日米和親条約を結ぶこととなった。

OUTPUT

チェック欄		
1回目	2回目	3回目

実践 問題 **89** の解説

〈鎌倉時代から江戸時代までの対外関係〉

1 ✕ 二度にわたる元の襲来は，文永の役，弘安の役である。文禄の役，慶長の役は豊臣秀吉の命令で行われた日本と朝鮮の戦いである。また，日本は高麗や南宋の援軍を得ていない。元は高麗を征服した後，高麗軍とともに日本を攻撃した。さらに，集団戦法や火薬を用いて有利に戦ったのは元軍である。一騎打ち戦を主とする日本軍は苦戦に陥ったが，暴風雨もあって元は退いた。

2 ✕ 足利義満が行った日明貿易は，対等な外交ではなく，日本など周辺国が明国に貢物をもっていき，明の皇帝から褒美の品をもらうという朝貢形式の貿易であった。勘合についての記述は正しい。15世紀後半，幕府の衰退とともに貿易の実権は堺商人と結んだ細川氏や博多商人と結んだ大内氏の手に移り，寧波の乱以後，大内氏が16世紀半ばまで独占した。

3 ✕ キリスト教は九州の大名らに受け入れられ，大村純忠など，洗礼をうけてキリシタン大名となった者もいた。キリスト教が警戒され始めるのは豊臣秀吉が政権を握る頃からである。

4 ○ 正しい。長崎ではオランダ，清と貿易が行われ，対馬藩を介して朝鮮から通信使が訪れた。また，薩摩藩は琉球王国を力で従えて貢物を受け取っていた。琉球王国からは，謝恩使や慶賀使が江戸幕府に派遣された。蝦夷地に住むアイヌと松前藩は海産物などの交易を行った。

5 ✕ ロシアやアメリカ合衆国は日本に開国を求めたが，もともと貿易を行っていた中国は開国を求めていないので誤り。また，日米和親条約では自由貿易についての取り決めはなされていない。その後，井伊直弼がハリスと結んだ日米修好通商条約において，通商は自由貿易とすることが規定されていたが，別冊貿易章程で日本には関税自主権の欠如が決められた。

第4章 テーマ史

正答 4

LEC東京リーガルマインド　2022-2023年合格目標 公務員試験 本気で合格！過去問解きまくり！　241
⑤人文科学Ⅰ

第4章 SECTION 2 テーマ史 外交史

実践 問題 90 基本レベル

頻出度 地上★★★ 国家一般職★★★ 東京都★★ 特別区★★★
裁判所職員★★ 国税・財務・労基★★ 国家総合職★★

問 桃山時代から明治時代における我が国の外交等に関する記述として最も妥当なのはどれか。
（国家一般職2020）

1：豊臣秀吉が2度の朝鮮出兵を行った結果，江戸時代を通じて我が国と朝鮮は長く国交が断絶した状態にあったが，明治新政府の成立を契機に対馬藩を窓口として国交の正常化が実現し，日清戦争が始まるまでの間，数回にわたって朝鮮通信使が派遣されてきた。

2：江戸幕府は，戦国時代末期に島津氏に征服された琉球王国に対して，明との貿易を禁止したが，明が滅びて清が建国されると，琉球王国は清の冊封を受けるとともに朝貢貿易を再開したことから，江戸幕府は我が国と清との交易を全面的に禁止した。

3：18世紀にロシアの南下政策に危機を感じた江戸幕府は，伊能忠敬に蝦夷地，樺太の地図作成を命じた。樺太の帰属は日露間の大きな問題であり，樺太・千島交換条約で樺太南半分の領有権を得る代わりに千島列島の領有権を放棄することでその問題を解決した。

4：19世紀中頃，米国使節のペリーは，黒船を率いて江戸湾入口の浦賀に来航し，開国を求める国書を渡し，翌年，その回答を求め再び来日した。江戸幕府は，下田・箱館の開港，漂流民の救助，米国に対する最恵国待遇の供与等を内容とした日米和親条約を結んだ。

5：江戸時代に長崎の出島でオランダのみと行われていた西洋諸国との貿易は，日米修好通商条約の締結後，スペイン，ポルトガル，オランダ，英国とも通商条約を締結し，大きく拡大した。これら4か国との条約では，日米修好通商条約で認められなかった我が国の関税自主権が認められた。

OUTPUT

チェック欄		
1回目	2回目	3回目

実践 問題 **90** の解説

〈桃山時代から明治時代の外交〉

1 ✕ 対馬藩を窓口として朝鮮との国交が正常化し，朝鮮通信使が派遣されたのは江戸時代である。秀吉の朝鮮出兵の後，朝鮮との国交が途絶えていたが，徳川家康が朝鮮との講和を実現し，対馬藩主宗氏は朝鮮との間に己酉約条を結んだ。これにより，釜山に倭館が設置され，宗氏は朝鮮外交上の特権的な地位が認められた。

2 ✕ 島津氏が琉球王国を征服したのは，江戸幕府が開かれた後の1609年である。この結果，琉球王国は薩摩藩の支配下に入ったが，一方で薩摩藩は琉球王国を独立した王国として中国との朝貢貿易を継続させた。明との朝貢貿易を禁止したのではない。明から清に王朝が交代してもこれは変わらなかった。江戸時代を通じて中国貿易は行われていた。

3 ✕ 18世紀末から19世紀のロシアの南下に対して江戸幕府は，松前藩と蝦夷地をすべて直轄にして松前奉行の支配のもとにおき，東北諸藩をその警護にあたらせるとともに，間宮林蔵に樺太とその対岸を探査させた。その後，樺太の領有についてはロシアとの間の懸念材料であったが，明治時代初頭，政府は北海道の開拓で手いっぱいであったため，1875年に樺太・千島交換条約を結んで，樺太に持っていた一切の権利をロシアに譲り，その代わりに千島全島を領有した。なお，伊能忠敬は，幕府の命を受けて全国の沿岸を実測し，「大日本沿海輿地全図」の作成にあたった人物である。

4 ○ ペリー来航から日米和親条約の締結までの記述として妥当である。

5 ✕ 日米修好通商条約を締結した後に通商条約を締結したのは，オランダ，ロシア，イギリス，フランスである（安政の五カ国条約）。スペインやポルトガルではない。また，この通商条約は日米修好通商条約と類似の条約であり，わが国の関税自主権はない。

第4章 テーマ史

正答 **4**

LEC東京リーガルマインド　2022-2023年合格目標 公務員試験 本気で合格！過去問解きまくり！　243
⑤人文科学Ⅰ

第4章 SECTION ② テーマ史 外交史

実践 問題 91 基本レベル

問 明治時代から昭和時代までの我が国の外交に関する記述として最も妥当なのはどれか。
(国家総合職2018)

1：1890年代，三・一独立運動が起こった朝鮮に対し，我が国と清国が出兵したことをきっかけに日清戦争が開始された。日清講和会議で調印された下関条約では，遼東半島の割譲が含まれていたが，条約調印後間もなく，ロシア・米国・英国の三国干渉を受けたため，我が国は遼東半島を清国に返還する代わりに，台湾の割譲が認められた。

2：1900年代，朝鮮において親露政権が成立すると，ロシアは，同地域における独占的権益を英国やドイツに承認させた。そのため，我が国は対露強硬方針を採り，日露戦争が開始された。米国で開かれた講和会議においてポーツマス条約が調印されたが，南樺太の割譲が認められなかったため，我が国では日比谷焼打ち事件と呼ばれる暴動が起こった。

3：1920年代，太平洋及び極東問題を審議するためにワシントン会議が開催され，我が国は，米国・英国・フランスと共に四カ国条約を結んだ。他方，これらの国々にドイツが加わり主力艦の保有比率について議論が行われたが，我が国は国内の不満に配慮して調印することができず，高橋是清内閣以降の内閣は，列強との協調関係を築くことができなかった。

4：1940年代，ドイツの降伏後，ソ連が日ソ中立条約を侵犯して我が国に宣戦し，満州・台湾などに侵攻を開始した。その後，米国は対日方針をソ連に提案し，米国・中国・ソ連の3か国の名で，無条件降伏勧告と戦後処理方針から成るポツダム宣言を発表したが，我が国は英国を仲介とする和平の実現に期待をかけてポツダム宣言を黙殺した。

5：1960年代，大韓民国に対しては，佐藤栄作内閣が朴正煕政権との間で日韓基本条約を結んで国交を樹立し，資金供与などを行った。一方，中華人民共和国（中国）に対しては，1970年代，米国のニクソン大統領が中国を訪問し，米中接近が始まると，我が国も田中角栄内閣が中国政府と共に日中共同声明を発表し，日中国交正常化が実現された。

OUTPUT

実践 問題 **91** の解説

チェック欄		
1回目	2回目	3回目

〈明治時代から昭和時代までの外交〉

1× 三・一独立運動は第1次世界大戦後に起こったものである。1890年代に起こり日清戦争の契機になったのは甲午農民戦争（東学党の乱）である。また，下関条約に当初から台湾の割譲は含まれる。また，遼東半島の返還をわが国に迫ったのは，ロシアとドイツ，フランスの3カ国である。

2× 日露戦争の講和条約であるポーツマス条約には，南樺太の割譲が認められたが，賠償金の規定がなかったことから，これに不満を持った民衆により日比谷焼打ち事件とよばれる暴動が起こった。なお，日清戦争により宗主国清国が日本に敗北したため，ロシアの支援により日本に対抗する動きが強まり，親露政権が成立したことは正しいが，「ロシアは，同地域（朝鮮）における独占的権益を英国やドイツに承認させた」の文章は，「ロシアは，中国東北部（満州）を事実上占領し，同地域における独占的利益を清国に承認させた」が正しい。

3× 太平洋および極東問題を審議するために開催されたワシントン会議で，四カ国条約が締結されたことは正しいが，これにイタリアを加えた五大国の間で主力艦の保有率について議論が行われた。ドイツには第1次世界大戦後の敗戦国として厳しい軍備制限が課せられており，主力艦の保有率を協議する立場にない。また，日本では海軍大臣で全権の加藤友三郎が軍令部内の不満を抑えて，ワシントン海軍軍縮条約を締結した。また，高橋是清内閣以降も，協調外交が続いた。

4× ドイツの降伏→ポツダム会談（米・英・ソ）→米国が対日方針を英国に提案→交戦国である米国・英国・中国の3カ国名でポツダム宣言発表→ソ連が満州・朝鮮に侵攻→ポツダム宣言受諾である。また，ソ連が侵攻してきたのは満州・朝鮮である。なお，ドイツの降伏後，わが国が和平交渉を依頼しようとしていた国は，中立条約を締結していたソ連である。

5○ 妥当である。日韓基本条約により，韓国政府を「朝鮮にある唯一の合法的な政府」と認め，韓国との国交を樹立した。一方，戦後の日本は台湾に成立した中華民国を合法的な政府としていたが，田中首相が訪中し，日中共同声明により中華人民共和国を「中国で唯一の合法的政府」と認め，台湾の国民政府との外交関係を断絶した。

第4章 テーマ史

正答 **5**

LEC東京リーガルマインド　2022-2023年合格目標 公務員試験 本気で合格！過去問解きまくり！　245
⑤人文科学Ⅰ

問 江戸時代の対外関係に関する次の記述のうち，最も妥当なのはどれか。

(国税・労基2003)

1：17世紀初頭，徳川家康はウィリアム＝アダムズらの外国人を登用して海外事情の入手や外国の進んだ技術の導入に努めたが，豊臣秀吉によって奨励された東南アジア諸国との朱印船貿易を大幅に制限するとともに日本人の海外渡航を禁止した。

2：17世紀半ば，キリシタンを中心として島原の乱が起こり幕府はようやくこれを鎮圧した。その後，危機感を抱いた幕府は，鎖国令を発し貿易と布教が一体化しているスペインやイギリスの来航を禁止した。次いで平戸のオランダ商館を長崎の出島に移し鎖国を完成させた。

3：18世紀初頭，新井白石は，徳川綱吉以降に危機に陥った財政を立て直すための一環として海舶互市新例といわれる輸出拡大策を発した。しかし，これによって輸出が拡大したため，金や銀の大量の流出が始まった。

4：19世紀半ば，アメリカ合衆国のペリーは，強力な艦隊を背景として幕府に開国を強く要求してきた。幕府は，食料と燃料の供給や下田と箱館の開港などを内容とする日米和親条約をアメリカ合衆国との間に結び，ついでイギリスなどとも同様の条約を結んだ。

5：日米和親条約の締結後，アメリカ合衆国はさらに通商条約の締結を幕府に迫った。幕府は従来の鎖国主義を主張したが，孝明天皇を中心とする朝廷や有力大名が幕府に条約調印を強く迫ったため日米修好通商条約が締結され，アメリカ合衆国に最恵国待遇が与えられた。

OUTPUT

チェック欄		
1回目	2回目	3回目

実践 問題 **92** の解説

〈江戸時代の外交〉

1× 徳川家康はウィリアム＝アダムズなど外国人を顧問とするとともに，朱印船貿易も奨励している。そのため，東南アジアへ多くの日本人が渡航し，各地に日本町が形成された。日本人の海外渡航が禁止されるのは，3代将軍家光の時代である。

2× 島原の乱の後にポルトガル船の来航を禁止し，平戸のオランダ商館を長崎の出島に移し，鎖国体制を完成させた。また，貿易と布教を一体として行っていたのは，最初に日本にやってきたポルトガルとスペイン（南蛮人）である。オランダとイギリスはキリスト教の布教と貿易を分けている。

3× 海舶互市新例は輸出拡大策ではなく，貿易縮小政策である。すでに海外へ金銀が大量に流出していたため，これを縮小するために施行したものである。加えて，新井白石は元禄期に鋳造された元禄小判を改め，正徳小判を鋳造して，経済の安定を図った。これらを正徳の治という。

4○ 妥当である。日米和親条約の締結により，鎖国体制は終了した。

5× 日米和親条約の締結後，アメリカは通商条約の締結を求めてきたが，朝廷では攘夷の空気が強く，孝明天皇の勅許を得られなかった。このため井伊直弼は勅許を得られぬまま，日米修好通商条約を締結した。

日米和親条約 （1854年）	ペリー来航を機に締結。食料と燃料の供給や下田と箱館の開港。アメリカに一方的な最恵国待遇を認める。
日米修好通商条約 （1858年）	井伊直弼が朝廷の勅許を得られぬまま締結。領事裁判権と協定関税（関税自主権の欠如）を認める不平等条約であった。

第4章 テーマ史

正答 4

第4章 3 テーマ史

テーマ史

必修問題 セクションテーマを代表する問題に挑戦！

文化史・教育史・仏教史など，よく出題されるテーマについて時代ごとの特徴を学びます。

問 我が国の文化に関する記述として最も妥当なのはどれか。

（国税・労基2006）

1：4世紀に我が国に仏教が伝来し，これが保護されたことにより，朝廷のおかれた飛鳥地方を中心に急速に発達した推古朝の文化を飛鳥文化という。この文化の代表的な建築物として，聖徳太子の建立といわれる法隆寺や東大寺がある。

2：唐の国力に衰えがみえてきた9世紀の後半から，唐文化の影響を排除した国風文化がおこり，仮名がつくられた。仮名文字日記の最初として名高い紀貫之の伊勢物語などの作品も生まれ，和歌・随筆・物語・日記の各分野で国文学が隆盛した。

3：三代将軍足利義満の時代には，公家文化と禅宗の気風を合わせた武家文化としての北山文化が生まれた。義満は，京都北山に寝殿造に唐様を折衷した金閣を建て，義満の保護のもと観阿弥・世阿弥の父子は，猿楽や田楽などを取り入れ能を芸術として完成させた。

4：幕藩制社会が安定に向かう17世紀前半の文化を元禄文化といい，京都の天皇や公家，豪商や上層町衆，学者・芸術家などの文化的交流をもたらした。ここでは，茶の湯・連歌，芸能などの鑑賞を通して多様な人脈が形成されたが，その背景には朝廷と幕府との政治的な融和関係があった。

5：化政文化は，江戸を中心として18世紀後半から興隆し，正徳の治における比較的自由な雰囲気と世相のなかで，庶民も文化の担い手として登場し，多様で多彩な文化が花開いた。文学では，男女の恋愛を描く人情本の代表者である滝沢馬琴らが活躍したが，寛政の改革で弾圧された。

Guidance ガイダンス

■国風文化（10～11世紀）

○かな文字の発達：紀貫之編纂の『古今和歌集』，『竹取物語』『伊勢物語』

紫式部『源氏物語』，清少納言『枕草子』，紀貫之『土佐日記』

○浄土信仰：阿弥陀仏への信仰により，極楽浄土に往生することを願う。

藤原頼道が平等院鳳凰堂を建立。

頻出度	地上★★	国家一般職★★★	東京都★★★	特別区★★★
	裁判所職員★	国税・財務・労基★★★		国家総合職★★★

必修問題の解説

〈文化史〉

1 × 仏教は6世紀に百済より正式にわが国に伝えられた。推古朝の文化を飛鳥文化というのは正しいが，東大寺は奈良時代に聖武天皇が全国の国分寺の拠点として建立したものである。

2 × 仮名文字日記の最初として名高いのは紀貫之の『土佐日記』である。『伊勢物語』は10世紀に書かれた歌物語であり，作者は不詳である。その他，紫式部『源氏物語』や清少納言『枕草子』などの女流文学も多く生まれた。

3 ○ 北山文化の説明として妥当である。

> ■室町時代の文化
> 　室町時代には南北朝文化，北山文化，東山文化が形成されたが，この時代の文化の特徴は，幕府が京都に置かれたことで，武家文化と公家文化の融合が見られたこと，また，成長しつつあった惣村や都市の民衆など，文化の担い手が拡大したことが挙げられる。

4 × 元禄文化は17世紀末から18世紀初頭に成立した，上方を中心とする派手で現実的な町人文化である。また，茶の湯や連歌，能や狂言などの芸能の鑑賞は，室町時代後半に庶民の間にも広まったもので，これらを通して多様な人脈が形成されたのは桃山時代である。特に秀吉が貧富・身分の差なく民衆を参加させた北野の茶会はよく知られている。なお，江戸時代には連歌ではなく俳諧が広まった。

5 × 化政文化は19世紀前半に栄えた，江戸を中心とする粋や通を重んじる享楽的な文化であり，特に庶民文化の成熟が見られる。また，正徳の治は江戸初期の新井白石によって行われた政治で，これは18世紀初頭のことである。滝沢馬琴は人情本ではなく，『南総里見八犬伝』などを著した読本作家である。人情本作家としては『春色梅児誉美』の為永春水が有名である。

正答 **3**

平安時代	寝殿造	桃山文化	城郭建築・濃絵・障壁画
東山文化	書院造・枯山水	江戸時代	数奇屋造・桂離宮

SECTION 3 テーマ史

テーマ史

1 文化史

飛鳥文化	仏教を中心とする文化が興隆し，百済や高句麗を通じて伝えられた中国の南北朝の時代の影響を受けている。
白鳳文化	天武・持統天皇の時代。美術には初唐の影響。高松塚古墳壁画。
天平文化	聖武天皇の時代。東大寺正倉院の宝物は東ローマやイスラーム，インドなどの流れをくみ，盛唐の影響を受けた国際色豊かなもの。
国風文化	藤原氏の摂関政治期。10〜11世紀に開花した日本独自の文化。かな文字が発達。『土佐日記』『紫式部』，寝殿造。
鎌倉文化	簡素で雄健な武家文化。東大寺南大門（大仏様）。『方丈記』。
北山文化	足利義満。公家文化と禅宗の気風を合わせた武家文化。義満の建てた金閣は寝殿造に唐様を折衷。観阿弥と世阿弥が能を大成。
東山文化	足利義政。禅の精神に基づく簡素さと伝統文化の幽玄・侘びを基調としている。義政の建てた銀閣は書院造。雪舟の水墨画。
桃山文化	織田信長と豊臣秀吉。大名や豪商による壮大な華麗な文化。安土城などの城郭建築。狩野永徳の障壁画。
元禄文化	上方中心の派手で現実的な町人文化。井原西鶴・近松門左衛門。
化政文化	江戸を中心とする粋・通を好む町人文化。歌麿・北斎・広重。

2 教育史

奈良時代	中央に大学，地方に国学を置き，官吏養成機関とする。
平安時代	大学別曹。綜芸種智院（空海が開いた庶民のための学校）
鎌倉時代	金沢文庫（北条実時が設けた和漢の蔵書を集めた文庫）
室町時代	足利学校
江戸時代	幕府：湯島聖堂で朱子学，各藩：藩校，庶民：寺子屋
明治時代	学制発布：フランスの教育制度を見本　→　実情に合わず一揆も 教育令発布：アメリカ式の自由教育制度 学校令発布：体系的な学校教育制度が確立。1900年の小学校令の改正で4年間の義務教育が確定し，授業料も無償に。
昭和時代	小学校を国民学校として国家主義的教育を推進
戦後	修身・歴史・地理の授業の停止 教育基本法・学校教育法で六・三・三・四制の導入 教育委員会の設置

INPUT

3 仏教史

(1) 仏教の伝来

6世紀にわが国に伝えられた仏教は，朝廷の保護を受け，飛鳥を中心に仏教文化が開花します。聖徳太子の発願で法隆寺も建立されました。

(2) 奈良時代

奈良時代には聖武天皇が鎮護国家の思想に基づき仏教により社会の不安を鎮めようと，国分寺建立の詔や大仏造立の詔を発しました。この時代には唐から鑑真が渡来し，仏教の発展に寄与します。仏教理論の研究が進められ，南都六宗とよばれる諸学派が形成されました。

(3) 平安時代の仏教

① 最澄と空海

渡唐して帰国した最澄が天台宗を，空海が真言宗を開き，仏教界の革新を行いました。天台宗や真言宗には密教が取り入れられました。

② 神仏習合

仏教が広まるにつれ，仏教と古くから信仰されていた神々の融合が進みます（神仏習合）。やがて日本の神は仏が姿を変えてこの世に現れたものであるとする本地垂迹説が唱えられました。

③ 浄土教

平安中期には阿弥陀仏を信仰し，極楽浄土に往生することを願う浄土教が盛んになります。これは末法思想と相まって流行しました。

(4) 鎌倉時代の仏教

鎌倉時代には内面的な深まりを持ちつつ，庶民などを対象とする新仏教が興り，広く武士や庶民に受け入れられました。

(5) 室町時代の仏教

鎌倉末期から室町時代にかけて臨済宗が将軍家の保護を受けて大いに栄えます。足利義満の時代には京都と鎌倉に五山・十刹の制が確立します。

五山・十刹	中国の官寺の制にならって，臨済宗の寺院の格を定めたものです。五山を最高とし，十刹がこれに続きます。

第4章 テーマ史

問 我が国の文化の歴史に関する記述として最も妥当なのはどれか。

(国税・財務・労基2017)

1：飛鳥文化は、主に天武天皇により広められた仏教中心の文化を基本としつつ、渡来人の活躍により、隋の影響を強く受けた文化である。大仏の鋳造も広く行われるようになり、その代表的なものとして唐招提寺の盧舎那仏が挙げられる。

2：天平文化は、平城京を中心として栄えた貴族文化で、唐の影響を受けた国際色豊かな文化である。また、仏教によって国家の安定を図るという鎮護国家思想が重んじられ、中央には東大寺、地方には国分寺・国分尼寺が造営された。

3：国風文化は、大陸文化に日本人のし好を加味した優雅で洗練された文化であり、13世紀に生まれた。それまでの漢字文化から脱して、かな文字が発達し、自由な表現が可能となったことから、新古今和歌集や十六夜日記といった文学作品が生まれた。

4：鎌倉文化は、伝統文化を受け継いだ公家が担い手になったほか、武士や庶民にも支持された。武士や庶民などを対象として、法然の浄土真宗、空海の真言宗など、いわゆる鎌倉新仏教が生まれ、それらの布教活動が盛んに行われた。

5：桃山文化は、戦国大名や豪商の気風を反映して、覇気と生命感にあふれた力強い文化である。戦に備え山城を中心とした城郭建築や、墨の濃淡を用いた濃絵による障壁画などが特徴とされ、オランダ人の来航を機にもたらされた南蛮文化の影響も受けた。

実践 問題 93 の解説

〈古代から近世までの文化史〉

1 × 唐招提寺は奈良時代に中国から日本に渡来し，日本に戒律を伝えた鑑真が創建したものである。飛鳥文化は蘇我氏や王族により広められた仏教中心の文化を基本としつつ，百済や高句麗，隋が中国を統一する前の南北朝時代の文化の影響を受けている。天武天皇と持統天皇の時代に開花したのは白鳳文化であり，白鳳文化は唐初期の文化の影響を受け，仏教文化を基調としている。

2 ○ 天平文化は聖武天皇の時代の年号からその呼び名がある。聖武天皇が仏教の持つ鎮護国家の思想によって国家の安定を図ろうと，国分寺建立の詔，大仏造立の詔を発している。752年に奈良東大寺の盧舎那仏の開眼供養が行われた。唐招提寺金堂の盧舎那仏も8世紀後半に完成したとされている。

3 × 国風文化が大陸文化に日本人のし好を加味した優雅で洗練された文化であること，かな文字が発達したことは正しい。ただし，国風文化は別名藤原文化ともよばれ，藤原氏の摂関政治の時代であり，10世紀から11世紀に見られたものである。また，新古今和歌集や十六夜日記は13世紀の鎌倉時代に成立した作品であり，国風文化の時代には古今和歌集や源氏物語，枕草子などの作品が生まれた。

4 × 鎌倉時代に鎌倉新仏教が生まれたことは正しいが，空海の真言宗は平安時代に成立した仏教である。

5 × ポルトガル人とスペイン人が南蛮人とよばれ，ポルトガルの来航によって形成されたのが南蛮文化である。桃山文化を象徴するのは城郭建築であるが，この時代の城郭は，戦いに備えて造営された山城に代わって平地につくられた。また，濃絵は金箔地に青・緑を彩色するもので，墨の濃淡を用いて描くのは水墨画である。安土・桃山時代の城郭の内部の襖や屏風には，濃絵の豪華な障壁画が描かれた。

正答 2

第4章 SECTION 3 テーマ史

実践 問題 94 基本レベル

問 我が国の文化に関する記述として，妥当なのはどれか。　（特別区2013）

1：化政文化は，京都や大坂など上方の町人を担い手として開花した文化で，人形浄瑠璃や歌舞伎では，近松門左衛門の「仮名手本忠臣蔵」や鶴屋南北の「東海道四谷怪談」などの作品が生まれて人気を博した。

2：国風文化は，唐の文化を日本の風土や日本人の感性に融合させた文化で，田楽と猿楽などをもととした能が大成し，なかでも観世座の観阿弥・世阿弥父子は，朝廷の保護を受け，芸術性の高い猿楽能を完成させた。

3：元禄文化は，江戸を中心として開花した町人文化で，人形浄瑠璃では，竹本義太夫が竹田出雲の作品を語って人気を博し，歌舞伎では，坂田藤十郎らの名優があらわれ，民衆演劇として発展した。

4：桃山文化は，新興の大名や豪商の気風を反映した豪壮で華麗な文化で，城郭には天守閣や，書院造の居館などが建てられ，また，民衆の間では，出雲の阿国の歌舞伎踊りが人気をよび，のちの歌舞伎のはじまりとなった。

5：弘仁・貞観文化は，唐の文化の影響による洗練された貴族の文化で，貴族の間に流行した浄瑠璃は，琉球の三線を改良した三味線を伴奏楽器にして人形操りをとり入れ，人形浄瑠璃へと発展した。

OUTPUT

実践 問題 **94** **の解説**

チェック欄
1回目	2回目	3回目

〈わが国の文化〉

1× **化政文化**は江戸時代後期に見られた，**江戸を中心とする町人文化**である。また，鶴屋南北が『東海道四谷怪談』を著したのは化政期であるが，近松門左衛門が活躍したのは江戸時代半ばに興った，元禄期である。近松門左衛門の作品としては『曽根崎心中』や『国姓爺合戦』があるが『仮名手本忠臣蔵』は竹田出雲らの作である。化政文学としては，十返舎一九の『東海道中膝栗毛』や上田秋成の『雨月物語』，滝沢馬琴の『南総里見八犬伝』などがある。

2× **能が大成されたのは，室町時代**，なかでも北山文化の頃であり，特に**世阿弥**は室町幕府第3代将軍足利義満の庇護を受けたことで知られている。なお，田楽や猿楽から発展して能が誕生したという経緯は正しい。

3× **元禄文化**については，**上方の町人を担い手として開花した文化**である。元禄期の文芸の中心となったのは**近松門左衛門**と**井原西鶴，松尾芭蕉**である。竹本義太夫が語って人気を博したのは近松門左衛門の作品である。

4〇 妥当である。**桃山文化**は従来の日本文化に比べると，仏教の影響をあまり受けていない文化である。南蛮人の来航による異国文化の影響も見られる。狩野永徳の『唐獅子図屏風』や『洛中洛外図屏風』が著名である。

5× 平安時代初期を彩る**弘仁・貞観文化**は，密教の伝来など，遣唐使のもたらした影響を多分に受けた貴族を中心とする文化である。ただし，浄瑠璃が興ったのは15世紀頃であり，**16世紀後半に渡来した三味線とも結びついて人形浄瑠璃が形成された**。三味線の起源は琉球の三線であるといわれている。

第4章 テーマ史

正答 **4**

第4章 SECTION 3 テーマ史

実践 問題 95 基本レベル

問 我が国の古代から近世の文化に関する記述として最も妥当なのはどれか。

(国家一般職2012)

1：大化の改新から藤原京の時代までの国風文化では、『古今和歌集』が藤原公任によって編集され、この時期にうまれた仮名文字によって、紫式部の『源氏物語』、紀貫之の『竹取物語』などの作品が書かれた。

2：鎌倉時代には仏教の新宗派が相次いで誕生し、法然や日蓮は、「南無阿弥陀仏」と唱えるだけでは足りず、造寺造仏や困難な修行が仏の願いにかなうと説いた。また、この時代に、『太平記』や北畠親房の『神皇正統記』などの作品が書かれた。

3：15世紀後半の禅宗の影響を受けた東山文化では、『新撰菟玖波集』が宗祇によって編集され、水墨画の『四季山水図巻』が狩野永徳により描かれた。また、禅宗寺院や将軍・大名・武士の住宅に寝殿造が採用されるようになった。

4：織田信長・豊臣秀吉の時代の桃山文化では、『徒然草』『平家物語』『御伽草子』などの作品が書かれた。また、この時代は、絵巻物の黄金時代といわれ、『平治物語絵巻』『蒙古襲来絵詞』などが描かれた。

5：江戸時代後期には町人文化が成熟し、絵画では浮世絵が最盛期を迎えて喜多川歌麿や東洲斎写楽が「大首絵」の手法で美人画や役者絵を描いた。また、風景画では、葛飾北斎が『冨嶽三十六景』を、歌川広重が『東海道五十三次』を描いた。

OUTPUT

チェック欄		
1回目	2回目	3回目

実践 問題 **95** の解説

〈古代から近世の文化〉

1 × 仮名文字など日本の独自性豊かな国風文化は，10〜11世紀の文化であり，藤原氏による摂関政治の頃でもあることから藤原文化ともいう。大化の改新から藤原京の時代までの文化は白鳳文化という。また，『古今和歌集』の撰者は紀貫之らであり，紀貫之の代表作は，最初のかな日記の『土佐日記』である。『竹取物語』の作者は不詳である。

2 × 鎌倉時代になると仏教の新宗派が誕生したことは正しい。しかし，鎌倉時代に登場した新仏教は，いずれも造寺造仏や困難な修行が仏の願いにかなうと説いたのではなく，念仏や題目，禅といった選び取られた1つの道によってのみ，救いにあずかることができると説き，出家することがかなわない武士や庶民にも門戸を開いたところに特徴がある。また『太平記』や『神皇正統記』は室町時代に成立したものである。

3 × 室町時代における東山文化が禅宗の影響を受けていることは正しい。ただし，宗祇が『新撰菟玖波集』を編集したことは正しいが，『四季山水図巻』は狩野永徳ではなく雪舟の作品である。狩野永徳は安土桃山時代の障壁画を描いた人物であり，代表的な作品に『唐獅子図屏風』がある。また，この時代，後世まで日本の住宅建築の基礎となった書院造が確立し，遺構として慈照寺東求堂がある。寝殿造は平安時代の貴族の邸宅に見られる様式である。

4 × 挙げられている作品の成立した時代が異なる。『徒然草』，『平家物語』，『平治物語絵巻』，『蒙古襲来絵詞』は鎌倉時代，『御伽草子』は室町時代の作品である。また，絵巻物の黄金時代とは平安後期から鎌倉時代までであって，桃山文化ではない。

5 ○ 江戸時代後期の町人文化とは江戸を中心とする化政文化を指す。化政文化では浮世絵が興隆し，遠く西洋まで，ゴッホなど印象主義の画家に，影響を与えた（ジャポニスム）。なかでも上半身を描いた「大首絵」は，美人画の喜多川歌麿，役者絵の東洲斎写楽が著名であり，風景画では，葛飾北斎，歌川広重などが一世を風靡した。

第4章 テーマ史

正答 5

問 室町時代の文化に関する記述として、妥当なのはどれか。

(東京都Ⅰ類B 2018)

1：南北朝の動乱期には、「平家物語」などの軍記物が作られ、また、「二条河原落書」にみられるような和歌が盛んとなり、後鳥羽上皇は「新古今和歌集」を編集した。

2：足利義政が建てた鹿苑寺金閣は、北山文化を代表する一向宗の建物であり、足利義満が建てた慈照寺銀閣は、東山文化の中で生まれた寝殿造の建物である。

3：足利義満は五山の制を整え、一向宗の寺院と僧侶を統制し保護したため、浄土宗文化が盛んとなり、義満に仕えた五山の僧の雪舟は、障壁画に幽玄の境地を開いた。

4：北山文化の時期には、安土城や大坂城など、武家の居城の内部に、簡素な中に幽玄を重んじた枯山水の庭園が造られた。

5：応仁の乱が起こると、多くの公家や文化人が戦乱を避けて地方に移住したことから、朱子学をはじめとする中央の文化が地方に普及した。

OUTPUT

実践 問題 **96** の解説 ─────────

チェック欄		
1回目	2回目	3回目

〈室町時代の文化〉

1 ✕ 南北朝の動乱期に成立した軍記物は『太平記』である。『平家物語』は平氏の興亡を主題とした軍記物語であり，成立は鎌倉時代である。また，「二条河原落書」に見られるのは和歌ではなく連歌である。後鳥羽上皇の命で『新古今和歌集』が編纂されたのも鎌倉時代である。なお，本肢は文化史がわからなくても，後鳥羽上皇が鎌倉時代初期に承久の乱を起こしたことから，切ることもできる。

2 ✕

北山文化	鹿苑寺金閣	足利義満	観阿弥・世阿弥
東山文化	慈照寺銀閣	足利義政	雪舟

金閣の建築様式は寝殿造風と禅宗様を折衷したものであり，銀閣に見られるのが書院造である。

3 ✕ 足利義満が保護したのは臨済宗の寺院と僧侶である。五山の禅僧には中国からの渡来僧や中国帰りの留学僧が多く，宋学の研究や漢詩文の創作が盛んに行われた（五山文学）。雪舟は義政の時代に水墨画を集大成した人物である。また，「幽玄」は義満の保護を受けて能を大成した世阿弥の能楽論を説明する言葉である。

4 ✕ 枯山水の庭園がつくられたのは東山文化の時代である。安土城は織田信長が築城，大坂城は豊臣秀吉が築城したもので，室町時代にはない。安土城や大坂城などの内部は，豪華な障壁画が描かれた。

5 ◯ 妥当である。応仁の乱により京都が荒廃すると，京都の公家たちが地方の戦国大名を頼り，続々と地方へ下り，地方の武士らもこれを受け入れた。日明貿易で繁栄していた大内氏の城下町である山口では，儒学や和歌などの古典の講義が行われ，薩摩の島津氏も儒学の講義を開くなどした。室町時代の文化の特徴は，武士や公家だけでなく，民衆が参加し楽しむ文化が生まれたことや，文化が地方に波及したことにある。

第4章 テーマ史

正答 5

SECTION 3 テーマ史

実践 問題 97 基本レベル

問 次の文は、江戸時代の元禄文化における美術作品に関する記述であるが、文中の空所A〜Cに該当する作者名又は作品名の組合せとして、妥当なのはどれか。
(特別区2020)

京都の（ A ）が残した「紅白梅図屏風」は、中央に水流を描き、左右に白梅・紅梅を配している。（ A ）のほかの作品には、「（ B ）」や、工芸品の「（ C ）」等がある。

	A	B	C
1	尾形光琳	燕子花図屏風	八橋蒔絵螺鈿硯箱
2	尾形光琳	見返り美人図	色絵藤花文茶壺
3	俵屋宗達	燕子花図屏風	八橋蒔絵螺鈿硯箱
4	俵屋宗達	見返り美人図	色絵藤花文茶壺
5	菱川師宣	燕子花図屏風	色絵藤花文茶壺

OUTPUT

実践 問題 **97** の解説

チェック欄
1回目	2回目	3回目

〈元禄文化〉

　尾形光琳は江戸時代の元禄期の画家・工芸家で，代表作には『紅白梅図屏風』，『燕子花図屏風』，『八橋蒔絵螺鈿硯箱』などがある。

　なお，俵屋宗達は江戸時代の寛永期の画家で，代表作には『風神雷神図屏風』がある。

　『見返り美人図』と『色絵藤花文茶壺』はどちらも元禄期のものであり，作者はそれぞれ菱川師宣と野々村仁清である。

　以上から，肢1が正解となる。

■近世の美術

桃山文化	狩野永徳	唐獅子図屏風
江戸初期	俵屋宗達	風神雷神図屏風
	酒井田柿右衛門	色絵花鳥文深鉢（赤絵）
元禄文化	尾形光琳	紅白梅図屏風，燕子花図屏風，八橋蒔絵螺鈿硯箱
	菱川師宣	見返り美人図
	野々村仁清	色絵藤花文茶壺

第4章 テーマ史

正答 **1**

問 明治・大正期の我が国の文学に関する記述として最も妥当なのはどれか。

(国家一般職2018)

1：明治初期，坪内逍遙は，江戸時代以来の大衆文芸である戯作文学の勧善懲悪主義と西洋文学の写実主義との融合を提唱し，その考え方をまとめた『小説神髄』を著すとともに，小説『安愚楽鍋』を著し，我が国の近代小説の先駆けとなった。

2：明治中期，尾崎紅葉は，我が国で初めて言文一致体で書かれた小説『浮雲』を著すとともに，国木田独歩らと民友社を結成して雑誌『国民之友』を発刊し，写実主義と言文一致体によってもたらされた近代小説の大衆化を進めた。

3：明治末期には，英国やドイツの影響を受けた自然主義が文壇の主流となり，留学経験もある夏目漱石と森鷗外は，人間社会の現実の姿をありのままに描写する作品を著して，自然主義文学を代表する作家として活躍した。

4：大正期には，人道主義・理想主義を掲げ，雑誌『白樺』を拠点に活動した志賀直哉や武者小路実篤らの白樺派，新現実主義を掲げ，雑誌『新思潮』を拠点に活動した菊池寛や芥川龍之介らの新思潮派が活躍した。

5：大正末期には，社会主義運動・労働運動の高揚に伴って，プロレタリア文学運動が起こり，機関誌『改造』が創刊されて，幸田露伴や小林多喜二らが，労働者の生活に根ざし，階級闘争の理論に即した作品を著した。

実践 問題 98 の解説

〈明治から大正期の文学〉

1 × 坪内逍遥は著書『小説神髄』において，近世戯作文学の勧善懲悪主義を排斥し，西洋の文学理論をもとに人間の内面や世相を客観的に描くことを提唱した。また，『小説神髄』の理論化を実践すべく，逍遥が著した小説は『当世書生気質』である。『安愚楽鍋』の著者は仮名垣魯文である。

2 × 小説『浮雲』の作者は二葉亭四迷である。尾崎紅葉は『二人女房』を著し，「である調」による言文一致体を創始した。また，紅葉が山田美妙らとともに結成したのは「硯友社」であり，雑誌『我楽多文庫』を発刊し，写実主義を掲げて文芸の大衆化を進めた。

3 × 明治末期に自然主義が文壇の主流となったという肢の指摘は正しい。しかし，自然主義はフランスで起こった文芸思潮である。また，夏目漱石と森鷗外は，反自然主義の余裕派（高踏派）に位置づけられる作家である。自然主義の代表の作家としては，『破戒』，『夜明け前』で知られる島崎藤村，『蒲団』，『田舎教師』で知られる田山花袋，『何処へ』で知られる正宗白鳥らを挙げることができる。

4 ○ 妥当である。大正前期には，自己の個性の発揮を唱えて人道主義・理想主義を掲げ，雑誌『白樺』を中心に活動する白樺派が台頭した。白樺派の思想的特徴を最もよく表す作家として武者小路実篤，白樺派のリアリズムを代表する作家として志賀直哉を指摘できる。大正後期には，現実を明晰な知性と技巧的な表現によって捉えようとする，新現実主義に位置づけられる作家たちが活躍した。その中で，雑誌「新思潮」によって文壇に出た人々は新思潮派とよばれ，代表の作家として，『父帰る』，『恩讐の彼方へ』で知られる菊池寛，『羅生門』，『鼻』，『河童』等で知られる芥川龍之介らが挙げられる。

5 × プロレタリア文学運動における機関誌は「種蒔く人」，「文芸戦線」である。また，プロレタリア文学を代表する作家は，『蟹工船』で知られる小林多喜二であるが，幸田露伴は，明治中期，尾崎紅葉と「紅露の時代」とよばれる一時期を形成した作家でプロレタリア文学には属さない。

正答 4

第4章 SECTION 3 テーマ史

実践 問題 99 基本レベル

問 我が国の文化の歴史に関する記述として最も妥当なのはどれか。

(国家総合職2016)

1：鎌倉時代の初期には、元と民間の商人との往来が盛んであったが、元寇後、幕府が元との往来を禁じたため大陸文化の影響が薄まり、我が国の風土や嗜好に沿った独自の文化が育った。素朴で質実な気風の文学や美術が生み出され、戦乱における武士の活躍を生き生きと描いた軍記物や、東大寺の再建に用いられた大仏様の建築様式がその代表である。また、多くの優れた和歌が詠まれ、後白河法皇を中心に新古今和歌集が編纂された。

2：室町時代には、南北朝の動乱を背景とした南北朝文化が生まれ、その後北山文化、東山文化が形成された。幕府は積極的に文化保護に努め、文化人たちは一様に京都に集められ、地方での文化活動や民衆の娯楽は厳しく制限された中、公家文化と武家文化が独自の発展を遂げた。公家の間では、平安時代の貴族のきらびやかな生活を描いた能が流行した一方、武士の間では、禅の精神が広く受け入れられ、簡素と幽玄を重んじる傾向が強まっていった。

3：安土・桃山時代には、新しい支配者となった武将や、貿易などで富を蓄積した豪商たちの気風と経済力を反映した文化が生まれた。戦乱が鎮まってくると、軍事機能と城主の居館・政庁としての機能を併せ持つ平城が建設されるようになり、城内には書院造の様式を取り入れた御殿がつくられ、ふすまや天井などには金箔地に青や緑を彩色した濃絵の障壁画が描かれた。また、豊臣秀吉をはじめ、諸大名や豪商の間で茶の湯が流行し、社交の場として茶会が催された。

4：江戸時代の元禄期には、東アジアの秩序と幕政が安定して経済がめざましく発展したことを背景として、経済の拠点であった江戸を中心に華やかな文化が形成された。学問分野では、封建社会を維持するために幕府や藩によって儒学が重んじられた一方、文学や美術では、現実社会を超越した「浮世」と呼ばれる理想郷を題材とした開放的な作品が多く生み出された。井原西鶴の浮世草子、菱川師宣の浮世絵版画などがその代表である。

5：江戸時代の化政期には、江戸に代わって上方が経済・文化の中心地となった。老中水野忠邦による天保の改革では、倹約令の励行や風俗の取締りが行われたが、改革が終わると、その反動から町人の生活が華美となり、町人文化の最盛期を迎えた。交通網の発達に伴って町人文化は全国各地に伝わり、庶民の娯楽として風刺や皮肉を特色とする川柳や読本が人気を博し、芝居小屋や寄席が盛んに開かれるなど、多様な芸能が発展した。

OUTPUT

実践 問題 **99** の解説

〈文化史〉

1 ✕ 大陸文化の影響が薄まり，わが国の風土や嗜好に沿った独自の文化が育ったのは，9世紀末に遣唐使が廃止されて以降の10～11世紀のことで，この時代の文化を国風文化と称する。また，『新古今和歌集』が編纂されたのは，後鳥羽上皇の命による。また，元寇後，元と日本との間に正式な外交関係はなかったが，建長寺の再建費用を得るために元に派遣された貿易船は幕府の公認により出帆しており，幕府が元との往来を禁止していたのではない。「軍記物」「大仏様」については正しい。

2 ✕ 室町時代の文化の特徴は，幕府が京都に置かれたことから，武家文化と公家文化，大陸文化と伝統文化の融合が進んだことにある。「公家文化と武家文化が独自の発展を遂げた」のではない。また，当時，成長しつつあった惣村や都市の民衆とも交流して広い基盤を持つ文化が生み出され，中央文化と地方文化の融合が進んだ。「地方での文化活動や民衆の娯楽が厳しく制限された」とあるのは誤り。能や狂言，茶の湯，いけ花などの多くは，この時代に中央・地方を問わず，武家・公家・庶民の別なく愛好された。

3 ◯ 安土・桃山時代の文化の説明として正しい。障壁画の中心となった狩野派では，狩野永徳が水墨画と日本古来の大和絵を融合させて『唐獅子図屏風』を残している。また，千利休が茶道を確立した。

4 ✕ 江戸時代の元禄期に文化の中心となったのは京・大坂をはじめとする上方である。元禄文化の内容は正しい。

5 ✕ 江戸時代の化政期に文化の中心となったのは江戸である。18世紀以降に多様に発展し始めていた文化は，寛政の改革の時に倹約令の励行や出版統制令などにより，いったん停滞したが，19世紀に入ると11代将軍家斉による半世紀に及ぶ長い治世（大御所時代）のもと，天保の改革の頃までに栄えた文化が化政文化である。天保の改革の後に発達したものではない。

正答 3

第4章 SECTION 3 テーマ史

実践 問題 100 基本レベル

問 我が国の各時代における教育に関する記述として最も妥当なのはどれか。

(国Ⅱ2005)

1：奈良時代には，中央集権的な国家の実現を目指して，仏教的及び儒教的教養を備え，国家に忠実に仕える人間が理想的な官僚とされた。天智天皇はそのような人材を養成するため，唐の学制を模して，中央に国学，地方に大学を設置した。そこでは，中央の貴族や地方の豪族の子弟を対象に教育し，儒学と律令の他に，公文書作成に必須であったかな文字を学ばせた。

2：平安時代には，「文章は国を治める大業である」という意識が高まり，随筆や紀行文学が盛んになった。また，藤原氏の綜芸種智院，橘氏の弘文院など，有力な貴族が藩校を各地に設置した。そこでは，貴族の子弟の他に庶民も対象に教育し，読み，書き，そろばんなどの実用的な学問を学ばせた。

3：江戸時代には，封建的階層秩序を支えるための思想的基盤として儒学が採用され，学問の中心となった。さらに，幕府は寛政異学の禁によって朱子学を正学として定め，後に幕府直轄の昌平坂学問所を設けた。ここは，当初幕臣の子弟のために設けられたものであったが，後には，諸藩の家臣までも対象に教育が行われた。

4：明治時代には，文明開化の名の下に，欧米の文化や生活様式が盛んに取り入れられた。明治政府は文部省を新設し，忠君愛国と儒教道徳を強調する教育勅語を発布した。初代文部大臣井上馨は国民皆学を理念とし，教育を国民の義務とする学制を公布したが，そこでは，学問は個人の権利であるとする開明的な主張がみられた。

5：第二次世界大戦後には，教育の民主化が進められ，教育基本法や国民学校令が制定されて，六・三・三・四制の新教育制度が発足した。その結果，戦前には認められなかった私立学校の設立も認められ，子どもの個性や自発性を尊重する自由教育が実践された。

OUTPUT

チェック欄		
1回目	2回目	3回目

実践 問題 **100** の解説

〈教育史〉

1 × 奈良時代に国学と大学が設置されたことは正しいが，中央に置かれたのが大学，地方に置かれたのが国学である。**仏教ではなく，儒教を中心とした教育であった。**また天智天皇は奈良時代の天皇ではなく，7世紀の天皇である。**公文書作成に必須であったのは漢文であり，かな文字は平安初期に登場している。**

2 × 読み・書き・そろばんなどの実用的な学問を教えたのは，**江戸時代の寺子屋**である。また，清少納言や紫式部のように女官たちの間で，日記文学や物語文学などが多く書かれ，国文学は盛んになったが，随筆や紀行文学はあまり多くない。随筆は清少納言の『枕草子』が初見とされている。藩校は江戸時代に各藩が設置した学校であり，平安時代には存在しない。また，**綜芸種智院**は平安時代，**空海が開いた庶民のための学校**である。橘氏や藤原氏などの有力貴族は子弟教育のため大学別曹を設置した。

3 ○ 朱子学は身分秩序を守る儒学であるため，幕府が官学とした。5代将軍**徳川綱吉**の時代に**湯島聖堂**が設けられ，その後寛政年間に**昌平坂学問所**が同所に開かれ，幕府直轄の教育機関となった。

4 × 学制の公布（1872年）では「武士以上の身分の人」以外であっても誰でも学ばなければならないとの国民皆学の思想や，学問は立身するための資本ともいえるもの，といった開明的な主張が見られたが，その後，初代文部大臣森有礼のもと，**教育政策は国家の利益を個人の利益に優先させる国家主義重視の方向に改められ，**忠君愛国と儒教道徳を強調する**教育勅語が発布**された。したがって，本肢は，明治初期から国家主義的教育への転換が混同している点，また，初代文部大臣が井上馨であるとの点で妥当でない。

5 × 戦後に六・三・三・四制の教育制度が発足したのは，**教育基本法と学校教育法による。国民学校令が制定されたのは，戦時中の1941年のことであり，**これによって従来の小学校が国民学校に改められ，戦時体制を支えるために国民の育成が実施された。また，明治期から多くの私立学校が設立されているので，戦前に私立学校が認められなかったとあるのは妥当でない。

第4章 テーマ史

正答 3

第4章 SECTION 3 テーマ史

実践 問題 101 〈基本レベル〉

問 我が国における教育の歴史に関する記述として最も妥当なのはどれか。

(国家一般職2015)

1：平安時代には，貴族の子弟を対象とした大学が盛んに設立され，そこでは儒教に代えて仏教・道教を中心とする教育が施された。また，藤原氏が設けた綜芸種智院，北条氏が設けた勧学院など，大学の寄宿舎に当たる大学別曹も設けられた。

2：鎌倉時代には，足利氏が一族の学校として鎌倉に足利学校・金沢文庫を設立した。足利学校では，朝廷の儀式・先例である有職故実や古典の研究が行われ，朝廷の歴史を記した『吾妻鏡』が編まれた。

3：江戸時代には，貨幣経済の浸透に伴い，一般庶民も読み・書き・算盤などの知識が必要になったことから，幕府はそのような実用教育を中心とした寺子屋を全国に設けた。寺子屋は下級武士によって経営されたが，特に貧農層については月謝の負担が大きく，江戸時代末期には衰退していった。

4：明治時代には，政府は，富国強兵と殖産興業の実現に向けて，教育機関や教育内容の整備を進めた。文部大臣森有礼の下で帝国大学令・師範学校令などの学校令が初めて公布され，学校体系の基本が確立された。

5：第二次世界大戦後には，米国教育使節団の勧告により，修身・日本歴史・地理の授業が一時停止されるとともに，複線型・男女別学の学校体系に改められた。昭和22（1947）年には，教育基本法が制定され，義務教育期間が12年から9年に短縮された。

OUTPUT

実践 ▶ 問題 **101** の解説

チェック欄		
1回目	2回目	3回目

〈教育史〉

1 ✕ 大学では官吏に必要な儒教中心の教育が施されている。具体的には儒教の経典，律令や格式，漢文学・中国史等である。また，貴族は一族子弟の教育のために，大学の寄宿舎にあたる大学別曹を設けたが，勧学院は藤原氏が設けたものである。なお，綜芸種智院は庶民教育の目的で空海が京都に設置した学校であって，大学別曹ではない。綜芸種智院では儒教のみならず，仏教や道教も広く教えた。

2 ✕ 金沢文庫は，鎌倉幕府2代執権の北条義時の孫にあたる金沢実時によって開設された書庫である。また，足利学校は鎌倉ではなく足利にある。15世紀に上杉憲実が再興してから発展した。なお，『吾妻鏡』は朝廷の歴史ではなく，鎌倉幕府の記録である。

3 ✕ 寺子屋は幕府が設けたのではなく，私設の教育機関で，浪人・村役人・僧侶・神職・富裕な町人などによって運営された。下級武士ではない。また，19世紀初めには，「教育爆発」とよばれるほど，寺子屋の数が急激に増加し，江戸時代末期にも衰退していない。寺子屋を中心とする庶民教育は，出版の盛行もあって都市のみならず農村にも広まり，封建社会では世界にもめずらしいほど初等教育が普及し，識字率も非常に高まった。

4 ◯ そのとおり。公布された帝国大学令・師範学校令・中学校令・小学校令などを総称して学校令という。その後，教育政策は国家主義重視の方向へと進んでいき，1890年に発布された教育に関する勅語（教育勅語）によって，忠君愛国が学校教育の基本となった。また，1900年の小学校令の改正により，4年間の義務教育期間が確定されるとともに，学校の授業料が廃止されたので，義務教育の就学率，特に女子の就学率が大幅に伸びた。1907年には尋常小学校が6年の義務教育となり，明治末期には就学率は98％に達し，男女間の就学率の差もほとんどなくなった。

5 ✕ 戦後の教育制度は，単線型・男女共学の学校体系に改められた。1947年の教育基本法・学校教育法により，六・三・三・四制の単線型学校体系が規定され，義務教育は従来の6年から9年となった。戦後，教育制度の民主的な改革の結果，教育勅語や修身など，戦前の教育は一掃された。

正答 4

第4章 テーマ史

SECTION 3 テーマ史

実践 問題 102 応用レベル

問 江戸時代の学問の発達に関する次のA～Cの記述の正誤の組合せとして最も妥当なものはどれか。 （裁判所職員2019）

A：幕藩体制の安定した時代に合う忠孝・礼儀を尊重する考え方が好まれて、儒学が重んじられ、さまざまな学派が生まれた。

B：医学や農学、和算などの実用的な学問や国文学などが発達して、多くの書籍が刊行された。

C：文芸を中心とした国家の隆盛が図られて、中国の歴史・文学などが大学でさかんに学ばれ、寄宿舎にあたる大学別曹も設けられた。

	A	B	C
1	正	正	誤
2	誤	正	正
3	正	誤	正
4	誤	正	誤
5	誤	誤	正

OUTPUT

実践 問題 **102** の解説

チェック欄
1回目	2回目	3回目

〈江戸時代の学問〉

A ○ 正しい。孔子を祖とする儒学は幕府で重んじられ、特に儒学の一派である朱子学は幕府によって推奨された。朱子学のほかには、陽明学、古学といった学派も学ばれた。

B ○ 正しい。医学においては、『解体新書』を記した杉田玄白、前野良沢ら、農学では『農業全書』の著者である宮崎安貞、和算では関孝和などが有名である。

C × 大学別曹は平安時代に貴族が一族の学生のために設けた寄宿舎であり、江戸時代の学問の発達についての説明として、妥当ではない。

以上から、肢1が正解となる。

第4章 テーマ史

正答 **1**

問 鎌倉時代の仏教に関する宗派, 開祖, 主要著書及び中心寺院の組合せとして, 妥当なのはどれか。 (特別区2019)

	宗派	開祖	主要著書	中心寺院
1	浄土真宗	法然	選択本願念仏集	本願寺（京都）
2	臨済宗	栄西	興禅護国論	建仁寺（京都）
3	浄土宗	親鸞	教行信証	知恩院（京都）
4	曹洞宗	道元	立正安国論	久遠寺（山梨）
5	時宗	一遍	正法眼蔵	永平寺（福井）

OUTPUT

実践 問題 **103** の解説

チェック欄

1回目	2回目	3回目

〈鎌倉仏教〉

1 × 浄土真宗 – 法然の部分で誤りと判断する。

2 ○ 栄西の主要著書や中心寺院を覚えていた人はいないと思うが，この肢を消去法で残す。

3 × 浄土宗 – 親鸞の部分で誤りと判断する。

4 × 『立正安国論』は日蓮の著作であることから誤りと判断する。

5 × 『正法眼蔵』は道元の著作であることから誤りと判断する。

【鎌倉新仏教の宗派や開祖など】

宗派	開祖	主要著書	中心寺院
浄土宗	法然	選択本願念仏集	知恩院
浄土真宗	親鸞	教行信証	本願寺
時宗	一遍	（一遍上人語録）	清浄光寺
臨済宗	栄西	興禅護国論	建仁寺
曹洞宗	道元	正法眼蔵	永平寺
日蓮宗	日蓮	立正安国論	久遠寺

　なお，一遍は死の直前に自身の著書などを焼き捨てており現存していない。一遍上人語録は一遍の門弟たちが編集し，江戸時代後期に刊行されたものである。

第4章 テーマ史

正答 2

第4章 SECTION 3 テーマ史

実践 問題 104 基本レベル

問 我が国の各時代の仏教に関する記述として最も妥当なのはどれか。

(国Ⅰ 2005)

1：奈良時代に仏教は初めて日本に伝わった。聖武天皇は仏教の力によって社会不安を鎮めようと図り，全国に国分寺，国分尼寺を建立し，奈良の東大寺には盧舎那仏を造立した。奈良の寺院には，南都六宗と呼ばれる仏教学派が形成され，また，仏典の研究においては，聖武天皇の命で唐に渡った鑑真などの遣唐使の活動が大きな力となった。

2：平安時代の初期には，釈迦の教えを経典によって学び，修行をすることで悟りを得ようとする密教が盛んになった。最澄と空海は，奈良時代の僧と異なり，唐に留学することなく厳しい修行の後に独自の宗派を興した。その思想は，加持祈祷による修行を行えば身分にかかわりなく悟りを開けるとするものであったため，庶民の間に普及した一方で，朝廷や貴族の反発を招いた。

3：平安時代後半，都では流行病や火災が続発し地方では戦乱が頻発する状況の下，末法思想が流行した。この時期には，阿弥陀仏にすがって極楽浄土に往生することを理想とするいわゆる本地垂迹説が盛んになった。市聖と呼ばれた源信は民衆に布教を行い，一遍は浄土教の思想と往生の方法を説いた往生要集をあらわした。

4：鎌倉時代，親鸞は，阿弥陀仏による人間救済を信じ，念仏を唱えることで西方浄土に往生できるという浄土宗を開き，法然は，親鸞の教えを更に進め，浄土真宗を開いた。一方，日蓮は，題目を唱えることにより，すべての人々と国家を幸福にするという法華宗を開いた。法然や日蓮は朝廷や鎌倉幕府の保護を受け，その教えは特に武士を中心に広まった。

5：鎌倉時代末期から室町時代にかけて，臨済宗は，足利尊氏が夢窓疎石に帰依するなどして将軍家の保護を得ることとなり，将軍義満のときには五山・十刹の制が整えられた。五山の僧は，政治・外交の顧問として活躍するとともに，学問・文芸の中心となり，漢詩文を中心とする五山文学が生まれた。

OUTPUT

実践 問題 **104** の解説

チェック欄

1回目	2回目	3回目

〈仏教史〉

1 × 仏教がわが国に伝来したのは6世紀であり，奈良時代ではない。聖武天皇が奈良時代に国分寺や国分尼寺を設置し，東大寺の大仏建立の詔を出したことは正しい。また，南都六宗（三論・成実・法相・倶舎・華厳・律）という仏教学派が形成されたのも事実である。しかし，鑑真は日本の僧侶ではなく，唐の僧であり，奈良時代にいく多の困難を経て来日し，唐招提寺を建立した。

2 × 釈迦の教えを経典によって学び，修行をすることで悟りを得るのは密教ではなく，顕教である。密教は顕教と異なり，加持祈祷中心の呪術的な要素が強く，大日如来等の諸仏と一体化して即身成仏することを目的とする。また，最澄と空海は唐に渡って修行し，最澄は帰国して天台宗を，空海は帰国して真言宗を開いた。特に摂関時代の仏教は天台宗と真言宗が圧倒的な勢力を持ち，祈祷を通じて現世利益を求める貴族と強く結びついた。

3 × 平安時代後半に世の中の乱れから末法思想が広まったのは事実だが，阿弥陀仏にすがって極楽往生することを目的としたのは浄土教である。本地垂迹説は神仏習合の理論から平安時代に生まれたもので，日本の神の本体は仏であるとする説である。また，市聖といわれたのは空也であり，浄土教布教に努めた。一方，源信は浄土教の理論をまとめた『往生要集』を著した。一遍は鎌倉時代に踊念仏によって念仏の教えを説いた人物である。

4 × 浄土宗を開いたのが法然であり，その教えをさらに進め，浄土真宗を開いたのが親鸞である。日蓮は『立正安国論』を北条時頼に提出し，法華経への改宗を求めるなどしたので，幕府から弾圧を受けた。幕府が保護したのは禅宗の臨済宗である。

5 ○ 鎌倉幕府も室町幕府も臨済宗を保護した。五山は幕府が定めた京都および鎌倉の5つの臨済宗寺院であり，十刹は五山に次ぐ京都と鎌倉の臨済宗寺院である。五山では五山文学という漢詩文の文学が栄え，その僧侶は政治や外交に大きな貢献を果たした。

第4章 テーマ史

正答 **5**

SECTION 3 テーマ史

実践 問題 105 基本レベル

問 奈良時代から室町時代までの仏教に関する次の記述のうち妥当なのはどれか。
(地上2003)

1：奈良時代，仏教は朝廷の保護を受けて栄えたが，次第に政治と深く結びついて腐敗した。寺院では国家の鎮護のための法会や貴族の現世利益のための加持祈祷が重視され，遣唐使により伝えられた仏教理論の研究は行われなかった。

2：平安時代初期，最澄と空海はそれぞれ天台宗，真言宗を開いた。これらは密教を取り入れ，山中での厳しい修行を重視したため，朝廷や貴族社会とのつながりは薄かった。またこのころ，大寺院が僧兵を組織して朝廷に強訴を行うことが横行した。

3：平安時代中期以降，極楽往生を願う浄土教が広まった。浄土教は空也など聖による市中での布教も行われて，貴族だけでなく都の庶民の信仰も集めた。平安時代後期には末法思想と相まって更に流行し，極楽往生を遂げた人物の伝記である往生伝も多く作られた。

4：鎌倉時代，精神の救いを平易に説く新しい仏教が興り，広く武士や庶民にも受け入れられた。特に，念仏のみにすがるという浄土宗や浄土真宗の教えは，武士の気風に合っていたことから東国武士を中心に広まり，幕府もこれを積極的に保護した。

5：室町時代，幕府は五山・十刹の制を確立し，従来朝廷が握っていたこれらの寺院の人事権を取り上げて管理した。また応仁の乱後には，各地で日蓮宗徒による一向一揆が起こり，守護大名としばしば対立した。

実践 問題 105 の解説

〈奈良時代から室町時代までの仏教史〉

1 × 現世利益のための加持祈祷を重視したのは、奈良時代のことではなく平安時代初期のことである。仏教の中でも、とりわけ、秘密の呪法や儀式を整備している密教がその中心となった。また、奈良時代には南都六宗とよばれた仏教理論を研究する学派が存在している。

2 × 平安時代初期に開かれた天台宗・真言宗は、密教として加持祈祷を行い、国家・社会の安泰、現世利益を願う仏教として朝廷や貴族社会の信仰を集めてつながりも深かった。また、僧兵の出現は平安時代初期ではなく平安後期である。僧兵とは平安後期、京都・奈良の大寺院が有する自衛のために武装した僧で、なかでも、興福寺（南都）・延暦寺（北嶺）の僧兵が、しばしば神木・神輿を担ぎ出して朝廷に強訴した。

3 ○ 平安中期の10世紀以降に、浄土への往生を願うことで現世の苦しみから逃れることを説く浄土教が広まった。空也のような、既存の教団に属さず、公的な僧の位や役職を持たない民間の宗教者である聖が活躍して庶民にまで仏教思想が広まったこと、さらに11世紀には、仏教の予言思想で、仏法の衰える乱世となるという末法思想の広まりによって、浄土教は一層流行した。

4 × 幕府が積極的に保護をしたのは浄土宗・浄土真宗ではなく、禅宗の１つ、臨済宗である。これは禅宗の厳しい修業が武士の気風にあっていたからである。

5 × 一向一揆は浄土真宗の門徒によって行われた一揆で、日蓮宗徒によるものではない。15世紀末～16世紀末に浄土真宗（一向宗）の信徒が結束し、支配を強める大名権力と対立する一向一揆が各地で起きた。なかでも、加賀の守護大名富樫政親を倒し、約１世紀における自治を行った加賀の一向一揆（1488～1580年）が著名である。なお、本肢前段は正しい。

正答 3

第4章 テーマ史 章末 CHECK

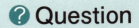

- **Q1** 倭は高句麗・唐の連合軍と白村江で戦って敗れた。
- **Q2** 聖徳太子は遣唐使として小野妹子を派遣した。
- **Q3** 藤原道長は日宋貿易を奨励した。
- **Q4** 勘合貿易は，正式に明と国交を結んで対等な関係で行われた。
- **Q5** 寧波の乱後，細川氏が日明貿易の交易権を独占した。
- **Q6** 朱印船貿易によって東南アジアに日本町が多くできた。
- **Q7** 江戸幕府は朝鮮通信使を派遣し，朝鮮との交流を深めた。
- **Q8** 1875年の樺太・千島交換条約では樺太全土を日本領，千島全土をロシア領とすることが決められた。
- **Q9** 日本が韓国を併合すると，ロシアとの間に日露戦争が起こった。
- **Q10** 田中首相が訪中して日中共同声明を発表，中国との国交を正常化した。
- **Q11** 班田収授法は，律令制度において，6歳以上の男子に限って口分田を与え，その永久私有を認めたものである。
- **Q12** 延喜の荘園整理令によって藤原氏は大きな打撃を受けた。
- **Q13** 秀吉の太閤検地によって荘園は消滅した。
- **Q14** 地租改正によって地主には収穫高を課税標準として地租を納入させ，小作農は小作料を金納することとなった。
- **Q15** 高松塚古墳壁画は飛鳥文化の代表作である。この文化の代表的な建築物として，聖徳太子の建立といわれる法隆寺や東大寺がある。
- **Q16** 聖武天皇の命で唐に渡った鑑真などの遣唐使の活動で仏典研究が進んだ。
- **Q17** 10世紀の国風文化の時代には，和風住宅のもととなる書院造が普及した。
- **Q18** 平清盛は平等院鳳凰堂を建立した。
- **Q19** 仮名文字日記の最初として名高いのは紀貫之の『伊勢物語』である。
- **Q20** 障壁画としては雪舟が有名である。
- **Q21** 化政文化は上方を中心とする派手で現実主義的な町人文化である。
- **Q22** 奈良時代，中央に国学，地方に大学を置いて官吏養成機関とした。
- **Q23** 平安時代には，藤原氏の綜芸種智院など，有力な貴族が藩校を各地に設置し，庶民を対象に読み，書き，そろばんなどの実用的な学問を学ばせた。
- **Q24** 明治維新後，フランスの学制にならった「学制」が発布されたが，地方の実情に合わず，その後改革が繰り返し行われた。
- **Q25** 第2次世界大戦後には，教育の民主化が進められ，教育基本法や国民学校令が制定された。

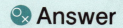

A1 × 白村江の戦いの相手は唐と新羅の連合軍である。
A2 × 小野妹子は遣唐使ではなく，遣隋使である。
A3 × 日宋貿易を奨励したのは平清盛である。
A4 × 勘合貿易は対等関係で行われたのではなく，朝貢貿易である。
A5 × 寧波の乱後，日明貿易の交易権を独占したのは大内氏。
A6 ○ 特にシャムのアユタヤが有名である。
A7 × 朝鮮通信使は将軍の代替わりの時に朝鮮から派遣された親善大使。
A8 × 樺太がロシア領，千島が日本領である。
A9 × 日露戦争は1904年から。韓国併合は1910年のこと。
A10 ○ 中国との国交を正常化した結果，日本は中華民国と国交を断絶した。
A11 × 班田収授法では，6歳以上の女子にも口分田が与えられた。また公地公民が原則であり，永久私有は認めていない。
A12 × 延久の荘園整理令である。
A13 ○ 一地一作人の原則により1つの土地に1人の耕作者が決められ，従来のようなあいまいな名義人の形がなくなり，荘園は消滅した。
A14 × 課税標準となったのは収穫高ではなく地価であり，また，小作料は物納であった。
A15 × 高松塚古墳壁画は白鳳文化の作品。また，聖徳太子が法隆寺を建立したのは飛鳥時代であるが，東大寺は奈良時代の天平文化の時代に造られたものである。
A16 × 鑑真は唐の僧であり，奈良時代に来日して唐招提寺を建立した。
A17 × 国風文化の時代は寝殿造。書院造は東山文化の時代に生まれた。
A18 × 平等院鳳凰堂を建立したのは藤原頼通である。
A19 × 仮名文字日記の最初として名高いのは紀貫之の『土佐日記』である。
A20 × 障壁画としては狩野永徳が有名である。雪舟は水墨画の絵師である。
A21 × 上方を中心とした派手で現実主義的な町人文化は元禄文化。化政文化は江戸を中心とする粋や通を重んじる享楽的な文化である。
A22 × 中央に大学，地方に国学が置かれた。
A23 × 綜芸種智院は空海が開いた庶民のための学校である。読み・書き・そろばんなどの実用的な学問を教えたのは，江戸時代の寺子屋である。
A24 ○ 学制は画一的で地方の実情に合わなかった面もあったことから，その後も改革が続いた。
A25 × 国民学校は第2次世界大戦中に戦時体制に対応するために編成された学校である。

memo

第2編
世界史

第1章

ヨーロッパ世界の形成

SECTION

① 古代から中世の西ヨーロッパ
② ルネサンスと宗教改革
③ 絶対主義諸国

第1章 ヨーロッパ世界の形成

出題傾向の分析と対策

試験名	地上			国家一般職(旧国Ⅱ)			東京都			特別区			裁判所職員			国税・財務・労基			国家総合職(旧国Ⅰ)		
年度	13-15	16-18	19-21	13-15	16-18	19-21	13-15	16-18	19-21	13-15	16-18	19-21	13-15	16-18	19-21	13-15	16-18	19-21	13-15	16-18	19-21
出題数	3	2	3	1	1					2	1		1			1			1		
古代から中世の西ヨーロッパ	★		★							★★	★		★						★		
ルネサンスと宗教改革	★★	★★	★★																		
絶対主義諸国				★	★																

（注）1つの問題において複数の分野が出題されることがあるため，星の数の合計と出題数とが一致しないことがあります。

　古代文明についての問題は，かつて市役所や国家で出題が見られますが，いずれも10年に１度程度の頻度です。中世のヨーロッパ社会については十字軍の遠征が頻出です。十字軍の遠征で１題出題されるという場合もありますが，通史的な問題の中で出題がよく見られますので，基本事項として覚えておきましょう。ルネサンスと大航海時代，宗教改革は，コンスタントに出題が見られる範囲です。絶対王政の問題は難易度が高くなっています。

地方上級

　自治体においてはローマ帝国の最盛期が問われることが多いです。また，ルネサンスや宗教改革などの近代のはじまりについても出題が多く見られます。ＬＥＣが正確に把握している過去問以外にも，十字軍の遠征やルネサンス，宗教改革に関する出題は多くなっています。また，この分野はさまざまな通史的な問題の中で問われるので注意が必要です。

国家一般職（旧国家Ⅱ種）

　国家一般職の場合には，ローマ史や中世の西ヨーロッパに関する出題はまれです。古代では，古代文明やアジアの古代史のほうが出題されています。かつては世界遺産にからめた古代文明の問題が出題されているので，時事的なものに関連しての出題は注意しましょう。

東京都

2009年に古代ローマに関する出題が見られましたが，必ずしも古代ローマがよく出題されるわけではありません。十数年に1度の出題という間隔です。

特別区

2013年は古代ローマから，2015年は十字軍の出題でした。近年，特別区の教養の難易度が高くなってきていましたが，2018年には，ビザンツ帝国の滅亡に関する空欄補充が出題され，基本は押さえておくことの必要が痛感されたかと思います。2021年は再びローマ帝国からの出題でした。正解肢がオクタヴィアヌスの治世であるという典型問題です。

裁判所職員

裁判所職員の世界史では，従前は通史やテーマ史が出題が多かったですが，年度によっては世界史で大学受験をした人でも解けない問題が出題されることがあります。世界史の出題数は1題ですので，初学者は併願を踏まえたうえで，あくまで基本を中心に勉強するべきでしょう。2019年には他の試験種では出題されない中世のヨーロッパが出題されています。

国税専門官・財務専門官・労働基準監督官

従来は国家総合職と同様に，キリスト教世界の通史的な問題や，中世のヨーロッパに関するかなり細かい問題が出題されています。過去の出題では，通史問題，テーマ史などで古代が含まれる，というパターンでしたが，近年は近現代史がメインとなってきていました。2021年には中世ヨーロッパ文化からの出題でしたが，過去に出題された問題との類似点が多く，過去問演習が有効です。

国家総合職（旧国家Ⅰ種）

古代については，かつてキリスト教世界の通史的な問題が多かったですが，近年はほとんど出題が見られません。

Advice アドバイス　学習と対策

十字軍の遠征以後のイタリア都市の経済的繁栄とルネサンスへの流れは必須です。また，十字軍の遠征や大航海時代については，時代のターニングポイントとなっているので，その後，世界がどのように変化したのかを，しっかり理解しておくことが大切です。宗教改革については，典型問題が多いので，出題されたら確実に正答してください。

第1章 SECTION 1 ヨーロッパ世界の形成
古代から中世の西ヨーロッパ

必修問題 セクションテーマを代表する問題に挑戦！

古代ローマの歴史をマスターして，西ヨーロッパ社会の基本を学びます。

問 ローマ帝国に関する次の記述には，妥当なものは二つある。それらはどれか。 (地上2010)

ア：ローマ帝国の最大版図は，西はイベリア半島から東はバルカン半島まで，南は地中海北岸から北はスカンジナビア半島にまでわたり，これは，現在のEUの領域とほぼ重なっている。

イ：ローマ帝国では当初，世襲の皇帝による専制が行われていたが，カエサルやオクタヴィアヌスらによるクーデターが成功し，皇帝の権限は著しく削減され，事実上の共和政に移行した。

ウ：ローマ帝国では，帝国各地における思想や慣習法などを普遍化させたローマ法が形作られ，これは近代ヨーロッパ法の源流の一つとなった。

エ：ローマ帝国では，キリスト教は当初迫害されていたが，やがて公認された。キリスト教はその後国教となり，聖書の編纂や教会制度の整備などが進められていった。

オ：ローマ帝国は数世紀にわたり繁栄していたが，やがて東西に分裂し，弱体化していった。両帝国とも，5世紀にはゲルマン民族の侵入を受けて滅び，ヨーロッパにおける古代は終わりを告げた。

1：ア　ウ
2：ア　オ
3：イ　エ
4：イ　オ
5：ウ　エ

直前復習

Guidance ガイダンス

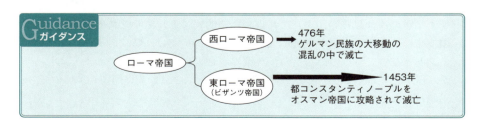

必修問題の解説

〈ローマ史〉

ア✗ ローマ帝国は地中海を内海として成立した帝国であり，北アフリカ北岸もローマ帝国の版図であるが，一方，スカンジナビア半島には及んでいない。一部を除き，基本的にはライン川とドナウ川の北はゲルマン民族の居住地域であり，ローマの支配は及ばなかった。このためローマ帝国と現在のEUの領域とは異なる。

イ✗ ローマでは当初，貴族の元老院を中心に共和制が行われていたが，ポエニ戦争後に社会が変質し，2回の三頭政治を経て，オクタヴィアヌスが前27年から元首政を開始し，これが実質的にローマの帝政の始まりとなった。

前6世紀末	王を追放して貴族が元老院を中心に共和制
前264〜前146年	ポエニ戦争 → 内乱の1世紀
前60年	第1回三頭政治
前43年	第2回三頭政治
前31年	オクタヴィアヌスがアクティウム海戦でアントニウスを破る
前27年	オクタヴィアヌスが元首政を開始 → 帝政の始まり

ウ◯ ローマは，さまざまな習慣を持つ多くの民族を支配するようになったため，万人が納得する普遍的な法律の必要が生じた。このためローマの法律は万民法として成立し，近代ヨーロッパ法の源流の1つとなった。

エ◯ 1世紀にローマ支配下のパレスティナでキリスト教が成立したが，当初，皇帝崇拝を行わなかったキリスト教徒は弾圧されていた。しかし，帝国の解体期にキリスト教を柱にローマ帝国を再建しようと試みたコンスタンティヌス帝が，313年ミラノ勅令でキリスト教を公認した。

オ✗ ローマ帝国が東西に分裂し，西ローマ帝国は5世紀にゲルマン民族の侵入を受けて滅亡したが，東ローマ（ビザンツ）帝国は，その後も東西交易路の拠点であるコンスタンティノープルを都に1453年にオスマン＝トルコに滅ぼされるまで存続した。西ローマ帝国の滅亡をもって古代の終わりとすることは正しい。

以上から，ウとエが妥当であるので，肢5が正解となる。

正答 5

古代から中世の西ヨーロッパ

ヨーロッパ世界の形成

1 古代ローマ

(1) ローマの歴史

　都市国家ローマでは，貴族が元老院を中心に共和制を実施していましたが，やがて平民は身分闘争を展開し，貴族との政治的な平等を達成しました。前3世紀には地中海支配をめぐるカルタゴとのポエニ戦争に勝利して，シチリア島を獲得し，以後，領土を拡大していきます。

前264～前146年	**ポエニ戦争**（ローマがカルタゴに勝利）
前27年	オクタヴィアヌスの元首政開始
	＊第2回三頭政治を制したオクタヴィアヌスの時代から，実質的に帝政時代となる　→　以降200年間，「ローマの平和」とよばれる繁栄の時代に
96年～200年間	**五賢帝**
98～117年	トラヤヌス帝の時代にローマ帝国の領土が最大となる
3世紀	カラカラ帝の時代に帝国全土の自由民にローマ市民権が与えられた

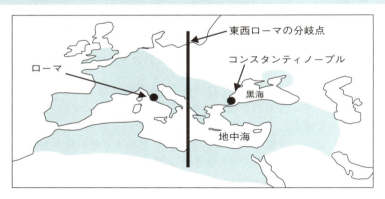

(2) キリスト教の成立と発展

1世紀	ローマ支配下のパレスティナでキリスト教が成立
	⇒　当初は皇帝崇拝をしないキリスト教徒は激しく弾圧された
313年	ミラノ勅令で**コンスタンティヌス帝がキリスト教を公認**
392年	テオドシウス帝がキリスト教を国教化
395年	ローマ帝国の東西分裂
476年	西ローマ帝国がゲルマン民族の大移動により滅亡
	⇒　キリスト教はローマ教皇を中心にカトリックとして確立

(3) 東ローマ（ビザンツ）帝国

東ローマ（ビザンツ）帝国は、**コンスタンティノープル**を都に商業が盛んであり、キリスト教はビザンツ皇帝を頂点とする**ギリシア正教**として発展しました。しかし、次第にイスラーム教徒の圧迫を受け、**1453年にオスマン帝国に首都を攻略されて滅亡**しました。

2 中世の西ヨーロッパ

(1) フランク王国による統合

西ローマ帝国がゲルマン民族の大移動の中で滅亡した後、西ヨーロッパはフランク王国によって統合されます。

主君が家臣に封土を授け、所領に対して保護を与える一方、家臣は主君に忠誠を誓って軍役奉仕を行う主従関係が成立した。家臣は一方で荘園の領主として農奴に対し徴税権・裁判権を行使した。また、ゲルマン民族の大移動後の混乱によって商業が衰え、自給自足を基本とする農業経済が主流となった。

(2) 十字軍の遠征

① 目的
聖地イェルサレムをイスラーム教徒から奪回

② 経過
- 1095年　ウルバヌス2世がクレルモン公会議で十字軍の派遣を決定
- 1096年　第1回十字軍：聖地イェルサレムを奪回してイェルサレム王国建国
- 1202年　第4回十字軍：教皇インノケンティウス3世の提唱でヴェネツィアがコンスタンティノープルを攻略

③ 結果

聖地を奪回できずに終了し、**ローマ教皇の権威が衰退**
十字軍に従軍した諸侯が没落し、代わって**国王の勢力が伸張**
自給自足の現物経済に代わって貨幣経済が進展
地中海交易に従事した**イタリア都市が繁栄**
⇒ 封建社会が崩壊する契機となる

第1章 ヨーロッパ世界の形成
SECTION 1 古代から中世の西ヨーロッパ

実践 問題 106 〈基本レベル〉

頻出度	地上★	国家一般職★	東京都★	特別区★
	裁判所職員★	国税・財務・労基★		国家総合職★

問 ローマ帝国に関する記述として，妥当なのはどれか。　　　（特別区2021）

1：オクタウィアヌスは，アントニウス，レピドゥスと第２回三頭政治を行い，紀元前31年にはアクティウムの海戦でエジプトのクレオパトラと結んだアントニウスを破り，前27年に元老院からアウグストゥスの称号を与えられた。

2：３世紀末，テオドシウス帝は，２人の正帝と２人の副帝が帝国統治にあたる四分統治制を敷き，皇帝権力を強化し，以後の帝政はドミナトゥスと呼ばれた。

3：コンスタンティヌス帝は，313年にミラノ勅令でキリスト教を公認し，また，325年にはニケーア公会議を開催し，アリウス派を正統教義とした。

4：ローマ帝国は，395年，テオドシウス帝の死後に分裂し，その後，西ローマ帝国は１千年以上続いたが，東ローマ帝国は476年に滅亡した。

5：ローマ法は，はじめローマ市民だけに適用される市民法だったが，やがて全ての市民に適用される万民法としての性格を強め，６世紀には，ユスティニアヌス帝の命令で，法学者キケロらによってローマ法大全として集大成された。

OUTPUT

チェック欄		
1回目	2回目	3回目

実践 ▶ 問題 **106** の解説 ─────

第1章 ヨーロッパ世界の形成

〈ローマ帝国〉

1 ○ オクタヴィアヌス(オクタウィアヌス)に関する記述として妥当である。ローマ帝国の問題が出題された際に、オクタヴィアヌスが正解肢になる可能性は非常に高い。本問によりまた確率が上がったところだ。

2 × 3世紀末に四分統治制（四帝分治制）を採用したのはディオクレティアヌス帝である。ディオクレティアヌス帝は、皇帝を神として礼拝させ、専制君主として支配したので、以後の統治は元首政治と区別して専制君主政（ドミナトゥス）と称される。

3 × コンスタンティヌス帝がミラノ勅令でキリスト教を公認したことは正しいが、ニケーア公会議で正統教義と認められたのは、アタナシウス派である。アタナシウス派は神とキリストと精霊は三位一体であると説き、正統教義の根本となったのに対し、アリウス派はキリストに人性を強く認め、異端とされた。

4 × テオドシウス帝がローマ帝国を東西に分割したことは正しいが、西ローマ帝国がゲルマン民族の大移動によって476年に滅亡したのに対し、東ローマ帝国は東西交易路の拠点であったコンスタンティノープルを都に1453年まで存続した。

5 × ローマ法が万民法としての性格を持ち、6世紀に東ローマ帝国の皇帝ユスティニアヌス帝のもとで「ローマ法大全」として大成されたことは正しいが、キケロ（前106～前43）はローマの政治家・哲学者として、共和政末期に不正の弾劾者、自由の擁護者として活躍した人物である。

【ポイント】

古代ローマが出題された場合、オクタヴィアヌスが正解肢になりやすいです。公務員試験の世界史では、最盛期を現出した人物は要注意です。正解肢になる情報は優先的に押さえていくこと。

正答 **1**

古代から中世の西ヨーロッパ

実践 問題 107 応用レベル

頻出度	地上★★	国家一般職★	東京都★	特別区★
	裁判所職員★	国税・財務・労基★		国家総合職★★

問 ローマ帝国に関する記述として、妥当なのはどれか。　　　（特別区2013）

1：元老院からアウグストゥス（尊厳者）の称号をあたえられたオクタウィアヌスは、共和政の伝統を尊重しながらも、専制君主政（ドミナートゥス）と呼ばれる統治を始めた。

2：二人の正帝と二人の副帝をおく四分統治を始めたディオクレティアヌス帝は、皇帝の権威を高めるため、元首政（プリンキパトゥス）と呼ばれる体制をうち立てた。

3：テオドシウス帝は、ミラノ勅令でキリスト教を公認し、ニケーア公会議を開いて、三位一体説をとるアタナシウス派を正統とし、キリスト教の教義の統一をはかった。

4：コンスタンティヌス帝は、財政基盤を整備するため、コロヌスを土地にしばりつけて税収入を確保し、人々の身分や職業を世襲化し、また、都をローマからビザンティウムに移し、コンスタンティノープルと改称した。

5：帝国を東西に分割したユスティニアヌス帝の死後、東ローマ帝国（ビザンツ帝国）はなお1000年以上続くが、西ローマ帝国はゲルマン民族の傭兵隊長オドアケルによって滅ぼされた。

OUTPUT

実践 問題 **107** の解説

チェック欄		
1回目	2回目	3回目

〈ローマ帝国〉

1 ✕ 第2回三頭政治を制した**オクタヴィアヌス**が行った政治は，専制君主政（ドミナートゥス）ではなく**元首政（プリンキパトゥス）**である。**オクタヴィアヌス**は前27年に元老院から**アウグストゥス（尊厳者）**の称号を与えられ，元老院を尊重するなど共和制の伝統を重んじる姿勢を示したが，実質的には全政治権力を手中に収める**元首政**を行った。帝政時代の始まりである。

2 ✕ 3世紀にはローマ帝国の解体傾向が進み，短期間に多数の皇帝が即位しては殺害されるという軍人皇帝の時代となったが，284年に即位したディオクレティアヌス帝は，四分統治を実施して秩序を回復し，皇帝の権威を高めるために元首政に代えて専制君主政（ドミナートゥス）とよばれる体制を打ち立てた。元首政（プリンキパトゥス）はオクタヴィアヌスの開始した政治体制である。

3 ✕ **ミラノ勅令**で**キリスト教を公認**し，ニケーア公会議でアタナシウス派を正統としたのは**コンスタンティヌス帝**である。**テオドシウス帝は，キリスト教を国教とした皇帝であり，その死に際して帝国を東西に二分した。**

4 ◯ ローマ帝国の発展は，戦争によって得た奴隷による労働によって支えられていたが，対外的な拡大が収束する中で，奴隷を使用する大農場経営も行き詰まり，有力者が解放奴隷や没落した自由農民を小作人（コロヌス）として使用する農場経営が広まった。コンスタンティヌス帝は財政基盤を整備するためにコロヌスを土地に縛り付け，身分や職業を世襲化するとともに首都をローマからビザンティウムに移し，ここをコンスタンティノープルと改称した。

5 ✕ 帝国を東西に分割したのはユスティニアヌス帝ではなく，**テオドシウス帝**である。東ローマ帝国と西ローマ帝国についての記述は正しい。ユスティニアヌス帝は6世紀の東ローマ帝国の皇帝で，『**ローマ法大全**』を編纂した皇帝として名高い。

正答 4

第1章 ヨーロッパ世界の形成

第1章 SECTION 1 ヨーロッパ世界の形成
古代から中世の西ヨーロッパ

実践 問題 108 〈基本レベル〉

頻出度 地上★★★ 国家一般職★★★ 東京都★★★ 特別区★★★
裁判所職員★★ 国税・財務・労基★★★ 国家総合職★★

問 次の文は，ビザンツ帝国に関する記述であるが，文中の空所A～Cに該当する語又は語句の組合せとして，妥当なのはどれか。 (特別区2018)

ローマ帝国の東西分裂後，西ローマ帝国は　A　の混乱の中で滅亡したが，東ヨーロッパでは，ビザンツ帝国がギリシア正教とギリシア古典文化を融合した独自の文化的世界をつくり，商業と貨幣経済は繁栄を続けた。

ビザンツ帝国の首都　B　は，アジアとヨーロッパを結ぶ貿易都市として栄え，ユスティニアヌス帝の時代には，一時的に地中海のほぼ全域にローマ帝国を復活させた。

しかし，7世紀以降，ビザンツ帝国の領土は東西ヨーロッパの諸勢力やイスラーム諸王朝に奪われ縮小し，1453年に　C　により滅ぼされた。

	A	B	C
1：	十字軍の遠征	アレクサンドリア	オスマン帝国
2：	十字軍の遠征	コンスタンティノープル	ササン朝ペルシア
3：	ゲルマン人の大移動	アレクサンドリア	ササン朝ペルシア
4：	ゲルマン人の大移動	コンスタンティノープル	オスマン帝国
5：	ゲルマン人の大移動	アンティオキア	ササン朝ペルシア

OUTPUT

実践 問題 **108** の解説

チェック欄
1回目	2回目	3回目

第1章　ヨーロッパ世界の形成

〈ビザンツ帝国〉

A **ゲルマン人の大移動**　ローマ帝国の東西分裂後，西ローマ帝国はゲルマン民族の大移動の混乱の中で，476年にゲルマン人の傭兵隊長オドアケルに滅ぼされた。

B **コンスタンティノープル**　ビザンツ帝国の首都はコンスタンティノープルである。アジアとヨーロッパの結節点として古代より貿易都市として栄えた。

C **オスマン帝国**　ビザンツ帝国は1453年にイスラーム教徒が建国したオスマン帝国によって首都コンスタンティノープルを攻略されて滅亡した。この結果，オスマン帝国が東地中海における東方との貿易を支配下におくこととなり，ヨーロッパにおける新航路の開拓が促された。

以上から，肢4が正解となる。

【ポイント】

空欄Aがわからなくても，オスマン帝国がビザンツ（東ローマ）帝国の都コンスタンティノープルを攻略して，これを滅ぼしたことがわかれば正答できます。基本中の基本問題です。

正答 4

LEC東京リーガルマインド　2022-2023年合格目標 公務員試験 本気で合格！過去問解きまくり！　295
⑤人文科学Ⅰ

第1章 SECTION 1 ヨーロッパ世界の形成
古代から中世の西ヨーロッパ

実践 問題 109 基本レベル

問 十字軍に関する記述として，妥当なのはどれか。 （特別区2015）

1：教皇インノケンティウス3世は，1095年にクレルモン公会議をひらいてイェルサレムの奪回を目的とする十字軍の派遣を提唱した。
2：第1回十字軍は，1099年に聖地奪回の目的を果たしてイェルサレム王国を建てたが，12世紀末にイェルサレムはアイユーブ朝のサラディンに奪回された。
3：教皇ウルバヌス2世が提唱した第4回十字軍は，ヴェネツィア商人の要望によりイェルサレムには向かわず，1204年にコンスタンティノープルを占領してラテン帝国を建てた。
4：神聖ローマ皇帝フリードリヒ2世は，第5回十字軍で，外交によるイェルサレムの回復に失敗したが，フランス王ルイ9世が主導した第6回，第7回十字軍はイェルサレムの奪回に成功した。
5：1291年に十字軍最後の拠点アッコンが陥落し，十字軍遠征が失敗のうちに幕を閉じたことによって，国王の権威は低下し，没落した諸侯や騎士の領地を没収した教皇の権力が伸長した。

OUTPUT

実践 問題 **109** の解説

チェック欄

1回目	2回目	3回目

第1章 ヨーロッパ世界の形成

〈十字軍〉

1 × 1095年に**クレルモン公会議**を開いてイェルサレムの奪回を目的とする第1回十字軍の派遣を提唱したのは，教皇ウルバヌス2世である。

2 ○ そのとおり。第1回十字軍は聖地イェルサレムをイスラーム教徒から奪回すると，イェルサレム王国を建てた。しかし，12世紀末にイェルサレムは，エジプトにアイユーブ朝を建てたイスラーム教徒のサラディンに奪回された。

3 × **第4回十字軍の提唱者は，教皇インノケンティウス3世**である。第4回十字軍がヴェネツィア商人の要望でイェルサレムに向かわず，ビザンツ帝国の都コンスタンティノープルを攻略したことは正しい。十字軍が宗教的な目的よりも，経済的な利益を優先させたのである。

4 × 神聖ローマ皇帝のフリードリヒ2世は，外交交渉によりイェルサレムの奪回に成功したが，フランス王ルイ9世が主導した第6回と第7回十字軍は聖地奪回に成功していない。

5 × 十字軍遠征が失敗のうちに幕を閉じたことによって，その権威が低下したのはローマ教皇である。一方，国王は没落した諸侯や騎士の領地を没収して権力を伸長させた。

【十字軍の遠征】

1095年	**ウルバヌス2世　クレルモン公会議**で十字軍の派遣を決定
1096年～	第1回十字軍：聖地イェルサレム奪回
1187年	アイユーブ朝を建てたサラディンが聖地をイスラーム側に奪回
1189年～	第3回十字軍
1202年	**インノケンティウス3世**が第4回十字軍の遠征を提唱 ヴェネチアが東ローマ帝国の首都**コンスタンティノープル**を攻略 →　十字軍が宗教的目的を捨てて経済的利益を優先する
1228年～	第5回十字軍　独帝が話し合いで一時的に聖地奪回
1248年～	第6回十字軍　フランス王の主導で行ったが敗退

正答 2

第1章 ヨーロッパ世界の形成
SECTION 1 古代から中世の西ヨーロッパ

実践 問題 110 基本レベル

頻出度 地上★★★ 国家一般職★★ 東京都★★ 特別区★
裁判所職員★ 国税・財務・労基★ 国家総合職★★★

問 11世紀から13世紀の西ヨーロッパに関する次の記述ア〜オのうち,正しいものが2つある。それはどれか。 (地上2012)

ア:教皇は,イスラーム勢力の支配下にあった聖地イェルサレムの回復のために十字軍の派遣を提唱し,十字軍遠征が始まった。十字軍遠征は数度にわたり行われたが,結局失敗に終わった。

イ:十字軍に参加した各国の国王は,度重なる遠征の負担に苦しみ,その国力を弱め,国内の分権化が進んだ。一方,教皇は,十字軍の精神的支柱となり,その権威を高めていった。

ウ:イベリア半島では,キリスト教徒によるレコンキスタ(国土回復運動)が急速に進み,イスラーム勢力の駆逐に成功してスペインとポルトガルが成立した。両国は,十字軍が始まる頃には,太平洋航路の開拓など積極的に海外進出を行った。

エ:十字軍を機に,地中海を経由する東方貿易が盛んになり,北イタリアの諸都市が発展した。また,北海やバルト海沿岸の諸都市の商業も発達し,これらの諸都市と地中海沿岸とを結ぶ内陸の交通路も発達した。

オ:西ヨーロッパ世界とイスラーム世界との接触の機会が多くなり,医学や哲学,羅針盤や火薬などといった急進的な技術・知識が,西ヨーロッパ世界からイスラーム世界へ伝わっていった。

1:ア,エ
2:ア,オ
3:イ,ウ
4:イ,エ
5:ウ,オ

OUTPUT

チェック欄		
1回目	2回目	3回目

実践 ▶ 問題 **110** の解説 ―――――――――

〈中世の西ヨーロッパ〉

ア◯ 11世紀に**ウルバヌス2世**が**クレルモン公会議**でイスラーム教徒の支配下にあった聖地イェルサレムの回復のために十字軍の派遣を決定したが，最終的に十字軍は聖地を奪回できずに失敗に終わった。

イ✕ 十字軍に参加したことで，遠征の負担に苦しんだのは封建諸侯である。また，第4回十字軍を提唱した教皇インノケンティウス3世の時代には，イギリス王やフランス王を屈服させて教皇権は最高潮に達したが，最終的に十字軍の遠征が聖地を奪回できずに終了すると，教皇の権威も衰退した。一方，封建諸侯の没落や教皇の権威衰退に対し，**国王**は中小の領主である騎士の領地を没収し，身分制議会を通じて国内の支持を得て教皇に対抗するなど，**その勢力を伸張させた。**

ウ✕ 十字軍の遠征が開始されたのは11世紀，スペインやポルトガルが航路の開拓に乗り出すのは15世紀である。イベリア半島においてイスラーム勢力を駆逐する**レコンキスタ（国土回復運動）**は，8世紀後半から進められ，十字軍の遠征が行われている12世紀にはイベリア半島の北半分がキリスト教圏に入った。その後，スペインは15世紀末にイベリア半島におけるイスラーム教徒の最後の拠点**グラナダ**を攻略して国土回復運動を完成させた。なお，15世紀にポルトガルが開拓したのは**インド航路**である。

エ◯ 十字軍の遠征以降，地中海を経由する東方貿易が北イタリアの諸都市によって盛んに行われた。一方，北海やバルト海沿岸ではハンブルクやリューベックなどの北ドイツの都市が海産物や木材などの貿易によって繁栄した。こうした地中海商業圏と北ヨーロッパ商業圏を結ぶ内陸の交易路も発達し，フランスのシャンパーニュ地方は定期市で繁栄した。

オ✕ **羅針盤や火薬の基本原理は中国からイスラーム世界を通じて西欧社会に伝えられ**，これに改良が加えられて，羅針盤と火薬，活版印刷術がルネサンスの三大発明となったのである。

以上から，アとエが妥当であるので，肢1が正解となる。

正答 1

第1章 ヨーロッパ世界の形成

SECTION 1 ヨーロッパ世界の形成
古代から中世の西ヨーロッパ

実践 問題 111 〈応用レベル〉

問 中世ヨーロッパの文化に関する記述として最も妥当なのはどれか。

(国税・財務・労基2021)

1：ビザンツ帝国では，ユスティニアヌス帝が，古代ローマ以来の法をまとめた『四書大全』の編纂や，ヴェルサイユ宮殿の建設に尽力した。ヴェルサイユ宮殿のように，ドーム（円屋根）とモザイク壁画を特色とするこの時代の建築様式は，ビザンツ様式と呼ばれる。

2：キリスト教の信仰や教理を探求する学問である神学は，12世紀ルネサンスで復興したアリストテレス哲学と結合することでスコラ学に発展した。『神学大全』を著したトマス＝アクィナスは，信仰と理性の調和を図り，スコラ学を大成した。

3：都市の発展を背景に，学問を教授する教育機関として，ボローニャ大学，パリ大学，ハーバード大学などがつくられた。これらの大学は，国家主導の下で制度化されたものであり，研究や教育の中心は実証的な歴史学や物理学であった。

4：西ヨーロッパの建築では，尖頭アーチと鮮やかなステンドグラスを特徴とするゴシック様式が生み出されたが，その後，厚い石壁に小さな窓を持つ重厚なロマネスク様式が現れた。前者を代表するものとしてピサ大聖堂，後者を代表するものとしてシャルトル大聖堂がある。

5：文学では，フランスの『ドン＝キホーテ』やドイツの『ニーベルンゲンの歌』など，騎士の武勲をテーマとした騎士道文学が，公用語であるギリシア語で表現された。また，南フランスでは，ホメロスに代表される吟遊詩人たちが，宮廷を巡り歩いて恋愛叙情詩をうたった。

OUTPUT

チェック欄		
1回目	2回目	3回目

実践 問題 **111** の解説

〈中世ヨーロッパの文化〉

1 × ヴェルサイユ宮殿は17世紀にフランスのルイ14世が建造したバロック様式の建築物である。また，ビザンツ帝国のユスティニアヌス帝が編纂したのは「ローマ法大全」である。『四書大全』は明の永楽帝が編纂させた四書の注釈書である。なお，四書とは，儒学の経典のうち，「大学」「中庸」「論語」「孟子」を指す。ビザンツ様式の代表的建築物はハギア＝ソフィア聖堂であったが，この建物はビザンツ帝国がオスマン帝国に征服された際にモスクに改修された。1935年にトルコ建国の父であるケマル＝アタテュルクによってどの宗教の人も立ち入ることができる博物館となったが，2020年7月エルドアン大統領の大統領令によりモスクに回帰した。

2 ○ 中世のスコラ哲学の説明として，妥当である。なお，12世紀ルネサンスとは，十字軍の遠征を契機に東方との交流が盛んになった結果，ビザンツ帝国やイスラーム世界からもたらされたギリシアの古典が，ギリシア語やアラビア語からラテン語に訳され，学問や文芸が大いに発展した時期をいう。

3 × ハーバード大学はアメリカの大学であるから，中世には存在しない。同大学は17世紀にイギリス植民地時代のアメリカにおいて設立された。中世にボローニャ大学やパリ大学とともに設立されたのは，イギリスのオックスフォード大学やケンブリッジ大学である。これらの大学は都市に設立され，皇帝や教皇からの特許状によって自治権を与えられていた。近代的な教育制度としての大学が国家主導のもとで制度化されるのは，19世紀以降のことである。

4 × 11世紀にロマネスク様式が，12世紀にゴシック様式が生まれた。ロマネスク様式を代表するのがピサ大聖堂であり，ゴシック様式を代表するのがシャルトル大聖堂である。

5 × 『ニーベルンゲンの歌』は12世紀に盛んになった騎士道物語であるが，これらは学問ではラテン語が用いられたのに対し，俗語で表現された。また，『ドン＝キホーテ』はフランスではなくスペインのセルバンテスが17世紀初頭に著したものである。セルバンテスはイギリスのシェークスピアと同時期に活躍し，西欧ルネサンス期の作品として挙げられる。なお，吟遊詩人たちが宮廷を巡り歩いて恋愛叙情詩をうたったのは正しいが，ホメロスは古代ギリシアの詩人である。

正答 2

第1章 ヨーロッパ世界の形成

LEC東京リーガルマインド　2022-2023年合格目標 公務員試験 本気で合格！過去問解きまくり！　301
⑤人文科学Ⅰ

第1章 SECTION 2 ヨーロッパ世界の形成
ルネサンスと宗教改革

必修問題 セクションテーマを代表する問題に挑戦！

宗教改革によってカトリックから分かれていった人たちの思想と，その影響に注目してください。

問 宗教改革に関する次の記述のうち妥当なのはどれか。（地上2010）

1：宗教改革の発端は，ドイツのルターが95カ条の論題を発表したことにある。ルターは，人は信仰だけでなく喜捨などの善行を積むことによって救われるとし，人は信仰のみによって救われるとする教皇を批判した。
2：ルターの説はドイツの農民に広がり，ルターは彼らを指揮してドイツ農民戦争を起こした。混乱を鎮めるため，神聖ローマ皇帝はルター派を公認し，個人の信仰の自由を認めた。
3：スイスではカルヴァンが宗教改革を行った。カルヴァンは，魂が救われるか否かはあらかじめ神によって決められているとする予定説を説き，資本主義的な営利活動を肯定した。
4：イギリスでは，ヘンリ8世がカトリックを擁護し教皇とのつながりを強めていたが，国内でカルヴァン派の勢力が支配的になると，世論に配慮して，カルヴァン派を国教とした。
5：新教はヨーロッパ中に広がり，カトリック教会の勢力範囲はイタリア半島に限られていた。カトリック教会はヨーロッパ以外の地域での布教に力をいれ，南米やアジアで植民活動を展開していたスペインやポルトガルと対立した。

直前復習

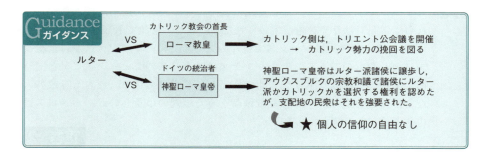

頻出度	地上★★★	国家一般職★★★	東京都★★★	特別区★★★
	裁判所職員★★★	国税・財務・労基★★★	国家総合職★★★	

チェック欄

1回目	2回目	3回目

第1章

ヨーロッパ世界の形成

必修問題の解説

〈宗教改革〉

1× 宗教改革の発端を，1517年，**ルター**が「**95カ条の論題**」を発表し，**贖宥状（免罪符）の悪弊を批判**したことに求める点は正しい。当時，カトリック教会は贖宥状を売り出し，教会のために善行を積めば過去の罪も赦されると説いていた。これに対しルターは，魂の救済はキリストの福音を信じること（福音信仰）のみによると説いた。

2× 神聖ローマ皇帝は，**アウグスブルクの宗教和議**（1555年）で諸侯（領主）にカトリックおよびルター派のいずれかを選択する権利を与えているが，領民は諸侯（領主）の信仰に従うこととされ，**個人の信仰の自由は認めていない**。なお，農奴制廃止などを要求して**ドイツ農民戦争**（1524～25年）を指導したのはミュンツァーである。ルター自身は農民に同情しつつも，弾圧する諸侯の側にまわった。

3〇 **カルヴァン**は，魂が救われるか否かはあらかじめ神によって決められているとし，そこに神の意思以外のもの，すなわち教会や教皇など，人間のいかなる意思も介入できないとした（予定説）。そして，禁欲的に世俗労働に従事すること，すなわち，神から与えられたこの世での使命を果たすことにより救いを確信しうると説いた。カルヴァンは，労働に励んだ結果としての**蓄財を認めたため，商工業者などの新興市民階級に広く受容された**。

4× ヘンリ8世は，自身の離婚問題から，1534年に**首長法（国王至上法）**を成立させ，国王を唯一最高の首長とする**イギリス国教会**を成立させている。

5× ルター派はドイツや北欧諸国に広まり，カルヴァン派はヨーロッパ各地の商工業者に広まったが，**イエズス会の積極的な宣教活動がカトリック勢力の回復に貢献し**，この結果，イタリア半島のみならず，フランスやスペインや南ドイツなど，**南ヨーロッパへの新教の進出は阻まれた**。また，**スペインやポルトガルの植民活動は，キリスト教の布教とセットで進められた**ので，カトリック教会のヨーロッパ以外での布教とスペイン・ポルトガルの植民活動は対立するものではない。

正答 3

SECTION 2 ヨーロッパ世界の形成
ルネサンスと宗教改革

1 ルネサンス

十字軍以降，東方貿易によって経済的に繁栄していたイタリアの都市でルネサンスが開花します。フィレンツェの**メディチ家**や**ローマ教皇**が保護者となりました。**ダンテ**はトスカナ語で『**神曲**』を著し，ルネサンスの先駆とされています。最盛期にはダヴィンチやミケランジェロ，ラファエロの三大巨匠が活躍しました。特に絵画では遠近法の確立により，写実主義の基礎がすえられました。

 火砲（火薬）・羅針盤・活版印刷術がルネサンスの三大発明です。火薬や羅針盤は中国で発明・実用化されていて，これが西欧に伝えられ，改良されました。文化の流れに注目しましょう。

2 大航海時代

15世紀には**ポルトガル**がアジアとの直接交易を目的に**インド航路**の開拓を進め，スペインは西周り航路を採用して新航路の開拓に乗り出します。ポルトガルは東南アジアの香辛料貿易を，スペインは新大陸の銀を支配しました。

 新大陸でポルトガルが植民地としたのがブラジルで，東南アジアではフィリピンがスペインの植民地となります。

① **価格革命**

新航路の開拓後，アメリカ大陸から**大量の銀**がヨーロッパに流入したことで，物価が騰貴しました。これを価格革命とよびます。

② **商業革命**

ヨーロッパの商業は世界的広がりを持つようになり，遠隔地貿易の中心は地中海から大西洋に臨む国々に移ることになりました。

3 宗教改革

(1) ドイツ宗教改革

1517年に**ルター**が「**95カ条の論題**」を発表してカトリック教会が販売していた贖宥状（免罪符）の効力を否定したことを契機に，宗教改革が開始されました。ドイツの宗教改革は**アウグスブルクの宗教和議**によって，諸侯にカトリックかルター派かの選択権が与えられて終結します。

 アウグスブルクの宗教和議では，領民は領主である諸侯の信仰に従うことが決められました。つまり，個人の信仰の自由は認められていません。

(2) カルヴァン

スイスのジュネーブで予定説を唱えたカルヴァンが独自の宗教改革を進めます。

ルター	聖書主義	ルターは信仰のよりどころを聖書に求め，聖書とそこに記されている神の福音を信じることが信仰の始まりであるとした。
	信仰義認説	贖宥状を買ったり，善行を積むことではなく，神と福音への信仰によってのみ人は救われるとする。
カルヴァン	予定説	カルヴァンの予定説は自己の職業を神から与えられた天職として禁欲的に勤労すべしとの職業倫理に発展し，その結果，富が蓄積することを肯定したため，商工業者に広く受容された。

(3) 対抗（反）宗教改革

宗教改革の進展に対し，カトリック教会はトリエント公会議を開催し，勢力の建て直しに努めました。また，イグナティウス＝ロヨラやフランシスコ＝ザビエルらによって結成されたイエズス会が海外への積極的な伝道を展開しカトリック教会の勢力の回復に貢献，この結果，南ヨーロッパへの新教の波及は阻まれました。

(4) イギリス宗教改革

イギリスではヘンリ8世の首長法とエリザベス1世の統一法によってイギリス国内の教会の首長は国王であるとするイギリス国教会が確立されました。

(5) フランス・ユグノー戦争とナントの勅令

フランスではユグノー（フランスのカルヴァン派）とカトリックとの対立からユグノー戦争が起こります。これは1598年にアンリ4世が発布したナントの勅令によってユグノーの権利と個人の信仰の自由が認められたことで終結しました。

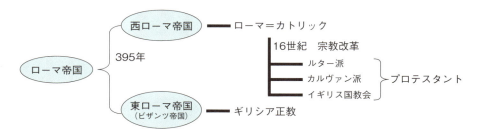

第1章 SECTION 2 ヨーロッパ世界の形成
ルネサンスと宗教改革

実践　問題 112　基本レベル

問 ルネサンスに関する次の記述のうち，妥当なのはどれか。　　　　（国Ⅱ1998）

1：ギリシア・ローマの古代文化を理想とし，それを復興し新しい文化を創り出そうという運動で，フランスに始まり，その後，ネーデルランド，ドイツなどヨーロッパに伝播し15世紀になってイタリアのフィレンツェで最も興隆をみた。

2：都市の繁栄により，巨富を得た大商人によって支えられたルネサンス運動は，宗教を否定して人間の尊厳を説き，個性の自由な発揮を重んじたため，ローマ教皇や貴族はこれを厳しく弾圧した。

3：科学技術では，自然科学の各分野で技術の開発や発明が行われた。なかでも3大発明といわれる製紙法・羅針盤・火薬はイタリアで生まれたもので，イスラーム世界を通じて中国に伝えられた。

4：美術では，現実をありのままに直視しようとする写実表現に代わって，ものの本質や人間の内面の傾向に重きをおく抽象的表現方法が広まり，ボッティチェリは「ヴィーナスの誕生」や「春」を躍動感豊かに描いている。

5：文学では，ボッカティオが『デカメロン』を著して人間の現実の姿をえぐりだし，近代小説の先駆者となり，トマス＝モアが『ユートピア』を著して，空想の理想的社会を描きながら現実を風刺した。

直前復習

OUTPUT

実践　問題 112 の解説

〈ルネサンス〉

1 × ルネサンスは14世紀から15世紀に**イタリア**の**フィレンツェ**で開花した。その背景には，十字軍の遠征後，東方貿易を支配して繁栄していたイタリア都市の富がある。まずフィレンツェで大富豪**メディチ家**の保護によってルネサンスが開花し，次いで**ローマ教皇**の保護によって**ローマ**で最盛期を迎えた。しかし，新航路の開拓によって世界経済の中心が地中海から大西洋岸に移行し，イタリア都市が経済的に衰退すると，ルネサンスの中心もイタリアからヨーロッパ大陸に移るのである。

2 × ルネサンスがギリシア・ローマの古典研究を通じて，人間の尊厳を説き，個性の自由な発達を重んじる新しい考え方を提示したことは正しい。ただし，**ルネサンスは中世の神中心の考え方から人間中心の考え方を示すものであったが宗教を否定するものではなかった**。ルネサンスの時代に作られた芸術作品は聖書を題材とするものが多く，ローマ教皇や貴族は有力なスポンサーであった。このためイタリア＝ルネサンスは現実社会への批判とは結びつかなかった。

3 × ルネサンスの三大発明とされるのは，**火薬**，**羅針盤**，**活版印刷術**である。また，火薬や羅針盤の原理は中国において発明されており，イスラーム世界を経由して西欧に伝えられ，ルネサンスの時代にほぼ現在の形となって実用化された。

4 × ルネサンスの時代には現実をありのままに直視しようとする精神が発達し，ルネサンス美術は優美なゴシック彫刻の伝統を打破する写実性の導入によって人々に衝撃を与えた。ボッティチェリが『ヴィーナスの誕生』や『春』を躍動感豊かに描き，レオナルド＝ダ＝ヴィンチは遠近法を用いた。

5 ○ 16世紀のイギリス最大の人文主義者である**トマス＝モア**が『**ユートピア**』を著した当時のイギリスでは羊毛生産のために小作農を追い出す第１次囲い込み（エンクロージャー）が進展し，農民が窮乏しているさまを「羊が人間を食らう」と表現した。

正答 5

第1章 SECTION 2 ヨーロッパ世界の形成 ルネサンスと宗教改革

実践 問題 113 基本レベル

問 15世紀後半のヨーロッパ人の海外進出に関する記述ア～オには妥当なものが二つあるが、それらはどれか。 （地上2013）

ア：スペインは、アステカ帝国やインカ帝国と友好的な関係を維持し、アメリカ大陸の産物をヨーロッパに持ち帰った。

イ：ポルトガルは、スペインやオランダに遅れて進出したものの、インド航路の開拓に成功した。アフリカやインドに広大な領土を獲得し、植民地においてプランテーション経営を行った。

ウ：国際商業の中心は、地中海沿岸の諸都市から大西洋沿岸の諸都市へと移った。アメリカ大陸で産出される銀が大量にヨーロッパに流入し、物価が高騰した。

エ：中南米の先住民は、プランテーションや鉱山での重労働やヨーロッパからもちこまれた疫病によって人口が激減した。そのため、ヨーロッパ人はアフリカから奴隷を輸入して労働力を補った。

オ：ジャガイモやトウモロコシ、トマトなどのヨーロッパ原産の作物がアメリカ大陸へもたらされた。また、アメリカ大陸のサトウキビやコーヒーがヨーロッパでも栽培されるようになった。

1：ア、ウ
2：ア、オ
3：イ、エ
4：ウ、エ
5：ウ、オ

実践 問題 113 の解説

〈大航海時代〉

ア ✗ スペイン王室は，アメリカ大陸に「征服者（コンキスタドール）」率いる軍隊を送り込み，アステカ帝国はコルテスにより，インカ帝国はピサロによって征服された。これにより，両帝国文化が数多く破壊され，先住民には苛酷な労働が課せられた。

イ ✗ スペインやオランダよりもいち早く新航路の開拓に乗り出したのがポルトガルである。また，インド航路の開拓に成功したポルトガルは東南アジアの香辛料貿易に進出したが，ポルトガルは当時すでに成立していたアジアの貿易に参入したにすぎず，アフリカやインドに広大な領土を獲得したのではない。

ウ ○ 新航路の開拓の結果，国際商業の中心は地中海の沿岸の諸都市から，スペインやポルトガルの大西洋岸の諸都市へと移ることになった。また，ラテン=アメリカは銀の世界的産出地域で，スペインによってヨーロッパにもたらされたことにより，物価が高騰した（価格革命）。

エ ○ スペインはアステカ帝国やインカ帝国を征服すると，中南米の先住民にプランテーションや鉱山での苛酷な労働を課した。また，ヨーロッパ人がもたらした疫病により，先住民の人口は激減し，代替労働力を確保するため，アフリカから黒人奴隷が運ばれることとなった。現在でも，カリブ海を中心に黒人が多く居住している。

オ ✗ ジャガイモやトウモロコシ，トマトは新大陸原産の産物であり，これらがヨーロッパにもたらされた。特にやせた土地でも栽培できるジャガイモが，ヨーロッパの飢餓を救ったといわれている。一方，サトウキビの原産国はニューギニア，コーヒーの原産国はアフリカ中部であり，これらが南米大陸にもたらされることにより，大規模なプランテーションが形成された。ヨーロッパからの植民者は大土地所有者として大農場を経営するようになるのである。

以上から，ウとエが妥当であるので，肢4が正解となる。

正答 4

第1章 SECTION 2 ヨーロッパ世界の形成
ルネサンスと宗教改革

実践　問題 114　基本レベル

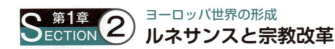

問 ルネサンスと宗教改革に関する次の文の下線部ア〜オに関する記述として妥当なのはどれか。
(地上2018)

　14世紀から16世紀の西ヨーロッパでは，中世以来の世界観に代わってルネサンスや宗教改革が起こった。ルネサンスとは人間性の自由・解放を求め，各人の個性を尊重しようとする文化運動である。レオナルド＝ダ＝ヴィンチによるア絵画や，イマキャヴェリの思想，新しい技術の進歩などがみられた。1517年にルターが提示したウ「95カ条の論題」は人々の間に広まり，この後，エカルヴァンはスイスで宗教改革を展開した。こうした宗教改革に対し，オカトリック教会も自己改革を行った。

1：ア　絵画においては，農民や民衆の日常生活などの世俗的な題材が増え，宗教的題材は描かれなくなった。

2：イ　マキャヴェリは，『君主論』において，権謀術数による統治を否定し，道徳や宗教による統治を理想とした。

3：ウ　95カ条の論題でルターが説いた主張が広まったのには，ルネサンス期に改良・実用化された活版印刷によるところが大きい。

4：エ　カルヴァンは，個人の救済について神があらかじめ決定しているのではなく，それぞれの生前の善行によって決定されるとした。

5：オ　宗教改革の結果，教皇は教義の解釈権を失い，名目的な存在となり，教義の解釈が多様化して，異端に対する宗教裁判は廃止された。

OUTPUT

実践 問題 **114** の解説 ──────────

チェック欄		
1回目	2回目	3回目

第1章 ヨーロッパ世界の形成

〈ルネサンスと宗教改革〉

1 × 北方ルネサンスを代表するブリューゲルは，農民や民衆の日常生活などの世俗的な題材を描いたが，レオナルド＝ダ＝ヴィンチの『最後の晩餐』やミケランジェロの『最後の審判』，ラファエロの『聖母子と幼児聖ヨハネ』など，ルネサンス絵画の多くは宗教的題材を描いたものが多い。

2 × マキァヴェリは政治を宗教や道徳から切り離す近代的な政治理論を展開したことで知られる人物である。マキァヴェリは，当時のイタリアの小国乱立の状況と外国勢力の侵攻による混乱を見て，『君主論』を著し，イタリア統一の必要性と方法論を論じた。その中でマキァヴェリは恐怖や軍事力，権謀術数など，力に訴えた政治を主張し，宗教的・道徳的理想と政治を切り離したのである。

3 ○ 宗教改革が農民などを含む広範な層で展開した理由の1つに聖書の普及があるが，それを支えたのが当時，改良・実用化された活版印刷術の発達である。また，当時の識字率は低かったため，新旧両宗派の指導者は，絵を用いたわかりやすいビラやパンフレットを大量に印刷し，互いを批判しあっていたのである。

4 × カルヴァンは，救済はそれぞれの生前の善行によって決定されるのではなく，神があらかじめ決定しているという「予定説」を説いた。

5 × 宗教改革によってカトリック（旧教）から分かれた，ルター派やカルヴァン派，イギリス国教会などのプロテスタント（新教）が登場すると，カトリック（旧教）側はトリエント公会議を開催して，教皇の至上権を再確認するとともに，禁書目録をつくり宗教裁判を強化した。この結果，新旧両派の対立は一層激しくなり，異端に対する宗教裁判が「魔女狩り」として盛んに行われた地域もあった。

正答 **3**

SECTION ② ヨーロッパ世界の形成
第1章
ルネサンスと宗教改革

実践 問題 **115** **基本レベル**

頻出度	地上★★★	国家一般職★★	東京都★★	特別区★★
	裁判所職員★	国税・財務・労基★★		国家総合職★★★

問 キリスト教をめぐる歴史に関する記述として最も妥当なのはどれか。

(国税・労基2007)

1：キリスト教は，ローマ帝政時代の初めころ，パレスチナ地方に生まれたイエス
の教えに始まった。キリスト教は帝国各地に広まり，国教として認められたが，
教会で教義をめぐって対立が起こったことから，コンスタンティヌス帝はクレ
ルモン公会議を開き，アリウス派を正統とした。

2：末期のローマ帝国では，ローマ教会とコンスタンティノープル教会が有力と
なっていた。しかし，カール大帝が聖像禁止令を発したことを契機として両教
会は対立し，ローマ教皇を首長とするローマ・カトリック教会と，ビザンツ皇
帝に支配されるロシア正教会とに二分された。

3：13世紀の初めに絶頂を極めていた教皇権は，十字軍の失敗や封建制度の動揺
を背景に教皇のバビロン捕囚や教会大分裂などが起こり，衰退を見せ始めた。
このような中で教会の世俗化や腐敗が進み，教会改革を主張したフスが異端
として処刑されたことから，フス派が反乱を起こした。

4：ルネサンスの人文主義が高まる中，教皇グレゴリウス7世が大聖堂の建築費を
得るために免罪符を販売させると，カルヴァンがこれを批判した。カルヴァン
の主張は教皇に反感を抱く層に支持され，教皇権から独立したいくつかの教
派を生み出した。これらは一般に新教と呼ばれる。

5：15世紀半ばころになると旧教と新教の対立が深まり，しばしば宗教戦争が引き
起こされた。旧教国イギリスでは新旧両派の対立に貴族の権力争いがからみ，
ユグノー戦争が起こった。一方，新教勢力はローマにイエズス会を結成し，ア
メリカ大陸やアジアで積極的な布教活動を行なった。

OUTPUT

チェック欄		
1回目	2回目	3回目

実践 ▶ 問題 **115** の解説

〈キリスト教をめぐる歴史〉

1 ✕ **クレルモン公会議**は，1095年にウルバヌス2世が開催したもので，十字軍の遠征の派遣を決定したものである。キリスト教は当初，ローマ皇帝を崇拝しないという理由で弾圧されていた。しかし，神の下の平等を説くキリスト教が信者を増やしたため，ローマ帝国の解体が顕著になった4世紀に，**コンスタンティヌス帝**はミラノ勅令（313年）で**キリスト教を公認**し，ニケーアの公会議でキリスト教の正統をアタナシウス派に定めたのである。その後，テオドシウス帝が国教化した（392年）。

2 ✕ ローマ帝国の末期にローマ教会とコンスタンティノープル教会が有力となっていたことは正しいが，聖像禁止令はローマ帝国が東西に分裂した後，東ローマ（ビザンツ）帝国の皇帝レオン3世が発したものである。当時，聖像を用いてゲルマン人に布教を行っていたローマ教会がこれに反発し，11世紀には西にローマ教皇を首長とする**ローマ・カトリック**と東にビザンツ皇帝に支配される**ギリシア正教**に完全に分裂した。

> **■キリスト教の成立と分裂**
>
> キリスト教成立 → 弾圧 → 公認 → 国教化 ┤ 西：**カトリック**
>
> 　　　　　　　　　　　　　　　　　　　　 └ 東：**ギリシア正教**

3 ◯ 教皇権が，十字軍の失敗を契機に衰退を見せ始める中，宗教改革の先駆者としてフスが登場したが，教会大分裂を解消したコンスタンツ公会議においてフスは処刑され，フス派が反乱を起こした。

4 ✕ **免罪符（贖宥状）販売を批判**したのはカルヴァンではなく**ルター**である。なお，サン＝ピエトロ大聖堂の建築費を得るために免罪符販売を行って宗教改革を招いたのはレオ10世である。

5 ✕ 旧教と新教の対立が深まり，しばしば宗教戦争が引き起こされたのは16世紀である。**宗教改革は16世紀に起こっている**点に注意。また，ユグノー戦争が起こったのは，**イギリスではなくフランス**である。**イエズス会は旧教（カトリック）勢力**が結成したもので，アメリカ大陸やアジアで積極的な布教活動を行った。

正答 3

第1章 ヨーロッパ世界の形成

第1章 SECTION 3 ヨーロッパ世界の形成
絶対主義諸国

必修問題 セクションテーマを代表する問題に挑戦！

16〜17世紀の西欧諸国の状況を学びます。それぞれの国が，何を基盤に絶対王政の盛期を迎えていくのかがポイントになります。

問 近世のヨーロッパに関する記述として最も妥当なのはどれか。

(国Ⅱ 2008)

1：海外に進出したスペインは，「新大陸」の銀を独占して急速に富強となり，16世紀後半のフェリペ2世の治世に全盛期を迎えた。また，ポルトガルを併合してアジア貿易の拠点であるマラッカを領有したことから「太陽の沈まぬ国」として強盛を誇り，1588年には無敵艦隊（アルマダ）がイギリス艦隊との海戦に勝利して大西洋の制海権を握った。

2：毛織物工業が盛んで中継貿易で利益をあげていたネーデルラントは，15世紀半ばからハプスブルク家の領有地で，北部にはルター派の新教徒が多かった。ハプスブルク家の王朝であるスペインは，カトリックを強制して自治権を奪おうとしたが，北部7州はロンバルディア同盟を結んで戦いを続け，1581年にネーデルラント連邦共和国の独立を宣言した。

3：ドイツでは，17世紀初めに新教徒への対応をめぐり，諸侯がギベリン（皇帝派）とゲルフ（教皇派）に分かれて争う三十年戦争が始まった。戦いは，スウェーデンやフランスが干渉し，宗教戦争から国際戦争へと様相を変えて長期化したが，1648年のヴォルムス協約によって終結し，ドイツ諸侯の独立主権が認められた。

4：イギリスでは，ばら戦争の後に王権が強化され，エリザベス1世の時代に絶対主義の全盛期を迎えたが，各州の地主であるユンカーの勢力が大きかった。そこで，宰相マザランは常備軍・官僚制を整備して中央集権化を推し進め，綿織物工業の育成に力をいれて国富の充実をはかった。

5：16世紀後半のフランスでは，ユグノーと呼ばれたカルヴァン派とカトリックとの対立が激化し，宗教戦争が長期化した。これに対し，ユグノーであったブルボン家のアンリ4世は，王位につくとカトリックに改宗し，ナントの勅令を発してユグノーに一定の信仰の自由を認め，内戦はようやく鎮まった。

直前復習

頻出度	地上★★	国家一般職★★★	東京都★★	特別区★★
	裁判所職員★★	国税・財務・労基★★★	国家総合職★★	

チェック欄		
1回目	2回目	3回目

〈近世のヨーロッパ諸国〉

1 ✗ 1588年にはオランダの独立戦争に際して行われた海戦において**スペインの無敵艦隊はイギリス艦隊に敗れている**。また、ポルトガルがアジア貿易の拠点としたのはインドのゴアであり、マラッカはイギリスの植民地である。

2 ✗ 商工業が発達したネーデルラント北部ではカルヴァン派の新教徒が多かったため、スペインがカトリックを強制し自治権を奪おうとしたことに対し独立戦争を展開した。これに対し、スペインがネーデルラントの南部（現在のベルギー）を懐柔すると、北部7州はユトレヒト同盟を締結して戦いを続け、1581年にネーデルラント連邦共和国の独立が宣言された。なお、ロンバルディア同盟は中世の北イタリアで結成された都市同盟である。

3 ✗ **三十年戦争を終結させたのはウェストファリア条約**である。ウェストファリア条約ではドイツ諸侯に独立主権が認められた。また、ギベリン（皇帝派）とゲルフ（教皇派）との対立が生じたのはイタリアである。ヴォルムス協約は1122年に神聖ローマ皇帝とローマ教皇の間に起こっていた聖職叙任権闘争を終結させた取り決めである。

4 ✗ イギリスでばら戦争後に王権が強化され、**エリザベス1世の時代に全盛期**を迎えたことは正しいが、ユンカーとはドイツの大土地貴族階級のことであり、イギリスの地主勢力は**ジェントリ**である。また、エリザベス1世の時代に発展したのは**毛織物**である。なお、マザランはフランスのルイ14世の幼少時の宰相である。

5 ◯ ユグノーの首領であったアンリ4世は、即位すると、国民の多数を統治するためにカトリックに改宗し、ユグノー（カルヴァン派）に信仰の自由と市民権を認める**ナントの勅令**を発布して内戦を終結させた。

スペイン	新大陸の銀を支配。レパントの海戦でオスマン帝国に勝利。
オランダ	カルヴァン派の多かった北部7州がスペインから独立。
イギリス	エリザベス1世のもとで毛織物業が発達。東インド会社設立。
フランス	アンリ4世がナントの勅令 → 17世紀後半にルイ14世の絶対王政。

正答 5

SECTION 3 ヨーロッパ世界の形成
絶対主義諸国

1 主権国家体制の形成

(1) 絶対王政

16～18世紀にかけてヨーロッパでは絶対王政とよばれる強力な国王統治体制が生まれました。

 絶対王政期には官僚制や常備軍が整備されるようになりました。

(2) 重商主義政策

国王は貨幣獲得のための重商主義政策を採用します。初期にはスペインのように金銀の獲得を目指す重金主義が見られましたが、のちには輸入の抑制と輸出の促進を進める**貿易差額主義**が採られました。このため貿易差額主義を採用したイギリスやフランスでは国内産業が保護されます。また、**イギリス・オランダ・フランス**ではアジア貿易を独占する**東インド会社**が設立されます。

 この時代には分業と協業を行うマニュファクチュア（工場制手工業）が登場します。

2 16世紀から18世紀の西欧諸国

(1) スペイン

新大陸の銀を支配してフェリペ2世がいち早く絶対王政を樹立します。フェリペ2世は**レパントの海戦**でオスマン帝国を破り、強勢を誇りましたが、オランダの独立戦争の際にイギリスに敗れたことを機に衰退します。

レパントの海戦（1571年）	スペインがオスマン帝国の艦隊を破る。
アルマダ海戦（1588年）	スペインの無敵艦隊がイギリスに敗れる。

(2) オランダ

ユトレヒト同盟（1579年）を締結し、スペインとの戦争に勝利して独立したオランダはポルトガル勢力を駆逐して東南アジアに貿易圏を広げ、**ジャワ島のバタヴィア**を根拠地として香辛料貿易の実権を握り、アムステルダムは国際金融の中心となって繁栄します。しかし、17世紀後半には3次にわたるイギリスとの戦争に破れ、海上権を失います。

(3) イギリス

16世紀には**毛織物工業**がイギリスの国民産業となり、エリザベス1世のもと、1600年に**東インド会社**を設立して積極的に海外進出を行います。

(4) 三十年戦争

17世紀初頭にはドイツでベーメンの新教徒の反乱を契機に三十年戦争が起こります。三十年戦争には周辺のヨーロッパ諸国が介入して国際戦争になりました。1648年には**ウェストファリア条約**が締結され，ドイツ諸侯に完全な主権が認められ，神聖ローマ帝国の解体とドイツの分裂が決定的になりました。

 三十年戦争後には神聖ローマ帝国の解体とドイツの分裂が決定的になりますが，神聖ローマ帝国は滅亡していません（有名無実化）。神聖ローマ帝国の滅亡（1806年）はナポレオンの南ドイツ制圧が契機となります。

(5) フランス

フランスは17世紀後半の**ルイ14世**の治世に絶対主義が最盛期を迎え，コルベールが典型的な重商主義政策を実施します。しかし，ルイ14世は**ヴェルサイユ宮殿**の建造や度重なる侵略戦争を展開したため，財政難を招きました。

 ルイ14世がナントの勅令を廃止したため，商工業者が他国に亡命し，フランスの産業発展は滞ります。

(6) 18世紀の啓蒙専制君主

① プロイセン

フリードリヒ＝ヴィルヘルム1世がユンカーを官僚・軍隊の中心として絶対王政の基礎を築き，**フリードリヒ大王（2世）**は啓蒙専制君主として国内産業の育成や司法改革などを行いました。しかし，その近代化には農奴解放などは伴いません。大土地所有者であるユンカー階級の支配も続きました。

 イギリスやフランスでは13世紀から16世紀に農奴解放が進展したが，ドイツやロシアの農奴解放は遅れた！

② オーストリア

マリア＝テレジアがハプスブルク家の全領土を継承したことに異を唱えたプロイセンはシュレジエンを占領し，オーストリア継承戦争が起こりました。オーストリアはその後の七年戦争でもシュレジエンを奪回できませんでした。

③ ロシア

1700年から始まる**北方戦争**でスウェーデンを破った**ピョートル1世（大帝）**は，ロシアをヨーロッパの大国とし，西欧化に努めました。また，18世紀後半の**エカチェリーナ2世**は啓蒙専制君主として改革を試みたものの，のちには農奴制を強化するなど，反動的な政治を行いました。

問 ヨーロッパ各国における15世紀〜18世紀の情勢に関する記述として最も妥当なのはどれか。 （国税・財務・労基2012）

1：英国では，チャールズ2世が，トーリー党のクロムウェルを首相に登用し，審査法や人身保護法を制定して絶対王政の復活を図ったが，「代表なくして課税なし」を主張するウィッグ党のウォルポールがピューリタン革命を起こして，権利の章典を発布した結果，立憲君主制が確立した。

2：フランスでは，ルイ14世が，内乱（宗教戦争）を終結させるため，「王は君臨すれども統治せず」とするナントの勅令を発布し，三部会による共和政を導入した。また，コルベールを宰相に登用し，農業を国の基本とする重農主義政策をとって，東インド会社を廃止した。

3：プロイセンでは，フリードリヒ2世が，宗教寛容令を出し，重商主義政策によって産業を育成したほか，ヴォルテールらの啓蒙思想家を宮廷に招き，「君主は国家第一の下僕」と称した。また，オーストリア継承戦争，七年戦争を戦い抜き，プロイセンはヨーロッパの強国となった。

4：ロシアでは，モスクワ大公国のピョートル1世が，農奴解放令を発して国力を高めると，ポーランド分割に参加して領地を拡大した。さらにオスマン帝国を滅ぼすなど，その版図を一気に拡げ，「太陽の沈まぬ国」と呼ばれるロシア帝国を成立させ，自らをツァーリと称した。

5：オランダでは，オラニエ公ウィレムの指揮の下，レパントの海戦でスペインの無敵艦隊を破り，その講和会議で独立を要求したが，列強諸国が「会議は踊るされど進まず」と評されるほどに強硬に反対したため，ウェストファリア条約で独立が認められたのは南部10州だけにとどまった。

OUTPUT

チェック欄		
1回目	2回目	3回目

実践 問題 **116** の解説

〈15〜18世紀のヨーロッパ各国〉

1 ✗ 「代表なくして課税なし」は，アメリカ独立戦争の前に，イギリスが印紙法により13植民地に課税を強化した際に掲げられたスローガンである。また，1642年に起こったピューリタン革命の中心となったのはクロムウェルである。また，審査法はチャールズ2世のカトリック擁護に対抗して，議会が官吏をイギリス国教徒に限るとしたものであり，人身保護法は法によらない逮捕・裁判を禁止して市民的自由を保障したもので，絶対王政の復活を図るものではない。権利の章典は，名誉革命後の1689年に発布されたものである。

2 ✗ 「王は君臨すれども統治せず」とは，18世紀にイギリスで確立した議会政治における王の地位を象徴する言葉である。また，15世紀〜18世紀のヨーロッパ各国は順番に絶対王政段階に到達しているときであるが，絶対王政期にとられた経済政策は商工業を国富の基盤と考える重商主義である。ルイ14世のもと，コルベールが東インド会社を再建した。なお，ナントの勅令を発布したのは16世紀末のアンリ4世であり，ルイ14世はこれを廃止した。

3 ○ 18世紀のプロイセンでは，フリードリヒ2世が啓蒙専制君主として国内の近代化を進めた。対外的にはオーストリア継承戦争においてシュレジエンを獲得し，七年戦争でもこれを維持した。

4 ✗ 「太陽の沈まぬ国」とよばれたのは，16世紀のスペインである。また，ピョートル1世は1700年からの北方戦争でスウェーデンを破ってロシアをヨーロッパの大国の一員とした皇帝であり，オスマン帝国を圧迫して領土を広げたが，滅ぼしてはいない。オスマン帝国が滅亡したのは第1次世界大戦後である。農奴解放令は19世紀半ばのクリミア戦争の敗北後に発せられたものである。

5 ✗ レパントの海戦はスペインがオスマン帝国の艦隊を破った戦いである。その後，オランダの独立戦争（1568〜1609年）で，スペインの無敵艦隊はオランダの独立を支援したイギリスに破れ，オランダの独立が事実上承認された。1648年に三十年戦争を終結させたウェストファリア条約は，独立戦争を戦い抜いたネーデルラントの北部7州（オランダ）の独立を国際的に承認した。南部10州（ベルギー）の独立は，1831年のこと。なお，「会議は踊るされど進まず」と評されたのは，ナポレオン時代の戦後処理を目指して開かれたウィーン会議である。

正答 3

問 16世紀から17世紀にかけてのヨーロッパに関する記述として最も妥当なのはどれか。
（国家一般職2016）

1：イギリスでは，国王の権威を重んじるトーリ党と，議会の権利を主張するホイッグ党が生まれた。国王ジェームズ2世がカトリックの復活を図り，専制政治を強めると，両党は協力して，王女メアリとその夫のオランダ総督ウィレムを招いて王位に就けようとした。

2：フランスでは，ルイ14世が即位し，リシュリューが宰相となって国王の権力の強化に努めたが，それに不満を持った貴族がフロンドの乱を起こした。国内の混乱は長期化し，ルイ14世が親政を始める頃にはフランスの王権は形骸化していた。

3：神聖ローマ帝国内に大小の領邦が分立していたドイツでは，ハプスブルク家がオーストリア領ベーメン（ボヘミア）のカトリック教徒を弾圧し，それをきっかけに百年戦争が起こった。その後，ウェストファリア条約によって戦争は終結した。

4：スペインは，フェリペ2世の下で全盛期を迎えていたが，支配下にあったオランダが独立を宣言した。イギリスがオランダの独立を支援したため，スペインは無敵艦隊（アルマダ）を送り，イギリス艦隊を撃滅し，オランダ全土を再び支配下に置いた。

5：ロシアは，ステンカ＝ラージンによる農民反乱が鎮圧された後に即位したイヴァン4世（雷帝）の下で，軍備の拡大を背景にシベリア経営を進め，中国の清朝とネルチンスク条約を結び，清朝から九竜半島を租借した。

OUTPUT

チェック欄		
1回目	2回目	3回目

実践 問題 **117** の解説

〈16〜17世紀のヨーロッパ〉

1 ○ 名誉革命の説明として妥当である。イギリスにおいてカトリック復活を図ったのはチャールズ2世であり、議会はこれに対抗して「審査法」を制定したが、続くジェームズ2世もカトリックと絶対王政の復活に努めた。いったんこの肢を保留したとしても、他の肢が明らかに誤りであるとわかることが大事である。

2 × リシュリューはルイ13世の宰相となって国王権力の強化に努めた。続いて宰相となったマザランも王権強化の政策を引き継いだため、貴族がフロンドの乱を起こしたが、これを鎮圧した。マザランの死後、ルイ14世は親政を開始し、強大な権力を振るって「太陽王」とよばれた。したがって、**ルイ14世が親政を始める頃からフランスの王権は絶対的なものとなっていったのである。**

3 × **ウェストファリア条約によって終結したのはドイツで起こった三十年戦争**である。この戦争はドイツでハプスブルク家がオーストリア領ベーメン（ボヘミア）の新教徒を弾圧し、カトリック信仰を強制しようとしたことが契機となって起こったものである。なお、百年戦争は毛織物の産地であったフランドル地方をめぐり、イギリスとフランスが1453年まで戦ったものである。百年戦争の結果、イギリスやフランスでは国王による中央集権体制が樹立された。

4 × スペインの支配下にあったオランダがスペインからの独立を宣言し、イギリスがオランダの独立を支援したことは正しいが、これに対し**スペインが送った無敵艦隊（アルマダ）はイギリス艦隊に撃破され**、スペインが制海権を失うきっかけとなった。この後、オランダは1609年の休戦条約で独立を事実上獲得し、以後、オランダのアムステルダムは国際金融の中心となって、オランダは全盛期を迎えた。

5 × 中国の**清朝とネルチンスク条約を締結したのは、ピョートル大帝**（在位1682〜1725年）である。また、これはピョートル大帝の時代にシベリア経営が進められたことと、中国の清朝の領域が北方に拡大したことが背景であり、両国の国境を定めたものである。九竜半島はアロー戦争後に中国の清朝がイギリスに割譲した香港の対岸である。

正答 1

第1章 ヨーロッパ世界の形成

SECTION 3 ヨーロッパ世界の形成 絶対主義諸国

実践 問題 118 基本レベル

[問] 絶対王政の時代に関する記述として，妥当なのはどれか。 （特別区2012）

1：イギリスでは，エリザベス1世がオラニエ公ウィレムを指導者とするネーデルラントの独立を支援したため，スペインから無敵艦隊の来襲を受けて，これに敗れた。

2：スペインでは，カルロス1世がレパントの海戦でオスマン帝国海軍を破った後，ポルトガルの王位を継承し，アジアの植民地も手に入れて，「太陽の沈まぬ国」を築いた。

3：フランスでは，ルイ14世がネッケルを財務総監に任命して，重商主義政策を行い，国庫の充実を図ったが，ナントの勅令の廃止によってユグノーの商工業者が亡命したため，経済は大きな打撃を受けた。

4：プロイセンでは，フリードリヒ2世（大王）がハプスブルク家のマリア＝テレジアの即位をめぐるオーストリア継承戦争に乗じてシュレジエンを獲得し，さらに七年戦争でもこれを確保した。

5：ロシアでは，エカチェリーナ2世が清とネルチンスク条約を結んで国境を決め，さらに北方戦争でスウェーデンを破り，バルト海沿岸にサンクト＝ペテルブルクを建設して都を移した。

OUTPUT

実践 問題 **118** の解説

チェック欄		
1回目	2回目	3回目

第1章 ヨーロッパ世界の形成

〈絶対王政〉

1 ✕ ネーデルラントはスペインの植民地であったが，スペイン王フェリペ2世が新教徒が多かったネーデルラントにカトリック化政策を進めたところから反発を招き，ネーデルラントのうち，北部7州はオラニエ公ウィレムを指導者として独立を宣言した（1581年）。当時，フェリペ2世と対立していたイギリスのエリザベス1世は独立を支援していたため，フェリペ2世がイギリスに無敵艦隊を派遣した。以上について，肢の説明は正しいが，その際，**イギリスはスペインの無敵艦隊を打ち破っている**。ネーデルラントの北部7州は1609年にオランダとして国際的に独立が承認された。

2 ✕ レパントの海戦（1571年）でオスマン帝国を破り，ポルトガルの王位を継承して**スペイン**を「太陽の沈まぬ国」としたのは**フェリペ2世**である。カルロス1世はフェリペ2世の前のスペイン王である。

3 ✕ **ルイ14世**のもとで財務総監として重商主義政策を行ったのは，**コルベール**である。ネッケルは，ルイ16世の時代に財務長官に起用された。ルイ14世の時代にナントの勅令が廃止されてユグノーが亡命し，フランス経済が大きな打撃を受けたことは正しい。

4 ◯ フリードリヒ2世は，18世紀にプロイセンで啓蒙専制君主として近代化を進めた国王である。対外的にはオーストリア継承戦争でオーストリアからシュレジエンを獲得し，続く七年戦争でもこれを確保した。

5 ✕ 清と**ネルチンスク条約**を締結して国境を決め，**北方戦争**でスウェーデンを破り，サンクト＝ペテルブルクを建設したのは**ピョートル大帝**（位1682〜1725年）である。ピョートル大帝が1700年からの北方戦争でスウェーデンを破ったことで，ロシアはヨーロッパの大国の仲間入りを果たした。エカチェリーナ2世（位1762〜96年）はその後のロシアの皇帝である。オホーツク海まで進出し，日本にラクスマンを送ったほか，啓蒙専制君主として国内の近代化を進めたが，プガチョフの乱（1773〜75年）とフランス革命をきっかけに反動化し，農奴制を強化した。

正答 4

LEC東京リーガルマインド　2022-2023年合格目標 公務員試験 本気で合格！過去問解きまくり！⑤人文科学Ⅰ　323

第1章 SECTION 3 ヨーロッパ世界の形成
絶対主義諸国

実践 問題 119 〈基本レベル〉

頻出度	地上★★★	国家一般職★	東京都★★★	特別区★★★
	裁判所職員★★	国税・財務・労基★		国家総合職★★★

問 15世紀末から18世紀にかけてのヨーロッパ諸国のアフリカやアメリカへの進出に関する記述として，ア～オのうちに妥当なものが二つある。それらはどれか。
(地上2020)

ア：イタリアはヴェネツィアやジェノバといった都市国家を中心に，アフリカ大陸を周りインドに赴く航海路を開拓し，後に，ポルトガルやオランダなどが海外に進出した。

イ：イギリスやフランスは東インド会社を設立し，17世紀頃に積極的に海外に進出し，フランスはインドにおけるイギリスとの戦いに勝利して，インド支配の基礎を固めた。

ウ：ヨーロッパからわたっていった人々は，アメリカで鉱山などを経営し，大量の銀がヨーロッパにもたらされた結果，ヨーロッパでは物価が高騰した。

エ：ヨーロッパ諸国の人々がアメリカにわたった結果，トウガラシやトウモロコシがアメリカに伝わる一方，ヨーロッパにはアメリカからジャガイモが伝わった。

オ：ヨーロッパ諸国は，アメリカで砂糖やタバコ，サトウキビなどを栽培し，これらを栽培するための労働力として奴隷がアフリカからアメリカに連れてこられた。

1：ア，ウ
2：ア，エ
3：イ，エ
4：イ，オ
5：ウ，オ

OUTPUT

実践 問題 **119** の解説

チェック欄		
1回目	2回目	3回目

第1章 ヨーロッパ世界の形成

〈ヨーロッパ諸国の海外進出〉

ア✕ インドに赴く航海路を開拓したのはポルトガルである。イタリアの都市国家は，十字軍以降，地中海東岸で東方との交易に従事していた。イタリアが従事していた東方貿易は従来のルートで行われていたものである。

イ✕ インドにおける植民地戦争に勝利してインド支配の基礎を固めたのはイギリスである。

ウ○ アメリカ大陸からもたらされた大量の銀が，ヨーロッパの物価を騰貴させた（**価格革命**）。

エ✕ トウガラシやトウモロコシは，アメリカ大陸産の作物である。大航海時代の後，アメリカ大陸からヨーロッパに，トウモロコシ，サツマイモ，ジャガイモ，トマト，トウガラシなどのアメリカ大陸産作物が伝えられ，人々の生活に大きな影響を与えた。

オ○ アメリカ大陸の先住民であるインディオは，厳しい鉱山労働やヨーロッパからもたらされた伝染病によって人口が激減したため，労働力としてアフリカから黒人が奴隷として連れてこられた。

　以上から，ウとオが妥当であるので，肢5が正解となる。

正答 5

LEC東京リーガルマインド　2022-2023年合格目標 公務員試験 本気で合格！過去問解きまくり！　325
⑤人文科学Ⅰ

第1章
SECTION ③ ヨーロッパ世界の形成
絶対主義諸国

実践 問題 **120** 基本レベル

頻出度	地上★★★	国家一般職★★★	東京都★★	特別区★★
	裁判所職員★	国税・財務・労基★★★	国家総合職★★★	

問 ヨーロッパ諸国に関する記述A～Dと，これらの国々が<u>植民地とした国（地域）</u>の組合せとして最も妥当なのはどれか。 （国税・労基2010）

A：「航海王子」エンリケの指揮の下，アフリカ大陸西側に沿って拠点を築きながら南下した。王子の死後，バルトロメウ・ディアスの艦隊は，アフリカ大陸南端の喜望峰に到達した。さらにヴァスコ・ダ・ガマの艦隊がアフリカ東岸を北上し，インドのカリカットに到着した。

B：女王や国王がコロンブスの新大陸発見やマゼランの世界周航を支援し，後には海外の鉱山から大量の銀を入手して，莫大な利益を得た。フェリペ2世の時代に最盛期を迎え，彼の領土は世界中に広がったため，「太陽の沈まぬ国」といわれた。

C：アルマダ海戦で無敵艦隊を破る一方で，経済を支える商工業者を育成し，海運力を増強した。17世紀後半以降，ヨーロッパ，アフリカ，南北アメリカとの三角貿易の成立によって，大きな利益を得た。

D：16世紀に独立を宣言した後，強力な海運業に支えられて，その首都は世界の貿易と金融の中心となった。19世紀には，植民地の住民にコーヒー，サトウキビなどの商品作物を強制的に栽培させて，大きな利益を得た。

	A	B	C	D
1：	ブラジル	インド	ベトナム	カンボジア
2：	ブラジル	メキシコ	インド	インドネシア
3：	ブラジル	メキシコ	ベトナム	カンボジア
4：	アルゼンチン	インド	ベトナム	インドネシア
5：	アルゼンチン	メキシコ	インド	カンボジア

OUTPUT

実践 問題 **120** の解説

〈ヨーロッパ各国の植民地〉

A ポルトガルに関する記述であり，植民地としたのはブラジルである。

レコンキスタ運動の結果，イスラーム勢力を駆逐し，中央集権化を完成させたポルトガルは，「航海王子」とよばれたエンリケの指導のもと，アフリカ西海岸や東インド航路の探検に航海者を派遣した。15世紀末には，ヴァスコ＝ダ＝ガマの船団が喜望峰をまわってアフリカ東海岸を北上し，1498年にインド西海岸のカリカットに到達，インド航路を開拓した。ブラジルは1494年にスペインとポルトガルの間で結ばれたトルデシリャス条約によってポルトガル領となった。なお，アルゼンチンはスペイン領である。

B スペインに関する記述であり，植民地としたのはメキシコである。

スペインはカスティリャとアラゴンの結合により成立した。カスティリャの女王イサベルに支援されたコロンブスは1492年に西インド諸島に到達した。また，スペイン王カルロス1世はマゼランの世界周航を支援している。その後，スペインは南米大陸を中心に征服事業に乗り出し，征服者たち（コンキスタドレス）とよばれるコルテスやピサロがインカ帝国やアステカ帝国を征服した。メキシコはもともとアステカ帝国の領土であった地域である。そこで略奪した金・銀やボリビアのポトシ銀山で採掘された銀は，ヨーロッパに輸出され，スペインに莫大な利益をもたらした。スペインはフェリペ2世の時代には最盛期を迎え，アメリカ大陸のほか，フィリピンなどアジアにも植民地を領有したことから「太陽の沈まぬ国」といわれた。

C イギリスに関する記述であり，植民地としたのはインドである。

1588年，アルマダ海戦でスペインの無敵艦隊を破ったイギリスのエリザベス1世は，1600年に設立された東インド会社にアジア全域での貿易独占権を与えた。イギリスは，奴隷貿易を軸として，イギリス本国と，アフリカ，南北アメリカとを結ぶ三角貿易を成立させて大きな利益を得た。

D オランダに関する記述であり，植民地としたのはインドネシアである。

オランダは，スペインに対し独立戦争を起こして，1581年には独立を宣言した。その後，首都アムステルダムは経済発展を遂げ，商業および金融ネットワークの中心地となった。アジアではインドネシアを中心に植民地を拡大した。なお，カンボジアはフランスの植民地である。1863年にフランスの保護国となり，1887年には仏領インドシナ連邦に組み入れられた。

　以上から，妥当な組合せは，A＝ブラジル，B＝メキシコ，C＝インド，D＝インドネシアとなることから，正解は肢2である。 **正答 2**

第1章	# ヨーロッパ世界の形成

章末 CHECK ❓Question

Q1 ローマ帝国は，前3世紀から約200年間，「ローマの平和」とよばれる繁栄期を迎えた。

Q2 元老院からアウグストゥスの称号を与えられたオクタヴィアヌスは，共和政の伝統を重んじながら実権を握る元首政を開始した。

Q3 十字軍は，9世紀にカトリックの布教拡大を目的に行われた。

Q4 第1回十字軍はコンスタンティノープルを占領，ラテン帝国を建てた。

Q5 十字軍が聖地を回復して終結すると教皇の権威が国王よりも高まり封建制度が確立した。

Q6 十字軍の遠征により東方貿易が盛んになり，イタリアの都市が繁栄した。

Q7 イスラーム教徒最後の拠点コルドバを占領し，国土回復運動が完成した。

Q8 イタリアではすでに政治的統一が達成されており，フッガー家などが芸術家を保護する風潮があったため，他国に先駆けてルネサンスが起こった。

Q9 ルネサンス運動は，宗教を否定して人間の尊厳を説き，個性の自由な発揮を重んじたため，ローマ教皇や貴族はこれを激しく弾圧した。

Q10 ルネサンスの三大発明である製紙法・羅針盤・火薬はイタリアで生まれたもので，イスラーム世界を通じて中国に伝えられた。

Q11 ヨーロッパ人が新航路の開拓に乗り出した背景には，先進諸国で産業革命が起こり海外に市場を拡大する必要が生じたことが挙げられる。

Q12 新航路の開拓の結果，ヨーロッパでは価格革命が起こった。

Q13 ドイツのカルヴァンが「95カ条の論題」を発表し，宗教改革を進めた。

Q14 ルターは農民を率いてドイツ農民戦争を展開した。

Q15 アウグスブルクの宗教和議では個人の信仰の自由が認められた。

Q16 宗教改革の中でイエズス会はプロテスタントの布教拡大を図った。

Q17 フランスではナントの勅令が発せられたが，カルヴァン派は認められなかった。

Q18 スペインはインド航路の開拓に成功し，南アフリカの金を独占した。

Q19 スペインのフェリペ2世はイギリス海軍を打ち破り最盛期を現出した。

Q20 イギリスでは16世紀に綿織物業が盛んになった。

Q21 プロイセンのフリードリヒ大王はドイツ帝国を樹立し，ユンカー勢力を排除して農奴解放などの近代化を行った。

Q22 ロシアのピョートル大帝は北方戦争でスウェーデンを打ち破った。

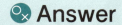

Answer

A1 × 「ローマの平和」とよばれるのは，紀元元年くらいからの200年間である。

A2 ○ オクタヴィアヌスの時代から，ローマは実質的に帝政に入る。

A3 × 十字軍は11世紀末にキリスト教の聖地イェルサレムをイスラームから奪回することを目的に開始された。

A4 × コンスタンティノープルを占領したのは第4回十字軍である。

A5 × 十字軍は聖地回復に失敗し，教皇の権威が衰退し国王が台頭，封建制度は崩壊していく。

A6 ○ 十字軍以降のイタリア都市の繁栄がルネサンスを生んだ。

A7 × イスラーム教徒最後の拠点はグラナダである。

A8 × イタリア統一は19世紀のこと。ルネサンスの保護者はメディチ家。

A9 × ルネサンスは宗教を否定するものでなく，ローマ教皇はルネサンスの保護者である。

A10 × 火薬・羅針盤は中国で発明され，イスラーム世界を経てヨーロッパに伝えられた。ルネサンスの三大発明はこれらと活版印刷術。

A11 × 新航路の開拓は15世紀から。産業革命は18世紀である。

A12 ○ 新大陸から銀が流入して物価が騰貴する価格革命が起こった。

A13 × 「95カ条の論題」を発表したのはドイツのルター。

A14 × 農民戦争を率いたのはミュンツァー。ルターは諸侯側に立った。

A15 × アウグスブルクの宗教和議は諸侯にのみ宗教の選択権を認める。

A16 × イエズス会は反宗教改革の中心としてカトリックの拡大を図った。

A17 × ナントの勅令ではカルヴァン派の権利も認められた。

A18 × インド航路の開拓はポルトガル。スペインが支配したのは新大陸の銀。

A19 × スペインのフェリペ2世はオランダ独立戦争に際してイギリス海軍に敗れている。

A20 × イギリスで16世紀に発達したのは毛織物業である。

A21 × フリードリヒ大王は18世紀に近代化を進めたが，その近代化はユンカー階級を支柱とし，農奴解放などは伴わない。ドイツ帝国樹立は19世紀である。

A22 ○ ロシアのピョートル大帝は，北方戦争に勝利してバルト海の覇権を確立し，ロシアをヨーロッパの大国とした。

memo

第2章

近代市民社会の成立

SECTION

① 市民革命から19世紀の欧米諸国
② 第1次世界大戦と第2次世界大戦

第2章　近代市民社会の成立

出題傾向の分析と対策

試験名	地　上			国家一般職 （旧国Ⅱ）			東京都			特別区			裁判所職員			国税・財務 ・労基			国家総合職 （旧国Ⅰ）		
年　度	13 ｜ 15	16 ｜ 18	19 ｜ 21	13 ｜ 15	16 ｜ 18	19 ｜ 21	13 ｜ 15	16 ｜ 18	19 ｜ 21	13 ｜ 15	16 ｜ 18	19 ｜ 21	13 ｜ 15	16 ｜ 18	19 ｜ 21	13 ｜ 15	16 ｜ 18	19 ｜ 21	13 ｜ 15	16 ｜ 18	19 ｜ 21
出題数 セクション	10	10	8	2	2	1	1	1	2	1	2	1		1		1					2
市民革命から 19世紀の欧米諸国	★★ ×4	★★★ ★★	★× ★5	★★★	★★	★★		★★★	★★		★★★	★			★		★★ ★				★
第1次世界大戦と 第2次世界大戦	★★ ×6	★★ ×7	★★★ ★★		★		★		★★★	★	★★★ ★	★★		★			★				

（注）　1つの問題において複数の分野が出題されることがあるため，星の数の合計と出題数とが一致しないことがあります。

　市民革命から19世紀の欧米諸国についてはよく出題されています。市民社会の成立時期について，各国を横断的に問う問題や，イギリス史やアメリカ史の問題で肢のいくつかとして出題される場合があります。いずれにおいても，選択肢の正誤を見分けるポイントは国王名などではないところが，大学受験の世界史とは違うところです。第1次世界大戦と戦後は，毎年，どこかの試験で出題されているといってよいほど頻出です。特にアメリカのニューディール政策など，政治経済の知識とのリンクも不可欠となります。第2次世界大戦後は，アジアが出題の中心でしたが，近年は冷戦の終結，中東紛争などがたいへんよく出題されています。また，世界史としての出題ではなく，政治・経済の問題の中で世界史の知識が問われるケースも散見されますので，完全にこの分野の世界史を捨てるという選択はしないほうがよいです。

地方上級
　地方上級の19世紀以降の欧米諸国や第1次世界大戦前後の問題では，問題文にキーワードが含まれていないものや，政治経済の知識が必要なものなどがあるので，世界史としては難しいものが若干見られます。逆に，政治経済をきちんと勉強していれば容易に正答を導けるため，世界史と政治経済をリンクさせて勉強すると効果が高い範囲です。特に第2次世界大戦後はこの傾向が顕著となります。

国家一般職（旧国家Ⅱ種）
　国家一般職の場合には，現代西欧史は意外と少ないですが，市民社会の成立に関する問題はよく出題されています。市民社会の成立期に関する問題は非常に簡単なものが多いので，確実に得点できるように準備しましょう。2018年の問題は

時事的な要素にも注意が必要でした。

東京都

世界史として近現代史からの出題は少ないですが，社会科学などで世界史の第2次世界大戦後の知識が必要になる問題が他の試験よりも多く出題されています。国際紛争などは確実に押さえておきましょう。

特別区

2016年の冷戦の問題，2017年の第1次世界大戦後の問題は，山川出版社の世界史の教科書Bの1ページから，そのまま構成されていたものでしたが，正解肢に細かい事項が含まれており，たいへん難しい問題でした。2020年は，誤肢はたいへん細かかったものの，正解肢が基本事項であったので，正答率も高かったです。

裁判所職員

テーマ史が多いため，西欧の近現代史のカテゴリーでは出題数をカウントできませんが，19世紀から20世紀の戦争などはテーマ史で出題されています。選択肢には細かいものが多いですが，正解肢が基本というパターンも見られるため，基本はしっかり暗記しておくことが望ましいです。2021年はアメリカ独立戦争の基本問題が出題されました。

国税専門官・財務専門官・労働基準監督官

市民革命期や第1次世界大戦前後といった，公務員試験の世界史でオーソドックスに問われるテーマがしっかり出題されています。この分野はしっかり学習しておくべきです。2018年には久しぶりにフランス革命からナポレオンが出題されました。

国家総合職（旧国家I種）

世界史といっても時事的な問題が多かった時期を経て，一時期，近現代史の出題が減っていましたが，近年はあまり時事や政治経済とリンクしない分野（各国の独立などを含めて，各国理解のベースとなるような範囲）の出題が見られます。2021年には第一次世界大戦とその後が出題されています。

Advice アドバイス　学習と対策

市民革命以降の世界史については，政治経済などのベースとなる知識でもあります。どの程度まで細かいことを暗記するのかは，それぞれの志望先によって力の入れ具合が違ってくると思いますが，イギリスの清教徒革命と名誉革命を区別すること，アメリカの独立宣言についての知識を中心に，アメリカ史を頭に入れるなど，ひととおりの知識のおさらいは必ず行うべき範囲となります。特に第2次世界大戦後の世界については，政治経済と重複する部分も多く，両科目を合わせて勉強すると効果が上がります。

近代市民社会の成立
市民革命から19世紀の欧米諸国

必修問題 セクションテーマを代表する問題に挑戦！

市民が主権者である資本主義社会がどのように形成されたのか，その基本を学びます。

問 18世紀後半から19世紀前半の欧米諸国に関するア～エの記述のうち，妥当なものが二つある。それらを選んでいるのはどれか。

(地上2016)

ア：イギリスでは，いち早く石炭を動力源とする機械の使用が始まり，綿織物が盛んに生産されるようになり，産業資本家が社会の中心となって台頭し，選挙法の改正などを実施した。

イ：アメリカでは13の植民地がイギリスに対して独立戦争を展開し，独立を達成した。独立後には，立法・司法・行政の三権を大統領に集中させることが憲法に明記された。

ウ：フランスでは革命により君主制が倒された。しかし，オーストリアを中心に干渉戦争が起こり，革命政府は倒され，ナポレオンが皇帝に擁立された。ナポレオンの在位中はヨーロッパで大国間の勢力が均衡し，平和が維持された。

エ：思想面では，合理性や普遍性を重んじる啓蒙思想が普及し，フランス革命を支えた。一方，こうした潮流に対抗して，各民族や各地域の固有の歴史や文化，又は個人の感情や想像力を重視するロマン主義が盛んになった。

1：ア，イ
2：ア，ウ
3：ア，エ
4：イ，ウ
5：ウ，エ

Guidance ガイダンス

18世紀 イギリス

産業革命 ─┬─ 工場経営者 ＝ 産業資本家 → [第1回選挙法改正 産業資本家が参政権を獲得]

　　　　 └─ 労働者 → ★ [チャーティスト運動 男子普通選挙を求める運動]

19世紀 イギリス

〈18〜19世紀の欧米諸国〉

ア○ 妥当である。イギリスでは18世紀に他国に先駆けて産業革命が開始され，石炭を動力源に機械の使用が始まり，綿織物が盛んに生産されるようになった。この結果，工場経営者の産業資本家が社会の一大勢力となり，選挙法の改正などが実施された。

イ× アメリカで13の植民地がイギリスに独立戦争を展開し，独立を達成したことは正しいが，独立後に制定された「合衆国憲法」では，人民主権を基礎とした共和制の採用を決定し，各州に大幅な自治を認めながらも，中央政府の権限を強化する連邦主義を採用するとともに，行政権，立法権，司法権が相互に抑制しあうことによって，権力の乱用を避ける三権分立の原則が定められている。

ウ× ナポレオンはフランス革命に対する列強の干渉戦争の中で，軍人として台頭し，国民投票でフランス国民の圧倒的支持を得て皇帝に就任している。オーストリアにより擁立されたのではない。また，皇帝に就任した後のナポレオンは，ヨーロッパ支配を目指し，トラファルガー海戦ではイギリスに敗れたものの，ヨーロッパ大陸を次々と支配下に入れた。しかし，1813年にはライプツィヒの戦い（諸国民戦争）を機に諸国がナポレオン支配に対する解放戦争を起こしている。したがって，ナポレオンの在位中は平和が維持されたとあるのは誤り。

エ○ 妥当である。合理性や普遍性を重んじる啓蒙思想が普及して，フランス革命を支えた。フランス革命が自由と平等の理想を実現できなかったことへの幻滅と啓蒙思想に対する批判からロマン主義が盛んとなった。

以上から，アとエが妥当であるので，肢3が正解となる。

正答 **3**

近代市民社会の成立
市民革命から19世紀の欧米諸国

1 イギリス市民革命

ピューリタン革命	「権利の請願」 → ピューリタン（清教徒）革命 → **クロムウェル**が中心となって国王を処刑
名誉革命	ジェームズ2世が亡命 → メアリ2世とウィリアム3世が即位 → 「権利の宣言」・「**権利の章典**」 → 立憲君主体制の樹立

2 アメリカ独立（1775〜83年）

イギリスが13植民地を原料供給地、市場としての地位にとどめ、本国の産業を保護する重商主義政策を採用したことに植民地側が不満を高めていました。

独立の契機	印紙法：「代表なくして課税なし」・茶法：ボストン茶会事件
コモン・センス	**トマス＝ペイン著**。世論を独立に傾ける。
独立宣言	**トマス＝ジェファソン起草**。ロックの思想の影響を受けて、圧政に対する抵抗権を明記。
合衆国憲法	1783年パリ条約でイギリスからミシシッピ以東のルイジアナを獲得して独立を達成 → 合衆国憲法の制定 → ワシントンが初代大統領に就任

 フランスやスペインは、13植民地側に立って参戦し、北欧諸国は武装中立同盟を結成したため、イギリスは孤立し、植民地側が勝利します。

3 フランス革命

- 1789年　国王が特権身分に課税を試みる → 三部会の召集 → 第三身分が国民議会を創設 → バスティーユ牢獄襲撃事件 → 全国的な農民蜂起 → 「人権宣言」「封建的特権の廃止」
- 1799年　ナポレオンがブリュメール18日のクーデタで政府の実権を握る
- 1804年　「フランス民法典」の発布、ナポレオンの皇帝就任
- 1805年　**トラファルガー海戦**でナポレオンがイギリスに敗れる
- 1813年　ライプチヒの戦い → 諸国民戦争 → ナポレオンの失脚

4 ウィーン体制

ヨーロッパの秩序再建のために1814年ウィーン会議が開催されました。会議ではフランス革命前の王権と領土を正統とする**正統主義**が基調となり、**自由主義やナショナリズムを抑えようとするウィーン体制**が成立しました。

INPUT

5 フランスの七月革命と二月革命

七月革命 （1830年）	ウィーン体制後に成立していた復古王政に対し，自由主義貴族の ルイ＝フィリップを国王とする七月王政が成立。
二月革命 （1848年）	国王ルイ＝フィリップは亡命して共和制が成立 →　大統領にルイ＝ナポレオンが就任　→　皇帝ナポレオン3世

6 イギリス産業革命（18世紀）

■背景
17世紀の市民革命により，経済活動における封建的束縛が解消
農村に**毛織物のマニュファクチュアが広範に発展**し，**資本が蓄積**
次々と他国を破って広大な植民地を獲得して，**市場を確保**
国内に石炭や鉄鋼が豊富に産出（綿花は輸入）
農業革命で囲い込みが進展し，**労働力が供給**

(1)　発明の経過

　綿織物の分野から技術革新が進展し，ワットの蒸気機関，スティーヴンソンの蒸気機関車の実用化により，動力部門・運輸部門にも技術革新が進みます。

(2)　産業革命後の社会

　機械制工場生産を土台に近代資本主義体制が確立し，工場を経営する産業資本家が台頭しました。しかし，一方で年少者や女性が不衛生な環境の中，低賃金・長時間労働を課せられ，労働問題が発生しました。

7 ドイツ統一

1866年　普墺（プロイセン＝オーストリア）戦争 　　　　　→　ドイツがオーストリアを破り，ドイツ統一の主導権を獲得
1870年　**普仏（プロイセン＝フランス）戦争**
1871年　プロイセンの勝利　→　**ドイツ帝国の樹立を宣言**（ドイツ統一）

8 アメリカ南北戦争（1861～65年）

　奴隷制の廃止と保護貿易を主張する北部と，奴隷制の存続と自由貿易を主張する南部との間に戦争が起こります。1863年にリンカンが奴隷解放宣言を発し，北部が勝利して戦争は終結しました。

第2章 SECTION 1 近代市民社会の成立
市民革命から19世紀の欧米諸国

実践 問題 121 基本レベル

頻出度 地上★★ 国家一般職★★ 東京都★ 特別区★
　　　 裁判所職員★★ 国税・財務・労基★★ 国家総合職★★

問 17世紀のイギリスの歴史に関する記述として，妥当なのはどれか。

(東京都2020)

1：クロムウェルに率いられた議会派は，国王軍を破ると，国王チャールズ2世を裁判にかけて処刑し，共和政をはじめる十月革命をおこした。
2：クロムウェルの独裁に不満を持った国民は王制を復古させ，王権神授説をとったチャーチルが立憲君主政の頂点に立った。
3：議会と国教会は国王一家を追放し，カトリックの王族を招き，議会との間に「権利の章典」を定めることで，共和政が確立した。
4：イングランド銀行や公債の発行による積極財政をすすめ，国内産業を盛んにし，海外の植民地を拡大していった。
5：ヴィクトリア女王による絶対王政により，官僚制，常備軍を整えるなど，国内の中央集権化を推進した。

OUTPUT

実践 問題 121 の解説

〈17世紀のイギリス〉

1 × クロムウェルが議会派を率いて国王軍を破ったのは,清教徒(ピューリタン)革命である。また,このとき処刑されたのは,チャールズ1世である。十月革命は,第1次世界大戦中に,ロシアでレーニンが社会主義政権を樹立した革命である。

2 × クロムウェルの独裁に不満を持った国民が王制(王政)を復活させたことは正しいが,この時に即位したのはチャールズ2世である。王権神授説をとった国王は,清教徒(ピューリタン)革命の前に国王であったジェームズ1世である。ジェームズ1世の名前がわからなくても,革命前が絶対王政=王権神授説である点から本肢を誤りであると判断したい。また,チャーチルは第2次世界大戦時の首相である。

3 × チャールズ2世の後,王位を継いだジェームズ2世は,カトリックと絶対王政の復活に努めたので,議会は新教徒であったジェームズ2世の娘のメアリとその夫であるオランダ総督ウィレムを国王とすべくイギリスに招いた。これが名誉革命であるが,名誉革命の後,「権利章典」が定められて,立憲君主制が確立した。

4 ○ 妥当である。17世紀のイギリスで採用されていたのは重商主義政策である。重商主義は,輸出超過による金銀の流入が国富の増大のために不可欠であるとの考えであり,国内産業を盛んにして,積極的に海外に植民地を拡大していった。

5 × イギリスで絶対王政が現出されたのは,16世紀のエリザベス1世の治世である。ヴィクトリア女王は19世紀後半の女王である。

■近代市民革命の成立

正答 4

近代市民社会の成立
市民革命から19世紀の欧米諸国

実践　問題122　基本レベル

頻出度：地上★★★　国家一般職★★　東京都★　特別区★
　　　　裁判所職員★　国税・財務・労基★　国家総合職★

[問] イギリスの王権と議会の関係に関する記述A〜Dのうち，妥当なもののみを挙げているのはどれか。　　　　　　　　（国税・財務・労基2013）

A：貴族は，結束してジョン王に反抗し，1215年に，新たな課税には高位聖職者と大貴族の会議の承認を必要とすることなどを定めた大憲章（マグナ＝カルタ）を王に認めさせた。

B：15世紀に，絶対王政を確立したランカスター朝のエリザベス1世は，神から授かった王権は人民に拘束されないという王権神授説を唱え，議会を無視して課税するなど，専制政治を行った。

C：チャールズ2世が絶対王政の復活に努めたため，1688年に，議会はクロムウェル率いる騎馬隊により対抗し，国民の生命・財産の保護などを定めた権利の章典を王に受け入れさせ，これにより立憲王政が確立した。

D：議会の権利を主張するホイッグ党のウォルポールは1721年に首相となり，その後，内閣が王に対してではなく，議会に対して責任を負うという責任内閣制が形成されていった。

1：A，B
2：A，C
3：A，D
4：B，C
5：C，D

直前復習

OUTPUT

実践 問題 **122** の解説

チェック欄		
1回目	2回目	3回目

〈イギリスの王権と議会〉

第2章 近代市民社会の成立

A○ 中世のイギリスにおいては，貴族が失政続きの**ジョン王**が不当に重税を課してきたことに対抗し，1215年に新たな課税には高位聖職者と大貴族の会議の承認を必要とすることなどを定めた**大憲章（マグナ＝カルタ）**を認めさせた。大憲章によって確認された権利は，貴族らの封建的な特権を中心とするものであったが，市民革命期には国王の専制に対して国民の権利を守るものとみなされ，イギリス立憲政治の最初の憲章とされている。

B✕ **16世紀**に絶対王政を確立した**エリザベス1世**（位1558〜1603年）は，ランカスター朝ではなくテューダー朝の王である。エリザベス1世の時代には，国王と議会の対立は顕在化しなかったが，エリザベス1世の死後，テューダー朝に代わってステュワート朝が成立すると，ジェームズ1世が神から授かった王権は人民に拘束されないという**王権神授説**を唱え，議会を無視して課税するなど，専制政治を行ったため，議会との対立を招いた。

C✕ **クロムウェル**が活躍したのは，**清教徒（ピューリタン）革命**であり，「**権利の章典**」により立憲王政が確立したのは**名誉革命**である。議会は1628年に「権利の請願」により，チャールズ1世の専制（議会の承認のない課税や不当な逮捕）を批判したが，国王が議会を解散して対抗するなど，議会と国王の対立が激化し，1642年に武力衝突から清教徒（ピューリタン）革命が起こった。この時に活躍したのがクロムウェルである。一方，1688年から起こった名誉革命では，国民の生命・財産の保護などを定めた権利の章典を制定し，議会主権に基づく立憲王政が確立した。

D○ イギリスでは18世紀にドイツより国王を招いてハノーヴァー朝が成立したため，英語の話せない国王は政治を臣下に任せるようになり，市民革命期に登場した国王の権威を重んじるトーリー党と，議会の権利を主張するホイッグ党の指導者が国政に参加するようになっていた。1721年に首相となった**ウォルポール**が，議会内において少数派となったたことを理由に辞任をしたことから，**責任内閣制**が形成されていった。

以上から，AとDが妥当であるので，肢3が正解となる。

正答 **3**

LEC東京リーガルマインド　2022-2023年合格目標 公務員試験 本気で合格！過去問解きまくり！　341
⑤人文科学Ⅰ

第2章 近代市民社会の成立
SECTION 1 市民革命から19世紀の欧米諸国

実践 問題 123 基本レベル

頻出度　地上★★　国家一般職★★★　東京都★★　特別区★★
　　　　裁判所職員★★　国税・財務・労基★★★　国家総合職★★★

問 各国で起きた革命及び戦争に関する記述として最も妥当なのはどれか。

(国Ⅱ2007)

1：英国では，議会を解散した上で増税を強行しようとするチャールズ1世に対し，議会が「代表なくして課税なし」と主張してピューリタン革命を起こした。議会派のクロムウェルは王党派の軍隊を破るとチャールズ1世をオランダへ追放し，護国官に就任して共和制を敷いた。

2：英国によって重税を課せられるなどの圧迫を受けていたアメリカ植民地では，トマス＝ジェファソンが自著『コモン＝センス』の中で「万機公論に決すべし」と唱えて独立の気運を高めた。植民地で反乱が起こると英国はフランスと結んで鎮圧を試みたが失敗し，アメリカ合衆国が建国された。

3：フランスでは，絶対王政に対する民衆の不満からフランス革命が勃発し，ルイ16世は革命勢力によって幽閉された。ロベスピエールは「国王は君臨すれども統治せず」であるべきだと主張してテルミドールの反動（クーデタ）を起こし，ルイ16世を形式的元首とする統領政府を樹立した。

4：アメリカ合衆国では，奴隷制の拡大に反対し，自由貿易を推進するリンカンが大統領に就任したことで南北戦争が勃発した。リンカンはこの戦争に勝利すると，フィラデルフィアでの勝利式典で奴隷解放宣言を発表し，その中で「人民の，人民による，人民のための政治」を掲げた。

5：プロイセンでは，ビスマルクが首相に就任すると「鉄と血によってのみ問題は解決される」と主張して軍備拡張を図り，普墺戦争でオーストリアを破った。さらに普仏戦争でフランスを破ると，プロイセン王のヴィルヘルム1世はヴェルサイユ宮殿でドイツ帝国の成立を宣言した。

OUTPUT

実践 問題 **123** の解説

〈革命および戦争〉

1 ✕ 「代表なくして課税なし」とはアメリカ独立戦争前夜に，イギリスが印紙法を制定してアメリカの13植民地への課税を強化した際に人々が掲げたものである。また，ピューリタン革命はクロムウェルを中心に進められたが，その際に国王チャールズ1世は処刑されている。

2 ✕ アメリカの独立戦争に際し，『コモン＝センス』を著して独立の気運を高めたのはトマス＝ペインである。ジェファソンは「独立宣言」の起草者。また，アメリカの独立戦争に際してフランスは13植民地側に立って参戦している。

3 ✕ 「国王は君臨すれども統治せず」とは，18世紀以降のイギリスの政治状況を表したものである。また，フランス革命において国王ルイ16世は断頭台に送られ処刑されている。テルミドールの反動（クーデタ）は恐怖政治を展開していたロベスピエールを処刑したものであり，この結果，5人の総裁からなる総裁政府が樹立された。

4 ✕ アメリカの南北戦争（1861〜65年）が，北部出身のリンカンが大統領に就任したことを契機に勃発したことは正しい。ただし，リンカンを中心とする北部はイギリスに対抗するために保護関税政策を主張した。自由貿易を強く要求していたのは南部である。また，リンカンの奴隷解放宣言は南北戦時中に出されたもの。「人民の〜」演説も南北戦争最大の激戦地であるゲティスバーグで行われた（1863年）。

5 ◯ ドイツ統一は，プロイセンの首相ビスマルクが鉄血政策を採用して軍備増強を図ることでオーストリアを排除して推進された。プロイセンの強大化を恐れるフランスがドイツ統一に介入すると，普仏戦争が起こったが，プロイセンがフランスを打倒してプロイセン王のヴィルヘルム1世が1871年にヴェルサイユ宮殿でドイツ帝国の樹立を宣言した。

第2章 近代市民社会の成立

正答 **5**

近代市民社会の成立
市民革命から19世紀の欧米諸国

実践 問題 124 基本レベル

頻出度	地上★★★	国家一般職★★	東京都★	特別区★
	裁判所職員★	国税・財務・労基★★		国家総合職★★

問 18世紀のアメリカに関する次のA～Cの記述の正誤の組合せとして最も妥当なものはどれか。　　　　　　　　　　　　　　　　　（裁判所職員2021）

A：1773年,ボストンの市民たちは,印紙法に反対するため「代表なくして課税なし」と主張してボストン茶会事件を引き起こした。

B：1775年,武力衝突を契機にアメリカ独立戦争が始まり,1776年にはジェファソンらが起草した独立宣言を発表した。

C：1783年,パリ条約締結により,イギリスは50の植民地の独立を承認し,ミシシッピ川以東の広大な領地を譲った。

```
    A    B    C
1： 正   誤   正
2： 正   正   誤
3： 誤   正   誤
4： 誤   正   正
5： 誤   誤   正
```

OUTPUT

実践 問題 **124** の解説

チェック欄		
1回目	2回目	3回目

〈アメリカの独立〉

A ✗ 1773年に**ボストン茶会事件**が起こったことは正しいが，この事件はイギリス政府が植民地商人による茶の密貿易を禁じ，茶の滞貨に苦しむ東インド会社に茶の独占販売権を与える茶法を制定したことが原因である。**印紙法**の制定に対して，植民地側が**「代表なくして課税なし」**と反対したのは，1765年のことである。

1765年	イギリスが印紙法を制定して，13植民地に課税強化 → 植民地では「代表なくして課税なし」と反対運動が盛り上がる → 翌年撤回
1773年	イギリスが茶法を制定して植民地への茶の販売権を東インド会社に独占させる → 茶法の反発からボストン茶会事件が起こる

B ○ 1775年にイギリス政府とアメリカの植民地側との武力衝突が起こり，独立戦争が開始された。植民地側はワシントンを総司令官として戦い，1776年にはロックの思想を参考にして**トマス＝ジェファソンらが起草した独立宣言**を発表した。

C ✗ もともとアメリカ北東部海岸に成立していたのは**13の植民地**であり，13植民地は独立を宣言した際にアメリカ合衆国の名を採用し，パリ条約ではこのアメリカ合衆国の独立をイギリスが承認した。独立当初のアメリカ合衆国は，13の州のゆるい連合にすぎなかったが，合衆国憲法の制定により，各州に大幅な自治を認めながらも中央政府の権限を強化する連邦主義を採用した。

以上から，肢3が正解となる。

【ポイント】

2016年の国税・財務・労基に次いで，裁判所職員でもアメリカに成立していた植民地の数が問題となっています。アメリカ合衆国が当初は13州として成立した点は覚えておくべき事項ということになります。

正答 3

第2章 近代市民社会の成立

LEC東京リーガルマインド　2022-2023年合格目標 公務員試験 本気で合格！過去問解きまくり！　345
⑤人文科学Ⅰ

第2章 SECTION 1 近代市民社会の成立
市民革命から19世紀の欧米諸国

実践 問題 125 基本レベル

頻出度　地上★★★　国家一般職★★★　東京都★★　特別区★★
　　　　裁判所職員★★　国税・財務・労基★★　国家総合職★★★

問　アメリカ合衆国の歴史に関する記述として最も妥当なのはどれか。

（国Ⅱ 2011）

1：イギリスからの植民者たちはキリスト教の宗派が共通していたことから、入植当初から相互の政治的な結び付きも強かった。先住民を排除して領土を拡大していき、17世紀前半には、ルイジアナ植民地の議会を最初として植民地議会などの自治制度を作り出した。

2：東海岸にあった13植民地による憲法制定会議で合衆国憲法が制定されたことにより、アメリカ合衆国が成立した。同国はその成立を認めないイギリスを戦争で打ち破った後、ジェファソンやフランクリンらが起草した独立宣言を発表して自国の正統性を主張した。

3：アメリカ合衆国はその独立戦争でフランスの干渉を受けたため、フランス革命やナポレオン戦争に際してモンロー宣言を公表して積極的に干渉した。同宣言で、ヨーロッパの情勢に積極的に干渉する一方、その植民地となっていたラテンアメリカの情勢には干渉しない方針を示した。

4：南北戦争の背景には、奴隷制をめぐる立場の違いとともに、北部と南部の経済上の対立があった。工業化の進んだ北部はイギリスとの対抗上、保護貿易を求める一方、南部では主に綿花が栽培され、綿工業の発達したイギリスに輸出する体制がとられていたので、自由貿易を求めた。

5：19世紀後半には、全国的な高速自動車道路網が完成して国内市場が統一され、またアジアから移民が大量に流入した。これにより、同世紀末には、アメリカ合衆国において自動車や家庭電化製品などの大量生産・大量消費をもとにした生活様式が出現し、大衆消費社会が到来した。

OUTPUT

実践 ▶ 問題 **125** の解説

チェック欄		
1回目	2回目	3回目

〈アメリカ合衆国史〉

1 ✕ イギリスからの植民者たちは，独立派のほか，国王への忠誠派や中立派も存在していたため，トマス＝ペインが『コモン＝センス（常識）』を著したのである。また，入植当初は，植民地人の居住地域はイギリス本国によってアパラチア山脈以東の地域に限定されており，先住民を排除して領土を（西へ）拡大していくのは，独立後の19世紀のことである。

2 ✕ 独立戦争においてイギリスに勝利した後，合衆国憲法が制定されてワシントンが初代大統領に就任した。

1775年	アメリカ独立戦争の開始
1776年	ジェファソンの起草した独立宣言を発表
1783年	パリ条約でイギリスからの独立を達成
1787年	憲法制定会議で合衆国憲法を制定
1789年	ワシントンが初代大統領に就任

3 ✕ モンロー宣言はフランス革命やナポレオン戦争の際ではなく，1823年にラテン＝アメリカの独立を支援して発せられたものである。なお，アメリカは建国以来，ヨーロッパのことには干渉しない方針をとっており，フランス革命やナポレオン戦争では中立を維持するが，そうした外交方針が対外的に明示されたのがモンロー宣言であり，ヨーロッパのことに干渉しない，というのがアメリカの基本的な外交になる。

4 ○ 北部は奴隷制の廃止と保護貿易を，南部が奴隷制の存続と自由貿易を求めていた。

5 ✕ アメリカ合衆国において自動車や家電製品などの大量生産・大量消費をもとにした生産様式が出現し，大衆消費社会が到来したのは第1次世界大戦後の1920年代以降のことである。なお，南北戦争後に完成した大陸横断鉄道の建設には，アジア（中国）からの移民労働者がかかわっている。

正答 4

LEC東京リーガルマインド　2022-2023年合格目標 公務員試験 本気で合格！過去問解きまくり！　347
⑤人文科学Ⅰ

第2章 SECTION 1 近代市民社会の成立
市民革命から19世紀の欧米諸国

実践 問題 126 応用レベル

頻出度 地上★★★ 国家一般職★★ 東京都★★ 特別区★
裁判所職員★ 国税・財務・労基★★ 国家総合職★★

問 18世紀のアメリカの歴史に関する記述として，妥当なのはどれか。

（東京都Ⅰ類A 2019）

1：1773年，フランスが東インド会社にアメリカ植民地での茶の独占販売を認めることに反対した一団が，同会社の船を襲い，積み荷の茶を投棄する事件が起きた。
2：1775年，アメリカ独立戦争が勃発し，翌年，13の植民地がリンカンの起草した独立宣言を採択した。
3：ヨークタウンの戦いに敗れたイギリスは，1783年にパリ条約でアメリカ合衆国の独立を承認し，五大湖以西の広大な領地を譲った。
4：1787年，アメリカ合衆国は三権分立，人民主権を基本理念とする，ミドハト憲法を制定した。
5：1789年にワシントンがアメリカ合衆国の初代大統領に就任し，その後，あらたに首都ワシントンが建設された。

実践 問題126 の解説

〈18世紀のアメリカの歴史〉

1 × 東インド会社の船を襲い，積み荷の茶を投棄するボストン茶会事件が起こったのは，イギリスが東インド会社にアメリカ植民地での茶の独占販売を認めたことが契機となっている。

2 × アメリカの独立宣言を起草したのは，ジェファソンである。リンカンは，南北戦争中の1863年に，奴隷解放宣言を発した大統領である。

3 × パリ条約でアメリカ合衆国の独立を認めたイギリスは，ミシシッピ以東のルイジアナを割譲した。

4 × 1787年にアメリカ合衆国で制定されたのは，合衆国憲法である。ミドハト憲法は，19世紀にオスマン＝トルコで制定された憲法である。

5 ○ アメリカ合衆国が独立した当初は，13の独立した州のゆるい連合にすぎなかったが，憲法制定後には，各州に大幅な自治を認めながらも，中央政府の権限を強化する連邦主義を採用し，各州と対等な立場の，連邦政府に直轄のコロンビア特別区を設立し，首都ワシントンを建設した。

正答 5

近代市民社会の成立
市民革命から19世紀の欧米諸国

実践　問題 127　基本レベル

頻出度	地上★★★	国家一般職★★★	東京都★	特別区★
	裁判所職員★	国税・財務・労基★★		国家総合職★★

問 北アメリカ及びラテンアメリカ諸国の独立に関する記述として最も妥当なのはどれか。
（国税・財務・労基2016）

1：18世紀半ばまでに，北アメリカの東海岸には，イギリスによって20以上の植民地が成立していた。しかし，イギリス領カナダが独立を果たしたことをきっかけに北アメリカの植民地においても独立運動が本格化し，アメリカ独立革命の起点となった。

2：植民地軍総司令官に任命されたジェファソンは，大陸会議においてアメリカ独立宣言を採択した。それに対し，イギリス本国が東インド会社による植民地への茶や綿の販売を厳しく制限したため，植民地側はボストン茶会事件を起こして反発し，独立戦争へと発展していった。

3：ヨーロッパにおける三十年戦争の激化により，戦局はしだいに植民地側に有利になり，18世紀末，イギリスはウェストファリア条約でアメリカ合衆国の独立を承認した。その後，人民主権，三権分立を基本理念とする合衆国憲法が制定され，初代大統領にワシントンが就任した。

4：フランス革命の影響を受けたトゥサン＝ルヴェルテュールらの指導により，カリブ海フランス領で反乱が起こった。植民地側はこれに勝利し，キューバ共和国がラテンアメリカ初の独立国としてフランス，アメリカ合衆国から正式に承認され，あわせて奴隷制が廃止された。

5：16世紀以降の南アメリカ大陸は，多くがスペインの植民地であったが，ナポレオンによるスペイン占領の影響をきっかけに独立運動が本格化した。植民地側は次々と勝利を収め，19世紀前半には，南アメリカ大陸のほとんどの植民地が独立を達成した。

OUTPUT

チェック欄		
1回目	2回目	3回目

実践 ▶ 問題 **127** の解説

〈アメリカの独立とラテン＝アメリカの独立〉

1 ✕ 北アメリカの東海岸に成立していたイギリスの植民地は13である。また，カナダがイギリス連邦カナダ自治領となったのは19世紀であり，1931年にウェストミンスター憲章が成立すると，外交自主権を獲得して完全な独立国となった。したがって，18世紀のアメリカの独立革命はカナダの独立がきっかけではない。

2 ✕ アメリカ独立宣言は1775年に独立戦争が開始された後の1776年に発表された。また，植民地軍の総司令官はジェファソンではなく，ワシントンである。また，独立戦争の契機となったのは，イギリス本国が東インド会社に植民地への茶の販売権を独占させた茶法を制定したことである。東インド会社による植民地への茶の販売を厳しく制限したのではない。

3 ✕ ヨーロッパにおける三十年戦争がウェストファリア条約によって終結したのは1648年の17世紀のことであり，時代がまったく異なる。アメリカの13植民地は，1783年にパリ条約によりイギリスからの独立を果たした。

4 ✕ フランス革命の影響を受けてトゥサン＝ルーヴェルテュールの指導によって独立したのはハイチである。ハイチは史上初の黒人共和国であり，黒人奴隷制も同時に廃止されたため，この影響を受けてイギリスの奴隷貿易が廃止されるなど，大きな衝撃を与えた。キューバは19世紀末の時点でスペインの植民地であり，アメリカはキューバの独立を支援するという口実でスペインに開戦し，米西戦争となっている。キューバは米西戦争後にアメリカの保護国となっている。

5 ◯ 15世紀後半にポルトガルやスペインが新航路の開拓に乗り出し，1494年にトルデシリャス条約によってポルトガルとスペインの領域が決められた結果，16世紀には南アメリカ大陸の大半がスペインの植民地となった。ナポレオンがスペインを占領してスペイン本国との連絡が途絶えたことが契機となり，植民地生まれの白人であるクリオーリョ階級が独立運動の中心となって，19世紀前半には次々と独立を果たした。

第2章 近代市民社会の成立

正答 5

近代市民社会の成立
市民革命から19世紀の欧米諸国

実践 問題 128 基本レベル

頻出度 地上★★★ 国家一般職★★★ 東京都★★★ 特別区★★
裁判所職員★★ 国税・財務・労基★★★ 国家総合職★★

問 19世紀のアメリカの歴史に関する記述として，妥当なのはどれか。

（東京都Ⅰ類B 2018）

1：1823年に，第5代大統領モンローは，ラテンアメリカ諸国の独立を支持するため，ヨーロッパ諸国のアメリカ大陸への干渉に反対し相互不干渉を表明するモンロー宣言を発表した。
2：1845年にアメリカ合衆国がカリフォルニアを併合すると，メキシコを植民地支配するポルトガルとの対立が激化し，アメリカ＝ポルトガル戦争が勃発し，この戦争に勝利したアメリカ合衆国は，メキシコからテキサスなどを獲得した。
3：アメリカ合衆国の南部諸州は，奴隷制の存続のために州の自治権を制限することを要求し，1861年初めに南部諸州は立憲君主制によるアメリカ連合王国をつくって連邦から分離し，南北戦争が始まった。
4：1863年，南部反乱地域の奴隷解放宣言を出し内外世論の支持を集めたリンカンは，ミズーリの演説で「人民の代表者による，人民のための政治」を訴えた。
5：南北戦争後，荒廃した南部の再建が民主党の主導で進められ，南部各州の憲法の修正により奴隷制は正式に廃止され，解放された黒人に投票権が与えられた。

実践 問題128 の解説

〈19世紀のアメリカ〉

1 ○ 19世紀初頭のモンロー宣言の内容として、妥当である。モンロー宣言に示された相互不干渉はその後のアメリカ外交の基本となった。

2 × 選択肢を正しい文章に直すと、1845年にアメリカ合衆国がテキサスを併合すると、これに反対するメキシコとの対立が激化し、アメリカ＝メキシコ戦争が起こったが、これに勝利したアメリカ合衆国はメキシコからカリフォルニア・ニューメキシコ両地方を獲得した、となる。が、この選択肢は、「メキシコを植民地支配するポルトガル」の部分で誤りと判断する。メキシコはスペインの植民地であったが、19世紀初頭に独立した。

3 × 南部諸州が奴隷制の存続を要求していたことは正しいが、合わせて州の自治、自由貿易を主張していた。

北部（商工業が発達）	奴隷制廃止・保護貿易・連邦主義
南部（プランテーション）	奴隷制存続・自由貿易・州権主義

なお、リンカンが大統領に就任したことに対し、南部の諸州は連邦から離脱してアメリカ連合国を結成し、ジェファソン＝デヴィスを大統領に選出した。南部諸州が結成したのが立憲君主制によるアメリカ連合王国とあるのは妥当でない。

4 × リンカンが奴隷解放宣言を出したことは正しいが、リンカンが演説を行ったのは、南北戦争における最大の激戦が行われたゲティスバーグである。また、このゲティスバーグ演説でリンカンは「人民の、人民による、人民のための政治がこの地上から消えることのないようにしなければならない」と訴えた。「Government of the people, by the people, for the people」は、通常、「人民の代表者による」とは訳さない。

5 × 肢を正しい文章に直すと、荒廃した南部の再建が共和党の主導のもとに進められ、連邦憲法の修正により奴隷制は正式に廃止され、解放黒人に投票権が与えられた。しかし、南部諸州は州法などによって黒人の投票権を制限したり、公共施設を人種別に分けるなど、差別待遇を進めた、となる。

【ポイント】

本問が基本レベルであるのは、正解肢が基本事項であるからです。肢1のモンロー宣言について、確実に○がつけられるような勉強が大切です。

正答 1

第2章 近代市民社会の成立
SECTION 1 市民革命から19世紀の欧米諸国

実践 問題129 基本レベル

頻出度	地上★★★	国家一般職★★	東京都★	特別区★
	裁判所職員★	国税・財務・労基★		国家総合職★★

問 アメリカ合衆国の大統領に関する記述として，妥当なのはどれか。

(東京都Ⅰ類B 2013)

1：ワシントンは，アメリカの独立戦争で植民地側の軍隊の総司令官となり，イギリスとの戦いに勝利した後，初代大統領となって独立宣言を発表した。
2：トマス＝ジェファソンは，独立宣言の起草者の一人であり，大統領に就任後，メキシコとの戦争に勝利してテキサス，カリフォルニアを獲得し，アメリカの領土を太平洋沿岸にまで広げた。
3：リンカンは，南北戦争後に大統領に就任し，戦争で勝利した北部の主張を受けて，奴隷解放宣言を発表するとともに，保護貿易と連邦制の強化に努めた。
4：ウィルソンは，第一次世界大戦中，軍備の縮小や国際平和機構の設立を提唱し，戦後，国際連盟が結成されると，アメリカは常任理事国として国際紛争の解決に取り組んだ。
5：フランクリン＝ローズヴェルトは，恐慌対策としてニューディール政策を実施したほか，ラテンアメリカ諸国に対する内政干渉を改めて，善隣外交を展開した。

OUTPUT

チェック欄		
1回目	2回目	3回目

実践 問題 **129** の解説

〈アメリカ合衆国の大統領〉

1 ✕ ワシントンがアメリカの独立戦争で植民地側の軍隊の総司令官となったことは正しいが，①1775年独立戦争が勃発，②1776年に独立宣言発表，③1783年にパリ条約で独立を達成した後，④1787年に合衆国憲法が制定され，憲法に基づく連邦政府が発足し，⑤ワシントンが初代大統領に就任との順番になる。

2 ✕ トマス＝ジェファソンが独立宣言の起草者の１人であることは正しいが，ジェファソンが大統領であったのは1801年から09年である。メキシコとの戦争に勝利してアメリカの領土を太平洋沿岸にまで広げたのは1848年であるので，ジェファソンの時代ではない。

3 ✕ リンカンの大統領就任は南北戦争後ではなく，リンカンの大統領当選を契機に南部諸州が連邦から離脱したことから南北戦争が起こった。また，リンカンが1863年に発表した奴隷解放宣言は，南北戦争の最中に南部奴隷の決起を促すとともに，内外世論の支持を北部に集めるといった戦略的な措置で発せられたものである。

4 ✕ 第１次世界大戦中にウィルソン米大統領が，戦後の秩序構築のために軍備の縮小や国際平和機構の設立などを提唱した十四カ条の平和原則を発表したことは正しいが，戦後，アメリカでは再び孤立主義が台頭し，国際連盟には参加しなかった。したがって，常任理事国でもない。

5 ◯ 1929年にニューヨーク市場で株価が暴落し，経済恐慌が発生すると，フランクリン＝ルーズベルトはニューディール政策によって経済の建て直しを進めた。一方，19世紀末以来進めてきたラテン＝アメリカ諸国への膨張政策も転換が図られ，ラテン＝アメリカ諸国との互恵通商政策による貿易拡大とそれを通じた景気拡大を図る善隣外交が展開された。

第２章 近代市民社会の成立

正答 5

近代市民社会の成立
市民革命から19世紀の欧米諸国

実践 問題130 基本レベル

頻出度	地上★★★	国家一般職★★	東京都★	特別区★
	裁判所職員★	国税・財務・労基★★		国家総合職★★

問 アメリカ合衆国の歴代大統領に関する記述として最も妥当なのはどれか。

(国Ⅰ2006)

1：初代大統領ワシントンは，植民地を圧迫する諸法を制定したイギリス本国主催の大陸会議に反対して「コモン＝センス」を発表し，独立の必要性を主張した。ボストン茶会事件においてイギリス本国軍が植民地民兵を殺傷したことを契機に義勇軍を率いて参戦し，独立軍の総司令官に任命された。アラモの戦いで本国軍に大勝して独立を達成し，初代の大統領に選ばれた。

2：第3代大統領ジェファソンは，ロックの革命思想と植民地の自由の精神を基礎とした「独立宣言」の起草において中心的役割を果たし，基本的人権・人民主権・抵抗権の重要性を明らかにした。また，大統領就任後は，民主主義の推進に努めるとともに，フランスから広大なルイジアナを購入して西部開拓の基礎を築いた。

3：第5代大統領モンローは，米西戦争によりスペインからフィリピンを獲得するとともに，アメリカ－メキシコ戦争に勝利を収めてカリフォルニアを領土とした。また，モンロー宣言を発して，ヨーロッパ諸国とアメリカ大陸との相互不干渉を宣言した。他方，アジア諸国について中国には，門戸開放と機会均等を求め，日本にペリーを派遣するなどした。

4：第7代大統領ジャクソンは，北部の商工業者に支持されて当選した最初の北部出身大統領で，共和制の擁護，普通選挙制の導入など各州の自治権を擁護する政策をとった。また，従来の派閥優遇の猟官制度を改め官僚公募制を実施して有能な人材を登用するなど，いわゆるジャクソン民主主義を推進した。

5：第16代大統領リンカンは，南北戦争が始まった直後に，奴隷制の即時廃止と大農園制の強化を図るためのホームステッド法の制定を主張して大統領に当選した。最後の戦闘となったゲティスバーグの戦いの後には奴隷解放宣言を発し，また，戦争後には大陸横断鉄道を完成させ国内市場の統一を促した。

OUTPUT

実践 問題 130 の解説

〈アメリカ合衆国の大統領〉

1 × 「コモン=センス」を発表したのは、ワシントンではなくトマス=ペインである。
2 ○ 妥当である。肢後半は細かい事項であるが、他の選択肢に明らかな誤りが含まれているため、消去法で本肢を残す。
3 × モンロー大統領がモンロー宣言を発したのは1823年のことである。一方、米西戦争は19世紀末、カリフォルニアを領土としたのは19世紀半ばのこと。
4 × ジャクソンは西部出身初の大統領である。
5 × リンカンの大統領当選が契機となって南北戦争が始まった。

■19世紀のアメリカ

1823年	モンロー宣言：ウィーン体制下で独立を宣言したラテン=アメリカ諸国の独立を支援し、ヨーロッパ諸国の干渉をけん制し、アメリカとヨーロッパの相互不干渉を提唱した。
1848年	19世紀前半に西部開拓が加速、メキシコとの戦争に勝利してカリフォルニアを獲得（領土が太平洋岸に到達） → ペリー来航（1853年） → ゴールドラッシュ
1861年	リンカン大統領当選 → 南北戦争開始
1863年	リンカン「奴隷解放宣言」 → 1865年南北戦争終結
1898年	米西戦争：キューバでスペイン支配に対する反乱が起こると、これに介入してスペインに開戦 → フィリピンをスペインから獲得
1899年 1900年	門戸開放宣言：三国干渉後の中国分割に出遅れたアメリカが中国市場の機会均等を主張。義和団事件後には中国の領土保全がプラス。

正答 2

近代市民社会の成立
市民革命から19世紀の欧米諸国

実践 問題131 基本レベル

頻出度 地上★★★　国家一般職★★★　東京都★★★　特別区★★★
　　　　裁判所職員★★★　国税・財務・労基★★★　国家総合職★★★

問 アメリカ合衆国の歴史に関する次の記述のうち、妥当なのはどれか。

（国税・労基2000）

1：18世紀前半までに北アメリカの東海岸地帯には、イギリス人により植民地が作られていた。植民地は13に分かれ、それぞれ自治権をもち、それぞれの代表をイギリス本国の議会へ送っていた。18世紀後半になると、イギリス本国は植民地の反対を無視して印紙税法、茶法などを施行したため、植民地の不満が高まり、独立戦争が起こった。

2：19世紀半ばのアメリカ合衆国では、北部と南部の対立が激しくなっていた。工業が発達しつつあった北部は自由貿易を主張し、奴隷制度に反対していた。黒人奴隷を使った大農園が発達した南部は、保護貿易と奴隷制度の存続を主張していた。そのような状況の中で共和党のリンカンが大統領に当選すると、南部諸州がアメリカ合衆国から脱退し、南北戦争が始まった。

3：第1次世界大戦末期、ウィルソン大統領は戦後の世界再建に関する理想主義的な「14カ条」の原則を発表し、この原則の中にある考え方を基にして国際連盟が生まれた。戦後アメリカ合衆国は、国際社会における発言力を増大させ、国際連盟の常任理事国として海軍軍縮条約の締結を推進するなど、国際協調を指導的に進めた。

4：1929年、ニューヨーク株式取引所の株価が暴落し、これがきっかけとなって大恐慌が起こった。このとき、大統領は共和党のフーヴァーであったが、アメリカ合衆国は恐慌から抜け出せず、3年後の大統領選挙では民主党のフランクリン＝ルーズヴェルトが当選した。ルーズヴェルトは、テネシー川流域開発公社（TVA）による開発事業などニューディールとよばれる政策を実施した。

5：第2次世界大戦後、トルーマン大統領は、共産主義勢力に対抗するため、西ヨーロッパ諸国には、トルーマン＝プランにより大規模な経済援助を行い、アジア地域においては、太平洋安全保障条約（ANZUS）を始めとする集団安全保障機構の設立を指導し、また、北ヴェトナムと対立していた南ヴェトナムへ軍事顧問団を派遣した。

OUTPUT

実践 問題 **131** の解説 ―――――

チェック欄		
1回目	2回目	3回目

〈アメリカ史〉

1 ✕ アメリカの13植民地がイギリスからの独立を求めた背景には，イギリス本国が13植民地への課税を強化したことがある。13植民地はそれぞれ植民地議会を持っていたが，本国議会には議員を送ることができなかったため，イギリス本国では市民革命によって確立されていた「課税には議会の承認がいる」との原則の適用を求め，印紙法の制定には「代表なくして課税なし」と反対した。

2 ✕ 南北戦争の背景には奴隷制の存否についての主張の対立のほかに，北部と南部の経済的主張の対立がある。工業が発展しつつあった北部は，イギリス製品に対抗するため，保護貿易を主張した。一方，南部は自由貿易を主張したのである。南北戦争の契機がリンカンの大統領当選であることは正しい。

3 ✕ 国際連盟設立の経緯については正しいが，戦後，アメリカでは再び孤立主義が台頭したことにより，国際連盟には参加しなかった。したがって，国際連盟の常任理事国とあるのは誤り。ただし，アメリカが国際社会における発言力を増大させたことは正しく，アメリカは国際連盟には参加しなかったが，ワシントン会議を開催して海軍軍縮条約を締結し，アジアと太平洋における秩序確立を主導した。

4 ◯ 1929年に恐慌が発生した時点で大統領であった共和党のフーヴァーは無為無策であったため，経済不況が深刻化した。このため民主党のフランクリン＝ルーズベルトが恐慌の克服を公約に大統領に当選し，ニューディール政策を実施した。ニューディール政策では経済に国家が介入し，生産調整を行い，テネシー川流域開発公社（ＴＶＡ）による開発事業により雇用の創出を図った。

5 ✕ 西ヨーロッパ諸国に経済援助を行うことを提案したのはマーシャル＝プランである。第2次世界大戦後には，トルーマン大統領がトルーマン＝ドクトリンによって冷戦の開始を宣言し，マーシャル＝プランによって西ヨーロッパの経済復興を援助することで，その共産化を防ごうとした。また，アジア地域において集団安全保障のために設立したのは東南アジア条約機構（ＳＥＡＴＯ）であり，太平洋安全保障条約（ＡＮＺＵＳ）はアメリカとオーストラリア，ニュージーランドが締結した。

第2章 近代市民社会の成立

正答 4

近代市民社会の成立
市民革命から19世紀の欧米諸国

実践 問題 132 基本レベル

頻出度 地上★★★ 国家一般職★★★ 東京都★★ 特別区★★★
    裁判所職員★★ 国税・財務・労基★★ 国家総合職★★

問 イギリス産業革命に関する記述として，妥当なのはどれか。　（特別区2005）

1：産業革命は，最初の労働運動であるラッダイト運動により特権的なギルド組織が取り除かれ，企業家の自由な生産活動が可能となったことにより起った。
2：産業革命により，羊毛の需要が増加したため，大地主が主に牧羊のために牧草地を囲い込み，多くの農民が土地を失った。
3：産業革命により，繊維工業の生産力が高まったため，製品市場を求めて北アメリカやインドなどの植民地の獲得を本格化した。
4：産業革命の結果，工場制機械工業が産業の中心となったため，家内工業や手工業は没落し，産業資本家が主導権を握る資本主義社会が成立した。
5：産業革命の結果，規格も品質も一定の製品を，大量に安く生産する「世界の工場」といわれる地位を確立し，労働者は高賃金と短時間労働を獲得した。

OUTPUT

実践 問題 **132** の解説

チェック欄		
1回目	2回目	3回目

〈産業革命〉

1 ✕ ラッダイト運動は，産業革命後に機械化によって職を失った職人らが起こした機械打ちこわし運動である。産業革命の背景としては，イギリスでは市民革命を通じて，特権的なギルド規制の枠外で，企業家の自由な生産活動が可能になったことなどが挙げられる。

2 ✕ 産業革命によってイギリスの主要工業となったのは綿織物業であり，産業革命と並行して進んだ農業革命においては，市場向けの穀物生産のために農村で第２次囲い込みが進展した。羊毛生産のための囲い込み（第１次囲い込み）は16世紀に顕著に見られたものである。

3 ✕ 18世紀にイギリスがインド進出を進めていくことは正しい。ただし，アメリカへの植民は17世紀に進められたが，1775年からはアメリカ独立戦争が起こり，1783年パリ条約によってイギリスから独立した。独立後のアメリカはイギリス製品の重要な市場となるが，イギリスにとって獲得すべき植民地の対象ではもはやない。

4 ◯ 産業革命による機械化は本肢のように大きく社会を変質させた。本肢が正解と判断できれば本問はよい。

5 ✕ いち早く産業革命が推進されたイギリスは，「世界の工場」となったが，国内産業は年少者や女性の低賃金・長時間労働によって支えられており，19世紀には工場法が制定され長時間労働に歯止めがかけられたものの，その賃金水準は低く抑えられていた。

> **■産業革命後の世界**
>
> 産業革命後には大規模な機械制工場が出現し，大量生産によって安い製品が供給されるようになったため，従来の家内工業やギルド制手工業は没落し，工場経営者である産業資本家が主導権を握る資本主義体制が確立した。経済構造の変化は，都市への人口集中をもたらし，不衛生な環境のもとで労働者は低賃金・長時間労働に従事させられた。ワットが優れた蒸気機関をつくりだすと，軽工業の分野で生産効率が高められ，さらに機械を生産する機械工業や機械の原料となる製鉄業も飛躍的に発達し，さらに大量の原料や製品を輸送するために交通機関の改良が促された。

第2章 近代市民社会の成立

正答 4

LEC東京リーガルマインド　2022-2023年合格目標 公務員試験 本気で合格！過去問解きまくり！
⑤人文科学Ⅰ　361

近代市民社会の成立
市民革命から19世紀の欧米諸国

実践 問題 133 　基本レベル

頻出度	地上★★★	国家一般職★★★	東京都★★★	特別区★★★
	裁判所職員★★	国税・財務・労基★★	国家総合職★★	

問 資本主義の確立に強い影響を与えた産業革命に関する記述として，妥当なのはどれか。
(国Ⅱ1999)

1：イギリスは，綿織物業によって大量の資本を蓄え，囲い込み運動によって土地を失った農民が都市に流れ込んで賃金労働者となっており，またそれまでに世界商業の支配権を有していたスペインを破って，世界市場を握っていた。資本・労働力・市場などの条件がほかの諸国に比べて整っていたことが世界に先駆けて産業革命が起こる基盤となった。

2：イギリスの産業革命は，木綿工業の部門から始まった。東インド会社がインド産の綿織物を輸入したことから，綿織物の需要が急増し，インドの綿花を原料としてイギリス国内で綿織物を生産する気運が高まった。クロンプトンやカートライト等が相次いで紡績機や織布機を発明し，綿織物の大量生産が可能となった。

3：イギリスでは，機械の動力は最初は水力を用いていたが，スティーヴンソンが蒸気力を発見したことからポンプに応用され，これを改良して蒸気機関を作り，動力として実用化されるようになった。蒸気機関の実用化は大量生産を可能にしただけではなく，ワットの発明による蒸気船，蒸気機関車など新しい交通手段を発達させ，流通速度を早め，資本主義的な市場の形成・拡大に大きく貢献した。

4：イギリスでは，産業革命によって機械制大工業が発達すると，従来の小規模な手工業や家内工業は急速に没落し，多数の労働者を雇用する工場制度が広まった。工場制度の発達とともに都市に人口が集中し，大工場を経営する資本家が現れ勢力をつけたことが，イギリス市民革命の契機となった。

5：イギリス中心の世界市場のなかで，北アメリカは独立革命によって，イギリスの植民地経営と奴隷制の強化から逃れ，19世紀半ばには産業革命を達成した。また，フランスは，ナポレオンの独裁によって産業革命が大幅に遅れたため，自由貿易政策に転換し19世紀にようやく産業革命を達成した。

実践 問題133 の解説

〈産業革命〉

1 × イギリスでは綿織物業ではなく，**毛織物業によって資本が蓄積**されていた。産業革命は綿織物業において開始されるが，綿織物業はイギリスにおいては新興の産業であり，絶対主義時代以降イギリスの発展を支えていたのは毛織物業である。また，「世界商業の支配権を有していた」のは16世紀にスペインに対し独立戦争を展開したオランダである。17世紀にはイギリスが航海法を制定したことでオランダとの間に戦争が起こり（英蘭戦争），海上権がオランダからイギリスに移行した。

2 ○ 18世紀に東インド会社がインド産の綿織物をヨーロッパにもたらすと綿織物の需要が高まり，イギリスでは綿織物の自国生産を試みたところから，**木綿工業の分野から産業革命が進展した**。

3 × **スティーヴンソン**が蒸気機関車，**ワット**が蒸気機関を改良，実用化した。**蒸気船**はアメリカ人のフルトンによる。発明者と発明したものの組合せ以外については正しい。イギリスの産業革命は紡績・織布部門から始まり，動力部門，運輸部門へと進展した。

4 × イギリスでは17世紀にすでに市民革命により絶対王政を打破して，立憲君主体制を樹立している。産業革命がイギリスで開始されるのは18世紀のことであり，順序が逆である。

5 × **19世紀には他のヨーロッパ諸国**でも産業革命が推進されたが，こうした国々ではイギリス製品に高い関税をかけて自国産業を保護する**保護政策が採用**された。フランスも高関税によってイギリス製品に対抗している。また，アメリカやドイツでは19世紀の後半に重工業・化学工業が発展し，イギリスの世界の工場たる地位を脅かすようになった。**蒸気力と石炭を動力源に繊維部門の軽工業で進められた第1次産業革命に対し，19世紀後半にドイツやアメリカで電力や石油を新しい動力源として発達した重工業部門での発展を第2次産業革命とよぶ**。

正答 **2**

第2章 SECTION 1 近代市民社会の成立
市民革命から19世紀の欧米諸国

実践 問題 134 基本レベル

頻出度 地上★★★　国家一般職★★★　東京都★★　特別区★★
　　　 裁判所職員★★　国税・財務・労基★★　国家総合職★★

問 イギリスの産業革命に関する以下の記述のうち、最も妥当なのはどれか。

（地上2009）

1：産業革命は16世紀半ばのイギリスで最初に開始された。これは国内においては鉄鉱石・石炭などの資源や労働力が十分ではなかったものの、すでに他国を圧倒して広大な植民地を保有していたため、植民地から資源を集めることができたことによる。

2：産業革命の進展により、大規模な機械制工場が出現し、大工場を経営する産業資本家の社会的地位が高まり、資本主義体制が確立した。その結果、資本家の政治的発言力も高まり、19世紀には自由貿易主義への転換が見られた。

3：イギリスでは産業革命により、綿織物業の技術が著しく発達した。イギリスはそうした技術を植民地であるインドに移植したため、インドでも綿織物業が発展し、インドは綿花の一大供給地になって繁栄した。

4：産業革命の進展により都市に人口が集中して工場で働く労働者が増えると、労働者に階級意識が芽生え、選挙権拡大のためチャーティスト運動が起こった。その結果、19世紀半ばには21歳以上の男女に選挙権が拡大された。

5：産業革命によりイギリスが「世界の工場」となって他国を市場とした結果、他の欧米諸国では産業の発展が遅れ、フランスやドイツ、アメリカでは20世紀になってようやく産業革命が始まった。

OUTPUT

実践 問題 **134** の解説

チェック欄		
1回目	2回目	3回目

〈産業革命後のイギリス〉

1 ✕ イギリスで最初に産業革命が起こったことは正しいが，これは18世紀のことである。また，その背景には，イギリス国内で豊富に鉄鉱石や石炭が産出したことがある。

2 ◯ 産業革命後，大工場を経営する産業資本家の社会的地位が高まり，1832年の第1回選挙法改正で参政権を獲得した産業資本家は，19世紀半ばには経済活動に規制をかけていた穀物法，航海法などを次々と廃止することに成功して自由貿易を実現した。

3 ✕ 古来よりインドは綿織物の産地として知られており，東インド会社がインドから輸入した手織綿布はヨーロッパで人気の商品であった。こうした綿布の需要の高まりの中でイギリスでは綿織物業の分野から技術革新が起こり，産業革命が開始された。産業革命が進展していく中，イギリスはインドを原料（綿花）供給地・イギリス製の機械織綿布の市場として搾取したため，インドの伝統的な綿織物業は壊滅して自給自足的な村落社会は崩壊している。イギリスからの技術移植によって繁栄したわけではない。

4 ✕ イギリスで男女普通選挙が実施されるのは20世紀に入ってからのことである。産業革命の進展により，工場を経営する資本家と，労働者とに階級が分化し，労働者の階級意識の高まりが見られ，第1回選挙法改正の後には，労働者たちが普通選挙の実施を求めてチャーティスト運動を展開した。しかし，このチャーティスト運動は1848年にフランス二月革命の影響を受けて最後の蜂起をしたが鎮圧され，具体的な成果とは結びつかずに終了した。

5 ✕ 19世紀にはイギリスが「世界の工場」として他国を圧倒していたが，19世紀前半にはベルギーやフランスで産業革命が開始され，19世紀後半にはドイツやアメリカで重工業や化学工業が著しく発展した。特にドイツとアメリカは外国製品に高い関税をかける保護政策を採用することで工業生産を伸ばし，19世紀末にはドイツとアメリカの工場生産はイギリスに追いつくまでになっている。20世紀になってようやく産業革命が始まったのではない。

第2章 近代市民社会の成立

正答 2

第2章 近代市民社会の成立
SECTION 1 市民革命から19世紀の欧米諸国

実践　問題 135　基本レベル

頻出度	地上★★★	国家一般職★★	東京都★	特別区★
	裁判所職員	国税・財務・労基★		国家総合職★

問　18世紀から19世紀にかけて発生した環大西洋革命について述べた文中の下線部ア～オの記述には，妥当なものが二つある。それらはどれか。（地上2013）

　18世紀から19世紀の大西洋両岸においては，政治・社会構造の激動が生じた。まず，ヨーロッパにおいては，イギリスで ア 産業革命が始まったことが挙げられる。また，フランスでは1789年に イ フランス革命が始まり， ウ ナポレオンがヨーロッパ大陸のほとんどを支配下に置くと，革命の影響がヨーロッパ全土に及んだ。大西洋をはさんだ南北アメリカ大陸においては， エ 本国の圧政をきっかけとして，1775年にアメリカ独立戦争が発生し，19世紀前半には， オ ラテンアメリカ諸国の独立が相次いだ。

ア：産業革命によって，それまでの石炭や蒸気力から，石油や電力へと動力の中心が移った。これにより，重化学工業の技術革新が進み，少数の大企業に生産が集中した。

イ：都市市民層の要求を受けて人権宣言が採択され，所有権の不可侵などが認められた。しかし，農村においては領主裁判権などの封建的特権が廃止されず，革命は不十分なものに終わった。

ウ：各地で民族意識が高まり改革が促され，プロイセンにおいては国家滅亡の危機に対応する形で，政府主導による「上からの近代化」が推進された。

エ：イギリスは，13植民地に対して経済においては原則として自由を認め，規制や干渉を行わなかったが，宗教についてはイギリス国教会への改宗を強制した。

オ：植民地生まれの白人であるクリオーリョ層を中心として独立運動が展開され，この時期にメキシコやアルゼンチンなどが独立を達成した。

1：ア，ウ
2：ア，エ
3：イ，エ
4：イ，オ
5：ウ，オ

直前復習

OUTPUT

実践 問題 **135** の解説

〈18～19世紀の欧米諸国〉

ア× イギリスで始まった産業革命によって，人力・畜力・水力から石炭と蒸気力が動力の中心となった。石油や電力へと動力の中心が移り，重化学工業の技術革新が進んで少数の大企業に生産が集中するようになるのは19世紀の終わりのことで，これを第2次産業革命ともいう。

イ× フランス革命において人権宣言が採択され，都市市民層の要求を受けて所有権の不可侵などが認められたことは正しい。ただしフランス革命においては，人権宣言の採択とあわせて封建的特権の廃止が宣言され，領主が農民に対して持っていた裁判権が廃止された。なお，その後，革命が進展する中でフランスでは封建的地代の無償廃止により，農民たちが土地を所有することとなった。

ウ○ ナポレオンのヨーロッパ制圧は，各地でナショナリズムを高揚させ，プロイセンでは政府主導による「上からの近代化」が進められ，農奴解放もなされた。

エ× イギリスは13植民地に対して宗教上の強制は行わなかったが，経済においてはさまざまな法律を制定して，13植民地における産業発展を妨げた。これはイギリスにとって13植民地は，本国製品の市場であることが必要であったためであるが，植民地側の不満を高めて独立戦争が起こる要因となった。

オ○ 19世紀前半には，ナポレオンのヨーロッパ支配によって本国スペインなどとの連絡が途絶えて自立の傾向を強めていたラテン＝アメリカの国々が次々と独立を宣言した。独立の中心となったのは，植民地生まれの白人（クリオーリョ）である。ヨーロッパから渡っていった人々は，大土地所有者としてプランテーションを経営しており，こうした人々が本国支配からの独立を果たし，その後も社会の上位層を築いた。このためラテン＝アメリカの国々では現在でも大土地所有制が残り，貧富の差が大きいという特徴がある。

以上から，ウとオが妥当であるので，肢5が正解となる。

正答 5

第2章 SECTION 1 近代市民社会の成立
市民革命から19世紀の欧米諸国

実践 問題136 基本レベル

頻出度 地上★★★　国家一般職★★　東京都★　特別区★
　　　　裁判所職員　国税・財務・労基★　国家総合職★

問 第1次産業革命及び第2次産業革命に関する記述として，妥当なのはどれか。
（東京都Ⅰ類B 2017）

1：第1次産業革命とは，17世紀のスペインで始まった蒸気機関等の発明による生産力の革新に伴う社会の根本的な変化のことをいい，第1次産業革命により18世紀の同国の経済は大きく成長し，同国は「太陽の沈まぬ国」と呼ばれた。
2：第1次産業革命の時期の主な技術革新として，スティーヴンソンが特許を取得した水力紡績機，アークライトが実用化した蒸気機関車，エディソンによる蓄音機の発明などがある。
3：第1次産業革命は生産力の革新によって始まったが，鉄道の建設は本格化するには至らず，第2次産業革命が始まるまで，陸上の輸送量と移動時間には，ほとんど変化がなかった。
4：19世紀後半から始まった第2次産業革命では，鉄鋼，化学工業などの重工業部門が発展し，石油や電気がエネルギー源の主流になった。
5：第2次産業革命の進展につれて，都市化が進むとともに，労働者階層に代わって新資本家層と呼ばれるホワイトカラーが形成され，大衆社会が生まれた。

OUTPUT

チェック欄		
1回目	2回目	3回目

実践 問題 **136** の解説 ──────────────

〈第1次産業革命と第2次産業革命〉

1 ✕ **第1次産業革命は，18世紀のイギリスで始まった。**この結果，19世紀のイギリスの経済は大きく成長し，イギリスは「世界の工場」とよばれた。スペインが「太陽の沈まぬ国」とよばれたのは16世紀末にフェリペ2世がポルトガル王を兼ね，ヨーロッパ，アフリカ，アジア，アメリカ大陸にまたがる広大な領土を所有した時期である。

2 ✕ **蒸気機関車を実用化したのはスティーヴンソンである。**水力紡績機はアークライトの発明である。エディソンが蓄音機を発明したことは正しいが，これは19世紀後半の第2次産業革命の時期のことである。

3 ✕ スティーヴンソンの蒸気機関の実用化により，鉄道が公共の陸上輸送機関として急速に普及し，1840年代には鉄道投資が激増し，鉄道網が急速に拡大する「鉄道狂時代」が始まった。第2次産業革命が始まるまで，陸上の輸送量と移動時間にはほとんど変化がなかったとの記述は妥当でない。

4 ◯ 第2次産業革命の説明として妥当である。第2次産業革命の中心となったのはドイツやアメリカである。第1次産業革命が石炭と蒸気力を動力源に軽工業や製鉄業で起こったのに対し，第2次産業革命は，石油と電力を動力源に使い，重化学工業，電機工業，アルミニウムなどの非鉄金属部門を発達させた。

5 ✕ 第2次産業革命の進展の結果，都市化が進み，フォード車に代表される自動車や家庭電化製品の普及により20世紀初頭には大量生産・大量消費社会が形成され，ホワイトカラーとよばれる新中間層を主な担い手とするラジオ，映画，スポーツなどの大衆娯楽が発達した。

したがって，「新資本家層と呼ばれるホワイトカラーが形成され，大衆社会が生まれた」という箇所が誤り。

> **■中間層**
>
> 中間層とは資本家層と下層労働者層のいずれにも属さない階層であり，自営農民，小企業家，自由専門職などの旧中間層に対して，19世紀末から増加した技術者，専門職，事務職などの現業に従事しない者が新中間層とよばれた。

正答 4

第2章 近代市民社会の成立

第2章 近代市民社会の成立
SECTION 1 市民革命から19世紀の欧米諸国

実践 問題 137 基本レベル

頻出度 地上★★　国家一般職★★　東京都★★　特別区★★
　　　 裁判所職員★　国税・財務・労基★★　国家総合職★★

問 フランス革命とナポレオンに関する次の記述のうち妥当なものはどれか。

(地上2021)

1：フランス革命中には、ロベスピエールが率いたジャコバン派が、立憲君主制を目指すなど穏健な政治を行ったが、ロベスピエールは民衆により追放され、国外に亡命した。

2：フランス革命においてはすべての人の自由・平等を掲げる人権宣言が発表されたが、領主裁判権や教会への十分の一税などの封建的特権は廃止されなかった。

3：革命政府は、グレゴリウス暦に代えて革命暦を、またメートル法を採用して度量衡を統一するなど、時間や空間を全国的に統一基準で区切ることで、国民の統一感を高めようとした。

4：フランス革命の中から登場したナポレオンは、フランス民法典（ナポレオン法典）を制定したが、この民法典は私有財産の不可侵を認めないなど、フランス革命における成果の大半が否定された。

5：ナポレオンによって一時ヨーロッパの征服がなされたが、その後に敗戦した。戦後のウィーン会議においてはフランスの独立は認められず、一定期間、イギリスとオーストリアによる分割統治が行われることになった。

OUTPUT

実践 問題 **137** の解説 ―――――――――――――――

チェック欄		
1回目	2回目	3回目

〈フランス革命とナポレオン〉

1× ロベスピエールが率いたジャコバン派が実施したのは，反対派を多数処刑する恐怖政治である。ロベスピエールの独裁は人々の不満を高め，ロベスピエールはテルミドール9日のクーデタで権力を失い，処刑された。

2× フランス革命においては，人権宣言とともに封建的特権の廃止が宣言され，領主裁判権や教会への十分の一税も廃止された。封建的特権の廃止が宣言された1789年時点では，農民が領主に支払う封建的地代は有償廃止（耕作していた土地を自分のものにするのにお金が必要）であったが，ジャコバン派政権時に封建的地代の無償廃止が実現した。

3○ ジャコバン派政権は公安委員会を中心に，徴兵制の導入，革命暦の制定，理性崇拝の宗教の創始など，急進的な施策を強行した。

4× ナポレオンの制定したフランス民法典は，私有財産の不可侵や法の前の平等，契約の自由など，革命の成果を定着させるものであった。

5× ナポレオン戦争は，最終的にワーテルローの戦いでナポレオンが大敗し，セントヘレナ島に流されたことにより終結したが，ウィーン会議では，フランスの外相タレーランが，フランス王家もまた革命の被害者である，との主張から巧みにナポレオン戦争の責任を回避し，五国同盟の一員となって反動体制の中心となっており，フランスが分割占領された事実はない。

第2章 近代市民社会の成立

正答 3

第2章 SECTION 1 近代市民社会の成立
市民革命から19世紀の欧米諸国

実践　問題 138　基本レベル

頻出度	地上★★	国家一般職★★	東京都★★	特別区★★
	裁判所職員★	国税・財務・労基★★		国家総合職★★

問　18世紀以降のフランスに関する記述として最も妥当なのはどれか。

（国税・財務・労基2018）

1：クリミア戦争への参戦によって破産状態に陥っていた国家財政を立て直すため，国王は，免税特権を認められていた貴族たちにも課税しようとした。これに反発した貴族たちは，第一身分の国王，第二身分の貴族，第三身分の平民から成る三部会の招集を要求した。

2：1789年，軍隊のヴェルサイユ集結の動きに危険を感じた農民が全国で反乱を起こし，その影響を受けたパリ市民がバスティーユ牢獄を襲撃した。この事態を沈静化するため，国民議会は封建的特権の廃止を決議し，領主裁判権や賦役，領主地代を無償で廃止した。

3：国民議会は，ラ＝ファイエットらが起草して，全ての人間の自由・平等，国民主権，私有財産の不可侵などをうたった人権宣言を採択した。また，教会財産の没収，ギルドの廃止などの改革が進められて，立憲君主政の憲法が発布された。

4：ロベスピエールを中心とするジロンド派政権は，ヴェルサイユ体制を維持するため，これの反対派とも話合いを重ね，協働して民主化を図った。この政権は，権力の掌握を狙うナポレオン＝ボナパルトが起こしたテルミドール9日のクーデタによって倒された。

5：ナポレオン＝ボナパルトは皇帝に即位し，第一帝政を開始した。彼は，ワーテルローの戦いではネルソンが率いるイギリス軍に勝利したが，トラファルガーの海戦ではプロイセン・ロシア軍に大敗した。

OUTPUT

実践 問題 **138** の解説

チェック欄
1回目	2回目	3回目

〈フランス革命とナポレオン〉

1 ✕ 18世紀にフランスの国家財政が破産状態となっていたのは，18世紀前半の一連のイギリスとの植民地戦争とアメリカ独立戦争への参戦による。**クリミア戦争は19世紀の戦争**である。また，三部会を構成する第一身分は国王ではなく聖職者である。

2 ✕ 1789年，①パリの民衆がバスティーユ牢獄を襲撃すると，②フランス全土で農民の暴動が起こり，国民議会は封建的特権の廃止を決議し，領主裁判権や賦役などを無償で廃止したが，領主地代の廃止は有償とした。領主地代が無償で廃止されたのは，1793年であり，革命の進展によって男子普通選挙によって成立した国民公会において，ジャコバン派の独裁体制が確立する頃である。

3 ○ 人権宣言の内容として妥当である。また，国民議会は，教会財産を没収し，ギルドを廃止して営業の自由を確立するなど，市民層が求めるさまざまな改革を行った。

4 ✕ **ヴェルサイユ体制は，第1次世界大戦後にドイツの徹底的な弱体化を図って確立された体制**である。ロベスピエールはジャコバン派の中心として恐怖政治を行った人物であり，テルミドール9日のクーデタによって倒されたが，これはナポレオンが起こしたクーデタではない。ナポレオンは，テルミドール9日のクーデタでロベスピエールの恐怖政治が倒された後に成立した総裁政府を，ブリュメール18日のクーデタで倒した。

5 ✕ 皇帝に即位したナポレオンはヨーロッパ制圧を目指し，イギリス上陸を企てたが，**トラファルガー海戦**ではネルソン率いる**イギリス軍に破れた**。一方，プロイセン・ロシアの連合軍を破ってヨーロッパ大陸をほとんど支配下においたが，フランス人ナポレオンの支配に対しスペインやプロイセンでは民族意識が高揚した。ライプチヒの戦い（諸国民戦争）ではナポレオンはプロイセン・ロシア・オーストリアの連合軍に敗れ，退位に追い込まれ，地中海のエルバ島に流された。その後，エルバ島を脱出して復位した**ナポレオンは，ワーテルローの戦いでイギリス・オランダ・プロイセンの連合軍に大敗**し，南大西洋上のセントヘレナ島に流された。

正答 3

第2章 近代市民社会の成立

LEC東京リーガルマインド　2022-2023年合格目標 公務員試験 本気で合格！過去問解きまくり！　373
⑤人文科学Ⅰ

第2章 近代市民社会の成立
SECTION 1 市民革命から19世紀の欧米諸国

実践　問題139　応用レベル

頻出度：地上★　国家一般職★　東京都★　特別区★　裁判所職員★　国税・財務・労基★　国家総合職★

問 フランス革命に関する記述として、妥当なのはどれか。（特別区2014）

1：国王の召集により三部会が開かれると、特権身分と第三身分は議決方法をめぐって対立し、改革を要求する第三身分の代表たちは自らを国民公会と称したが、国王が弾圧をはかったため、パリ民衆はテュイルリー宮殿を襲撃した。

2：国民公会は、封建的特権の廃止を宣言し、「球戯場の誓い」を採択したが、この誓いには、自然法にもとづく自由と平等、国民主権、私有財産の不可侵などが盛り込まれた。

3：国王一家が王妃マリ＝アントワネットの実家のオーストリアへ逃亡しようとひそかにパリを脱出し、途中で発見されて連れもどされるという、ヴァレンヌ逃亡事件が起こり、国王は国民の信頼を失った。

4：1791年に立憲君主政の憲法が発布され、この憲法のもとで男子普通選挙制にもとづく新たな立法議会が成立したが、オーストリアとプロイセンが革命を非難したので、プロイセンに対して宣戦し、革命戦争を開始した。

5：ロベスピエールをリーダーとしたジロンド派は、公安委員会を使って恐怖政治を展開したが、独裁体制に対する反発が強まり、「ブリュメール18日のクーデタ」によりロベスピエールが処刑された。

OUTPUT

チェック欄
1回目	2回目	3回目

実践 問題 **139** の解説

〈フランス革命〉

第2章 近代市民社会の成立

1✕ 国王の召集により三部会が開かれた際に，特権身分と第三身分が議決方法をめぐって対立したことは正しいが，第三身分が三部会から分かれて結成したのは，国民公会ではなく国民議会である。また，国王が国民議会の弾圧を図ったために起こったのは，**バスティーユ牢獄襲撃事件**である。

2✕ 自然法に基づく自由と平等，国民主権，私有財産の不可侵などが盛り込まれたのは「**人権宣言**」である。また，封建的特権の廃止を宣言し，「人権宣言」を採択したのは国民議会である。「球戯場の誓い」は，三部会から分かれて国民議会を成立させた第三身分が，憲法制定までは解散しないことを誓ったことを指すのであり，自然法に基づく自由と平等，国民主権，私有財産の不可侵などが盛り込まれているわけではない。

3◯ ヴァレンヌ逃亡事件後，フランス国内には共和主義が台頭し，オーストリアの干渉を排除するために宣戦した。

4✕ 1791年に制定された憲法では，選挙権が有産市民に与えられ，憲法の発布とともに国民議会は解散し，立法議会が成立した。男子普通選挙によって成立したのは1792年の国民公会である。また，革命政府が宣戦したのはオーストリアに対してである。

5✕ 恐怖政治を実施したのはロベスピエールをリーダーとするジャコバン派である。また，ロベスピエールが処刑されたのは，テルミドール反動である。ブリュメール18日のクーデタは，テルミドール反動の後に成立した総裁政府をナポレオンが打倒して統領政府を樹立したものである。

【フランス革命の進展】

1789年	バスティーユ牢獄襲撃事件 → 暴動 → 「人権宣言」「封建的特権の廃止（領主裁判権の廃止）」
1792年	対外戦争の開始，男子普通選挙により国民公会成立
1793年	ジャコバン派の主導でルイ16世の処刑 → 第1回対仏大同盟 封建的地代の無償廃止，革命暦の制定，物価統制 恐怖政治（中心：ジャコバン派のロベスピエール）
1794年	テルミドールのクーデタでジャコバン派の恐怖政治終了
1795年	95年憲法（財産資格で制限選挙，5人の総裁） → 総裁政府
1799年	ブリュメール18日のクーデタでナポレオンが独裁権を握る
1804年	ナポレオン皇帝就任

正答 3

LEC東京リーガルマインド　2022-2023年合格目標 公務員試験 本気で合格！過去問解きまくり！　375
⑤人文科学Ⅰ

第2章 近代市民社会の成立
① 市民革命から19世紀の欧米諸国

実践 問題 140 基本レベル

頻出度	地上★★★	国家一般職★★★	東京都★★	特別区★★
	裁判所職員★	国税・財務・労基★★★		国家総合職★★★

問 19世紀のヨーロッパに関する次の記述ア～オのうち,妥当なものが二つあるが,それらはどれか。 (地上2019)

ア:19世紀初め,フランスのナポレオンがヨーロッパ諸国との戦争に勝利した。ウィーン議定書が締結され,ナポレオンがヨーロッパの多くの地域を支配するウィーン体制が成立した。

イ:産業革命が他国に先駆けて進んだイギリスは,自国製品を世界に輸出し「世界の工場」と呼ばれた。最も多くの植民地を持ち,植民地を自国製品の市場や原材料の供給地とした。

ウ:イタリアでは,19世紀後半に統一を求めて蜂起が何度も起こったが,ヨーロッパ諸国に鎮圧され,19世紀中に統一国家の実現はならず,小国の分立状況が続いた。

エ:小国の分立が続いていたドイツでは,統一を求める機運が高まり,19世紀後半に富国強兵政策を掲げるプロイセンの主導のもと統一が進展し,ドイツ帝国が成立した。

オ:ロシアは勢力拡大を求めて南下政策を行ったが,19世紀半ばにクリミア戦争に敗れると革命が起こり,帝政が打倒されて社会主義政権が成立した。

1:ア,エ
2:ア,オ
3:イ,ウ
4:イ,エ
5:ウ,オ

OUTPUT

実践 問題 **140** の解説

チェック欄
1回目	2回目	3回目

〈19世紀のヨーロッパ〉

ア✕ ナポレオンとヨーロッパ諸国との戦争は，フランスのナポレオンの敗北により終結し，その後に開かれたウィーン会議ではフランス革命以前の諸君主の統治権の回復を目指す正統主義を原則とした。この結果成立したウィーン体制は，ウィーン会議を主導した大国を中心に形成された保守反動体制である。

イ〇 妥当である。19世紀のイギリスは「世界の工場」となって圧倒的な生産力を背景にアジアへの進出を進めた。

ウ✕ イタリアの統一は19世紀に達成されている。

エ〇 普仏戦争でフランスを破ったプロイセンは，1871年ドイツ帝国の樹立を宣言し，ドイツの統一が完成した。

オ✕ ロシアで帝政が打倒されて社会主義政権が成立するのは，20世紀の第1次世界大戦中からその後のことである。19世紀半ばのクリミア戦争に敗れた後には，農奴解放などの国内改革が進められた。

以上から，イとエが妥当であるので，肢4が正解となる。

第2章 近代市民社会の成立

正答 4

LEC東京リーガルマインド　2022-2023年合格目標 公務員試験 本気で合格！過去問解きまくり！　377
⑤人文科学 I

第2章 SECTION 1 近代市民社会の成立
市民革命から19世紀の欧米諸国

実践 問題 141 基本レベル

頻出度	地上★★	国家一般職★★	東京都★	特別区★
	裁判所職員★	国税・財務・労基★★		国家総合職★★

問 18世紀から19世紀にかけてのヨーロッパに関する記述として最も妥当なのはどれか。 (国家一般職2020)

1：18世紀半ば、プロイセンのフリードリヒ二世は、長年敵対関係にあったイタリアと同盟してオーストリアに侵攻し、資源の豊富なアルザス・ロレーヌを奪って領土とした。その後、オーストリアは英国と同盟して七年戦争を起こし、アルザス・ロレーヌを取り戻した。

2：19世紀初頭、クーデタによって権力を握ったナポレオンは、ナポレオン法典を制定して地方分権や封建制を強化したほか、トラファルガーの海戦でプロイセンに勝利し、皇帝に即位した。しかし、その後自らもロベスピエールらのクーデタにより失脚し、処刑された。

3：19世紀前半、ヨーロッパの秩序再建を討議するために、メッテルニヒの主催の下、諸国の代表が参加したウィーン会議が開催された。この会議ではフランス革命以前の諸君主の統治権の回復を目指す正統主義が原則とされ、革命や政治変革を防止するためのウィーン体制が成立した。

4：19世紀半ば、ロシアは領土拡大を狙うオスマン帝国によって侵攻され、クリミア戦争が始まった。この戦争では、ウィーン体制の維持のためプロイセンとフランスがロシアを支援したことから、ロシアは勝利してオスマン帝国から不凍港を手に入れた。

5：19世紀には、自然科学分野においては、メンデルが進化論を、コントが史的唯物論を唱えるなど、科学的考察への志向が強まった。一方、芸術分野においては、ルノワールなどの印象派画家が生まれるなど、個人の自然な感情などを重視する自然主義が台頭し、科学的視点はあまり重視されなかった。

実践 問題 141 の解説

〈18～19世紀のヨーロッパ〉

1 ✗ プロイセンとオーストリアの戦争（オーストリア継承戦争）と七年戦争で両国の係争地となったのは，シュレジェンである。オーストリア継承戦争でプロイセンはオーストリアから資源の豊富なシュレジェンを獲得し，その後，オーストリアが七年戦争でシュレジェン奪回を図ったが失敗に終わった。その際，オーストリアは長年敵対関係にあったフランスと同盟している（外交革命）。なお，アルザス・ロレーヌは，プロイセンとフランスの係争地である。

2 ✗ フランス革命中に成立したロベスピエールの独裁がクーデタで打破された後にナポレオンが登場した。また，クーデタで実権を握ったナポレオンは，ナポレオン法典を制定して，私有財産の不可侵，法の前の平等，契約の自由などの革命の成果の定着を図った。地方分権や封建制は，革命によって打破された中世以来の社会の仕組みである。その後，ナポレオンはトラファルガー海戦でイギリス上陸を試みたが，イギリスに敗れている。プロイセンには勝利してヨーロッパ大陸を制圧した。なお，ナポレオンは処刑されず，最終的に南大西洋上セントヘレナ島に配流された。

3 ○ ウィーン体制の説明として妥当である。ナポレオンが捕らえられた後，フランス革命前の秩序を回復し，自由主義やナショナリズムを抑圧するウィーン体制が成立した。

4 ✗ クリミア戦争は，南下を図るロシアがオスマン帝国に対し，ギリシア正教徒の保護を名目に開戦した戦いである。この戦争では，ロシアの地中海進出を警戒するイギリスとフランスがオスマン帝国側に立って参戦したため，ロシアが敗れ，その南下は阻止された。

5 ✗ 19世紀に進化論を唱えたのはダーウィン，史的唯物論を唱えたのはマルクスである。メンデルは遺伝法則を発見した生物学者であり，コントは実証主義を唱えて社会学の創始者となった人物である。芸術分野で「個人の自然な感情などを重視する」のは，19世紀初頭に盛んとなったロマン主義である。19世紀後半になると，科学・技術の急速な変化を背景に，非現実的なロマン主義に代わって写実主義や自然主義が登場し，19世紀末に印象派が登場した。

正答 3

第2章 近代市民社会の成立
SECTION 2 第1次世界大戦と第2次世界大戦

必修問題 セクションテーマを代表する問題に挑戦！

第1次世界大戦は，アメリカの動向が解法のポイントになります。

問 第一次世界大戦に関する記述として，妥当なのはどれか。

(特別区2011)

1：パレスティナ地方について，大戦中，イギリスは，フサイン＝マクマホン協定によってアラブ人に独立を約束する一方，バルフォア宣言によってユダヤ人のパレスティナ復帰運動を援助する姿勢を示した。
2：大戦中，ドイツが連合国の海上封鎖に対抗して無制限潜水艦作戦を展開し，中立国の船舶にも攻撃したため，イタリアの参戦を招いた。
3：大戦が長期化するなか，アメリカのフランクリン・ローズヴェルト大統領は，秘密外交の廃止，海洋の自由，関税障壁の撤廃などからなる十四カ条の平和原則を示した。
4：大戦後のパリ講和会議では，高揚する民族運動に対処するため民族自決の原則が掲げられ，東欧，アジア，アフリカで多くの独立国を生み出した。
5：大戦後，ヴェルサイユ条約により国際連盟が設立され，提唱国のアメリカと，イギリス，フランス，日本の4か国が当初の常任理事国となった。

直前復習

Guidance ガイダンス

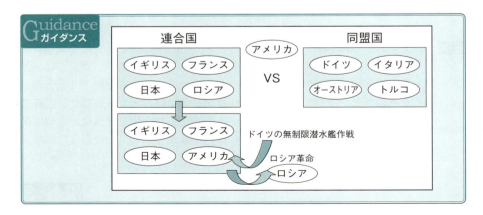

頻出度	地上★★★　国家一般職★★★　東京都★★★　特別区★★★
	裁判所職員★★★　国税・財務・労基★★★　国家総合職★★★

チェック欄

1回目	2回目	3回目

必修問題の解説

〈第1次世界大戦〉

1 ○ 第1次世界大戦中にイギリスが戦局を有利にするためにパレスティナについて締結した矛盾する3つの秘密条約が中東問題の根幹となる。

フサイン＝マクマホン協定	アラブ人（パレスティナに居住している人も含む）にトルコからの独立を約束
バルフォア宣言	ユダヤ人国家の建国（イスラエル）を承認
サイクス・ピコ協定	オスマン帝国領を列強で配分することを約束

2 × ドイツの無制限潜水艦作戦を契機に参戦したのはアメリカである。アメリカは，第1次世界大戦が勃発した当時，戦争に対して中立を表明していたが，ドイツが交戦水域に入った船舶に対して国籍を問わずに無差別・無警告に撃沈するという無制限潜水艦作戦を実施すると，ドイツに宣戦した。アメリカの参戦によって，戦争は連合国側に有利に展開されるようになった。

3 × 大戦中に「十四カ条の平和原則」を発表したのは，フランクリン＝ルーズベルト大統領ではなく，ウィルソン大統領である。秘密外交の廃止や海洋の自由，関税障壁の撤廃のほか，民族自決や国際平和機構の設立なども提案され，これがもとになって1919年のヴェルサイユ条約で国際連盟の設立が決定した。フランクリン＝ルーズベルトは，経済恐慌後にニューディール政策を実施し，第2次世界大戦時のアメリカ合衆国大統領である。

4 × ウィルソンが提案した「十四カ条の原則」に民族自決が規定されていたものの，これはアジア・アフリカの民族運動には適用されず，一部の東欧諸国にのみ適用されることとなった。その結果，ヨーロッパでは，ポーランド（ロシアから独立）やチェコスロバキア（オーストリアから独立）など新興の独立国が生まれたが，アジア・アフリカは依然として列強の植民地であり，民族運動は弾圧された。

5 × 国際連盟はウィルソン大統領の発表した「十四カ条の原則」に基づいて設立されたが，提唱国アメリカでは，第1次世界大戦後の孤立主義の高まりの中，国際連盟に参加しなかった。そのため当初の常任理事国は，イギリス，フランス，イタリア，日本の4カ国となった。

正答 1

第2章 近代市民社会の成立

第2章 近代市民社会の成立
SECTION 2 第1次世界大戦と第2次世界大戦

1 列強の帝国主義政策

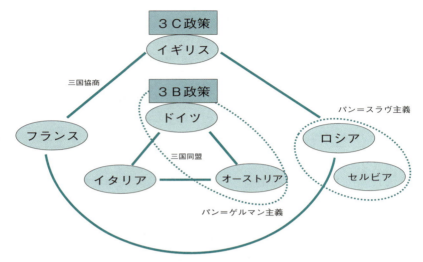

ドイツ3B政策	トルコからバグダード鉄道の敷設権を獲得し、ベルリン・ビザンティウム・バグダードを結ぼうとするもの
イギリス3C政策	エジプトのカイロ、南アフリカのケープタウン、インドのカルカッタを結ぶ政策

2 第1次世界大戦と戦後の世界

(1) 第1次世界大戦

　セルビア人青年がオーストリア皇位継承者夫妻を暗殺したサライェヴォ事件を契機に、第1次世界大戦が始まります。アメリカは当初中立でしたが、1917年からドイツの無制限潜水艦作戦を契機に、イギリスやフランスなどの連合国側に立って参戦します。一方、ロシアでは戦争の長期化から革命が起こり、レーニンは革命の成果を守るためにドイツと単独で講和しました。

(2) 戦後の欧米諸国
① ヴェルサイユ体制

　第1次世界大戦はドイツの敗戦によって終結し、ヴェルサイユ条約が締結され、ドイツは一切の海外植民地を失うとともに、多額の賠償金（1320億金マルク）が課せられるなど敗戦国のドイツに対して厳しい処置がなされました。

INPUT

② 国際連盟の成立

第1次世界大戦中のウィルソンの十四カ条がもとになって，戦後成立した国際連盟にはアメリカは参加せず，また，敗戦国のドイツと社会主義政権のソ連は当初，排除されていました。

3 世界恐慌とファシズムの台頭

(1) 恐慌対策

アメリカ	ニューディール政策	フランクリン＝ルーズベルト。
イギリス	ブロック経済	イギリス本国と自治領，植民地間に特恵的な関税ブロックを形成。
ソ連	第1次5カ年計画中のため，経済恐慌の影響を受けない。	

(2) ファシズムの台頭と人民戦線

① ドイツやイタリアのファシズム政権

1933年にヒトラーが首相となると，ナチスが一党独裁体制を樹立してヴェルサイユ体制の破壊を進めていきます。イタリアでは1922年にムッソリーニのファシズム政権が成立していましたが，1935年にはエチオピアに侵攻するなど対外侵略を激化させていきました。

② 人民戦線とスペイン内戦

ファシズムの台頭に対し，共産党や左翼勢力が連合して人民戦線を結成します。スペインでは人民戦線派が政府を組織しましたが，フランコが反乱を起こします。ドイツとイタリアはフランコ側を支援して介入し，フランコが勝利しました。

人民戦線	ファシズムに対抗して共産党や左翼勢力が連合したものです。フランスやスペインでは人民戦線内閣が成立します。

4 第2次世界大戦後の冷戦

(1) 米ソの冷戦

トルーマン米大統領がトルーマン＝ドクトリンによって対ソ封じ込め政策を宣言，続くマーシャル＝プランにより冷戦が開始されます。

(2) キューバ危機とデタント

1959年にキューバでは親米的な政権が打倒される革命が起こり，社会主義を宣言します。1962年には米ソの間にキューバ危機が起こりましたが，ソ連の譲歩によって解決し，デタント（緊張緩和）が進展します。キューバ危機の当事者はケネディ米大統領とフルシチョフです。

第2章 近代市民社会の成立

LEC東京リーガルマインド　2022-2023年合格目標 公務員試験 本気で合格！過去問解きまくり！
⑤人文科学Ⅰ
383

近代市民社会の成立
第1次世界大戦と第2次世界大戦

実践 問題 142 基本レベル

頻出度	地上★★★	国家一般職★★	東京都★	特別区★
	裁判所職員	国税・財務・労基★		国家総合職★

問 帝国主義の時代に関する記述として最も妥当なのはどれか。

(国家一般職2013)

1: 19世紀末になると、欧米先進諸国は、石炭と蒸気力を動力源に第2次産業革命と呼ばれる技術革新に成功し、巨大な生産力と軍事力の優勢を背景に、アジア・アフリカ、更には太平洋地域を次々と植民地に設定した。この植民地獲得の動きを帝国主義といい、植民地には工業製品の供給地として多くの工場が建設され、世界全体が資本主義体制に組み込まれた。

2: 欧州列強諸国は、帝国主義政策の競合から、ドイツなど古くからの植民地保有国とイタリアなど後発の植民地保有国に分かれて対立し、ドイツ・フランス・イギリスの間では三国協商が、イタリア・オーストリア・ロシアの間では三国同盟が結ばれた。こうした列強の二極化は、小国が分立するバルカン半島の民族主義的対立を激化させ、同半島は「ヨーロッパの火薬庫」と呼ばれた。

3: イギリスは、アイルランドでの自治要求の高揚に直面した。20世紀初めに、アイルランド独立を目指すシン=フェイン党が結成され、その後、アイルランド自治法が成立したが、イギリス人の多い北アイルランドはこれに反対してシン=フェイン党と対立し、政府は第一次世界大戦の勃発を理由に自治法の実施を延期した。

4: 帝国主義国の圧力にさらされた清朝支配下の中国では、日本の明治維新にならった根本的な制度改革を主張する意見が台頭した。その中心となった儒学者の康有為は、西太后と結んで宣統帝（溥儀）を動かし、科挙の廃止、立憲制へ向けての憲法大綱の発表と国会開設の公約などを実現させ、近代国家の建設に向けての改革に踏み切った。

5: イギリスの統治下にあったインドでは、近代的教育を受けた知識人が増加するにつれイギリス支配への不満が高まり、知識人の中でも英貨排斥、自治獲得などの急進的な主張をする人々の主導によってインド国民会議が創設された。これに対しイギリスは、ベンガル分割令を発表し、仏教徒とキリスト教徒の両教徒を反目させて反英運動を分断することによって事態の沈静化を図った。

OUTPUT

実践 問題 **142** の解説

チェック欄		
1回目	2回目	3回目

〈第 1 次世界大戦前の世界〉

1 ✕ 石炭や蒸気力を動力源としたのは18世紀の第 1 次産業革命であり，第 2 次産業革命は石油や電力を動力源とした。また，19世紀における欧米の植民地獲得競争，いわゆる帝国主義は，植民地を工場製品の供給地とするのではなく，原料供給地かつ市場とするものであった。

2 ✕ ドイツは，イタリア同様，19世紀にようやく国家統合を果たしたため，後発組である。三国同盟はビスマルク体制の時にドイツを中心にオーストリアやイタリアと結成したものであり，三国協商は，ドイツの対外侵略が激化する中で，イギリス，フランス，ロシアが結成した。なお，バルカン半島が「ヨーロッパの火薬庫」とよばれたことは正しい。

3 ◯ アイルランドは1922年英連邦内の自治領アイルランド自由国としてイギリスからの独立を果たしたが，北アイルランドは英国領にとどまり，この結果を不十分と考える人々は，ＩＲＡ（アイルランド共和軍）など諸派によるテロを含む闘争を継続した。1998年にアイルランド，北アイルランドの諸政党とイギリスとの和平合意が成立した。

4 ✕ 清朝において康有為が明治維新にならって立憲君主体制を目指したことは正しい（変法運動）。ただし，この運動は，百日余りで西太后ら保守派のクーデタにより改革は挫折した（戊戌の政変）。西太后は運動をつぶした人物である。なお，時の皇帝は光緒帝であり，宣統帝は，清朝最後の皇帝である。のちに満州国皇帝となった。

5 ✕ インドにおける国民会議派はインド人の自治参加を漸進的に拡大することを求める穏健な団体として設立されたものであり，その中心はヒンドゥー教徒の地主階級である。一方，イギリスは，インドにおけるヒンドゥー教徒とイスラーム教徒の宗教対立を利用して民族運動の分断を図ったのである。

第2章 近代市民社会の成立

正答 3

近代市民社会の成立
第1次世界大戦と第2次世界大戦

実践 問題 143 基本レベル

頻出度	地上★★★	国家一般職★★★	東京都★★★	特別区★★★
	裁判所職員★★★	国税・財務・労基★★★		国家総合職★★★

問 第1次世界大戦に関する次の記述のうち,妥当なのはどれか。 (地上2018)

1:大戦は長期化し,ヨーロッパは激しい戦禍に見舞われた。しかし大戦中,飛行機の改良など,科学技術が大きく進展し,大戦後はヨーロッパ文明への信頼が世界的に大きく高まった。
2:大戦中イギリスは,アラブ人に戦後の独立を約束する一方,ユダヤ人に対してはアラブ人が居住するパレスティナへの入植を推奨した。これが後のパレスティナ問題の原因となった。
3:ロシアは大戦の最中,帝政が崩壊してソヴィエト政権が成立した。イギリス,フランス,日本は直ちにソヴィエト政権の支持を表明したが,革命の波及効果を恐れたドイツは対ソ干渉戦争を行った。
4:敗戦国となったドイツは,領土の一部や植民地を失ったものの,イギリスやフランスは賠償金の放棄を表明したため,戦勝国から課せられた賠償金はわずかであった。このため,戦後速やかに,ドイツの経済は復興した。
5:アメリカは大戦に参戦せず,大戦中は交戦国間の調停を行った。戦後,国際的平和機構である国際連盟が設立されると,アメリカは常任理事国となった。

OUTPUT

実践 問題 143 の解説

〈第1次世界大戦と戦後の世界〉

1 × 第1次世界大戦では，航空機や毒ガス，戦車などの新兵器が投入され，多くの死傷者を出したため，戦後には近代科学や技術への楽観的信頼が揺らいだ。また，戦争中のロシア革命によりソヴィエト政権が成立したことや，戦後，アメリカが国際政治と経済の中心になったことなどにより，ヨーロッパ中心主義の考え方にも疑問が呈されるようになった。

2 ○ 妥当である。こうしたイギリスの矛盾する外交が，現在に至るパレスティナ問題の主な原因となっている。

3 × ロシアで帝政が崩壊してソヴェエト政権が成立すると，イギリス，フランス，日本などの連合国側が，革命の拡大を恐れて反革命勢力を援助し，直接シベリアなどに軍を派遣したのである。

4 ×

■ヴェルサイユ条約
 ドイツは一切の植民地を失う
 アルザス・ロレーヌをフランスに返還
 ラインラントの非武装と軍備制限
 巨額の賠償金の支払い

ドイツとの間に締結されたヴェルサイユ条約では，巨額の賠償金の支払いがドイツに課せられている。フランスはドイツの賠償金の支払い不履行を理由に，ドイツの工業地帯であるルール地方を占領したが，これに対してドイツが不服従運動で抵抗したため，工場生産が低下し，激しいインフレーションとなって，経済が混乱した。

5 × 戦争が開始された当初は，アメリカは参戦しなかったが，1917年にドイツが無制限潜水艦作戦を実行すると，これを契機にアメリカはドイツに宣戦して参戦した。また，大戦後のアメリカでは国際的な負担に反対する上院がヴェルサイユ条約批准を拒否したため，国際連盟には参加しなかったので，常任理事国にはなっていない。

正答 2

第2章 近代市民社会の成立
SECTION 2 第1次世界大戦と第2次世界大戦

実践 問題144 基本レベル

問 第一次世界大戦前後の世界に関する記述として最も妥当なのはどれか。

（国税・労基2009）

1：サライェヴォ事件を契機にオーストリアがセルビアに宣戦布告をすると、ロシアがオーストリアを、ドイツがセルビアを支持して戦争に加わった。また、イギリスとフランスもドイツに宣戦したことから、戦争の規模は一挙に拡大して第一次世界大戦となった。

2：第一次世界大戦が始まると、日本は日英同盟を理由にドイツに宣戦し、中国の山東省に出兵してドイツ租借地を占領した。その後、袁世凱政権に対し、山東省におけるドイツ権益の継承などを内容とする二十一か条の要求を突き付け、その大半を認めさせた。

3：ロシアでは、第一次世界大戦中に労働者や兵士による十一月革命が起こって帝政が崩壊し、臨時政府が発足した。臨時政府は、戦争継続に反対するレーニンを首相に任命して休戦するとともに、大地主の土地を没収して農民に分配するなど、社会主義革命を推し進めた。

4：4年余にわたった第一次世界大戦は、イギリスの無制限潜水艦作戦による打撃を受けたドイツが敗北宣言を行い、終結した。戦後処理のために開かれたパリ講和会議において対独講和条約が調印され、ドイツは海外の植民地をすべて失ったが、賠償支払いの義務は免除された。

5：第一次世界大戦の終結後、国際平和の維持を求める気運が高まるなか、アメリカ合衆国大統領ウイルソンが提唱した十四カ条の平和原則に基づいて国際連盟が発足し、日英米をはじめとする戦勝国のほか、敗戦国であるドイツも加盟することとなった。

OUTPUT

実践 問題 **144** の解説

〈第 1 次世界大戦前後の世界〉

1 × サライェヴォ事件を契機にオーストリアがセルビアに宣戦布告したが,その際にパン＝スラヴ主義の中心であったロシアはセルビアを,パン＝ゲルマン主義に立つドイツはオーストリアを支持して戦争に加わった。

2 ○ 第 1 次世界大戦が始まると,日本は日英同盟を理由に参戦し,ドイツの中国における租借地を占領,袁世凱政権に二十一カ条の要求を突きつけ,その大半を承認させた。

3 × ロシアで帝政が崩壊したのは,第 1 次世界大戦中の二月（三月）革命によってである。二月（三月）革命では皇帝ニコライ 2 世が退位して臨時政府が成立した。しかし,戦争を続行した臨時政府に対する不満が高まり,レーニン主導で十月（十一月）革命が起こって社会主義政権が樹立された。

4 × 無制限潜水艦作戦は,ドイツが実行したものである。このドイツの無制限潜水艦作戦によって被害を受けたアメリカが,大戦の途中からイギリスやフランスなどの連合国側に立って参戦した。このアメリカの参戦によってドイツにとって戦局は不利となり,敗北した。戦後の講和条約であるヴェルサイユ条約によって,ドイツは一切の海外植民地を失うとともに,多額の賠償金が課せられている。このため第 1 次世界大戦後にはドイツの賠償問題が生じている。

5 × 第 1 次世界大戦後,戦争末期にアメリカのウィルソン大統領が提唱した十四カ条の平和原則に基づいて国際連盟が成立したが,戦後,アメリカでは孤立主義が台頭したため,国際連盟には参加しなかった。また,当初は敗戦国のドイツと,社会主義政権が樹立されたソ連は排除されていた。

第 2 章 近代市民社会の成立

正答 **2**

近代市民社会の成立
第1次世界大戦と第2次世界大戦

実践 問題145 基本レベル

頻出度 地上★★★ 国家一般職★★★ 東京都★★★ 特別区★★★
裁判所職員★★★ 国税・財務・労基★★★ 国家総合職★★★

問 ヴェルサイユ体制又はワシントン体制に関する記述として、妥当なのはどれか。 (特別区2017)

1：パリ講和会議は、1919年1月から開かれ、アメリカ大統領セオドア＝ローズヴェルトが1918年1月に発表した十四か条の平和原則が基礎とされたが、第一次世界大戦の敗戦国は参加できなかった。

2：ヴェルサイユ条約は、1919年6月に調印されたが、この条約で、ドイツは全ての植民地を失い、アルザス・ロレーヌのフランスへの返還、軍備の制限、ラインラントの非武装化、巨額の賠償金が課された。

3：国際連盟は、1920年に成立した史上初の本格的な国際平和維持機構であったが、イギリスは孤立主義をとる議会の反対で参加せず、ドイツとソヴィエト政権下のロシアは除外された。

4：ワシントン海軍軍縮条約では、アメリカ、イギリス、日本、フランス、イタリアの主力艦保有トン数の比率及びアメリカ、イギリス、日本の補助艦保有トン数の比率について決定された。

5：四か国条約では、中国の主権尊重、門戸開放、機会均等が決められ、太平洋諸島の現状維持や日英同盟の廃棄が約束されたほか、日本は山東半島の旧ドイツ権益を返還することとなった。

OUTPUT

実践 問題 145 の解説

〈第１次世界大戦後の世界〉

1 × パリ講和会議の基礎となった十四か条の平和原則は，セオドア＝ルーズベルトではなくウィルソンによって発表されたものである。セオドア＝ルーズベルトは日露戦争の際に講和の仲介をした米大統領である。なお，パリ講和会議では，敗戦国とロシアを除いて，連合国がドイツとの平和条約を討議した。

2 ○ 妥当である。アルザス・ロレーヌは1871年の普仏戦争後の講和条約によってフランスがドイツに割譲した地であるが，第１次世界大戦後のヴェルサイユ条約によってドイツからフランスに返還された。

3 × 国際連盟において，孤立主義を採る議会の反対で参加しなかったのは，イギリスではなくアメリカである。アメリカは19世紀初頭のモンロー宣言以来，孤立主義（ヨーロッパのことには干渉しない政策）を採っていた。なお，敗戦国であるドイツと，戦争中に社会主義政権が樹立されていたソヴィエト政権下のロシアは排除されていたことは正しい。

4 × ワシントン海軍軍縮条約でアメリカ，イギリス，日本，フランス，イタリアの主力艦保有トン数の比率が決定されたことは正しいが，補助艦の保有率が決定されたのは1930年に開催されたロンドン軍縮会議である。ロンドン海軍軍縮条約を浜口内閣が調印したことに対し，国内ではこれを統帥権の干犯であると政府を攻撃する動きが高まり，浜口首相が右翼青年に狙撃さえて退陣すると，軍部の発言力が強まった。

5 × 中国の主権尊重，門戸開放，機会均等が決められ，山東半島における旧ドイツ権益の返還を決めたのは九カ国条約である。これによって石井・ランシング協定が破棄された。太平洋諸島の現状維持や日英同盟の破棄が約束されたのは四カ国条約で，正しい。

正答 2

第2章 近代市民社会の成立
SECTION 2 第1次世界大戦と第2次世界大戦

実践 問題 146 応用レベル

頻出度	地上★★★	国家一般職★★	東京都★★	特別区★★
	裁判所職員★	国税・財務・労基★★		国家総合職★★

問 第一次世界大戦後のヨーロッパの歴史に関する記述として，妥当なのはどれか。 (東京都Ⅰ類B 2019)

1：1919年の国民会議でヴァイマル憲法が制定されたドイツでは，この後，猛烈なインフレーションに見舞われた。
2：イタリアでは，ムッソリーニが率いるファシスト党が勢力を拡大し，1922年にミラノに進軍した結果，ムッソリーニが政権を獲得し，独裁体制を固めた。
3：1923年にフランスは，ドイツの賠償金支払いの遅れを口実にボストン地方を占領しようとしたが，得ることなく撤兵した。
4：1925年にドイツではロカルノ条約の締結後，同年にドイツの国際連合への加盟を実現した。
5：イギリスでは大戦後，労働党が勢力を失った結果，新たにイギリス連邦が誕生した。

OUTPUT

実践 問題 **146** の解説

チェック欄		
1回目	2回目	3回目

〈第1次世界大戦後のヨーロッパ〉

1 ○ 第1次世界大戦後のドイツの説明として正しい。第1次世界大戦の賠償金支払いのために紙幣を増発したことなどから，激しいインフレーションが起きた。

2 × ミラノではなく，ローマに進軍した結果，ムッソリーニは政権を獲得した。ローマへの進軍はムッソリーニが政権を獲得するための示威行為であり，国王は内乱を恐れてムッソリーニに組閣を命じた。

3 × ドイツの賠償金支払いの遅れを理由にフランスが占領したのはボストンではなく，ドイツの産業の中心地であるルール地方である。これによって，産業に打撃を受けたドイツではインフレーションがさらに加速した。

4 × 1925年にロカルノ条約が締結され，翌年ドイツの加盟が認められたのは国際連合ではなく，国際連盟である。

5 × 19世紀のイギリスでは，保守党と自由党とが2大政党政治を行ってきたが，選挙法の改正により選挙権が拡大すると，第1次世界大戦後には自由党に変わって労働党が保守党に次ぐ第2党の地位についた。したがって，労働党が勢力を失ったとあるのは誤り。なお，失業保険削減をめぐって，第2次マクドナルド内閣が倒れているが，これは，労働党の勢力が失われたからではなく，マクドナルドが労働党内での支持を失ったからであり，労働党自体の勢力が失われたわけではない。また，労働党の勢力とイギリス連邦成立に因果関係がない点も誤りである。

第2章 近代市民社会の成立

正答 1

第2章 SECTION 2 近代市民社会の成立
第1次世界大戦と第2次世界大戦

実践 問題 147 〈基本レベル〉

頻出度　地上★★★　国家一般職★★★　東京都★★　特別区★★
　　　　裁判所職員★　　国税・財務・労基★★★　国家総合職★★★

問 戦間期（第一次世界大戦～第二次世界大戦）の世界に関する記述として最も妥当なのはどれか。　　　　　　　　　　　　　　　　　　　（国家総合職2021）

1：連合国と休戦協定を結んだドイツは，パリ講和会議への出席を認められたものの，ベルリンを含む国土の一部を占領され，多額の賠償金が課せられるなど過酷な制裁を受けた。第一次世界大戦後に制定されたヴァイマル憲法は，生存権を含む社会権が定められるなど，当時最も民主的な憲法とされたが，非常事態への対応のために皇帝に緊急立法権を含む強い権限が与えられており，この権限は後に憲法の趣旨と相反するヒトラー独裁への道を開くために使われた。

2：第一次世界大戦中に革命が起こったロシアでは，ソヴィエト政府が誕生し，ドイツ側との単独講和によって戦争から離脱した。連合国がロシアの革命政権を警戒して対ソ干渉戦争に乗り出した一方で，ロシア国内は政治的・経済的に安定しており，戦時共産主義の下で，憲法制定議会の開催や農奴解放令の公布がなされた。レーニンは革命政府に反対する国外の干渉を退け，ロシアとモンゴルを中心とするソヴィエト社会主義共和国連邦が誕生した。

3：米国は，ウィルソン大統領の反対により，第一次世界大戦後に設立された国際連盟に加盟しなかった。また，第一次世界大戦中に連合国に対する借款の供与，軍事物資や食料の提供などによって大きな利益をあげ，戦後は債務国から一挙に債権国へと転じ，国際金融市場を左右する存在になった。その後，ニューヨークでの株価暴落を端緒とする世界恐慌に対して，米国は国外からの輸入に高関税を課すニューディール政策を採用して対応した。

4：第一次世界大戦中に英国の保護国となっていたエジプトでは，戦後独立運動が展開され，英国が保護権を放棄したことに伴ってエジプト王国が成立した。しかし，英国は依然としてスエズ運河の支配を続け，様々な特権を留保したため，これに反対するエジプトの抗議が続いた。その後，イギリス＝エジプト条約によりエジプトは主権をほぼ回復したものの，スエズ運河の管理権は英国に残った。

5：第一次世界大戦後，欧米諸国は日本の大陸進出を警戒し，ワシントン会議において，中国の主権尊重・領土保全・門戸開放・機会均等を約束した四か国条約が締結された。これを受け，日本は，遼東半島の返還などによって中国との関係改善を図るとともに，日英同盟を発展させて，国際協調を重視する立場をとった。これにより，日本と英国を中心とするアジア・太平洋地域の新しい国際秩序が成立し，ヴェルサイユ体制と共に1920年代の国際秩序の支柱となった。

OUTPUT

実践 ▶ 問題 **147** の解説 ────

〈戦間期〉

1 ✕ 1871年にドイツ帝国が樹立されてから，ドイツには皇帝が存在していたが，第1次世界大戦の末期に即時講和を求める水兵がキール軍港で蜂起すると，革命運動が全国に広がり，皇帝は亡命してドイツは共和国になった（ドイツ革命）。その後，共和国政府が連合国と休戦協定を締結する。したがって，ヴァイマル憲法は共和国憲法であり，「皇帝に緊急立法権を含む強い権限が与えられていた」とあるのは妥当でない。ヴァイマル憲法に規定されていたのは大統領緊急令であり，これに基づいてヒトラーが全権委任法を公布し，ヴァイマル憲法を崩壊させた。

2 ✕ ロシアで農奴解放令が発せられたのは1861年，憲法制定会議が開催されたのは1917年のことで，いずれも1918〜1921年の戦時共産主義以前の出来事である。また，第1次世界大戦中にロシア革命が起こったことに対し，ロシア国内では旧帝政派や軍人，革命に反対する政党が，各地に反革命政権を樹立した。革命の拡大を恐れる諸外国も，こうした反革命政権を援助したので，「ロシア国内は政治的・経済的に安定しており」とあるのは妥当でない。さらに，ソヴィエト社会主義共和国連邦はロシア，ウクライナ，ベラルーシ，ザカフカースの4共和国が結成した連邦国家であって，モンゴルはソ連邦の構成国ではなく，のちに社会主義国家を目指すモンゴル人民共和国が成立している。

3 ✕ 戦争末期にアメリカの大統領であったウィルソンが，平和14カ条を発表し，これがもとになって戦後は国際連盟が設立された。しかし，アメリカでは，国際的な負担に反対する上院がヴェルサイユ条約批准を拒否したため，アメリカは国際連盟に参加しなかった。また，世界恐慌後に，国外からの輸入に高い関税をかける政策は，共和党フーヴァー大統領のスムート＝ホーリー関税法である。ニューディール政策は1932年の大統領選挙で当選した民主党のフランクリン＝ルーズベルト大統領が採用した政策である。

4 ◯ 戦後のエジプトの説明として妥当である。スエズ運河に関しては，1956年にエジプトのナセルがスエズ運河の国有化を宣言し，スエズ戦争となった。

5 ✕ ワシントン会議で，中国の主権尊重・領土保全・門戸開放・機会均等を約束したのは1922年の九カ国条約であり，日本が遼東半島を中国に返還したのは，1895年の三国干渉による。また，1921年に締結された太平洋に関する四カ国条約により，日英同盟が破棄された。これによって，アメリカを中心とするアジア・太平洋地域の新しい国際秩序（ワシントン体制）が成立した。

正答 4

第2章 近代市民社会の成立

近代市民社会の成立
第1次世界大戦と第2次世界大戦

実践 問題148 基本レベル

頻出度 地上★★★ 国家一般職★★★ 東京都★★★ 特別区★★★
　　　 裁判所職員★★★ 国税・財務・労基★★★ 国家総合職★★★

[問] 第一次世界大戦後から第二次世界大戦前までの各国に関する記述として最も妥当なのはどれか。　　　　　　　　　　　　　　　（国税・財務・労基2017）

1：アメリカ合衆国は、ウィルソン大統領が提案した国際連盟の常任理事国となり、軍縮や国際協調を進める上で指導的な役割を果たした。世界恐慌が始まると、フーヴァー大統領がニューディールと呼ばれる政策を行い、恐慌からの立ち直りを図ろうとした。

2：ドイツは、巨額の賠償金の支払などに苦しみ、政治・経済は安定せず、ソ連によるルール地方の占領によって激しいインフレーションに襲われた。この危機に、シュトレーゼマン外相は、ヴェルサイユ条約の破棄、ドイツ民族の結束などを主張し、ドイツは国際連盟を脱退した。

3：イタリアは、第一次世界大戦の戦勝国であったが、領土の拡大が実現できず、国民の間で不満が高まった。世界恐慌で経済が行き詰まると、ムッソリーニ政権は、対外膨張政策を推し進めようとオーストリア全土を併合したが、国際連盟による経済制裁の決議の影響を受けて、更に経済は困窮した。

4：イギリスでは、マクドナルド挙国一致内閣が金本位制の停止などを行ったほか、オタワ連邦会議を開き、イギリス連邦内で排他的な特恵関税制度を作り、それ以外の国には高率の保護関税をかけるスターリング（ポンド）＝ブロックを結成した。

5：ソ連では、レーニンの死後、スターリンがコミンテルンを組織して、世界革命を主張した。スターリンは、五ヵ年計画による社会主義建設を指示し、工業の近代化と農業の集団化を目指したが、世界恐慌の影響を大きく受けて、経済は混乱した。

実践 問題 148 の解説

〈第1次世界大戦から第2次世界大戦までの各国〉

1 ❌ 第1次世界大戦後の国際連盟の設立は、アメリカのウィルソン大統領が提案したことが契機となったことは正しいが、戦後、アメリカではヨーロッパのことには干渉しないという孤立主義が台頭したため、国際連盟には参加していない。したがって、常任理事国にもなっていない。また、ニューディールとよばれる政策を行ったのは民主党のフランクリン=ルーズベルト大統領である。

2 ❌ ドイツが国際連盟から脱退したのは1933年のことでヒトラーによる。シュトレーゼマン外相は、戦後の激しいインフレを収めるためにレンテンマルクを発行して経済を立て直し、協調外交を推進した人物である。なお、戦後のドイツにおける激しいインフレーションの原因となったのは、フランスとベルギーによるルール占領である。

3 ❌ オーストリアを併合したのはイタリアではなくドイツである。世界恐慌後にイタリアのムッソリーニ政権が侵攻したのはエチオピアである。これに対し、国際連盟はイタリアを侵略国として経済制裁を実行したが、内容が不十分で効果を上げることができなかった。したがって、国際連盟の経済制裁の決議の影響を受けて、さらに経済は困窮したとあるのも妥当でない。

4 ⭕ イギリス連邦とはイギリスと旧植民地、自治領の緩やかな結合体で、「イギリス国王に対する共通の忠誠心によって結ばれた、お互いに対等な独立国の自由な連合体」と定義され、1931年のウェストミンスター憲章で確認された。

5 ❌ 1929年にアメリカで株価が暴落し、1930年代に経済恐慌が他国にも波及して世界恐慌となったが、この時期にソ連は第1次5カ年計画により社会主義建設を進めていた（計画経済をとっていた）ため、世界恐慌の影響をあまり受けなかった。なお、レーニンの死後、世界革命を主張したのはトロツキーであり、スターリンは一国社会主義を主張した。

正答 4

第2章 近代市民社会の成立
SECTION 2 第1次世界大戦と第2次世界大戦

実践 問題 149 〈応用レベル〉

頻出度	地上★★★	国家一般職★★★	東京都★★★	特別区★★
	裁判所職員★★	国税・財務・労基★★★	国家総合職★★★	

問 第1次世界大戦後から第2次世界大戦前までの各国の記述として最も妥当なのはどれか。
(国Ⅰ 2003)

1：アメリカ合衆国では、株式相場の大暴落により生じた恐慌の打開を図るため、フランクリン=ルーズヴェルトが全国産業復興法や農業調整法などを中心としたニューディール政策を実施した。対外的には、中南米諸国との善隣外交政策を展開するとともに、ソ連と国交を開き、貿易を拡大させた。

2：ソ連では、スターリンが中小企業の国有化、労働義務制、食糧配給制などを含む新経済政策（ネップ）を採用し、さらに3度の5カ年計画を実施した結果、農業生産力が増大した。国際連盟に加入せず孤立主義をとる一方、日本やドイツなどと不可侵条約を締結した。

3：ドイツでは、戦争による失業者と社会不安が増大するなか、パン=ゲルマン主義を主張するナチスがドイツ革命を起こし政権を掌握した。ヴェルサイユ条約を破棄して再軍備し、ポーランドやベルギーへ軍隊を進駐したため、国際連盟を脱退することになった。

4：フランスでは、人民戦線内閣のブルム首相が賠償金を支払わないドイツに対抗するため、ルール地方の軍事占領を行った。ブリアン外相がドイツとロカルノ条約を結びルールから撤退した後は、国際平和の維持に努め、スペイン内乱ではフランコ側に対抗して人民戦線政府を支援した。

5：イギリスでは、挙国一致内閣の首相となったチャーチルがイギリス連邦経済会議を開き、連邦内の特恵関税制度を設けるなどのブロック経済政策を行った。また、植民地であるエチオピアにドイツが進出すると、従来の不干渉政策を転換し、石油・石炭の輸出を禁止する経済制裁を加えた。

OUTPUT

実践 問題 **149** の解説

〈第1次世界大戦後の世界〉

1 ○ アメリカ合衆国では，**フランクリン＝ルーズベルト**が**ニューディール政策**を実施するとともに，対外的には，中南米諸国への内政干渉を控え，ドル経済圏に組み込む善隣外交政策を展開，1933年にソ連を承認，国交を開いて貿易の拡大を図った。

2 × 国際連盟に加入せず孤立主義をとったのはアメリカである。また，中小企業の国有化，労働義務制，食糧配給制などを実施したのは**戦時共産主義**である。その後，混乱した経済を建て直すために採用されたのが**新経済政策（ネップ）**。なお，日ソ中立条約（1941年）を締結したのは第2次世界大戦が勃発してからのことである。

3 × 通常，パン＝ゲルマン主義という場合は，第1次世界大戦前のドイツ・オーストリアの主張を指す。ナチス＝ドイツの党首ヒトラーが政権を掌握したのは1933年であるが，ドイツ革命は第1次世界大戦末期の1918年に帝政を廃して共和国を樹立したことを指す。また，ドイツの国際連盟脱退は1933年。ドイツのポーランド侵攻は1939年で，これを契機に第2次世界大戦が勃発した。ベルギーへのドイツ軍の侵入は1940年。

4 × **人民戦線内閣**が成立したのは，ドイツでファシズムが台頭した後のことである。本肢は物事が生起した順番で切る。ルール占領は第1次世界大戦終了後，1923年からフランスのポワンカレ保守党内閣が強行したもの。このルール占領はフランスにとっても得るものがなく，その後ブリアン外相がロカルノ条約を締結して対独協調を進めた。スペインの人民戦線内閣に対し，フランコ将軍が反乱を起こして**スペイン内戦**が起こると，ドイツとイタリアは公然とフランコ側を援助，一方，人民戦線政府をソ連が支援したが，戦火の拡大を警戒する英仏は不干渉政策を採用した。

5 × **ブロック経済**政策を行ったのは挙国一致内閣の首相となったマクドナルドである。また，エチオピアは20世紀初頭の段階で，リベリア共和国とともにヨーロッパ列強の植民地とならずに独立を保持していた国であるが，1935年からイタリアが侵攻し，36年に併合した。エチオピアはイギリスの植民地ではない。

正答 1

近代市民社会の成立
第1次世界大戦と第2次世界大戦

実践 問題 150 基本レベル

頻出度 地上★★★ 国家一般職★★★ 東京都★★★ 特別区★★★
裁判所職員★★ 国税・財務・労基★★★ 国家総合職★★★

問 1929年に起きた世界恐慌における世界各国の記述として，正しいものはどれか。 (地上2015)

1：アメリカでは世界恐慌後，ローズベルト大統領が公共投資の削減により財政再建を図るとともに，自由放任政策への転換により景気回復を図った。
2：イギリスでは貿易拡大による景気回復を図り，それまでの保護貿易政策をやめて自由貿易政策をとり，すべての国に対して関税を安くする政策をとった。
3：フランスは，第1次世界大戦直後に人民戦線内閣が成立した。長期にわたる人民戦線内閣のもと，自給政策が行われていたため，恐慌の影響をあまりうけなかった。
4：ドイツでは，失業問題の深刻化から労働者の不満が高まり，ナチスが台頭して政権を確立した。ナチスは大型公共事業を展開し，軍需生産の拡大を図った。
5：ソ連は，他の資本主義諸国より恐慌の影響が深刻で，社会主義政策が失敗におわり，多数の餓死者がでた。このためスターリンの独裁は，人々の支持を失い弱まった。

OUTPUT

実践 問題 **150** の解説

〈世界恐慌における欧米諸国の状況〉

1 ✗ アメリカでは，世界恐慌後に**フランクリン=ルーズベルト（ローズベルト）**大統領が，テネシー川流域開発公社を設立して，大規模な公共投資を行って雇用の創出・失業者の吸収を図っている。また，1929年に株価が暴落した当時，フーヴァー大統領が自由放任政策を改めずに不況を深刻化させたため，ローズベルト大統領は政府の強力な権限によって経済を指導する**ニューディール政策**を採用した。

2 ✗ イギリスは19世紀半ばにそれまで貿易に制限をかけていた法律を次々と廃止して，自由貿易体制を樹立していたが，世界恐慌後にはイギリス本国と植民地との間に経済ブロックを形成した。これはイギリス本国がイギリスの自治領や植民地に輸出するときには関税を低く，他国がイギリスの自治領や植民地に輸出するときには高い関税をかけるもので，すべての国に対して関税を安くしたのではない。不況の中，英連邦から他国製品を締め出すことで，イギリス本国製品の販路を確保したのである。

3 ✗ 「恐慌の影響をあまり受けなかった」のはソ連である。また，**人民戦線内閣が成立したのは世界恐慌後のこと**であり，第1次世界大戦直後ではない。**人民戦線は，ファシズムに対抗する左派連合**であり，フランスでは1936年に人民戦線内閣が成立した。また，フランスも恐慌の影響を受け，イギリスと同様，ブロック経済を採用した。

4 ○ ドイツでは世界恐慌後に失業者が増え，人々の不満が高まる中，ナチ党が第1党となり，1933年にヒトラーが首相に任命された。その後，ヒトラーは共産党を弾圧，**全権委任法**を制定して一党独裁体制を樹立していった。

5 ✗ ソ連は経済恐慌が発生したときに，第1次五カ年計画により計画経済を採用して，他の資本主義諸国とのかかわりがあまりなかったことから，恐慌の影響をあまり受けなかった。「社会主義政策が失敗におわり，多数の餓死者がでた」のは，戦時共産主義である。これは1920年前後に実施されたもので，世界恐慌の後ではない。また，スターリンは1953年に死去するまで独裁を続けた。

正答 **4**

第2章 SECTION 2 近代市民社会の成立
第1次世界大戦と第2次世界大戦

実践 問題 151 応用レベル

頻出度	地上 ★★★	国家一般職 ★★★	東京都 ★★	特別区 ★★
	裁判所職員 ★★	国税・財務・労基 ★★	国家総合職 ★★	

問 20世紀前半の世界恐慌とその影響に関する記述として最も妥当なのはどれか。
(国Ⅱ 2009)

1：アメリカ合衆国は，1929年のニューヨーク株式市場での株価の暴落から，深刻な不況に襲われた。この間，企業の倒産が一挙に進んで工業生産は急落したが，農業生産は堅調に拡大し，金融機関の経営の健全性も確保されていた。

2：英国では，世界恐慌の影響で失業者が大量に発生したため，ワグナー法によって労働者の権利を保護し，労働組合の発展を促すことで社会の混乱を収拾しようとした。外交面では，ラテンアメリカ諸国をスターリング＝ブロックに組み入れる外交政策を行って経済の回復を図った。

3：ドイツでは，ナチ党が第一次世界大戦後に結成された。結党時には，ヴェルサイユ条約破棄や人種差別主義などの同党の過激な主張が国民の圧倒的な支持を獲得した。しかし，世界恐慌によって社会不安が広がると，国民は政治の安定を求めるようになり，ナチ党は解党の危機に瀕した。

4：フランスは，植民地や友好国とフラン通貨圏を築いて経済を安定させようとした。国内の政局は不安定であったが，極右勢力の活動などで危機感をもった中道・左翼が結束して，1936年にはブルムを首相とした反ファシズムを掲げる人民戦線内閣が成立した。

5：ソビエト連邦では，世界恐慌の影響により工業生産が恐慌前の約半分の水準まで低下した。この危機を乗り切るため，レーニンは国有化政策を緩め，中小企業に私的営業を許すとともに，農民には余剰生産物の自由販売を認める新経済政策（ネップ）を行った。

OUTPUT

チェック欄		
1回目	2回目	3回目

実践 ▶ 問題 **151** の解説

〈世界恐慌とその影響〉

1 × 1929年に株価が暴落して世界恐慌が起こったが，恐慌がアメリカで起こった原因としては，世界的な農作物価格の下落により農業不況が生じて農民の購買力が低下していたこと，また，消費需要の全般的な減退に伴って工業製品が生産過剰となっていたこと，投資家による異常な株式投資が進んだことなどがある。経済恐慌の影響は当然に農業や工業，金融にも及び，多くの銀行が破産して深刻な金融恐慌を派生させた。このためニューディール政策では農業調整法が制定され，農作物の生産調整による農作物の価格の下落を防ぐとともに金本位制が停止された。

2 × ワグナー法はアメリカで制定されたものである。不況の拡大により社会的格差が拡大することで，労働者と資本家の階級対立が激化し，労働者が社会主義に接近するなど，社会が不安定になることを回避するため，労働者の権利を保護しようとする意図があった。また，イギリスは不況下でイギリス製品の販路を確保するために，本国と自治領，植民地間でブロック経済を採用し，スターリングブロックを形成して他国製品を高い関税でシャットアウトしたが，ラテン＝アメリカ諸国は英連邦ではない。当時，イギリスの自治領であったのはカナダやオーストラリア，植民地はインドなど。

3 × ナチスは第1次世界大戦後の1920年に形成されたが，その際には大きな勢力とはならず，ドイツの経済復興と足並みを揃えて国際協調が進展していく中でナチスの不振は続いた。しかし，経済恐慌によってアメリカ資本がドイツから引き上げられると，ドイツの経済は破綻，過激なナショナリズムを主張するナチスと，共産党が勢力を伸ばした。そうした中で，反共産主義を掲げて地主階級のみならず中産階級の支持を得たナチスが第一党となり，1933年にヒトラー政権が誕生した。

4 ○ 1933年のドイツでのナチス政権の誕生や，国内での極右勢力の暴動などによって危機感を強めたフランスの左翼勢力は，1936年にファシズムに対抗する人民戦線内閣を成立させた。

5 × ソ連でレーニンが新経済政策（ネップ）を採用したのは1921年のことである。これは対ソ干渉戦争に対処するために採用されていた戦時共産主義により，農業生産が低迷して食糧不足に陥ったことによる。新経済政策で生産が回復すると，1928年から第1次五カ年計画が実施されたが，ソ連は資本主義国との交流が少なかったことから世界恐慌の影響を受けずに社会主義の基礎を築いたとされる。

正答 4

第2章 近代市民社会の成立

第2章 SECTION 2 近代市民社会の成立
第1次世界大戦と第2次世界大戦

実践　問題 152　基本レベル

問 次の文は，スペイン内戦に関する記述であるが，文中の空所A〜Dに該当する語句又は国名の組合せとして，妥当なのはどれか。　（特別区2019）

　1931年に王政が倒れたスペインでは，1936年に　A　が誕生した。これに対して，地主等に支持されたフランコ将軍が　A　に対して反乱をおこし，内戦となった。

　このスペイン内戦に際し，イギリスや　B　は不干渉政策をとり，ドイツと　C　はフランコ側を公然と支援した。　A　側には，　D　や国際義勇軍の支援があったものの，1939年，フランコ側が勝利をおさめた。

	A	B	C	D
1	ブルム内閣	フランス	ポルトガル	ソ連
2	ブルム内閣	ソ連	ポルトガル	イタリア
3	人民戦線政府	ポルトガル	ソ連	イタリア
4	人民戦線政府	ソ連	イタリア	フランス
5	人民戦線政府	フランス	イタリア	ソ連

実践 問題 152 の解説

〈スペイン内戦〉

- **A** 人民戦線政府　ナチスドイツが勢力を拡大する中，反ファシズムの左派連合として人民戦線が成立し，スペインやフランスでは人民戦線政府が成立した。人民戦線内閣には社会主義勢力が結集していたことから，地主等に支持されたフランコ将軍が反乱を起こし，スペイン内戦となった。ブルム内閣が成立したのはフランスである。
- **B** フランス　スペイン内戦に対し，イギリスとともに不干渉政策をとったのはフランスである。
- **C** イタリア　ドイツとともに公然とフランコ側を支援したのはイタリアである。
- **D** ソ連　人民戦線政府側を支援したのはソ連である。人民戦線政府はソ連や国際義勇軍の援助を受けたが，1939年に反乱軍が勝利し，フランコ将軍は独裁政治体制を樹立した。

以上から，肢5が正解となる。

正答 5

第2章 SECTION 2 近代市民社会の成立
第1次世界大戦と第2次世界大戦

実践 問題153 応用レベル

問 第二次世界大戦の始まりに関する次の記述中のA～Eの空欄に入る語句の組合せとして最も適当なものはどれか。 （裁判所職員2017）

　1938年3月，ドイツはドイツ民族統合を名目に（　A　）を併合し，9月には（　B　）のズデーテン地方の割譲を要求した。イギリス首相は宥和政策を唱え，9月末，イギリス・フランス・ドイツ・イタリアの4国による（　C　）会談が開かれ，ズデーテン地方のドイツへの割譲を認めた。

　ドイツは続いて1939年3月，（　B　）解体を強行し，西半分を保護領に，東半分を保護国にした。さらに（　D　）にもダンツィヒの返還，東プロイセンへの陸上交通路を要求した。

　そうした中，ドイツの行動に刺激された（　E　）も4月，アルバニアを併合した。

　イギリス・フランスは宥和政策を捨て，軍備拡充を急ぎ，（　D　）とギリシアに安全保障を約束したため，（　D　）はドイツの要求を拒否した。

　イギリス・フランスはソ連とも軍事同盟の交渉に入ったが，ソ連はドイツとの提携に転じ，1939年8月末，独ソ不可侵条約を結んだ。

　これに力を得て，ドイツは9月1日，準備していた（　D　）侵攻を開始した。イギリス・フランスはドイツに宣戦し，第二次世界大戦が始まった。

	A	B	C	D	E
1 :	ポーランド	ユーゴスラヴィア	ミュンヘン	オーストリア	ハンガリー
2 :	ポーランド	チェコスロヴァキア	ミュンヘン	オーストリア	イタリア
3 :	オーストリア	ユーゴスラヴィア	バンドン	ポーランド	イタリア
4 :	オーストリア	チェコスロヴァキア	バンドン	ポーランド	ハンガリー
5 :	オーストリア	チェコスロヴァキア	ミュンヘン	ポーランド	イタリア

OUTPUT

チェック欄		
1回目	2回目	3回目

実践 問題 **153** の解説

〈ファシズムの台頭〉

A **オーストリア** 1938年にドイツがドイツ民族の統合を名目に併合したのは
A：オーストリアである。かつてドイツとオーストリアは神聖ローマ帝国を
形成するメンバーであり，オーストリアはゲルマン系民族が多数を占め，
現在でもドイツ語が公用語となっている。このためドイツがオーストリア
を併合した際には，列強は事実上黙認した。

B **チェコスロヴァキア** ドイツがオーストリア併合の後，ズデーテン地方の
割譲を要求したのはB：チェコスロヴァキアである。この時には当事国で
あるチェコスロヴァキアの意向に関係なく，列強によりミュンヘン会談が
開かれた。

C **ミュンヘン** ドイツのズデーテン地方の割譲要求に対して開かれたのはC：
ミュンヘン会談である。イギリス首相が唱えた宥和政策とは，妥協点を探り，
協議と譲歩によって衝突を避けようとする政策である。当時，イギリスは
社会主義政権であったソ連を非常に警戒していたため，ドイツに対しては
宥和政策をとってドイツのズデーテン地方の領有を認めたのである。

D **ポーランド** ドイツがダンツィヒの返還，東プロイセンへの陸上交通路を
要求したのはポーランドである。しかし，この情報はたいへん細かいこと
であるから，最後のD，すなわち，ドイツは「（　D　）侵攻を開始した。
イギリス・フランスはドイツに宣戦し，第二次世界大戦が始まった。」とい
う記述からポーランドに限定したい。

E **イタリア** アルバニアを併合したのはイタリアである。

以上から，肢5が正解となる。

【ポイント】

本問は，Aがオーストリア，あるいは，Dがポーランドであることのいずれかを
確定でき，Cのバンドン会議を消去すると，肢は5しか残らず，BとEについては
まったく知らなくても正答が可能です。

第2章 近代市民社会の成立

正答 **5**

近代市民社会の成立
第1次世界大戦と第2次世界大戦

実践 問題 154 基本レベル

頻出度	地上★★★	国家一般職★	東京都★★	特別区★★
	裁判所職員★★	国税・財務・労基★		国家総合職★

[問] 第二次世界大戦に関する記述として、妥当なのはどれか。

(東京都Ⅰ類B 2015)

1：ドイツがフランスに侵攻すると、イギリス、ソ連及びポーランドは三国同盟を新たに結んで、ドイツに宣戦布告し、第二次世界大戦が始まった。
2：アメリカが石油の対日禁輸など強い経済的圧力をかけると、日本はオランダと同盟を直ちに結んで、オランダ領のインドネシアから石油を輸入した。
3：カイロ会談では、フランス、イタリア及びスペインの首脳が集まり、エジプトの戦後処理に関するカイロ宣言が発表された。
4：ヤルタ会談では、イギリス、フランス及びオーストラリアの首脳が集まり、中国の戦後処理に関するヤルタ協定が結ばれた。
5：アメリカによる原子爆弾の投下、ソ連の対日参戦後、日本はポツダム宣言を受諾し、第二次世界大戦は終結した。

OUTPUT

チェック欄		
1回目	2回目	3回目

実践 問題 **154** の解説

〈第 2 次世界大戦〉

1× 第 2 次世界大戦に際し,三国同盟を締結したのは日本とドイツ,イタリアである。また,三国同盟が成立したのは第 2 次世界大戦が始まった後の1940年のことである。なお,第 2 次世界大戦はドイツがポーランドに侵攻したことに対し,イギリスとフランスがドイツに宣戦したことで開始された。

2× アメリカが石油の対日禁輸など強い経済的圧力をかけると,イギリスとオランダもこれに同調した。こうした動きを中国とあわせてABCDラインとよんだ。オランダと同盟を結んだのではない。

3× カイロ会談に参加したのは,アメリカのルーズベルト大統領とイギリスのチャーチル首相,中国の蒋介石である。このカイロ会談では対日処理方針が定められたカイロ宣言が発表された。

4× ヤルタ会談に参加したのは,ルーズベルト,チャーチルとソ連のスターリンである。ヤルタ会談ではドイツの戦後処理やドイツ降伏後 3 カ月以内のソ連の対日参戦などが決められた。

■第 2 次世界大戦中の会談

カイロ会談(1943年)	米・英・中:対日処理方針
テヘラン会談(1943年)	米・英・ソ:北フランス上陸作戦
ヤルタ会談(1945年)	米・英・ソ:ドイツの戦後処理　ソ連の対日参戦
ポツダム会談(1945年)	米・英・ソ:日本の戦後処理

5○ 1945年 4 月に米軍が沖縄本土に上陸し,ポツダム宣言が発表された。 8 月 6 日には広島に, 9 日には長崎に原子爆弾が投下された。 8 月 8 日,ソ連が日ソ中立条約を無視して日本に宣戦し,中国東北部から朝鮮・樺太に軍を進めた。そして, 8 月14日に日本はポツダム宣言を受諾して降伏した。

第 2 章 近代市民社会の成立

正答 **5**

近代市民社会の成立
第1次世界大戦と第2次世界大戦

実践 問題 155 応用レベル

頻出度	地上★	国家一般職★	東京都★	特別区★
	裁判所職員★	国税・財務・労基★		国家総合職★

問 第二次世界大戦は日本，ドイツ，イタリアなどの枢軸国と，アメリカ，イギリスなどの連合国が戦う世界規模の戦争であった。この戦争に関する次の記述のうち妥当なのはどれか。 (地上2014)

1：第二次世界大戦は日本の真珠湾攻撃で開始された。その後，ドイツがポーランドに侵攻して連合国と交戦状態に入ると，ヨーロッパとアジアの戦争が合体し，文字通り世界戦争となった。

2：西ヨーロッパでは，ドイツがフランスとイギリスに侵攻し降伏させて両国を占領下に置いた。しかしその後，アメリカがイギリスの奪還に成功すると，ドイツの劣勢は決定的となった。

3：中国では，日本の侵攻が始まると，国民党率いる中華民国は短期間で降伏し，中華民国政府は解体された。中国全土が日本の支配下に入り，中国共産党も日本の弾圧を受け，解散させられた。

4：日本はマレー半島，インドネシアなどの東南アジアのほぼ全域や南太平洋の島々まで占領地域を拡大したが，アメリカはミッドウェー海戦で日本に勝利した後は反撃に転じた。

5：ソ連は大戦中は中立を貫き，連合国側にも枢軸国側にも武器や資源を輸出して急激な経済成長を実現した。大戦による被害を受けずに国力を温存し，ドイツや日本の降伏後に東欧や満州に突然侵攻を開始した。

OUTPUT

実践 問題 **155** の解説

〈第2次世界大戦〉

1 × 第2次世界大戦は，①1939年にドイツがポーランドに侵攻したところから開始された。一方，日本は日中戦争により国力を消耗し，現状打開のために南方進出を図り，アメリカとの対立を深めた。②1941年に日米交渉が行き詰まると，日本の真珠湾攻撃から太平洋戦争となり，文字どおり世界戦争となったのである。

2 × フランスは1940年にドイツに占領されたが，イギリスはドイツに占領されていない。ドイツの劣勢が決定的になったのは，1943年にソ連軍がスターリングラードでドイツ軍を降伏させたことによる。

3 × 日中戦争が勃発すると，それまで内戦をしていた中国国民党と中国共産党は，抗日のための民族統一戦線を結成し，イギリスやアメリカ，ソ連の援助を受けて政府を重慶に移して抗戦を続けたため，日中戦争は長期化した。中国全土が日本の支配下に入ったのではない。また，中国共産党も解散させられていない。

4 ○ 当初，日本はマレー半島やインドネシアなどの東南アジアのほぼ全域や，南太平洋の島々まで占領地を拡大していったが，1942年のミッドウェー海戦でアメリカに敗北してから劣勢となっていった。

5 × 1939年にドイツとソ連は独ソ不可侵条約を締結し，ドイツのポーランド侵攻から第2次世界大戦が始まったが，1941年にドイツがバルカン半島を制圧すると，ヨーロッパの戦場において独ソ戦が開始された。したがって，大戦中ソ連が中立を貫いたのではない。また，日本が南進を進める中で，北方の安全を確保するために1941年に日ソ中立条約を締結したが，ヤルタ会談においてソ連の対日参戦が秘密条項として決められ，終戦間際の8月8日に日本に宣戦，日ソ中立条約の規定に反してソ連が中国東北地方や朝鮮・樺太に侵攻した。日本の降伏後に侵攻を開始したのではない。

正答 4

第2章 近代市民社会の成立
SECTION 2 第1次世界大戦と第2次世界大戦

実践 問題 156 基本レベル

頻出度 地上★★★　国家一般職★★★　東京都★★　特別区★★
　　　 裁判所職員★★　国税・財務・労基★★★　国家総合職★★★

[問] 東西冷戦時代に関する記述として最も妥当なのはどれか。（国家一般職2015）

1：第二次世界大戦後，米国は，ギリシャやトルコに経済・軍事援助を与えて，ソ連の拡大を封じ込める政策（トルーマン＝ドクトリン）を宣言し，また，ヨーロッパ経済復興援助計画（マーシャル＝プラン）を発表した。こうした動きに，ソ連などはコミンフォルムを結成して対抗し，以降，「冷戦」と呼ばれる緊張状態となった。

2：第二次世界大戦後，朝鮮半島は，米ソ両国によって南北に分割統治されていた。米国がソ連と中国の連携を警戒し，境界線を越えて北側に侵攻したことから朝鮮戦争が勃発し，米国軍とソ連軍との直接的な軍事衝突が起きた。その結果，北に朝鮮民主主義人民共和国，南に大韓民国が建国された。

3：第二次世界大戦後，ドイツへの賠償請求をめぐって，米・英・仏とソ連が対立し，東西の緊張が高まった。米ソ両国によって，東西ドイツの国境線上にあるベルリンに「ベルリンの壁」が築かれたが，ソ連の解体後，分割統治に反発したドイツ国民によって壁は破壊された。

4：キューバ近海にミサイル基地を建設した米国に対し，危機感を抱いたソ連がキューバの海上封鎖を行い基地の撤去を要求したことで，米ソ両国間の対立が一挙に高まり，全面衝突による核戦争の危機に直面した。最終的にソ連が米国のキューバへの不干渉を条件にミサイル基地を容認したことで，危機は回避された。

5：第二次世界大戦後，南北に分断されたヴェトナムでは，ホー＝チ＝ミンが指導する南ヴェトナム解放民族戦線により，ソ連が支援する南ヴェトナム政府に対して武装解放闘争が展開され，ヴェトナム戦争に発展した。米国は，戦争の早期終結を望む国際世論の高まりを受けてこの紛争に介入した。

OUTPUT

実践 問題 **156** の解説

チェック欄		
1回目	2回目	3回目

〈東西冷戦〉

第2章 近代市民社会の成立

1 ○ そのとおり。

2 × 朝鮮戦争の契機は，北朝鮮軍が南に侵攻したことである。また，朝鮮戦争では米国軍とソ連軍の直接的な軍事衝突は起きていない。

■朝鮮戦争

1945年 朝鮮半島は**米ソ両国が南北を分割統治**

1948年 南部に李承晩を大統領とする大韓民国
北部に金日成を首相とする朝鮮民主主義人民共和国（北朝鮮）

1950年 北朝鮮が朝鮮半島の南北統一を目指して南に侵攻
→ 朝鮮戦争が開始
アメリカ軍を中心とする国連軍が韓国を支援
中国の人民義勇軍が北朝鮮を支援

1953年 **板門店で休戦協定成立（平和条約は未締結）**

3 × 「ベルリンの壁」はソ連の解体後に破壊されたのではない。1989年11月にベルリンの壁が破壊された後，同年12月にマルタ会談で冷戦の終結が宣言され，1991年にソ連が解体した。また，「ベルリンの壁」は米ソ両国によって築かれたのではなく，ベルリンは東西ドイツの国境線上にはない。ベルリンは東ドイツのおおよそ中央部に位置していたが，東ベルリンから西側に亡命する人が急増したため，東ドイツが東西ベルリンの境界に壁を築いたのである。

4 × キューバ危機は，ミサイル基地を建設したソ連に対し，アメリカが海上封鎖を行って対抗したものである。米ソ両国間の緊張が高まり，核戦争の危機に直面したが，ソ連がミサイル基地を撤去して危機は回避された。

5 × 南ベトナム政府を支援したのはソ連ではなくアメリカである。

インドシナ戦争 （1946～54年）	フランスからの独立を求めるベトナム　VS　フランス →　ジュネーブ休戦協定
ベトナム戦争 （1965～75年）	ジョンソン米大統領の北爆からベトナム戦争 →　ニクソン米大統領がベトナム和平協定に調印し撤兵 →　南部の拠点であったサイゴンが陥落

正答 1

問 第二次世界大戦後の冷戦に関する記述として最も妥当なのはどれか。
(国税・財務・労基2020)

1：米国のフランクリン＝ローズヴェルト大統領は，共産主義の拡大を封じ込めるニューフロンティア政策としてギリシアとオーストリアに軍事援助を与え，さらにヨーロッパ経済復興援助計画（マーシャル・プラン）を発表した。これに対して，ソ連・東欧諸国はコミンテルンを設立して対抗した。

2：分割占領下のドイツでは，西ベルリンを占領する米・英・仏が，ソ連が占領する東ベルリンへの出入りを禁止するベルリン封鎖を強行し，東西ベルリンの境界に壁を築いた。その後，西側陣営のドイツ連邦共和国（西ドイツ）と東側陣営のドイツ民主共和国（東ドイツ）が成立した。

3：冷戦の激化に伴い，アジア・アフリカの新興独立国を中心とする，東西両陣営のいずれにも属さない第三勢力が台頭してきた。こうした第三勢力の国々が参加して，国際平和・非暴力・不服従を掲げた非同盟諸国首脳会議が中国の北京で開催された。

4：キューバでは，米国の援助を受けた親米政権がカストロの指導する革命運動に倒された。その後，ソ連がキューバにミサイル基地を建設しようとしたことから，米国が海上封鎖を断行し，米ソ間で一気に緊張が高まるキューバ危機が発生した。

5：東ドイツの自由選挙で早期統一を求める党派が勝利を収めると，東ドイツは西ドイツを吸収し，ドイツ統一が実現した。これを受けて，米国のクリントン大統領とソ連のゴルバチョフ書記長がアイスランドのレイキャビクで会談し，冷戦の終結を宣言した。

OUTPUT

実践 問題 **157** の解説

チェック欄		
1回目	2回目	3回目

〈冷戦〉

1 ✕ 第2次世界大戦後に共産主義の拡大を封じ込める政策をとったのは，トルーマン大統領である。トルーマン大統領は，ギリシアやトルコに軍事援助を与えるトルーマン＝ドクトリンを発表した。フランクリン＝ルーズベルト（ローズヴェルト）は世界恐慌の発生時にニューディール政策を実行した大統領であり，ニューフロンティア政策はケネディ大統領が実施したものである。

2 ✕ ベルリン封鎖を強行したのはソ連である。1948年にソ連が西側占領地区の通貨改革に反対して，西ベルリンへの交通を遮断した。一方，いわゆるベルリンの壁を築いたのは，東ドイツ政府である。東ドイツで農業の集団化などが実施されたことを背景に，東ベルリンから西側に脱出する人が急増したため，東ドイツ政府が1961年に東西ベルリンの境界に壁を築いたのである。

3 ✕ 戦後，第三勢力が台頭したことは正しいが，こうした第三勢力が結集したのは，アジア・アフリカ会議である（1955年）。開催地はインドネシアのバンドンであることから，バンドン会議と通称される。また，1961年にはユーゴスラヴィアの主導で非同盟諸国首脳会議がベオグラードで開催されている。

4 ◯ 妥当である。キューバ危機はソ連がミサイル基地を撤去することで終結し，その後，米ソ両国は緊張緩和の方向に転じ，1963年には米英ソ3カ国の間で部分的核実験禁止条約が締結された。

5 ✕ ドイツ統一の実現は，西ドイツが東ドイツを吸収する形で実現した。また，ソ連のゴルバチョフ書記長と冷戦の終結を宣言したのは，アメリカのブッシュ大統領であり，会談場所は地中海のマルタ島である。冷戦の終結が1989年に宣言され，これを受けて，翌年，東ドイツで自由選挙が行われ，ドイツ統一につながるので，物事が起こっている順番も妥当でない。

第2章 近代市民社会の成立

正答 4

LEC東京リーガルマインド　2022-2023年合格目標 公務員試験 本気で合格！過去問解きまくり！　415
⑤人文科学Ⅰ

近代市民社会の成立
第1次世界大戦と第2次世界大戦

実践 問題 158 基本レベル

頻出度 地上★★★ 国家一般職★★★ 東京都★★★ 特別区★★★
裁判所職員★★ 国税・財務・労基★★★ 国家総合職★★★

問 20世紀以降のアメリカ合衆国に関する記述として最も妥当なのはどれか。
（国家一般職2018）

1：トルーマン大統領は，ソ連と対立していたイランに援助を与えるなど，ソ連の拡大を封じ込める政策（トルーマン＝ドクトリン）を宣言した。また，マーシャル国務長官は，ヨーロッパ経済共同体（EEC）の設立を発表した。

2：ジョンソン大統領は，北ベトナムを支援するため，ソ連やインドが援助する南ベトナムへの爆撃を開始し，ベトナム戦争が起こった。その後，ニクソン大統領は，国内で反戦運動が高まったことから，インドを訪問して新しい外交を展開し，ベトナム（パリ）和平協定に調印してベトナムから軍隊を撤退させた。

3：アメリカ合衆国の財政は，ベトナム戦争の戦費や社会保障費の増大によって悪化し，ニクソン大統領は，金とドルとの交換停止を宣言して世界に衝撃を与えた。これにより，国際通貨制度はドルを基軸通貨とした変動相場制とするブレトン＝ウッズ体制に移行した。

4：レーガン大統領は，ソ連のゴルバチョフ書記長と米ソ首脳会談を行い，中距離核戦力（INF）の全廃などに合意し，米ソ間の緊張緩和を進めた。その後，ジョージ・H・W・ブッシュ大統領は，ゴルバチョフ書記長と地中海のマルタ島で首脳会談を行い，冷戦の終結を宣言した。

5：ニューヨークの世界貿易センタービルなどが，ハイジャックされた航空機に直撃される同時多発テロ事件が起きると，ジョージ・W・ブッシュ大統領は多国籍軍を組織し，アフガニスタンに侵攻していたイラクに報復し，イラク戦争が起こった。同戦争により，イラクのタリバーン政権は崩壊した。

OUTPUT

実践 問題 **158** の解説

〈第2次世界大戦後のアメリカ〉

1 × トルーマン＝ドクトリンの内容は，ギリシアやトルコへの援助を表明したものである。次いでマーシャル国務長官は，ヨーロッパの経済的な困窮が共産党の拡大の原因とみて，ヨーロッパ経済復興援助計画（マーシャル＝プラン）を発表した。いずれも1947年のことである。一方，ヨーロッパ経済共同体（ＥＥＣ）の設立は1958年のこと。フランス，イタリア，ベネルクス3国，西ドイツの6カ国で1957年に調印されたローマ条約による。

2 × アメリカが支援したのは南ベトナムに成立したベトナム共和国である。1965年からジョンソン大統領は北ベトナムへの爆撃（北爆）に踏み切り，ベトナム戦争が本格化した。また，ニクソン大統領が訪問したのはインドではなく中華人民共和国である。第2次世界大戦後にアメリカは台湾の国民政府（中華民国）を正規の中国であるとしていたが，1972年にはニクソン大統領が訪中し，中華人民共和国を正規の中国と認めた。

3 × ニクソン大統領が金とドルとの交換停止を発表したことで，ドルを基軸通貨として固定相場制を採ってきたブレトン＝ウッズ体制が転換点を迎え，1970年代終わりには変動相場制に完全に移行した。

4 ○ 1985年にゴルバチョフがソ連の指導者となると，「新思考外交」を唱え，他国への内政不干渉や自主性の尊重を強調した。さらにレーガン大統領と中距離核戦力（ＩＮＦ）全廃条約に調印して軍縮を進展させ，1989年にはブッシュ（父）大統領とマルタ会談を行って冷戦の終結を宣言した。

5 × タリバーン政権はイランではなくアフガニスタンの政権である。2001年9月11日に同時多発テロ事件が起きると，ブッシュ（子）大統領は，テロの実行犯とされるイスラーム武装組織アル＝カーイダのビン＝ラーディンの引渡しを拒否したアフガニスタンを攻撃し，タリバーン政権を倒した。アメリカはさらにイラクのフセイン政権が，国際的なテロ行為にかかわり，大量破壊兵器を所有しているとして，イギリスなどとともに2003年からイラクを攻撃し（イラク戦争），フセイン政権を打倒した。

第2章 近代市民社会の成立

正答 **4**

SECTION 2 近代市民社会の成立
第1次世界大戦と第2次世界大戦

実践　問題 159　基本レベル

問　ソ連（ソヴィエト社会主義共和国連邦）の歴史に関する次の記述のうち、妥当なものはどれか。
(地上2016)

1：第一次世界大戦直前に、帝政ロシアで革命が起こり、ソヴィエト政府が成立した。大戦勃発後、ソヴィエト政府は、ドイツ側に立って参戦し、イギリスやフランスなどと交戦した。

2：1920年代末に始まった世界恐慌により、ソ連の経済は他国に比べて大きな打撃を受けた。それまで独裁政治をおこなっていたスターリンは、この経済危機を克服することができず、失脚した。

3：第二次世界大戦で、ソ連は人的・経済的にほとんど被害を受けなかった。戦後、ポーランドなど東欧諸国を連邦に組み込み、超大国へと成長した。

4：1960年代、アメリカとの対立が激化し、キューバ危機が起こる。両国の軍隊がキューバにて衝突し、大きな被害を受けたことから、この衝突の後、米ソ間の緊張緩和が模索された。

5：1980年代半ば以降、ペレストロイカなどの改革が起こる。その改革に刺激され、ソ連を構成していた諸国で独立運動が高まり、1990年代初頭、ソ連は解体する。

OUTPUT

実践 問題 **159** の解説

チェック欄		
1回目	2回目	3回目

〈ソ連邦の歴史〉

1 × ロシアは第1次世界大戦前には，①イギリスやフランスと三国協商を形成し，大戦が勃発すると，ドイツと交戦した。その後，②**第1次世界大戦中に国民生活の窮乏から革命が起こったのである**。ロシア革命により社会主義政権が成立すると，革命の指導者であったレーニンは，ドイツと単独で講和をして戦線を離脱した。

2 × 1920年代末に始まった世界恐慌は，アメリカや他の資本主義諸国にも及んだが，**社会主義・計画経済を採用していたソ連は，恐慌の影響をあまり受けなかった**。またスターリンは1953年に死去するまで失脚していない。

3 × 第2次世界大戦では，1941年にドイツが独ソ不可侵条約を無視してソ連を奇襲し，独ソ戦が開始された。この戦いでソ連は大きな損害を出している。人的・経済的にほとんど被害を受けなかった，とあるのは妥当でない。また，東欧やバルカン諸国には，ドイツ軍の占領を受けた後，ソ連軍によって解放された国が多く，戦後，親ソ政権が樹立されたが，ソ連邦に組み込まれたのではない。

4 × 1960年代にアメリカとの対立が激化してキューバ危機が起こったことは正しいが，この時には米ソの軍隊は衝突していない。ソ連がキューバに建設していたミサイル基地の撤去を要求し，アメリカが海上封鎖を実施（1962年），核戦争が懸念されたが，**ソ連がキューバに建設中であったミサイル基地を撤去したことで，キューバ危機は終結した**。なお，キューバ危機の際には，核戦争が危惧されたことから，米ソ間の緊張緩和が模索されたことは正しい。翌63年には**米・英・ソ3国間で部分的核実験禁止条約が締結**された。

5 ○ そのとおり。1991年8月には連邦の維持を主張する保守派のクーデタが失敗し，ウクライナ・アゼルバイジャンなどほとんどの共和国が連邦からの離脱を宣言し，連邦を結びつけていたソ連共産党も解散した。12月にはロシア連邦を中心にCIS（独立国家共同体）が結成され，ソ連は解体した。

第2章 近代市民社会の成立

正答 **5**

近代市民社会の成立
第1次世界大戦と第2次世界大戦

実践　問題 160　基本レベル

頻出度　地上★★★　国家一般職★★★　東京都★★　特別区★★
　　　　裁判所職員★　国税・財務・労基★★　国家総合職★★

問　20世紀後半の世界の出来事に関する記述として，妥当なのはどれか。

（東京都Ⅰ類A 2012）

1：アメリカでは，圧倒的な経済力を背景にドルが上昇し，ニクソンがドルと金の交換を再開したところからドル＝ショックが起きた。
2：中国では，鄧小平が改革開放政策を進めたが，改革に反対する保守派が天安門事件を起こし実権を握ったことから改革開放政策は放棄された。
3：西アジアでは，イラクがクウェートに侵攻したことから，アメリカを中心とした多国籍軍がイラクを攻撃し，湾岸戦争が起きた。
4：ソ連では，ブレジネフがペレストロイカとグラスノスチを進めたが，改革急進派がクーデタを成功させたことでソ連は解体した。
5：ヨーロッパでは，ヨーロッパ共同体（EC）が共通通貨ユーロの導入を終えた後，ヨーロッパ連合（EU）が発足して政治的統合を実現した。

OUTPUT

実践 問題 **160** の解説

〈20世紀後半の世界〉

1 × 第2次世界大戦後，ブレトン=ウッズ協定（1944年）に基づき，金と兌換可能なドルが基軸通貨となって通貨の安定に寄与してきた。しかし，国際貿易の進展によってドルの流通が増加するとともに，ベトナム戦争の戦費調達などでドルの供給量が増加すると，ドルの価値は下落し，またアメリカは国外への金流出に直面したことから，1971年，**ニクソン大統領はドルと金との交換停止を発表**した。これを，**ドル危機（ドルショック）**という。

2 × 鄧小平は「4つの近代化」を示し，1978年以降，改革開放政策を強力に推進した（社会主義市場経済化）。1989年，共産党の一党支配の持続や民主化なき経済改革に不満を募らせた学生・市民が民主化を求めて天安門広場に集結したが，保守派は人民解放軍を用いて鎮圧し，学生・市民らの主張に理解を示した趙紫陽ら改革派は失脚した。これを**（第2次）天安門事件**という。**鄧小平は，共産党支配を揺るがす動きは封じて，国際的な非難を浴びたものの，改革開放政策は堅持**し，中国は目覚しい経済発展を遂げて現在に至っている。

3 ○ 1990年，サダム=フセインを指導者とするイラクがクウェートに侵攻したことから，アメリカを中心とする多国籍軍がイラク軍と戦ってクウェートを解放，イラクに対する圧倒的優位を維持したままブッシュ（親）米大統領は戦闘を終結させた（**湾岸戦争**）。なお，サダム=フセイン体制が崩壊するのはブッシュ（子）米大統領が主導した2003年の**イラク戦争**の際である。

4 × ブレジネフはソ連がアフガニスタンへ侵攻した際の指導者である。**ペレストロイカ（改革）とグラスノスチ（情報公開）を進めたのはゴルバチョフ**。また，ゴルバチョフの改革は，東欧社会主義国の民主革命やソ連邦からバルト三国の独立を招くなど，保守派には容認しがたい状況を現出したため，保守派によるクーデタが勃発した。これに対し，市民らの支持を得たエリツィンら改革派が保守派を圧倒して主導権を握り，クーデタを鎮圧，1991年，ソ連は解体した。

5 × EUは，ECを前身として，マーストリヒト条約の締結をもって1992年に発足しており，共通通貨ユーロ導入時期は発足後の1999年である。

正答 3

近代市民社会の成立
第1次世界大戦と第2次世界大戦

実践 問題 161 基本レベル

頻出度 地上★★★ 国家一般職★ 東京都★★ 特別区★★
裁判所職員★ 国税・財務・労基★ 国家総合職★★

問 冷戦終結の過程とソ連の解体に関する次の記述のうち妥当なのはどれか。
(地上2011)

1：1980年代後半，ソ連ではゴルバチョフの率いる反政府勢力が武装蜂起し，ソビエト政府を倒し，ソ連の解体を宣言した。これを契機にポーランドなど東欧の社会主義国が次々と革命を起こし，民主化が進んだ。

2：ソ連が成立した頃から，カフカス地方のチェチェン人が独立を求めてゲリラ戦を展開し，連邦軍との激しい戦いが続いた。このいわゆるチェチェン紛争は，ソ連解体に伴い終結し，チェチェン共和国の独立が認められた。

3：東ドイツでは，ソ連の解体の影響により，民主化勢力と政府との間で内戦が起き，多くの犠牲者を出した。その後，1990年代後半に，東欧の中では最も遅れて社会主義政権が倒れ，西ドイツとの統一が実現した。

4：ユーゴスラビアは，冷戦が終わると，国内の民族対立が激しくなり内戦が起き，解体した。その後，ボスニア・ヘルツェゴビナ紛争やコソボ紛争が起き，ＮＡＴＯ軍の空爆による軍事介入もあった。

5：冷戦終結後，ロシアと東欧諸国の市場経済への移行は，インフレや対外債務の急増により，国内経済を混乱させた。この影響を受け，アメリカでも経済が停滞し，特にクリントン大統領の時代には経常赤字と財政赤字の両方が拡大した。

直前復習

OUTPUT

実践 ▶ 問題 **161** の解説

〈冷戦の終結〉

1 ✕ 1980年代に**ソ連の指導者となったゴルバチョフ**は，**ペレストロイカ**（改革）やグラスノスチ（情報公開）を掲げて，ソ連国内の改革を進めた。この過程で，ポーランド，ルーマニア，ハンガリーなど，多くの東欧諸国が，社会主義を捨てて，自由主義へ移行し，**ベルリンの壁も崩壊した**（1989年）。この動きに対し，保守派はクーデタを起こしたが失敗した。やがてソ連は1991年に崩壊して，ロシア連邦となった。

2 ✕ **チェチェン紛争が起こったのは1990年代である**。ソ連末期にチェチェン独立の動きが加速し，独立を宣言するも，ソ連はこれを認めなかった。ソ連崩壊後，新たに成立したロシア連邦もチェチェンの独立を認めず，1994年，エリツィン大統領はロシア連邦軍をチェチェンに派遣し，第1次チェチェン紛争が勃発した。1999年には第2次チェチェン紛争が起きたが，**現在でもチェチェンは独立していない**。

3 ✕ ソ連崩壊後，東ドイツでは，反政府デモなどは起きても，内戦には発展していない。東西ドイツを隔てる**ベルリンの壁が崩壊したのは1989年，西ドイツによる東ドイツの吸収合併は1990年のことである**。1990年代後半とあるのは誤り。

4 ◯ 正しい。ユーゴスラヴィアはもともと「7つの国境，6つの共和国（スロベニア，クロアチア，ボスニア・ヘルツェゴビナ，セルビア，モンテネグロ，マケドニア），5つの民族，4つの言語，3つの宗教，2つの文字，1つの国家」と表現されるほどだったが，対ナチスへの抵抗運動のリーダーだった，ティトーが指導力を発揮して一国としてまとまっていた。しかし，その死後，国内は分裂し，その混乱は，コソボ紛争やボスニア・ヘルツェゴビナ紛争など，ＮＡＴＯの軍事介入を招くことになった。現在，ユーゴスラヴィアを構成していた6つの共和国はすべて分離独立し，セルビアからはコソボ共和国も独立している（国連未加盟）。

5 ✕ 冷戦終結後の，ロシアおよび東欧諸国の市場経済への移行は，安定恐慌ともいうべき混乱を引き起こした。ただし，この混乱は大規模ではあったが，国際経済全体への影響はなく，特に1990年代のクリントン大統領の時代には，貿易赤字はともかく，巨額の財政赤字を解消して2000年には2000億ドル超の財政黒字を達成している。

正答 **4**

第2章 SECTION 2 近代市民社会の成立
第1次世界大戦と第2次世界大戦

実践　問題 162　基本レベル

頻出度	地上★★★	国家一般職★	東京都★★	特別区★★
	裁判所職員★	国税・財務・労基★		国家総合職★★

問 80年代のソ連及び東欧諸国の歴史に関する次の記述のうち，下線部の記述について妥当なのはどれか。 (地上2017)

　1980年代のソ連及び東欧諸国の社会主義国家では，政治の硬直化や経済の行きづまりから改革の必要性が唱えられ，ソ連では1980年代後半からァペレストロイカとよばれる政治改革が進められた。その後，1989年には米ソの首脳がマルタ会談を開催し，冷戦の終結を宣言し，1990年にはィ東西ドイツが統一し，1991年にはゥソ連は解体された。ソ連が解体されると，ェ東欧諸国でも民族の独立や民主化などの動きが高まり，東欧の社会主義国は解体された。さらに，ォロシア連邦の内部でも独立の気運が高まった。

ア：ペレストロイカは，労働者や学生などによる政治の民主化や自由化を求める運動であったが，共産党書記長のゴルバチョフはこれらを弾圧した。

イ：ドイツは東ドイツが西ドイツに吸収される形で統一したが，その際に東ドイツと西ドイツの軍隊が衝突して戦闘状態となり，市民を含む多くの犠牲者が出た。

ウ：ベラルーシやウクライナは独立が認められず，旧ソ連邦の全領域がロシア連邦に引き継がれた。

エ：旧ユーゴスラビアでは各民族の代表者が話し合いによって方針を決め，ボスニア・ヘルツェゴビナやコソヴォは，内戦を伴うことなく平和的に独立を果たした。

オ：ロシア連邦では，チェチェンが分離・独立を求めたが，ロシア政府はこれを認めず，戦争状態となった。

1：ア
2：イ
3：ウ
4：エ
5：オ

OUTPUT

実践 問題 **162** の解説

チェック欄		
1回目	2回目	3回目

〈1980年代以降のソ連および東欧諸国〉

ア× ペレストロイカ（改革）は1985年にソ連共産党の書記長に就任したゴルバチョフが，政治，経済，社会の建て直しのために実施したもので，情報公開，政治改革，スターリン体制下で犠牲になった人の名誉回復を行うなどの歴史の見直し，外交政策の転換などを内容とする。こうした一連の改革はゴルバチョフが中心となって進めたものである。

イ× ドイツの統一が東ドイツが西ドイツに吸収される形で実現したことは正しいが，これは東ドイツにおける自由選挙で早期統一を求める連合党派が勝利を収めたことで，西ドイツが米・英・フランス・ソ連の同意を得て実現したもので，軍隊の衝突もなく平和裏に達成された。戦闘状態となり，多くの犠牲者が出たとあるのは妥当でない。

ウ× 1991年8月に連邦体制の維持を主張する保守派のクーデタが失敗すると，ソ連を構成していたベラルーシやウクライナなどほとんどの共和国が連邦からの離脱・独立を宣言した。このため同年12月にはエリツィンを大統領とするロシア連邦と中心にウクライナやベラルーシなどの11の共和国が独立国家共同体（CIS）を結成し，ソ連は解体された。

エ× 冷戦の終結後には民族や宗教の違いによる地域紛争や内戦が多数発生した。第2次世界大戦後，強力な指導者であるティトーのもと，独自の社会主義路線を歩んできたユーゴスラヴィアでは，ティトーの死や経済危機の深刻化，ソ連邦の解体による共産主義政党の影響力の低下を背景に共和国間，民族間の対立が表面化した。1992年にボスニア・ヘルツェゴビナが分離・独立を宣言すると，国内に居住するムスリム，セルビア人，クロアチア人の3勢力による武力衝突が起こり，3年におよび内戦がくり広げられた。またアルバニア系住民が多いセルビア共和国領内のコソヴォ自治州でも，内戦が起こっている。なお，2008年にコソヴォ共和国は独立を宣言した。

オ○ 妥当である。1991年にチェチェン（イスラーム系住民が多数派）は旧ソ連からの独立を宣言したが，ロシア連邦もこれを認めず，1994年に武力侵攻を行った（第1次チェチェン紛争）。その後もチェチェンでは抵抗が衰えず，1999年にロシアは再びチェチェンに侵攻した（第2次チェチェン紛争）。

以上から，肢5が正解となる。

正答 5

第2章 近代市民社会の成立
SECTION 2 第1次世界大戦と第2次世界大戦

実践 問題163 応用レベル

頻出度	地上★★	国家一般職★★	東京都★	特別区★
	裁判所職員★	国税・財務・労基★★		国家総合職★★★

問 冷戦に関する記述として，妥当なのはどれか。　　　　（特別区2016）

1：戦後ヨーロッパの経済的困窮が共産党拡大の原因とみて，1947年，アメリカのアイゼンハワー大統領はヨーロッパ経済復興援助計画を発表したが，ソ連，東欧諸国はこれを拒否し，以後，冷戦と呼ばれる緊張状態が米ソ間で激化した。
2：1948年，チェコスロヴァキアではクーデタがおこり，共産党が実権を握ったが，ティトーの率いるユーゴスラヴィアは，ソ連に対して自主的な姿勢をとったため，同年，コミンフォルムから除名された。
3：ハンガリー，ルーマニア，ブルガリア，アルバニアが，ソ連型の社会主義を採用し，東欧諸国へのソ連の影響が強化されたのに対抗して，1948年，イギリス，フランス，イタリア，ベルギー，オランダは，西ヨーロッパ連合条約を結んだ。
4：ドイツでは分断が進み，1948年，ソ連は西側地区の通貨改革に反対し，西ベルリンの境界線にベルリンの壁を築いてベルリンを封鎖したが，ドイツ連邦共和国はアデナウアー首相の指導で経済復興に成功し，1954年，パリ協定で主権を回復した。
5：ソ連では1956年，フルシチョフ第一書記が，スターリン体制下の個人崇拝，反対派の大量処刑を批判し，資本主義国との平和共存を唱え，コミンフォルムを解散したが，この転換はペレストロイカと呼ばれた。

OUTPUT

実践 問題 **163** の解説

チェック欄		
1回目	2回目	3回目

〈冷戦〉

1 ✕ 経済復興援助計画は，1947年にトルーマン大統領がトルーマン＝ドクトリンを表明したことを受けて，時の国務長官であったマーシャルが発表したものである（マーシャル＝プラン）。アイゼンハウアー大統領は，トルーマン大統領の次の大統領である。

2 ○ 妥当である。ティトーは第2次世界大戦中に対ドイツ抵抗運動を指揮し，戦後，社会主義政権下のユーゴスラヴィアでも元首となった。ソ連軍の侵攻を待たずにナチスドイツからの解放を成し遂げたため，戦後もソ連とは一線を画して独自路線を採用したため，トルーマン＝ドクトリンならびにマーシャル＝プランに対抗して設立されたコミンフォルム（共産党情報局）から除名された。

3 ✕ 東欧諸国へのソ連の影響が強化されたのに対抗して，1948年に西ヨーロッパ連合条約が締結されたことは正しいが，西ヨーロッパ連合条約はイギリスとフランスとベネルクス3国（オランダ・ベルギー・ルクセンブルク）の5カ国で締結されたものである。イタリアではない。

4 ✕ 1948年にソ連が西側地区の通貨改革に反対して，西ベルリンへの交通を遮断するベルリン封鎖を行ったが，ベルリンの壁の構築は，このソ連のベルリン封鎖とは別に1961年に東ドイツによって行われたものである。東ドイツでは1950年代末に農業などの集団化が推進され，これに伴い東ドイツから西ベルリンを経由して西側（資本主義国）に脱出する人が多くなったため，これを阻止するために築かれた。ドイツ連邦共和国（西ドイツ）がアデナウアー首相のもとで経済復興に成功し，1954年にパリ協定で主権を回復したことは正しい。

5 ✕ 1956年にソ連共産党の書記長となったフルシチョフが，スターリン体制下における個人崇拝や，反対派の大量処刑を批判し，資本主義国との平和共存を唱え，コミンフォルムを解散したことは正しいが，ペレストロイカは1985年にソ連の共産党書記長となったゴルバチョフが進めたものである。

正答 2

第2章 近代市民社会の成立

近代市民社会の成立
第1次世界大戦と第2次世界大戦

実践 問題 164 応用レベル

頻出度　地上★★　国家一般職★★　東京都★　特別区★
　　　　裁判所職員★　国税・財務・労基★★　国家総合職★★★

問 第二次世界大戦後の世界に関する記述として最も妥当なのはどれか。

(国Ⅰ 2010)

1：第二次世界大戦後，西欧諸国では左翼が勢力を増し，ギリシアでは，共産党の武装反乱が全国に広がっていた。このような状況に対し，アメリカ合衆国のトルーマン大統領は，「鉄のカーテン」が降ろされたとの演説を行い，西欧諸国民に対ソ連対決姿勢を求めるとともに，ギリシアに対する経済・軍事援助を行う「巻き返し政策」を開始した。

2：第二次世界大戦後，フランス領インドシナでは反仏の蜂起が起こり，ベトナム民主共和国が成立したが，フランスはこれを認めずインドシナ戦争が始まった。当初，ベトナム側が優勢であったが，アメリカ合衆国がフランスを援助したことにより，形勢が逆転し，ディエンビエンフーの戦いにおいてはフランス側が勝利した。同戦争は，ジュネーブ休戦協定により終結したが，同協定により，インドシナ半島はアメリカ合衆国の保護地域とされた。

3：第二次世界大戦後，マーシャル＝プランとNATOを通じてアメリカ合衆国に依存してきた西欧諸国は，国際政治において独自の道を歩むようになった。1960～70年代にかけて，ド＝ゴール政権下のフランスは，ソ連への接近等の自主外交を進めNATOの軍事機構から脱退し，ブラント政権下の西ドイツは，東方外交を展開し東ドイツと国交を開き分裂国家の現状を事実上承認した。

4：スターリンの死後，ソ連は平和共存路線を打ち出し，フルシチョフ首相は，共産党大会でスターリン時代の粛清や個人崇拝を批判し，ポーランドやハンガリーの共産圏からの離脱，政治的自由化を容認した。これに刺激され，チェコスロバキアでも自由化を求める運動（プラハの春）が高まり，東欧諸国の相次ぐ共産圏離脱を恐れるようになったソ連は武力介入して，これを抑えた。

5：ソ連のアフガニスタンからの撤退後，東西の緊張が緩和するなかで共産党書記長になったゴルバチョフは，ペレストロイカ（経済の立て直し）やグラスノスチ（情報公開）等に着手し，ソ連の改革・再生を目指した。ゴルバチョフはアメリカ合衆国との軍縮交渉を進め，中距離核戦力全廃条約に調印し，1989年にアメリカ合衆国のレーガン大統領とマルタで会談し，冷戦の終結を宣言した。

OUTPUT

実践 問題 164 の解説

〈第２次世界大戦後の世界〉

1 × 第２次世界大戦後の西欧諸国で左翼が勢力を増したことに対し，アメリカ合衆国のトルーマン大統領が打ち出したのは**トルーマン＝ドクトリン**である。これはギリシア・トルコへの共産主義の進出を阻止し，ソ連勢力の拡大に対抗する封じ込め政策として発せられたものである。**「鉄のカーテン」**の演説は，1946年にイギリスの元首相チャーチルが行ったものである。また，「巻き返し政策」はトルーマンの次に大統領となったアイゼンハウアー政権下で国務長官ダレスが打ち出したもので，封じ込め政策以上に対共産圏との軍事対決を強調したものである。

2 × インドシナ戦争が開始された経緯は正しいが，ディエンビエンフーの戦いはベトナム解放軍がアメリカの支援を得たフランス軍を撃破した戦いであり，この後，北緯17度線を暫定的な境界線とすることや，南北統一選挙などを約束した**ジュネーブ休戦協定**が成立した。しかし，アメリカはこれを認めず，フランス軍の撤退した後は南ベトナムの政権を支援した。これがのちのベトナム戦争へとつながっていく。

3 ○ 1958年にフランスの大統領となった**ド＝ゴール**は，フランスを第４の核保有国とするとともに米英の支配を嫌ってＮＡＴＯの軍事機構から脱退した（現在は復帰している）。一方，ブラント政権下の西ドイツは，社会主義国との関係改善を図る東方政策に乗り出した。1972年には東西ドイツ基本条約を締結して東西両ドイツは相互に主権を承認し合い，これを受けて1973年には両国ともに国際連合への加盟を果たした。

4 × スターリンの死後，指導者となった**フルシチョフ**が西側諸国との平和共存を打ち出し，スターリン批判を行ったことは正しいが，これを受けてハンガリーで社会主義体制とソ連からの離脱を求める大衆行動が全国的に拡大すると，ソ連はこの動きを軍事介入によって武力で鎮圧した。なお，同時期にポーランドで起こった反政府反ソ暴動においては，ポーランド政府がソ連軍の出動を拒否して自主解決に努めた。なお，チェコスロバキアで，「**プラハの春**」とよばれる民主化運動が盛んになったのは，1960年代後半であり，フルシチョフが解任された後のことである。

5 × **ゴルバチョフ**がペレストロイカやグラスノスチを進め，ソ連の改革や再生を目指したとする点，およびアメリカ合衆国との間で軍縮交渉を進めて**中距離核戦力全廃条約（ＩＮＦ）に調印**した（当時のアメリカ大統領はレーガン）とする点は正しい。しかし，**マルタ会談でゴルバチョフとともに冷戦の終結を宣言したアメリカ大統領はブッシュ（父）**である。

正答 3

近代市民社会の成立

第2章

章末 CHECK

❓ Question

Q1 名誉革命ではジョン王を処刑し「権利の請願」を発布した。

Q2 「茶法」の制定に対して「代表なくして課税なし」と反対運動が起こった。

Q3 アメリカ独立戦争に際しフランスはイギリスに援軍を送った。

Q4 「独立宣言」の起草者はトマス＝ペインである。

Q5 国民公会が分裂したため，第三身分は国民議会を結成した。

Q6 人権宣言が採択されると，ルイ16世は国民議会を武力で弾圧しようとしたため，パリの民衆はバスティーユ牢獄を襲撃した。

Q7 ナポレオンはクーデタで統領政府を倒し，皇位を獲得した。

Q8 イギリスは綿織物業によって大量の資本を蓄えていたため，他国に先駆けて産業革命が起こった。

Q9 イギリスでは産業革命が進展する際に鉄や石炭を植民地から有利な条件で輸入できた。

Q10 フランスは七月革命で共和制となり，ウィーン体制が崩壊した。

Q11 アメリカのモンロー宣言は，ヨーロッパとの協調を宣言したものである。

Q12 南北戦争前，北部は自由貿易，南部は保護貿易を主張していた。

Q13 リンカン大統領が奴隷解放宣言を発したため，南北戦争が起こった。

Q14 プロイセンは普仏戦争でフランスに敗れたが，オーストリアを打倒してドイツ帝国の樹立を宣言した。

Q15 インドに進出したイギリスは19世紀に東インド会社を設立して統治にあたった。

Q16 イギリスは中国を綿織物の市場としたため，大量の銀が中国からイギリスに流出した。

Q17 19世紀のアフリカでは，イギリスが縦断政策，フランスが横断政策を進めた。

Q18 19世紀末には，石炭と蒸気力を動力源に第2次産業革命が起こった。

Q19 欧米諸国は19世紀末からアジア・アフリカに進出して，工場を設立した。

Q20 19世紀にはドイツなどの古くからの植民地保有国とイタリアなどの後発の植民地保有国が対立を深めた。

Q21 アメリカの工場生産は19世紀末でもイギリスに及ばなかった。

Q22 20世紀初頭，エチオピアとリベリアを除き，アフリカは列強に分割された。

Q23 第1次世界大戦前，ドイツ・フランス・イギリスが三国協商を結成した。

Q24 第1次世界大戦前，ロシア，イタリア，オーストリアが三国同盟を結成した。

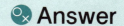

A1 × 名誉革命の結果国王は亡命し,「権利の章典」が定められた。ジョン王は13世紀に「大憲章（マグナ＝カルタ）」を承認させられた王である。

A2 × 「代表なくして課税なし」は印紙法の制定に反対するスローガンである。

A3 × アメリカ独立戦争でフランスはアメリカの植民地側に立った。

A4 × 「独立宣言」の起草者はトマス＝ジェファソンである。

A5 × 三部会より分離した第三身分が国民議会を結成,憲法制定まで解散しないことを誓った。

A6 × ルイ16世が国民議会を弾圧しようとしたためバスティーユ牢獄襲撃が起こり,これが全国的な大暴動に発展した。「人権宣言」が採択されたのはその後である。

A7 × ナポレオンの皇帝就任は国民投票で圧倒的支持を受けてのこと。

A8 × イギリスでは近代以降,毛織物業により資本が蓄積されていた。

A9 × 鉄や石炭はイギリス国内で豊富に産出した。

A10 × フランスは二月革命で共和制となり,ウィーン体制が崩壊した。

A11 × アメリカのモンロー宣言は,ヨーロッパとの相互不干渉を提唱した。

A12 × 南北戦争前,北部は保護貿易,南部は自由貿易を主張していた。

A13 × 奴隷解放宣言は,南北戦争の最中に発せられたもの。

A14 × オーストリアを打倒したプロイセンは,普仏戦争でフランスを破り,ヴェルサイユ宮殿でドイツ帝国の樹立を宣言した。

A15 × イギリスの東インド会社の設立は1600年である。

A16 × 大量の銀が中国からイギリスに流出したのはアヘン貿易による。

A17 〇 1904年には,アフリカにおける住み分けを決めて英仏協商が成立。

A18 × 19世紀末には,石油や電力を動力源に第2次産業革命が起こった。

A19 × 欧米諸国はアジア・アフリカを原料供給地,市場とした。

A20 × ドイツは後発の植民地保有国である。

A21 × アメリカの工場生産は19世紀末にイギリスを抜いて世界1位となる。

A22 〇 ドイツやベルギー,ポルトガルなどの植民地もあった。

A23 × フランス・イギリスとロシアが三国協商を結成した。

A24 × ドイツとイタリア,オーストリアが三国同盟を結成した。

第2章 近代市民社会の成立

章末 CHECK

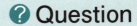 Question

Q25	オーストリアがセルビアを併合したためサライェボ事件が起こった。
Q26	サライェボ事件後，ロシアがオーストリアを，ドイツがセルビアを支援して，戦争が始まった。
Q27	第1次世界大戦が始まるとアメリカは直ちに連合国側に立ち参戦した。
Q28	第1次世界大戦は，イギリスの無制限潜水艦作戦による打撃を受けたドイツが敗北した。
Q29	第1次世界大戦後，国際連盟が発足し，アメリカがその中心となった。
Q30	第1次世界大戦の終結後，ロシアでは革命が起こって皇帝が退位した。
Q31	第1次世界大戦後，東欧諸国やアジア，アフリカの国々が独立した。
Q32	第1次世界大戦後のソ連では，一切の社会主義的要素を排除する新経済政策が進められた。
Q33	アメリカでは世界恐慌後，ルーズベルト大統領が公共投資の削減により財政再建を図るとともに，自由放任政策の転換により景気回復を図った。
Q34	イギリスは貿易振興のためすべての国の関税を安くする政策をとった。
Q35	フランスは恐慌の影響をあまり受けなかったが，ソ連は恐慌の影響により新経済政策が失敗に終わり，スターリンが退陣した。
Q36	ドイツではナチス党が共産党と提携して党勢を伸ばした。
Q37	第2次世界大戦中，ドイツとソ連が交戦することはなかった。
Q38	第2次世界大戦後，アメリカはソ連の拡大を封じるトルーマン＝ドクトリンを宣言，マーシャル＝プランを発表，冷戦が開始された。
Q39	第1次世界大戦後のアラブ人がイスラエルを建国し，もともと居住していたユダヤ人との対立を深めた。
Q40	キューバにアメリカがミサイル基地を建設すると，ソ連が海上封鎖を行ったが，ソ連がミサイル基地を容認して危機は回避された。
Q41	ソ連ではゴルバチョフの率いる反政府勢力が武装蜂起し，ソビエト政府を倒し，ソ連の解体を宣言した。
Q42	ゴルバチョフの進めたペレストロイカとは市場経済の導入である。
Q43	1993年にイスラエルとパレスチナ解放機構（ＰＬＯ）のアラファト議長は，相互に承認をしてパレスチナ暫定自治協定を締結し，ヨルダン川西岸とガザ地区で先行自治が開始された。
Q44	イラクがクウェートに侵攻したことから，アメリカを中心とした多国籍軍がイラクを攻撃し，湾岸戦争が起きた。

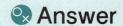

A25	×	オーストリアが併合したのは，セルビアが併合を望んでいたボスニア・ヘルツェゴヴィナである。
A26	×	ドイツがオーストリアを，ロシアがセルビアを支援して戦争となる。
A27	×	第1次世界大戦が勃発した当初，アメリカは中立であったが，ドイツの無制限潜水艦作戦を契機に参戦した。
A28	×	無制限潜水艦作戦はドイツが実施し，アメリカの参戦を招いた。
A29	×	アメリカでは孤立主義が台頭し，国際連盟に不参加である。
A30	×	ロシア革命が起こって皇帝が退位するのは，第1次世界大戦中である。
A31	×	アジア，アフリカの国々が独立するのは，第2次世界大戦後である。
A32	×	一切の社会主義的要素を排除するのは戦時共産主義である。新経済政策は，その後にとられたもので，資本主義的要素を一部復活させた。
A33	×	ルーズベルト大統領が公共投資を増やし，雇用を創出するとともに，自由放任政策を改めた（ニューディール政策）。
A34	×	イギリスはブロック経済を採用し，他国製品に高い関税をかけた。
A35	×	ソ連は恐慌時，第1次五カ年計画中で，独自に計画経済を採用していたため，恐慌の影響をあまり受けなかった。
A36	×	ナチス党は地主や資本家，軍部に支持され，共産党を弾圧した。
A37	×	第2次世界大戦前夜には独ソ不可侵条約が締結されたが，ドイツのバルカン半島制圧を契機に，独ソ戦が開始された。
A38	○	ソ連はコミンフォルム（共産党情報局）を設立して対抗した。
A39	×	イスラエルは第2次世界大戦後にユダヤ人が建国し，もともと住んでいたアラブ人との対立を深め，中東戦争が起こった。
A40	×	ソ連がミサイル基地を建設すると，アメリカが海上封鎖を行って緊張が高まったが，ソ連がミサイル基地を撤去して危機は回避された。
A41	×	ゴルバチョフはソ連共産党の指導者としてペレストロイカを進めた。
A42	×	ペレストロイカとは政治の民主化などを含むもので，市場経済の導入とイコールではない。
A43	○	イスラエルはパレスチナ地区に分離壁を建設し，批判を浴びている。
A44	○	イラクは湾岸戦争の前に，長らくイランと戦争をしていた。

memo

第3章

アジア史

SECTION

① 中国王朝史
② 西アジアの歴史
③ アジアの近現代史

第3章 アジア史

出題傾向の分析と対策

試験名	地　上			国家一般職 (旧国Ⅱ)			東京都			特別区			裁判所職員			国税・財務 ・労基			国家総合職 (旧国Ⅰ)		
年　度	13 l 15	16 l 18	19 l 21	13 l 15	16 l 18	19 l 21	13 l 15	16 l 18	19 l 21	13 l 15	16 l 18	19 l 21	13 l 15	16 l 18	19 l 21	13 l 15	16 l 18	19 l 21	13 l 15	16 l 18	19 l 21
出題数 セクション	13	7	6		1			1			1	2		2	1		2			1	
中国王朝史	★	★★★ ★★★	★★★ ★★★			★		★						★★	★★						
西アジアの歴史	★ ×4										★★	★		★				★			
アジアの近現代史	★ ×8	★★ ×4	★★★ ★★									★		★			★	★		★	

(注) 1つの問題において複数の分野が出題されることがあるため，星の数の合計と出題数とが一致しないことがあります。

　アジア史の出題の中心は中国の王朝史とイスラーム史ですが，近年は近現代のアジアについての出題が多くなっています。中国史は，王朝の皇帝名や統治政策など，基本事項で正答が導ける簡単な問題も多いため，どこを志望するにしてもきちんとマスターすべき範囲です。また，イスラーム世界は苦手意識を持つ方が多いですが，近年は出題が増えているので，地理と関連させて学習を進めましょう。

地方上級
　従来は，西欧近現代史の出題が多かった地方上級試験でも，ここ数年，中国史の出題が見られます。中国史は得点源としやすい分野ですから，王朝の統治政策や皇帝名，東西交易など，ポイントとなる固有名詞をしっかり覚えていきましょう。イスラーム世界の近現代史も必須です。

国家一般職（旧国家Ⅱ種）
　国家一般職では，アジア史，特に中国の王朝史をベースとした問題はかつては頻出の範囲でした。簡単な場合は王朝史ですが，文化史や周辺王朝との関連など，難しい問題も過去には出題されています。戦後のアジア史もよく出題されていました。2021年には久しぶりに中国王朝史が出題されました。

東京都
　アジア史が出題されることは少ないですが，2011年には清朝末期の中国という，公務員試験においてはたいへんオーソドックスなテーマでの出題が見られました。2021年には20世紀前半の尼族運動が出題されました。東京都を専願する人は

この範囲の世界史を捨てるという選択肢もありますが，他の科目が難しいだけに，2011年のように簡単な問題が出題されたときには正答できる力をつけておくべきです。

特別区

アジア史は比較的多く出題されていますが，西欧史とアジア史で特に決まったローテーションがあるわけではないので，対策は立てづらいと思います。アジア史としては，戦後のアジア史，簡単な中国の王朝史，そして清末中国の順にマスターしていきましょう。

裁判所職員

テーマ史の中にアジア史も含まれてくるため，出題数としてはカウントされてきませんが，それぞれの王朝の統治政策は，テーマ史になりやすいので，覚えておきたいところです。ただし，裁事の世界史の問題は，大学受験で世界史を選択した人でないと正答は難しい問題が多いので，深入りは禁物です。

国税専門官・財務専門官・労働基準監督官

基本的に人事院管轄の試験では，アジア史から1題，西欧史やテーマ史から1題というパターンの年が多かったため，2012年まではアジア史の出題は多くなっています。オーソドックスな中国王朝史に加えて，西アジア史や近現代のアジアからの出題も見られます。選択肢の内容が細かい場合も見られますが，選択肢の内容をすべて正誤判断できなくても正答が導ける問題であることを見極めましょう。

国家総合職（旧国家Ⅰ種）

ここ数年は近現代の西欧からの出題が続いていますが，他国理解のベースとなる世界史の知識を問うという従来の傾向に鑑みて，イスラーム史はやっておくべきでしょう。

Advice アドバイス　学習と対策

中国王朝の政策や皇帝をしっかり区別できるようにしましょう。過去問を繰り返し演習することが効果的です。また，文化史は今のところ出題される部分がかなり限られているので，前漢の司馬遷・『史記』，唐の玄奘・『大唐西域記』，中国の四大奇書に含まれるのは『金瓶梅』といった知識は確実に覚えておきましょう。

イスラーム世界については，地理と関連させてイスラーム教の成立についてと，中国と西欧をつなぐ海の交易路により東西文化の交流に大きな役割を果たしたこと，オスマン帝国が東西交易路の拠点であるコンスタンティノープルを攻略して東ローマ（ビザンツ）帝国を滅ぼしたことなどは，必ず覚えておきましょう。

第3章 1
SECTION

アジア史
中国王朝史

必修問題 セクションテーマを代表する問題に挑戦！

まずは，王朝を見分ける基本的なキーワードを確認します。周辺民族とのかかわりについても整理しましょう。

問 中国の各王朝に関する次のア～オの記述のうちに妥当なものが二つある。それはどれか。 （地上2004）

ア：漢は秦の行政制度を一部手直しして中央集権体制を確立し，儒学を国家の正統な学問とした。朝鮮北部に進出して楽浪などの4郡を置き，また匈奴の対策として張騫を西域へ送った。文化の面では司馬遷の『史記』などの歴史書が編まれた。

イ：唐は律令を整備し三省と六部を中心とする中央官制を確立した。地方では初めて郡県制を施行し，中央から官吏を派遣した。北方で強大となった遼や西方から圧迫する西夏には毎年銀や絹を贈ることで講和した。

ウ：宋は科挙によって選抜した文人官僚を重んじる文治主義の政治を行った。大土地所有を抑えるため均田制を採用し，また辺境には節度使を配置した。文化の面では玄奘や義浄がインドから仏典を持ち帰り仏教を広めた。

エ：元は前王朝の科挙などの諸制度を受け継いだが，皇帝の諮問機関である軍機処が軍事行政の実権を握った。広大な国土を支配するために中央の首脳部にはモンゴル人だけでなく漢人も多数採用した。ヨーロッパとの交流もあり，フランス人宣教師らの協力を得て中国全土の実測図『皇輿全覧図』を作成した。

オ：明は魚鱗図冊という土地台帳と賦役黄冊という戸籍・租税台帳を作成し，里甲制を導入して徴税を軌道に乗せた。13世紀から猛威をふるっていた倭寇に対処するため，日本と勘合貿易を行い，さらに鄭和率いる大艦隊を南海諸国に派遣し，各国に中国への朝貢を促した。

1： ア　ウ
2： ア　オ
3： イ　エ
4： イ　オ
5： ウ　エ

| 頻出度 | 地上 ★★★　国家一般職 ★★★　東京都 ★★　特別区 ★★★ |
| | 裁判所職員 ★★　国税・財務・労基 ★★★　国家総合職 ★★ |

必修問題の解説

チェック欄		
1回目	2回目	3回目

〈中国王朝史〉

ア○ 漢は，秦で採用した郡県制に封建制の要素を加味して手直しをした**郡国制**により中央集権体制を確立した。最盛期の武帝の時代には儒教の官学化，朝鮮半島進出，張騫の西域派遣などを行った。

イ× **郡県制**を採用したのは秦の**始皇帝**である。唐の初期には均田制・府兵制・租庸調制が実施された。遼や西方から圧迫する西夏と毎年銀や絹を贈ることを条件に講和したのは宋の時代である。

ウ× 宋で文治主義が採用されたことは正しいが，辺境に**節度使**を配置したのは唐の後半である。また，玄奘（げんじょう）や義浄（ぎじょう）がインドから仏典を持ち帰り仏教を広めたのも唐の時代である。

エ× 元は中国の統治に際して中国の伝統的な官僚制度を採用したが，中央政府の首脳部をモンゴル人が独占し，政策決定していた。また，軍機処が設置されて軍事行政の実権を握ったのは清の時代である。『皇輿全覧図（こうよ）』がブーヴェによって作成されたのも清の時代。

オ○ 明では**里甲制**により徴税システムが樹立され，「魚鱗図冊」や「賦役黄冊（ふえき）」が作成された。**永楽帝**の時代には鄭和率いる**大艦隊を東南アジアやインド南西岸，アラビア半島からアフリカ東岸など南海諸国に派遣**して，中国への朝貢を促した。

　以上から，アとオが妥当であるので，肢2が正解となる。

【中国の王朝（隋～清）】

隋	楊堅・煬帝	南北朝を統一，均田制・府兵制・租庸調，大運河建設
唐	李世民	中央に三省六部，律令体制，均田制・府兵制・租庸調
	玄宗	均田制の崩壊，節度使，両税法
宋	趙匡胤	文治主義，遼や金による圧迫
元	フビライ	中央政府の首脳部をモンゴル人が独占，マルコ＝ポーロ
明	洪武帝	里甲制，賦役黄冊，魚鱗図冊
	永楽帝	鄭和の南海遠征
清	康熙帝	満漢併用制，ネルチンスク条約

正答 2

第3章 SECTION 1 アジア史 中国王朝史

1 中国王朝史

(1) 古代中国

王朝	皇帝	統治政策	滅亡原因	朝鮮
周		封建制		
春秋・戦国時代				
秦	始皇帝	郡県制・法家思想 焚書(ふんしょ)・坑儒(こうじゅ)・万里の長城	陳勝呉広の乱	
前漢	劉邦(高祖) 武帝	郡国制・匈奴に和親策 儒教を官学	王莽(おうもう)の 新の建国	楽浪郡
後漢	劉秀(りゅうしゅう)	西域経営の進展	黄巾(こうきん)の乱	

(2) 東アジア文化圏の形成

王朝	皇帝	統治政策	滅亡原因	朝鮮
魏・晋・南北朝時代				
隋	楊堅(ようけん)・煬帝(ようだい)	科挙の創始 均田制・府兵制・ 租庸調制	高句麗遠征の 失敗	高句麗 百済 新羅
唐	李世民(りせいみん) 玄宗	三省六部・律令体制・均田制・府兵制・租庸調制 募兵制・節度使・安史の乱 両税法	黄巣の乱	新羅
五代十国時代				
宋	趙匡胤(ちょうきょういん)	文治主義・火薬・羅針盤 科挙に殿試・木版印刷		高麗

(3) アジア諸地域の繁栄

王朝	皇帝	統治政策	滅亡原因	朝鮮
元	フビライ	モンゴル人第一主義 駅伝制・交鈔(こうしょう)	紅巾(こうきん)の乱	高麗
明	洪武帝 永楽帝	里甲制・六論 鄭和の南海遠征・朝貢 一条鞭法	北虜南倭(ほくりょなんわ)	李氏 朝鮮
清	康熙帝	満漢併用制・地丁銀	辛亥革命	

2 モンゴル人のユーラシア大陸支配

ワールシュタットの戦い	バトゥがドイツ・ポーランドの連合軍を破る
フラグの遠征	アッバース朝の都バグダードを攻略

INPUT

3 技術と文化

秦	秦の始皇帝は法家思想を採用し，焚書・坑儒により思想統制。
前漢	前漢武帝は儒教を官学化。司馬遷の『史記』。
後漢	製紙法の発明。班固の『漢書』。
唐	国際色豊かな文化。李白・杜甫・白居易の唐詩。玄奘の『大唐西域記』。
宋	木版印刷術・羅針盤が実用化。火薬も使用。朱子学。 司馬光の『資治通鑑』。
元	マルコ＝ポーロの来朝。モンテ＝コルヴィノがカトリック布教。
明	中国の四大奇書が完成。マテオ＝リッチの『坤輿万国全図』。陽明学。
清	『四庫全書』『紅楼夢』『儒林外史』。

4 異民族による漢民族の統治

元（モンゴル人）の支配	中国の伝統的な官僚制度を採用したが，中央の要職はすべてモンゴル人が独占 科挙の行われた回数は少なく，儒学の古典に通じた士大夫が官界で活躍する機会は少ない
清（女真族・満州族）の支配	中央の要職は女真族（満州族）と同数の漢民族を登用 科挙や官制は明から継承し，儒学を振興して中国の伝統を守る姿勢を示す

5 中国の周辺民族

秦	始皇帝が匈奴を退ける
前漢	匈奴に冒頓単于が出て強勢になり，高祖・劉邦は匈奴に和親策を採用。武帝の時代には匈奴を討って前漢の最盛期を現出。
隋	突厥
唐	突厥，吐蕃（チベット），渤海，ウイグル
宋	遼（契丹），金（女真），西夏（タングート族）

第3章 アジア史

SECTION 1 アジア史 中国王朝史

実践 問題 165 基本レベル

問 18世紀以前の中国に関する次のア～オの記述を，古い方から順番に並べたとき，妥当なのはどれか。 （市役所C日程2011）

ア：孔子をはじめとして，孟子・老子・荘子・荀子などの思想家があらわれ，政治や社会のあり方に関する数多くの思想が生まれた。

イ：全国統一が果たされ，はじめて皇帝の称号が用いられた。政治統一のみならず，文字・度量衡・貨幣などの統一も行われた。

ウ：律令格式などの法制による体制が整えられ，税制としては租庸調制が確立された。官吏の登用にあたっては，科挙と呼ばれる試験が実施された。

エ：銀が広く流通し，納税においても銀が用いられるようになった。これにより，銀の需要が急増し，これを補うため，海外からの銀の輸入が増加した。

オ：江南（長江以南）地域で水田の開発が進み，華北をしのぐ大穀倉地帯が形成された。また，商業の規制が緩和され，貨幣・商業経済が発達し，世界初の紙幣も流通した。

1：ア→イ→ウ→オ→エ
2：ア→オ→イ→エ→ウ
3：イ→ア→オ→ウ→エ
4：イ→オ→エ→ア→ウ
5：オ→ア→ウ→イ→エ

OUTPUT

チェック欄		
1回目	2回目	3回目

実践 ▶ 問題 **165** の解説

〈18世紀以前の中国史〉

ア 春秋・戦国時代（前770年〜前221年）　春秋・戦国時代には，下克上の風潮が強まる中，新しい時代の秩序が模索され，諸子百家と総称される多くの思想家・学派が登場した。孔子をはじめとする孟子・荀子の儒家，老子・荘子の道家はその代表である。

イ 秦（前221年〜前206年）　全国統一が果たし，初めて皇帝の称号を用いたのは秦の始皇帝である。始皇帝は全土に郡県制をしくとともに，文字や度量衡，貨幣の統一を行った。しかし，厳しい刑罰によって人々を支配する法家思想を統治に利用するとともに，焚書・坑儒といった厳しい思想統制を行ったことから，その死後には反乱が起こって秦は滅亡した。

ウ 唐（618年〜907年）　律令格式などの法制による体制が整えられたのは唐の時代である。唐では，前王朝の隋から均田制と府兵制，租庸調を継承して実施し，隋で始められた科挙によって官吏を登用した。

オ 宋（960年〜1279年）　長江以南の江南で水田の開発が進み，華北をしのぐ大穀倉地帯が形成されたのは宋の時代である。手形として発生した交子・会子が紙幣として用いられるようにもなった。

エ 明（1368年〜1644年）　納税においても銀が用いられるようになったのは明の時代である。明の時代には，ラテン＝アメリカでスペインが採掘したメキシコ銀や日本銀などが流入し，租税を銀納させる一条鞭法が施行された。

　以上から，ア→イ→ウ→オ→エとなるので，肢1が正解となる。

第3章　アジア史

正答 **1**

LEC東京リーガルマインド　2022-2023年合格目標 公務員試験 本気で合格！過去問解きまくり！ 443
⑤人文科学Ⅰ

第3章 SECTION 1 アジア史 中国王朝史

実践 問題 166 基本レベル

問 中国の歴史に関する記述として，妥当なのはどれか。 （東京都Ⅰ類A 2016）

1：紀元前16世紀頃までに，中国における初めての国家である秦が成立し，秦は功臣に土地を与え諸侯として支配させる封建制をしいた。
2：魏，蜀，呉の三国が争う時代に，近隣諸国の君主が皇帝の徳を慕って貢物をもって訪れる冊封体制が形成された。
3：チンギス＝ハンが打ち立てたモンゴル帝国は，東アジアからヨーロッパ東部までを含む広大な領域を支配し，交易の活発化につながる駅伝制を整備した。
4：15世紀頃，宋の洪武帝は，貿易の拡大を目指して鄭和に南海遠征を命じ，鄭和の艦隊はインド洋海域の国々に至った。
5：17世紀に明が滅んだ後，漢民族が建てた清が成立し，清はモンゴル，新疆，チベット，台湾を藩部として，自治を認めた。

OUTPUT

チェック欄		
1回目	2回目	3回目

実践 ▶ 問題 **166** の解説

〈中国王朝史〉

1 ✕ 封建制をしいたのは周である。周が弱体化すると春秋・戦国時代となったが，前221年に秦が中国を統一し，郡県制を採用した。

2 ✕ 冊封体制は，魏・蜀・呉の三国時代よりも前の，漢の時代から見られるもので，一般化したのは三国時代の後の南北朝時代とされる。冊封体制は中国の皇帝が周辺諸民族の君主を封じることによって形成された東アジアの国際関係をいう。両者の関係は対等ではなく，中国の皇帝が周辺諸国の支配者に位階を与える上下の君臣関係であり，冊封された君主には朝貢の義務があった。東アジア諸国は朝貢国として交流を保証される一方，中国の権威を内政の安定に利用した。

3 ○ 妥当である。13世紀半ばまでに，モンゴルの支配は東は中国北部から西はロシア，イランに至る広大な領域に広がった。モンゴル帝国では交通路の安全を重視し，その整備や治安の確保に努め，駅伝制を施行した。その結果，ムスリム商人の隊商によって東アジアからヨーロッパに至る陸路交易が盛んに行われるとともに，海上交易も宋代に引き続き，活発であった。

4 ✕ 鄭和に南海遠征を命じたのは，明の第3代皇帝の永楽帝である。洪武帝は明の初代皇帝である。

5 ✕ 明が滅んだ後に清が成立したことは正しいが，清は漢民族が建てた国ではなく，満州族（女真族）が建てた国である。

> **■清朝の領土**
>
> 　清朝第4代康熙帝は，鄭氏を降伏させて台湾を領土とするとともに，呉三桂らが起こした三藩の乱を鎮圧し，統治の基礎を固めた。清朝の皇帝は，中国の歴代王朝の伝統を継ぐ皇帝であると同時に，満州人やモンゴル人にとってはモンゴル帝国のハンの伝統を継ぐ北方遊牧社会の君主であったため，**清朝の領土は北方に大きく拡大した**。このため，**康熙帝はロシアのピョートル大帝との間にネルチンスク条約を締結して国境を定めた**のである。清朝は中国内地と東北地方，台湾を直轄領とし，モンゴル，青海，チベット，新疆は藩部として理藩院に統括された。

正答 3

第3章 アジア史

第3章 SECTION 1 アジア史 中国王朝史

実践 問題 167 基本レベル

問 中国の諸王朝に関する記述として最も妥当なのはどれか。（国家一般職2021）

1 ：秦は，紀元前に中国を統一した。秦王の政は皇帝と称し（始皇帝），度量衡・貨幣・文字などを統一し，中央集権化を目指した。秦の滅亡後に建国された前漢は，武帝の時代に最盛期を迎え，中央集権体制を確立させた。また，儒家の思想を国家の学問として採用し，国内秩序の安定を図った。

2 ：隋は，魏・蜀・呉の三国を征服し，中国を再統一した。大運河の建設やジャムチの整備などを通じて全国的な交通網の整備に努めたが，朝鮮半島を統一したウイグルの度重なる侵入により滅亡した。唐は，律令に基づく政治を行い，節度使に徴税権を与える租庸調制の整備などによって農民支配を強化した。

3 ：宋（北宋）は，分裂の時代を経て，中国を再統一した。都が置かれた大都（現在の北京）は，黄河と大運河の結節点で，商業・経済の中心地として栄えた。北宋は，突厥の侵入を受け，都を臨安（現在の杭州）に移し，国家を再建した（南宋）。南宋では儒学の教えを異端視する朱子学が発達し，身分秩序にとらわれない科挙出身の文人官僚が勢力を強めた。

4 ：元は，モンゴルのフビライ＝ハンによって建てられた征服王朝である。フビライ＝ハンは科挙制度を存続させたが，これに皇帝自ら試験を行う殿試を加えることで，モンゴル人の重用を図った。元代には交易や人物の往来が盛んであり，『東方見聞録』を著したマルコ＝ポーロやイエズス会を創設したフランシスコ＝ザビエルが元を訪れた。

5 ：明は，元の勢力を北方に追い，漢人王朝を復活させた。周辺諸国との朝貢体制の強化に努めた一方，キリスト教の流入を恐れ，オランダを除く西洋諸国との貿易を禁じる海禁政策を採った。清は，台湾で勢力を伸ばした女真族によって建国された。康熙帝，雍正帝，乾隆帝の三帝の治世に清は最盛期を迎え，ロシアとの間にネルチンスク条約を締結し，イランを藩部とした。

OUTPUT

チェック欄		
1回目	2回目	3回目

実践 問題 **167** の解説

〈中国王朝史〉

1○ 秦から前漢にかけての説明として，妥当である。

2× 隋は魏・蜀・呉の三国時代の後の南北朝時代を統一して，建国された。また，大運河の建設を行ったことは正しいが，ジャムチ（駅伝制）を整備したのはモンゴル人である。隋の滅亡原因は，朝鮮半島北部にあった高句麗への遠征に失敗したことが契機となって起こった民衆反乱である。ウイグルは朝鮮半島を統一した民族ではなく，中央アジアで8世紀に強勢となった民族である。節度使は租庸調制が崩壊していく8世紀に，辺境防備のために設置された役職である。

3× 大都（現在の北京）に都を置いたのは，モンゴル人が建国した元である。宋の都は開封であり，こちらが黄河と大運河の結節点に位置する。また，北宋が都を臨安（現在の杭州）に移す契機になったのは，女真族が建てた金の侵攻を受けたことによる。宋の時代に朱子学が大成されたが，これは儒学の教えに理気二元論を導入したもので，儒学の教えを異端視するのではない。異民族の侵攻を背景に，宋の時代には，華夷の区別（優れた中華と劣った異民族である夷を区別する思想）や大義名分論（君臣・父子の道徳を絶対視し，臣下として守るべき節操と本分を明らかにした思想）が説かれた。

4× 元の時代に科挙制が存続したことは正しいが，皇帝自ら試験を行う殿試が導入されたのは，宋の時代である。また，イエズス会のフランシスコ＝ザビエルがカトリックの布教を行うのは16世紀のことであり，この時代の中国王朝は明である。なお，ザビエルは日本には到達したが中国の地を踏むことはかなわなかった。

5× 「キリスト教の流入を恐れ，オランダを除く西洋諸国との貿易を禁じる」政策をとったのは，鎖国体制を確立した日本である。明でとられた海禁政策は，周辺諸国との朝貢を維持するために採用されたもので，民間の対外交易と海外渡航を全面的に禁止するものである。民間交易の禁止に対し，16世紀中頃には中国人を主体とする後期倭寇が盛んとなり，明は海禁策を緩めた。一方，16世紀に入るとポルトガル人が来航し，マカオに居住を許された。また，清を建国した女真族は満州で勢力を伸ばし，満州族と称される。清の最盛期に藩部とした地域を含め，現在の中華人民共和国の版図が形成されている。イランを藩部としたことはない。

正答 1

第3章 アジア史

第3章 SECTION 1 アジア史 中国王朝史

実践 問題 168 基本レベル

問 明代から清代の始めに関する次の記述のうち，妥当なものはどれか。

(地上2011)

1：明が科挙により，漢民族も含めて官吏を選抜したのに対し，清は満州人により建国された王朝であったため，中央行政機関の官職は満州人が独占した。
2：朝貢貿易を取り入れなかった明では，民間商人による自由な貿易を発展させたが，清は倭寇の対策により自由な貿易を廃止し，朝貢貿易を実施した。
3：明は北方の遊牧民を制圧することで，その領土をロシアに接するほどまでに拡大したが，清は北方の遊牧民の侵略を許し，明代と比較して領土が縮小した。
4：明代，税は銀で納めていたが，明代後半，アヘン貿易により銀が大量に国外に流出し不足したため，清代の始めには，税は紙幣または銅銭でおさめることになった。
5：明の後半から清のはじめにかけて，キリスト教の宣教師が来訪し布教したが，布教方法の違いにより，カトリック教会内で，典礼問題が起こり，清の時代には布教を禁止した。

OUTPUT

実践 問題 **168** の解説

チェック欄
1回目	2回目	3回目

〈明と清〉

1 ✕ 清は，満州（女真）族が建国した王朝であったが，統治にあたっては科挙や官制など，明の制度を継承し，**中央行政機関の官職には満州族と漢民族を同数登用した**。「中央行政機関の官職を独占」とはモンゴル人の建てた元の支配の説明である。

2 ✕ 明では，鄭和の南海遠征によって南海諸国の明朝に対する朝貢が促され，東アジアからインド洋に至る広い範囲で朝貢貿易が活発に行われた。清では，康熙帝の時代に三藩の乱を鎮圧，鄭氏台湾を滅ぼして清朝支配が安定すると，海禁を解除した。

> **■朝貢貿易**
>
> 　中国では中華思想により，中国はあらゆるものの自給自足が可能で，他の国と貿易をする必要がないと考えており，周辺諸国との貿易は中国が与える恩恵であるから，中国との貿易を求める国は中国に恭順の意を示すことが求められた。このような考え方は，他の時代にも見られるが，明の時代が最も著しかった。朝貢貿易は中国によって回数や人数・経路などがすべて決められており，民間人による貿易は制限された。

3 ✕ 明の時代には，万里の長城の北にいたタタールやオイラトの圧迫を受けていたが，17世紀の末以降，清の支配領域は万里の長城よりも北に大きく広がり，康熙帝の時代にはロシアとの間にネルチンスク条約を締結して国境を定めている（ロシアと国境を接している）。

4 ✕ 明の時代には一条鞭法の制定以降，租税を銀納させていたことは正しいが，**アヘン貿易により銀が大量に国外に流出するようになるのは清代後半**である。

5 ○ 明末清初には，キリスト教の宣教師が多数中国を訪れた。イエズス会宣教師は中国文化を重んじ，信者に対して孔子廟の崇拝などを認めていたため，これに反対する他の宗派がローマ教皇に訴えたことから典礼問題が起こった。これに対し教皇はイエズス会の布教方法を否定したため，清の雍正帝はキリスト教の布教を禁止した。

正答 5

第3章 アジア史

問 明代から清代の中国の歴史に関する記述として，妥当なのはどれか。

(東京都Ⅰ類A 2020)

1：朱元璋は，13世紀後半，長江上流にある現在の北京で皇帝（洪武帝）となり，明を建国した。
2：洪武帝は，皇帝が政治・経済・軍事の頂点に立つ政治体制の確立をめざし，軍機処・理藩院を皇帝の直属とし，文字の獄や禁書による思想統制を行った。
3：永楽帝の対外政策としては，15世紀初頭から数回繰り返された，鄭和の指揮する大艦隊による東南アジア諸国への南海遠征がある。
4：乾隆帝は内モンゴルを併合して清を建国し，満州・モンゴル・漢の三族を中心とする国を成立させた。
5：清はその支配に当たって明の政治体制を受け継ぐ一方，六部などの新しい官庁を設置し，朱子学を国の認める正式な学問とした。

OUTPUT

実践 問題 **169** の解説

〈明代から清代の中国〉

1 × 朱元璋が皇帝となったのは，長江の下流にある南京である。朱元璋がどこで即位したかは知らずとも，「北京が長江上流」という点で誤りと判断したい。

2 × 軍機処や理藩院を設置し，文字の獄や禁書による思想統制を行ったのは，清代である。洪武帝は明の初代皇帝であり，六部を皇帝に直属させて，万事を皇帝が直接決定する体制をつくった。

3 ○ 永楽帝の時代には，鄭和に命じ，艦隊を率いてインド洋からアフリカ沿岸にまで至る数回の遠征を行わせ，南海諸国の明朝に対する朝貢を勧誘した。

4 × 国号を清と定めたのは，太宗ホンタイジである。この時点で女真族が支配していたのは万里の長城の北であったが，李自成が明を滅ぼすと，清軍は長城内に入って北京を占領した。反清運動を行っていた鄭成功は，台湾を拠点に清に抵抗したが，康熙帝の時代に鄭氏台湾を降伏させて台湾を領土とし，漢人武将が起こした三藩の乱を鎮圧して清朝支配の基礎を固めた。この康熙帝と，続く雍正帝，乾隆帝の時代に皇帝が独裁的な権力を振るった。

5 × 六部は隋の時代に設置された6つの官庁である。洪武帝は六部を皇帝直属とするとともに，朱子学を官学として科挙制を整備した。清の時代に発展したのは考証学である。

第3章 アジア史

■清の統治	
軍機処	皇帝直属の諮問機関。雍正帝の時代に設けられた清独自の制度。
理藩院	清朝の直轄領となったのは中国内地，東北地方，台湾であり，モンゴル，青海，チベット，新疆は藩部として理藩院に統括された。現地ではそれぞれ支配者が，清朝から派遣された監督官とともに統治を行った。

正答 **3**

第3章 SECTION 1 アジア史 中国王朝史

実践 問題 170 基本レベル

問 中国の王朝に関する，次の記述のなかには正しいものが2つあるが，それらはどれか。　　　　　　　　　　　　　　　　　　　　(地上2019)

ア：秦：中国最初の統一王朝であり，200年の長きにわたって続いた。貨幣や度量衡，文字の統一を行ったほか，儒学を官学化し，儒学をもとに社会秩序の安定化を図った。

イ：唐：律令によって政治を行い，均田制や租庸調制を整備した。首都の長安には周辺国からの商人や使節が集まる国際都市となった。

ウ：元：モンゴル人が統治の中核を担っていたが，中央アジアや西アジアの出身の色目人が重用されていた。駅伝制により陸上交易が発達し，また海運が盛んになり，長距離商業が活発となった。

エ：明：銀が国外から大量に流入して主要貨幣となった。明代を通じて，歴代の王朝が採っていた朝貢貿易体制は採らず，民間貿易を推進した。

オ：清：満州人が建てた王朝である。建国当初からモンゴル人やチベット人などによる攻撃を受け，最大版図は歴代の王朝と比べると小規模なものにとどまった。

1：ア，ウ
2：ア，オ
3：イ，ウ
4：イ，エ
5：エ，オ

OUTPUT

実践　問題170　の解説

〈中国王朝史〉

ア ×　儒学を官学化したのは前漢の時代である。秦では法家思想が統治に利用された。また，中国統一を果たした秦の始皇帝は，強力な中央集権化を進めたため，反発も強く，その死後には反乱が起こり，15年で滅亡した。

イ ○　妥当である。遣唐使は唐の律令や均田制，租庸調制を学んで帰国した。

ウ ○　妥当である。モンゴル人がユーラシア大陸を支配した13世紀には東西交流が盛んとなった。

エ ×　明の永楽帝の時代には，鄭和による南海遠征が行われ，各地からの朝貢を促し，朝貢体制の確立が目指された。日明貿易も朝貢形式である。

オ ×　清は，モンゴル，ジュンガル，回部（新疆），チベットなどを征服して，万里の長城の北に勢力を拡大し，これらを藩部として理藩院が統括した。したがって，最大版図は歴代王朝と比べるとたいへん大規模なものとなり，現在の中華人民共和国にほぼ引き継がれている。

以上から，イとウが妥当であるので，肢3が正解となる。

正答　3

第3章 SECTION 1 アジア史 中国王朝史

実践 問題 171 基本レベル

問 中国の歴史に関する記述として最も妥当なものはどれか。（裁判所職員2020）

1：実在した中国最古の王朝とされているのは，前11世紀頃に華北におこった周であった。
2：戦国時代，七雄と呼ばれた七つの強国の争いの中で，庶民出身の劉邦が郷里の民衆を率いて蜂起し七雄を統一して漢王朝をたてた。
3：漢の時代，官吏を登用する方法として科挙の制度がつくられ，広く各地から人材が集められるようになった。
4：6世紀後半，南北朝に分裂していた中国を唐が統一し，長安に都を置いて百済や高句麗を破った。
5：唐の都には，商人や留学生らが集まり，ネストリウス派キリスト教やゾロアスター教の寺院がつくられるなど，国際色豊かな文化が発展した。

OUTPUT

チェック欄		
1回目	2回目	3回目

実践 ▶ 問題 **171** の解説

〈中国の歴史〉

1 × 現在，書物等の記録以外にも，考古学上確認できる最古の王朝は殷である。前11世紀に殷を滅ぼしたのが周である。

2 × 周の弱体化に伴って，春秋戦国時代となったが，戦国の七雄を統一して，中国最初の統一を果たしたのは，秦の始皇帝である。秦が滅亡した後に劉邦が漢王朝を開いた。

3 × 官吏を登用する方法として科挙の制度がつくられたのは，隋の時代である。

4 × 南北朝に分裂していた中国を統一したのは隋である。隋は高句麗遠征の失敗を契機に各地で反乱が起こったことで滅亡し，その後にたったのが唐である。唐は長安に都を置いて百済や高句麗を破った。

5 ○ 唐の都長安は，商人や留学生が集まり，ネストリウス派キリスト教やゾロアスター教の寺院がつくられるなど，国際色豊かな文化が発展した。

第3章 アジア史

正答 5

第3章 SECTION 1 アジア史 中国王朝史

実践 問題172 応用レベル

頻出度	地上★★	国家一般職★	東京都★	特別区★
	裁判所職員★	国税・財務・労基★		国家総合職★

問 中国の秦又は漢に関する記述として、妥当なのはどれか。　（特別区2010）

1：秦の始皇帝は、世襲に基づく分権的な封建制に代わって、法律と官僚制を通じて都の長安から全領域を直接統治する中央集権体制を築こうとし、中央から官僚を派遣して統治させる郡国制を全土に施行した。

2：秦の始皇帝が没すると、全土で反乱が発生し、反乱勢力のうち、農民出身で指導者として人望の厚かった項羽と、楚の名門出身の劉邦が相次いで長安を占領し、秦は統一からわずか15年で滅びた。

3：項羽を倒した劉邦は皇帝の位につき、洛陽を都とした前漢を建て、その後前漢は郡県制を行いつつ、外戚や諸侯の実権を奪ったために黄巾の乱が起こされたが平定し、武帝の頃までに中央集権体制を確立した。

4：社会の儒教化を急進的に進めた前漢は、豪族の反発や呉楚七国の乱という農民の反発を招いたため、前漢の王族の一人劉秀が咸陽を都とした後漢を建てたものの、赤眉の乱によって、魏に滅ぼされた。

5：漢代には歴史書の編纂も盛んになり、司馬遷の「史記」、班固の「漢書」が完成し、「史記」や「漢書」が採用した本紀と列伝からなる紀伝体という形式は、後世の歴史書で盛んに用いられた。

実践 問題172 の解説

〈古代中国（秦・漢）〉

1 × 中国最初の統一国家を樹立した秦の始皇帝が，全国を直接に統治する中央集権体制を築こうとしたとする点は正しい。しかし，そのために全国に施行したのは，郡国制ではなく，郡県制である。なお，秦の都は長安ではなく咸陽である。

2 × 始皇帝の死後に全土で反乱が発生し，統一後，わずか15年で秦が滅亡したという点は正しい。しかし，反乱勢力のうち，農民出身で指導者として人望が厚かったのは劉邦であり，楚の名門出身であるのが項羽である。本肢は両者の説明が逆になっている。また，長安は，劉邦が秦を滅ぼした後に建国した前漢の首都である。

3 × 前漢を建てた劉邦は郡国制を採用している。郡国制とは，秦の急激な統一政策の失敗を踏まえて，中央直轄地では郡県制を用いる一方で，地方には一族や功臣を諸侯として領土を与える封建制を併用したものである。また，黄巾の乱は，後漢の末期に起きた農民反乱である。

4 × 後漢の滅亡原因となったのは，赤眉の乱ではなく黄巾の乱である。前漢を建国した劉邦が郡国制を採用したものの，その後，漢では次第に諸侯の権力を奪ったことから呉楚七国の乱が起こった。この乱が鎮圧された後には，武帝が中央集権体制を確立し，儒教を官学化する。武帝の死後には宦官や外戚が権力を争うようになり，1世紀初頭には外戚の王莽によって新が建てられたが，新は赤眉の乱で滅亡，劉秀が後漢を建てた。なお，後漢の都は咸陽でなく洛陽である。

5 ○ 漢の時代に，司馬遷が『史記』を，班固が『漢書』を著した。『史記』は，中国最初の紀伝体の歴史書である。ここでいう紀伝体とは，歴史書の形式の1つであり，皇帝の事績をまとめた本紀と，重要人物の伝記（列伝）を中心に構成されたもののことをいう。

正答 5

第3章 SECTION 1 アジア史 中国王朝史

実践 問題 173 基本レベル

頻出度 地上★★　国家一般職★★　東京都★★　特別区★★
　　　　裁判所職員★★　国税・財務・労基★★　国家総合職★★

問 下記の図は中国の時代区分を概略化して表したものである。そこにあるア〜エの区分におけるそれぞれの時代の政治・文化の内容を正しく表しているものを選択肢から1つ選べ。　　　　　　　　　　　　　　　（地上2010）

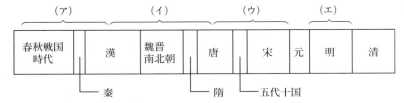

1：戦乱の中，門閥貴族層が没落した。官吏任用法である科挙が完成し，新興地主層である形勢戸が科挙の合格者を多数輩出し，支配者層となった。――ア
2：貨幣制度が発達し，旧法にかわり，すべての税を銀で納めることとした一条鞭法が成立し，銀の流通量が増大した。――イ
3：冊封体制が成立した。これは，中国の皇帝が隣接諸国の支配者との間で形式上の君臣関係を結んで形成された国際秩序であり，東アジア全域に広がっていった。――イ
4：孔子・孟子が孝の実行の思想の重要性を説き，後に儒学の経典となる『易経』『中庸』など，主要な儒学の経典が編纂された。――ウ
5：インドから西域経由で仏教が正式に伝来した。皇帝の保護を受けた国家鎮護的性格が強く，仏教書が多数翻訳されていった。――エ

OUTPUT

チェック欄		
1回目	2回目	3回目

実践 ▶ 問題 **173** の解説 ────────

〈中国王朝史〉

1 ✕ 科挙は，門閥貴族の勢力を抑えるために隋の時代に始められた官吏任用制度で宋の時代に殿試を加えて完成した。また，形勢戸は，宋代に台頭した新興地主層であり，多くの科挙の合格者を輩出し，支配者層を形成した。

2 ✕ 一条鞭法が，実施されたのは16世紀後半である。明の時代である。

3 ◯ 冊封体制とは，中国皇帝が周辺諸国の支配者との間に形式的な君臣関係を結ぶことによって形成された国際秩序で，周辺諸国の君主が中国皇帝に朝貢の使節を送り，それに対して中国皇帝が位階や返礼品を与えることで成立するものである。漢の時代から始まり，唐代には東アジア全域に拡大した。

4 ✕ 孔子や孟子が活躍したのは春秋戦国時代である。孔子は親に対する孝と，兄や年長者に対する恭順の心である悌を根本とする仁を基本的思想として，これを広く実践することで，国家・社会の秩序を保つことができると説いた。孟子は孔子の説を継承し，さらに性善説や易姓革命説を唱えた。「易経」「中庸」は，ともに儒教の根本的な経典の１つである。

5 ✕ 仏教が中国に伝来したとされるのは１世紀頃で，広まったのは４世紀である。西域から中国を訪れた僧侶によって伝来し，仏図澄や鳩摩羅什が布教や仏典の翻訳において活躍した。仏教は北魏以来帝室や貴族の保護を受けて栄え，唐代には全盛を極めた。玄奘や義浄がインドに赴いて多くの経典を持ち帰るとともに，仏典の翻訳も国家の保護のもとで盛んに行われた。

第3章 アジア史

正答 **3**

中国王朝史

実践 問題 174 応用レベル

問 モンゴル帝国又は元に関する記述として,妥当なのはどれか。(特別区2009)

1：モンゴル帝国は,チンギス＝ハンが金を滅ぼしてカラコルムに都を定め,モンゴルの諸部族を統一して成立した。
2：モンゴル帝国は,チンギス＝ハンの死後,ロシアの諸侯を服属させ,ワールシュタットの戦いでドイツ・ポーランドの諸侯連合軍を破り,また,西アジアではアッバース朝を滅ぼし,空前の大帝国となった。
3：元がフビライ＝ハンにより樹立されたと同時に,モンゴル帝国は4ハン国の反乱によって崩壊した。
4：元は,日本への侵攻は失敗したものの,ヴェトナム及びジャワを征服し,東南アジアに領土を拡げていった。
5：元は,支配下の人々をモンゴル人・色目人・漢人・南人の4段階に分け,特に南人を冷遇したが,科挙を継続させることによって,中国の知識人層は官僚として優遇した。

OUTPUT

チェック欄		
1回目	2回目	3回目

実践 問題 **174** の解説 ―――

〈モンゴル帝国と元〉

1 ✕ 13世紀初頭にモンゴル諸部族を統合した**チンギス＝ハン**は，征西を行ってモンゴル帝国を形成したが，金を滅ぼしてカラコルムに都を定めたのは第2代ハン位についたオゴタイ＝ハンである。

2 ◯ 第2代オゴタイ＝ハンの時代には，バトゥが**ワールシュタットの戦い**でドイツ・ポーランドの連合軍を破り，第4代モンケ＝ハンの時代にはフラグがバグダードを占領して**アッバース朝を滅ぼす**など，モンゴル人の支配は中国北部からロシア・イランに至る広大な領域に広がった。

3 ✕ モンゴル帝国解体の契機となったのは元の建国ではなく，フビライがモンゴル帝国の第5代ハン位についたことである。13世紀半ばに広大な領域を支配して成立したモンゴル帝国は，チンギス＝ハンの子孫が治める地方政権が緩やかに統合した形をとっていたが，1260年に第5代ハンにフビライが即位すると，フビライの即位に反対して**ハイドゥの乱**が起こり，諸ハン国が独立したためモンゴル帝国は事実上解体した。フビライは1264年に都を**大都**（現在の北京）に移し，その後，1271年に**元**を建国した。

4 ✕ 元のフビライは，高麗やビルマを従えることには成功したが，ベトナムやジャワの征討には失敗している。

5 ✕ 元では中国の伝統的な官僚制度を採用したが，科挙の実施された回数も少なく，中国の知識人層が官界で活躍する機会は少なかった。

第3章 アジア史

正答 **2**

SECTION 1 アジア史 中国王朝史

実践 問題 175 応用レベル

頻出度	地上★★★	国家一般職★	東京都★	特別区★
	裁判所職員★	国税・財務・労基★		国家総合職★

問 モンゴル帝国に関する次のA～Dの記述の正誤の組合せとして最も妥当なものはどれか。　　　　　　　　　　　　　　　　　　　　（裁判所職員2018）

A：モンゴル民族のテムジンは，モンゴル諸族の集会クリルタイを開いてハン位につき，オゴタイ＝ハンと称してモンゴル帝国の成立を宣言し，諸部族を統一してカラコルムを都とした。

B：チンギス＝ハンは，騎馬軍を率いて支配域を広げ，大都に都を定めて，国号を中国風に元として南宋を滅ぼした。

C：オゴタイ＝ハンは，西方に軍を派遣し，ワールシュタットの戦いでドイツ・ポーランド諸侯連合軍を撃破した。

D：紙幣の乱発や重税によって経済が混乱し，14世紀には，紅巾の乱など各地で反乱が起こった。

	A	B	C	D
1 :	正	誤	正	誤
2 :	誤	正	誤	誤
3 :	正	正	誤	誤
4 :	誤	誤	正	正
5 :	誤	誤	誤	正

OUTPUT

実践 ▶ 問題 **175** の解説 ────────

チェック欄

1回目	2回目	3回目

〈モンゴル帝国〉

A ✕ モンゴル諸族の集会クリルタイでハン位についたテムジンとは，チンギス＝ハンである。なお，カラコルムを都としたのがチンギス＝ハンの次にハン位についたオゴタイ＝ハンであることは正しい。

B ✕ 大都を都に定めて，国号を中国風に元として南宋を滅ぼしたのは，第5代のフビライ＝ハンである。

C ○ オゴタイ＝ハンは西方にバトゥの遠征軍を派遣し，ワールシュタットの戦いでドイツ・ポーランド連合軍を撃破した。

D ○ フビライの死後，元朝内部では相続争いが続き，宮廷貴族のぜいたくな生活やチベット仏教の信仰による莫大な経費で財政が窮乏したため，交鈔（元で流通した紙幣）を乱発し，専売制度を強化したが，著しい物価騰貴が民衆を苦しめ，14世紀の半ばに紅巾の乱が起こった。これを機に反乱が各地に起こり，元は明軍に大都を奪われてモンゴル高原に退いた。

以上から，肢4が正解となる。

■ モンゴル帝国の発展

初代チンギス＝ハン	モンゴル諸族の集会クリルタイでハン位につき，モンゴル系・トルコ系諸部族を統一して大モンゴル国を形成。
2代オゴタイ＝ハン	カラコルムに都を建設。バトゥがワールシュタットの戦いでドイツ・ポーランドの連合軍を破る。
4代モンケ＝ハン	フラグがアッバース朝の都バグダードを攻略して，アッバース朝を滅ぼす。
5代フビライ＝ハン	大都を都に，国号を元として南宋を滅ぼす。

第3章 アジア史

正答 4

SECTION 1 アジア史 中国王朝史

実践 問題 176 応用レベル

問 中国の清朝の時代に関する記述として最も妥当なのはどれか。　（国Ⅰ2010）

1：清朝は，完顔阿骨打が女真族を従え，明の支配から自立し，建国した。第二代の太宗ホンタイジは，明で起きた紅巾の乱に乗じ，首都南京を占領し明を滅ぼした。中国統一を果たした清は，辺境の防備として南方に呉三桂ら3人の節度使を配置した。

2：清朝は，中国を統治するに当たり，科挙・官制等においては，明の制度をほぼ受け継ぐとともに儒学を振興した。軍制では，八旗の他に漢人による緑営を設け，各地に配備した。また，雍正帝の時代には，皇帝直属の諮問機関である軍機処が設置された。

3：康熙帝は，北虜南倭等による軍事費増大で悪化した国家財政を立て直すため，宰相に王安石を起用した。王安石の改革は，農民や中小商工業者の生産増加を図りながら，同時に経費節減と歳入増加による国家財政の確立と軍事力を強化するものであった。

4：乾隆帝は，首都を南京から北京に移して，北方ではモンゴル高原に遠征し，南方ではベトナムを一時占領した。また，軍閥である李鴻章にインド洋からアフリカ沿岸にまで至る数回の遠征を行わせた。

5：清朝では，中国とヨーロッパの科学技術を融合した陽明学が，学者のみならず庶民にも広まった。また，イエズス会の宣教師が技術者として重用され，マテオ＝リッチが作成した『坤輿万国全図』は，中国に新しい地理知識を広めた。

OUTPUT

実践 問題 **176** の解説

チェック欄		
1回目	2回目	3回目

〈清朝〉

1 × 紅巾の乱（1351〜66年）は14世紀に起きた宗教結社を中心とした農民反乱であり，元の滅亡原因となったもの。清朝第3代皇帝の順治帝は明の滅亡を契機に中国本土に入り，北京に遷都した。**実質的に清が中国を統一するのは第4代康熙帝の時代である**。また，節度使は唐の時代に辺境の防備のために設置された役職であり，中国の北辺に配置された。

2 ○ 清朝は満州族（女真族）が漢民族を制圧して成立した異民族支配の王朝であるが，科挙や官制においては明の制度をほぼ受け継ぎ，儒学を振興するなど中国の伝統を守る姿勢を示した。一方で，軍制では清のもともとの軍事組織である八旗のほかに，中国本土に進出してからは漢人で組織する軍事組織として緑営（緑旗）を設けた。雍正帝の時代には軍事行政上の最高機関として軍機処が設置されている。

3 × **北虜南倭**に苦しめられたのは明代のことである。また，王安石が国家財政を立て直すために改革を実施したのは宋の時代である。王安石の改革の内容は正しい。

4 × **インド洋からアフリカ沿岸にまで至る数回の遠征**とは，**明の永楽帝**が鄭和に行わせた南海遠征のことを指す。永楽帝は明の第3代皇帝であり，都を南京から北京に移すとともに，鄭和に南海遠征を行わせた。なお，乾隆帝は清の第6代皇帝であり，李鴻章は清末の政治家である。

5 × 陽明学は明の時代に**王陽明**が当時の朱子学が知識や修養を外面的に重んじる傾向を強めていたことを批判して創始した儒学の一派である。人間は誰でも心の中に真正の道徳を持っている（心即理）と主張するとともに，**知行合一**を説くものであって，中国とヨーロッパの科学技術を融合したものではない。なお，陽明学が学者のみならず庶民の間にも広まったとする点は正しい。また，明末から清初にかけてイエズス会の宣教師が技術者として重用されたが，**マテオ＝リッチ**が『坤輿万国全図』を作成したのは1602年の明末の時代であるので，この点も誤りである。

正答 2

第3章 アジア史

第3章 SECTION 2 アジア史
西アジアの歴史

必修問題 セクションテーマを代表する問題に挑戦！

14世紀以降のイスラーム専制王朝の基本事項を押さえ，西欧諸国や中国とのかかわりをプラスしていきましょう。

問 イスラーム世界と非イスラーム世界の間の抗争の歴史に関する記述として妥当なのはどれか。 （国Ⅱ2001）

1：イラン系のアッバース朝は，当初帝国の版図を中央アジア方面へ拡大したが，タラス河畔の戦いで唐に敗れた後は，アフリカ北部からイベリア半島への進出を果たした。
2：アッバース朝は，ドイツ・ポーランドの連合軍とワールシュタットで戦ったがこれに敗れ，さらにチンギス＝ハンの率いるモンゴルの侵攻を受け，首都メッカを占領され滅亡した。
3：バグダードを発祥の地としてアラビア半島を支配したトルコ系のセルジューク朝は，ギリシア正教を信仰するスラブ系のティムール朝にアンカラの戦いで破れて衰退し，東西に分裂した。
4：小アジアに建国されたトルコ系のオスマン帝国は，バルカン半島に進出した後，ビザンツ帝国の首都コンスタンティノープルを陥れ，ビザンツ帝国を滅ぼした。
5：オスマン帝国は，北アフリカ及びインド半島に勢力を広げた後，ウィーンを占領してオーストリアを支配するとともにレパントの海戦でスペインに勝って地中海の支配権を握った。

直前復習

Guidance ガイダンス
■オスマン帝国の最大領域

13世紀末にトルコ人がオスマン帝国を建て，1453年にはビザンツ帝国を滅ぼしてコンスタンティノープルをイスタンブルと改称して都としました。

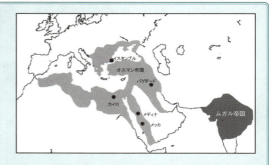

頻出度	地上★★★　国家一般職★★★　東京都★★★　特別区★★★
	裁判所職員★★★　国税・財務・労基★★★　国家総合職★★★

チェック欄		
1回目	2回目	3回目

必修問題の解説

〈イスラーム世界と非イスラーム世界の抗争〉

トゥール・ポワティエ間の戦い（732年）	ウマイヤ朝　VS　フランク王国 イスラーム側の負け
タラス河畔の戦い（751年）	アッバース朝　VS　唐 イスラーム側の勝ち
ワールシュタットの戦い（1241年）	モンゴル人がドイツ・ポーランドの連合軍を打ち破る
フラグの遠征（1258年）	モンゴル人フラグがアッバース朝の都バグダードを攻略
アンカラの戦い（1402年）	ティムールがオスマン帝国を破る

1 ✕ アッバース朝と唐によるタラス河畔の戦いはアッバース朝が勝利した。この戦いの結果，製紙法が中国からイスラーム世界に伝播して，のちにヨーロッパに伝わった。なお，アッバース朝が成立した際に，ウマイヤ朝の残存勢力がイベリア半島に後ウマイヤ朝を建国しており，アッバース朝がイベリア半島まで版図に加えたことはない。

2 ✕ ワールシュタットの戦いは，バトゥ率いるモンゴル軍の侵攻に対してドイツ・ポーランドの諸侯が敗れたものである。フラグ率いるモンゴル軍はアッバース朝の首都バグダードを占領してアッバース朝を滅ぼした。

3 ✕ ティムール帝国はイスラーム教徒の国である。アンカラの戦いはティムール帝国がオスマン帝国（オスマン＝トルコ）を破った戦い。セルジューク朝は11世紀に西アジア一帯を支配し，東ローマ（ビザンツ）帝国を脅かして十字軍の契機をつくった。

4 ◯ オスマン帝国（オスマン＝トルコ）は，アンカラの戦いではティムールに破れ，一時は衰退したが，1453年に東ローマ（ビザンツ）帝国の首都コンスタンティノープルを占領してこれを滅ぼして台頭した。

5 ✕ レパントの海戦はオスマン帝国がスペインを中心とする西欧の連合艦隊に敗れたもので，スペイン興隆の契機となった戦いである。また，オスマン帝国はインドを版図に加えたことはない。また，オスマン帝国はウィーン包囲を行ってドイツの宗教改革に影響を与えたが，ウィーンを占領してオーストリアを支配したわけではない。

正答 4

SECTION 2 アジア史 西アジアの歴史

1 イラン人の民族王朝

(1) アケメネス朝ペルシア（前550〜前330年）

前6世紀の半ばにイラン（ペルシア人）のアケメネス朝が興り，西はエーゲ海から東はインダス川流域まで及ぶ大帝国を建設しました。しかし，ギリシアとのペルシア戦争に敗れ，ついにアレクサンドロス大王によって征服されました。

(2) ササン朝ペルシア（226〜651年）

イラン人は3世紀にササン朝を建て，ゾロアスター教を国教に定めました。ササン朝は6世紀のホスロー1世の時代に最盛期を迎えます。7世紀にイスラーム勢力であるアラブ人の攻撃を受け滅亡します。

2 イスラーム世界の成立

(1) イスラーム教の成立

① ムハンマドとイスラーム教

7世紀初頭にアラビア半島のメッカで，アラーの啓示を受けて預言者としての自覚を持ったムハンマドがイスラーム教を創始しました。

② イスラーム世界の分裂

第4代正統カリフのアリーが暗殺され，ムアーウィヤがウマイヤ朝を開くと（661年），アリーとアリーの子孫をカリフとするシーア派と，歴代のカリフを認めるスンナ派に分裂しました。

カリフ	ムハンマドの死後，イスラーム共同体の指導者として選出されたのがカリフという役職です。

(2) イスラーム世界の拡大

8世紀にはイスラーム教徒がジハードによって支配領域を拡大します。

トゥール・ポワティエ間の戦い（732年）	イベリア半島を制圧したウマイヤ朝軍がフランク王国に敗れた戦い。
タラス河畔の戦い（751年）	アッバース朝軍が唐との戦いに大勝。唐からイスラーム世界に製紙法が伝播。

(3) イスラーム世界の分裂

当初，イスラーム教徒は1つの帝国を構成していましたが，8世紀にはアッバース朝の成立を契機にいくつかの国に分裂していきます。13世紀にエジプト・シリアにトルコ系奴隷軍人が建てたマムルーク朝は，首都カイロを中心に繁栄します。

INPUT

3 イスラーム専制王朝の成立

(1) ティムール帝国（1370〜1507年）

14世紀にモンゴル人の建てた国が衰退すると，ティムールが台頭しサマルカンドを都にティムール帝国を建てます。1402年には，小アジアで発展途上にあったオスマン帝国をアンカラの戦いで破りましたが，ティムールは明への遠征途中に病死し，帝国は15世紀末には衰退，滅亡します。

(2) オスマン帝国（1299〜1922年）

13世紀末に，小アジアではオスマン＝トルコが建国を果たします。アンカラの戦いではティムールに敗れて一時混乱しましたが，その後勢力を回復して1453年には東ローマ（ビザンツ）帝国を滅ぼしました。ビザンツ帝国の都であったコンスタンティノープルは，イスタンブルと改称され現在に至っています。

スレイマン1世（位1520〜66年）はウィーン包囲により西欧諸国に脅威を与えるとともにプレヴェザ海戦でスペイン等の連合軍を破り，地中海の制海権を掌握します。

① レパントの海戦（1571年）

オスマン帝国はレパントの海戦でスペインに敗れ，その勢力を徐々に後退させていきます。

② クリミア戦争（1853〜56年）

南下政策を採用したロシアがオスマン帝国に開戦しましたが，ロシアの南下を警戒するイギリスとフランスがオスマン帝国側に立って参戦したため，ロシアは敗北します。

③ 露土戦争とベルリン会議

露土戦争後のベルリン会議により，ロシアの南下は再び阻止され，バルカン半島ではセルビアやルーマニアなどのスラブ諸国が独立し，オスマン帝国の領土は縮小します。

(3) ムガル帝国（1526〜1858年）

ムガル帝国はイスラーム教徒がヒンドゥー教徒を征服してインドに建てた王朝です。このため，第3代のアクバル帝は，イスラーム教徒とヒンドゥー教徒の融和を図って，帝国の統治を安定させました。

SECTION 2 アジア史 西アジアの歴史

実践　問題 177　基本レベル

問 イスラーム王朝に関する記述として最も妥当なのはどれか。

(国税・労基2007)

1：7世紀半ばに，イスラーム教はカリフの正統性をめぐる争いからスンナ派とシーア派とに分裂した。多数派のスンナ派がアッバース朝を建国したことに対抗し，少数派のシーア派はウマイヤ朝を建国した。

2：アイユーブ朝の創始者サラディン（サラーフ＝アッディーン）は，12世紀後半にイベリア半島の征服に成功した。さらに，国土回復運動（レコンキスタ）を展開してイベリア半島に侵入したフランク王国を，トゥール・ポワティエ間の戦いで破った。

3：13世紀半ばには，アラブ地域に侵攻してきたモンゴル帝国軍をセルジューク＝トルコとマムルーク朝の連合軍がワールシュタット（リーグニッツ）の戦いで破った。敗れたモンゴル帝国は，以後アラブ地域への侵攻を断念した。

4：ティムール帝国の創始者ティムールは，現在の中央アジア地域を中心に勢力を伸ばし，15世紀初頭にはアンカラの戦いでオスマン帝国を破った。また，都としたサマルカンドは文化，商業の中心として繁栄した。

5：小アジア地域で建国されたオスマン帝国は，「イェニチェリ」と呼ばれる精鋭部隊を擁してバルカン半島にも領土を拡大した。15世紀半ばには，ウィーンを攻略して神聖ローマ帝国を滅ぼすなど，最盛期を迎えた。

OUTPUT

実践 ▶ 問題 **177** の解説

チェック欄
1回目	2回目	3回目

〈イスラーム王朝〉

1× 7世紀半ばにカリフの正当性をめぐる争いからスンナ派とシーア派に分裂したことは正しいが，その契機となったのはウマイヤ朝の成立である。第4代カリフのアリーが暗殺されてムアーウィヤがウマイヤ朝を建て，カリフを世襲化すると，アリーとアリーの子孫こそがカリフであるとするシーア派が誕生，これに対し歴代のカリフとウマイヤ朝のカリフを認める多数派がスンナ派となった。イスラーム教を受容したアラブ系以外の被征服民の不満を利用してウマイヤ朝を打倒し建国されたのがアッバース朝である。

2× トゥール・ポワティエ間の戦いは，8世紀にイベリア半島に上陸したイスラーム教徒がフランク王国に敗れた戦いである。また，国土回復運動（レコンキスタ）とは，トゥール・ポワティエ間の戦い以後，イベリア半島に残留したイスラーム教徒をキリスト教徒が駆逐しようとするものであり，15世紀末にスペインがイスラーム教徒最後の拠点グラナダを攻略したことで完成した。なお，サラディンが建国したアイユーブ朝は，エジプトを中心とする王朝である。

3× ワールシュタットの戦いは，バトゥ率いるモンゴル軍がヨーロッパに攻め込んで，ドイツ・ポーランドの連合軍を打ち破ったものである。イスラーム教徒には関係がない。

4○ ティムールが建国したティムール帝国は，中央アジアから西アジアにかけて成立した王朝で，都サマルカンドは文化・商業の中心として繁栄した。1402年にはアンカラの戦いでオスマン帝国を破った。

5× 神聖ローマ帝国は，フランスのナポレオンが南ドイツを制圧した際に滅亡している。オスマン帝国が滅ぼしたのは東ローマ（ビザンツ）帝国である。小アジアで建国されたオスマン帝国は，バルカン半島に進出し，東ローマ（ビザンツ）帝国の都コンスタンティノープルを攻略してイスタンブルと改称し，都とした。なお，イェニチェリとはオスマン帝国の常設の歩兵軍団である。

第3章 アジア史

正答 **4**

S ECTION ② アジア史 西アジアの歴史

第3章

実践 問題 **178** 〈応用レベル〉

頻出度	地上★★	国家一般職★★★	東京都★	特別区★★
	裁判所職員★★	国税·財務·労基★★★★		国家総合職★★★

問 イスラーム世界の歴史に関する記述として最も妥当なのはどれか。

(国Ⅰ2010)

1 ：イスラーム教の創始者であるムハンマドは，一人の人間として唯一神アッラーに服従することを説いたが，メッカでは歓迎されず，彼の支持者とともにメディナに移住した。メディナの指導者となったムハンマドはイスラーム教徒の共同体を樹立し，630年に故郷メッカを征服し，カーバ神殿をイスラーム教の聖地に定めた。

2 ：イスラーム教の創始者ムハンマドの死後，イスラーム教徒の間に動揺が広がり，教団は危機に直面した。しかし，ムハンマドの後継者を意味するカリフの称号を得たウマルは，混乱を収拾してイスラームを旗印に軍勢を整えて北方への征服を進めた。その後，ムスリム軍は，651年にアケメネス朝ペルシアを滅ぼすなど更に領土を広げた。

3 ：第4代カリフのアリーの頃，カリフの座をめぐって有力者間の争いが発生した。アリーは暗殺され，敵対していたウマイヤ家のムアーウィヤが新たにウマイヤ朝を建てた。アリーの支持者はウマイヤ家の支配を認めず，やがてスンナ派と呼ばれるグループを作りだした。一方，スンナ派以外の少数派の人々はシーア派と呼ばれるようになり，両派の対立は，イスラーム教徒を二分することとなった。

4 ：イスラーム法学者の研究により，ウマイヤ家の支配の正統性への疑問が生まれたことを利用し，750年，アッバース家がウマイヤ朝から政権を奪った。アッバース朝では，少数の特権的なアラブ支配層が被征服民を支配し，被征服地の住民は，イスラーム教に改宗後も地租（ハラージュ）と人頭税（ジズヤ）が課された。

5 ：アッバース朝の辺境に興ったシーア派軍事政権ブワイフ朝は，946年にバグダードを占領した。アッバース朝カリフの在位は続いたものの，政治の実権はブワイフ朝の君主が握った。ブワイフ朝は，イラン系の軍人であるマムルークに対し，農地等からの徴税権に代えて俸給を与えるイクター制を導入し，常備軍を整備して十字軍を撃退した。

OUTPUT

実践 問題 **178** の解説

チェック欄		
1回目	2回目	3回目

〈イスラーム史〉

1 ○ ムハンマドがイスラーム教を創始する前のアラビア半島では，多神教が信仰されていたので，唯一神アッラーへの服従を説き，富の独占を批判するムハンマドは，メッカの大商人に迫害を受けた。これらの迫害を避けるため，ムハンマドは支持者を率いて622年にメッカからメディナに移住した。これを聖遷（ヒジュラ）と称し，イスラーム暦の紀元となっている。630年には，メッカを無血征服し，カーバ神殿をイスラーム教の聖殿とした。

2 ✕ ムハンマドの死後，イスラーム教徒の間に動揺が広がったため，これを解消するためにイラクやシリアなどに対する征服活動（ジハード：聖戦）を進めたことは正しい。しかし，イスラーム軍に642年のニハーヴァンドの戦いにおいて敗れたことが契機となって滅亡したのはササン朝ペルシアである。アケメネス朝ペルシアは紀元前にオリエントを統一した王朝である。

3 ✕ ムアーウィヤがウマイヤ朝を成立させた際にアリー支持者が形成したのはシーア派である。これに対して，歴代のカリフとウマイヤ朝のカリフおよびその支配を認める人々がスンナ派を形成した。スンナ派が多数派である。

4 ✕ 「少数の特権的なアラブ支配層が被征服民を支配し」たのはウマイヤ朝である。イスラーム教に改宗した被征服民（トルコ系・イラン系）の不満が，ウマイヤ朝を倒す原動力となる。アッバース朝においてイスラーム教徒の平等を旨とするイスラーム法が制定されたことで，アラブ人の特権は徐々に失われた。アラブ人でなくてもイスラーム教に改宗すればジズヤは課せられなくなった一方で，たとえアラブ人であっても耕作者にはハラージュが課せられるようになった。

5 ✕ シーア派軍事政権のブワイフ朝がバグダードを占領し，政治の実権を握るとともに，イクター制を導入したことは正しい。イクター制はその後に成立したセルジューク朝で整備され，エジプトにも導入された。十字軍で活躍したのはこうしたイクター収入によって装備を整えたクルド人やトルコ人の騎士であり，マムルークとはトルコ系の奴隷軍人のことを指す。十字軍の遠征は11世紀から行われたものであるから，時代も合致しない点に注意。

第3章 アジア史

正答 1

LEC東京リーガルマインド　2022-2023年合格目標 公務員試験 本気で合格！過去問解きまくり！
⑤人文科学Ⅰ

SECTION 2 アジア史 西アジアの歴史

実践 問題179 基本レベル

問 イスラーム諸国と周辺諸国の歴史に関する記述として最も妥当なのはどれか。
(国Ⅱ2003)

1：ムハンマドの死の直後，その子ムアーウィヤが初代のカリフとなり，メッカを首都とするウマイヤ朝を建てた。ウマイヤ朝はササン朝ペルシアを滅ぼし，また，イベリア半島に進出しトゥール・ポワティエ間の戦いでフランク王国を破った。

2：ウマイヤ朝内において，スンナ派とシーア派の対立が激しくなると，多数派のスンナ派はコンスタンティノープルを首都とするマムルーク朝を建てた。マムルーク朝はイベリア半島を初めて領土としたイスラーム帝国となった。

3：サラーフ＝アッディーン（サラディン）は，アッバース朝を建て，エジプトのセルジューク朝を倒した。また，サラディンは，9世紀に十字軍が建てたイェルサレム王国を攻撃してイェルサレムの奪回に成功した。

4：ティムールはバグダードを首都としてティムール朝を開き，小アジアやインドにまで領土を拡大した。しかし，フラグに率いられたモンゴル軍の強大な軍事力に抗することができず，イル＝ハン朝に滅ぼされた。

5：ビザンツ帝国を滅ぼしたオスマン帝国は，スレイマン1世の時に最盛期を迎えた。イラクや北アフリカに領土を広げ，また，ハンガリーを征服し，ウィーンを包囲してヨーロッパ諸国に大きな脅威を与えた。

OUTPUT

実践 ▶ 問題 **179** の解説

チェック欄		
1回目	2回目	3回目

〈イスラーム諸国と周辺王朝〉

1 ✕ ムハンマドの死後には後継者であるカリフを選挙で選出する正統カリフ時代（632〜661年）となったが，第4代カリフのアリーが暗殺された結果，ムアーウィヤがダマスクスを都にウマイヤ朝（661〜750年）を成立させた。ムアーウィヤは初代カリフではない。イスラーム教徒はジハードによって征服地を拡大し，642年にはニハーヴァンドの戦いでササン朝ペルシア（226〜651年）を破り，ササン朝滅亡の契機をつくった。ただし，トゥール・ポワティエ間の戦い（732年）ではフランク王国に破れている。

2 ✕ マムルーク朝（1250〜1517年）はカイロを都にエジプトに成立した王朝である。コンスタンティノープルは東ローマ（ビザンツ）帝国の都であり，東ローマ（ビザンツ）帝国を滅ぼしたオスマン帝国（オスマン＝トルコ）がイスタンブルと改称して都とした。

3 ✕ 十字軍の遠征が開始されたのは11世紀の末である。また，サラーフ＝アッディーン（サラディン）はアイユーブ朝（1169〜1250年）を建国し，カイロを都としていたファーティマ朝（909〜1171年）を滅ぼして，シリアからエジプトを支配した。サラディンは1099年に第1回十字軍が建国していたイェルサレム王国を攻撃し，1187年にイェルサレムをイスラームの手に奪回，このため起こった第3回十字軍と戦っている。

4 ✕ フラグ率いるモンゴル軍によって滅ぼされたのはアッバース朝（750〜1258年）である。フラグは1258年アッバース朝の首都バグダードを占領してアッバース朝を滅ぼした。ティムール帝国（1370〜1507年）は14世紀にモンゴル人の支配が解体した時期に中央アジアに建国されたもので，都はサマルカンドである。ティムール帝国がインドにまで領土を拡大したことはない。

5 ○ 1453年に東ローマ（ビザンツ）帝国を滅ぼしたオスマン帝国（オスマン＝トルコ）はスレイマン1世（位1520〜66年）のもとで最盛期を迎えた。1526年には東進してハンガリーに支配領域を広げ，1529年にはウィーンに迫った（ウィーン包囲）。さらにイラクや北アフリカに領土を広げるとともに，1538年にはプレヴェザ海戦によってスペインを中心とするヨーロッパの連合艦隊を破り，地中海の制海権を握った。

第3章 アジア史

正答 5

LEC東京リーガルマインド　2022-2023年合格目標 公務員試験 本気で合格！過去問解きまくり！　475
⑤人文科学Ⅰ

第3章 SECTION 2 アジア史 西アジアの歴史

実践 問題180 基本レベル

問 オスマン帝国に関する記述として，妥当なのはどれか。 （特別区2020）

1：イェニチェリは，キリスト教徒の子弟を徴用し，ムスリムに改宗させて官僚や軍人とする制度であり，これによって育成された兵士で，スルタン直属の常備歩兵軍団であるデヴシルメが組織された。

2：カピチュレーションは，オスマン帝国内での安全や通商の自由を保障する恩恵的特権であり，イギリスやオランダに対して与えられたが，フランスには与えられなかった。

3：セリム1世は，13世紀末にアナトリア西北部でオスマン帝国を興し，バルカン半島へ進出してアドリアノープルを首都としたが，バヤジット1世は，1402年のニコポリスの戦いでティムール軍に大敗を喫した。

4：メフメト2世は，1453年にコンスタンティノープルを攻略し，サファヴィー朝を滅ぼして，その地に首都を移し，更には黒海北岸のクリム=ハン国も服属させた。

5：スレイマン1世のときに，オスマン帝国は最盛期を迎え，ハンガリーを征服してウィーンを包囲し，1538年にプレヴェザの海戦でスペイン等の連合艦隊を破った。

OUTPUT

実践 問題 180 の解説

〈オスマン帝国〉

1× キリスト教徒の師弟を徴用し，ムスリムに改宗させて官僚や軍人とする制度をデヴシルメという。一方，これによって育成された兵士で，スルタン直属の常備歩兵軍団をイェニチェリという。

2× カピチュレーションが恩恵的特権であることは正しいが，これを最初に与えられたヨーロッパの国がフランスである。

3× 1402年にバヤジット1世がティムール軍に大敗を喫した戦いは，アンカラの戦いである。なお，13世紀末にアナトリア西北部でオスマン帝国を興したのはオスマン1世，バルカン半島に進出してアドリアノープルを首都としたのはムラト1世である。

4× メフメト2世がコンスタンティノープルを攻略して滅ぼしたのは，ビザンツ（東ローマ）帝国である。

5○ 妥当である。スレイマン1世の時代に，オスマン帝国は最盛期を迎えた。

■オスマン帝国	
13世紀末	オスマン=トルコ建国
1402年	アンカラの戦いでティムール帝国に敗れる
1453年	ビザンツ（東ローマ）帝国の都コンスタンティノープルを攻略して滅ぼす
16世紀前半	スレイマン1世がプレヴェザ海戦でスペイン等の連合艦隊に勝利 ウィーン包囲
1571年	レパントの海戦でスペインに敗れる

【ポイント】
　本問が基本レベルであるのは，正解肢が基本事項だからです。スレイマン1世の治世につき，正解を選べるようにすることが大切。

正答 5

SECTION ②

第3章

アジア史
西アジアの歴史

実践 問題 181 応用レベル

頻出度	地上★ 裁判所職員★★	国家一般職★★★ 国税・財務・労基★★	東京都★ 	特別区★ 国家総合職★★★

問 **イスラーム世界に関する記述として最も適当なものはどれか。**

(裁判所職員2016)

1：イランに成立したサファヴィー朝は，建国後にシーア派を国教とし，君主はスルタンを名乗るなどイラン人の民族意識を高揚した。アッバース1世は，かつてオスマン帝国やポルトガルに奪われた領土を回復し，新首都イスファハーンを建設して，サファヴィー朝は最盛期を迎えた。

2：アドリアノープルは陸路の東西交易の拠点として発展した中央アジアの中心都市で，チンギス＝ハンによって破壊されたが，西チャガタイ＝ハン国出身のティムールにより建てられたティムール朝では首都とされ，14〜15世紀には商業・学芸の中心として繁栄した。

3：13世紀にアナトリアの北西部に建国されたオスマン帝国は，セリム1世のもとでシリアへ進出し，さらに1517年にエジプトのマムルーク朝を滅ぼし，その管理下にあったメッカとメディナの保護権を手に入れ，シーア派イスラーム教の守護者の中心となった。

4：広大な版図を有したオスマン帝国内には，イスラーム教徒だけでなく多くのキリスト教徒やユダヤ教徒などが暮らしていた。彼らはイスラームの伝統にならって人頭税（ジズヤ）を支払うことによって，ミッレトと呼ばれる宗教共同体を単位とした自治が認められていた。

5：オスマン帝国のヨーロッパ・アジアへの征服活動を支えた軍事力は，軍事奉仕の代償として与えられた土地からの徴税権を保持する騎士軍団と，イクター制によって徴用されたキリスト教徒を編制した皇帝直属の歩兵軍団であるイェニチェリとからなっていた。

OUTPUT

チェック欄		
1回目	2回目	3回目

実践 問題 **181** の解説

〈イスラーム世界〉

1 ✕ サファヴィー朝は建国後，シーア派を国教とし，イスラーム世界において一般的に君主の称号として用いられていた「スルタン」ではなく，古代以来，イランの王を意味する「シャー」の称号を用い，イラン人の民族意識の高揚に努めた。アッバース１世の事績については正しい。

2 ✕ チンギス＝ハンに破壊されたものの，ティムール朝の首都として繁栄したのはサマルカンドである。アドリアノープルはバルカン半島に位置し，オスマン帝国が東ローマ帝国を滅ぼしてコンスタンティノープルをイスタンブルと改称して都とするまで，オスマン帝国の都であった地である。

3 ✕ オスマン帝国がセリム１世の時代にマムルーク朝を滅ぼしてメッカとメディナの両聖地の保護権を獲得したことは正しいが，この結果，オスマン帝国はスンナ派イスラーム教を守護する中心的存在となったのである。

4 ◯ 妥当である。オスマン帝国に住むキリスト教やユダヤ教徒の共同体（ミッレト）には自治を認め，イスラーム教徒との共存が図られた。

> **■イスラーム世界における異教徒**
> 　イスラーム教を創始したムハンマドは，モーセやイエスなども自分に先立つ預言者とし，ユダヤ教徒やキリスト教徒は「啓典の民」として人頭税（ジズヤ）の支払いを条件に信仰の保持が認められた。のちに，これはゾロアスター教徒や仏教徒にも拡大された。オスマン帝国に見られたミッレト（非ムスリムの宗教共同体）は，こうしたイスラーム初期の異教徒政策を継承しているものである。

5 ✕ 軍事奉仕の代償として土地からの徴税権を与えるイクター制が，セルジューク朝以降，広く西アジアで行われ，エジプトのマムルーク朝でも実施された。この制度がもとになって，オスマン帝国ではティマール制が採られた。つまり，問題文の「軍事奉仕の代償として与えられた土地からの徴税権を保持する騎士軍団」の部分がティマール制（イクター制）を意味している。一方，イェニチェリとは，主にバルカン半島のキリスト教徒の少年を徴集するデヴシルメ制により集められた軍団である。入念な訓練を受け，スルタン直属の精鋭軍になった。

第３章 アジア史

正答 4

LEC東京リーガルマインド　2022-2023年合格目標 公務員試験 本気で合格！過去問解きまくり！　479
⑤人文科学Ⅰ

第3章 SECTION 3 アジア史
アジアの近現代史

必修問題 セクションテーマを代表する問題に挑戦!

列強の侵略により中国やインドではどのようなことが起こったのかを学習します。

問 19世紀後半から20世紀前半にかけての中国での出来事に関する記述として,妥当なのはどれか。 (東京都2011)

1:アヘン戦争は,イギリスからの輸入の急増に苦しむ清が,外貨獲得手段としていたアヘンの取引をイギリスに妨害されたことから始まった。
2:アロー戦争は,イギリス船籍の乗組員が海賊容疑で逮捕されたことから始まり,この戦争に敗れた清は南京条約により香港島を割譲した。
3:太平天国の乱では,洪秀全を指導者とする太平天国が,「扶清滅洋」を掲げて鉄道や教会を破壊したが,ロシアを中心とする連合軍により鎮圧された。
4:義和団事件では,宗教結社の義和団が,「滅満興漢」を掲げて儒教を攻撃する活動を行ったが,曾国藩らの郷勇により鎮圧された。
5:辛亥革命は,四川における暴動をきっかけとして,武昌で軍隊が蜂起して起き,革命派は孫文を臨時大総統に選出して中華民国が成立した。

Guidance ガイダンス

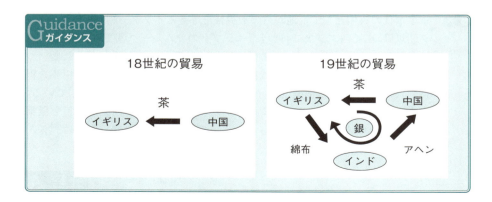

頻出度	地上★★★　国家一般職★★★　東京都★★★　特別区★★★
	裁判所職員★★★　国税・財務・労基★★★　国家総合職★★★

チェック欄		
1回目	2回目	3回目

必修問題の解説

〈清朝末期の中国〉

1 × アヘン戦争は，アヘンの密貿易で莫大な利益を得ていたイギリスが，清の林則徐による徹底的なアヘン厳禁策に対して，山積していた清との間の外交・貿易上の問題を一挙に解決する目的で交渉し，戦争に及んだものである。清がアヘンの取引をイギリスに妨害されたわけではない。

2 × アロー戦争が，イギリス船籍の乗組員が海賊容疑で逮捕された事件（アロー号事件）が発端となって始まったことは正しいが，アロー戦争の講和条約は北京条約である。**南京条約はアロー戦争に先立って行われたアヘン戦争の講和条約**であり，これによって香港島がイギリスへ割譲された。

アヘン戦争	南京条約	香港島をイギリスに割譲，広州・上海など5港開港
アロー戦争	北京条約	天津・南京などの開港，外交公使の北京駐在キリスト教の布教の自由

3 × **洪秀全を指導者とする太平天国の乱で掲げられたスローガンは「滅満興漢」**である。満州族の支配する清朝を打倒して漢民族の国家を再興しようという内容であり，平等主義に基づいた土地の均分や辮髪廃止などを掲げたが，変革の不徹底や内紛から次第に弱体化し，曾国藩らの郷勇（地方の義勇軍）に鎮圧された。

4 × **義和団**は清朝を助けて外国勢力を駆逐するという排外的スローガンである**「扶清滅洋」**を掲げて蜂起した。清朝もこれに同調したものの，日本やロシアを主力とする8カ国連合軍に敗れて終息した。

5 ○ 辛亥革命は，四川で始まった暴動が激しさを増す中，1911年10月10日に武昌で革命派が武装蜂起したことをきっかけに始まり，その後各省が次々と独立し，翌年1月孫文を臨時大総統とする中華民国の建国が宣言された。しかし，まもなく袁世凱が実権を掌握すると，孫文に代わって臨時大総統職に就き，独裁的傾向を強めたことから，孫文が提唱した三民主義などの実現は遠のくこととなった。

正答 **5**

第3章 SECTION 3 アジア史
アジアの近現代史

1 イギリスのインド支配

19世紀半ばにイギリスのインド支配に対しシパーヒー（セポイ）の乱が起こると，イギリスは乱を鎮圧してムガル帝国の皇帝を廃し，東インド会社を解散，その後，ヴィクトリア女王がインド皇帝に即位し，**インド帝国が成立**します。

シパーヒー	東インド会社のインド人傭兵のことをシパーヒーといいます。

2 第1次世界大戦後のアジア諸国

中国	五・四運動	日本の「**二十一カ条要求」破棄**を求める民族運動
トルコ	**ケマル＝アタテュルク**	オスマン帝国の敗戦に乗じて侵攻してきたギリシア軍を撃退，スルタン制を廃止してトルコ共和国を建国。イスラーム教と政治の分離を図って，トルコの近代化を進めた。
インド	ガンディー	イギリスが**ローラット法**を制定して，民族運動を弾圧したことを契機に非暴力・不服従運動を展開。
朝鮮	三・一独立運動	日本からの独立を宣言したが，鎮圧。
パレスチナ		パレスチナはイギリスの委任統治領となる。

 辛亥革命により清朝が滅亡したのは1912年で第1次世界大戦前のこと，第1次世界大戦後には五・四運動が起こる！

3 第2次世界大戦後のアジア諸国

(1) 中華人民共和国

中国では国民党との内戦に勝利した**毛沢東**（共産党）が，中華人民共和国を樹立しました。内戦に敗れた国民党（蒋介石）は，アメリカの支持を受けて，台湾に国民政府を樹立します。当初，国連の常任理事国には台湾の国民政府がなります。

(2) ニクソン米大統領の訪中

1972年にはニクソン米大統領が中国訪問を果たし，アメリカが事実上中国を承認すると，日本も同年，田中首相が日中共同声明を発出して中国との国交正常化に踏み切り，1978年には福田首相が日中平和友好条約を締結して正式に国交を樹立しました。

(3) インドとパキスタン

イギリスの植民地であったインドでは，戦後，ヒンドゥー教徒はインドとしてイ

スラーム教徒はパキスタンとして分離独立を果たしました。

その後，東パキスタンはインドに接近し，1971年にバングラデシュとして独立します。

(4) 第三勢力

　第2次世界大戦後に独立を果たしたアジア・アフリカ諸国では，東西両陣営の対立がアジア・アフリカに持ち込まれるのを回避するために，第三勢力として結束を強めます。1955年にはインドネシアのバンドンでアジア・アフリカ会議（バンドン会議）を開催し，平和十原則が採択されました。

第三勢力の中心となったのは，中国の周恩来とインドのネルー，インドネシアのスカルノです。

(5) インドシナ戦争とベトナム戦争

インドシナ戦争	ホー＝チ＝ミンを中心にベトナム民主共和国のフランスからの独立が宣言されると，フランスはこれを認めず南部に傀儡政権を立て**インドシナ戦争**が開始された。戦争は長期に及んだがディエンビエンフーの戦いでフランス軍が大敗し，1954年に**ジュネーブ休戦協定**が締結され，統一選挙を約して戦争は終結。
ベトナム戦争	ジュネーブ休戦協定後，フランスに代わって南部を支援していたアメリカは1965年に北部ベトナムに爆撃を開始し（北爆），戦局は泥沼化した。アメリカは内外の批判を浴び，1973年に**ベトナム和平協定**に調印，**ニクソン米大統領**は**ベトナムからの撤兵**を実現。1975年には北ベトナム軍が南の拠点サイゴンを占領，1976年に南北を統一してベトナム社会主義共和国が成立（首都ハノイ）。

北爆を開始したのはジョンソン米大統領です。

(6) 東南アジア諸国

インドネシア	第2次世界大戦後にオランダから独立。
フィリピン	19世紀末にアギナルドがスペイン支配に対して独立運動を展開するが弾圧され，フィリピンは米西戦争後にアメリカの支配下に入る。第2次世界大戦後にアメリカから独立。
タイ	イギリスとフランスの緩衝地帯となり，独立を保つ。

SECTION 3 アジア史 アジアの近現代史

実践 問題 182 基本レベル

[問] 19世紀のアジア諸国に関する記述として最も妥当なのはどれか。

(国家一般職2017)

1：中国では，イギリスが支配するインドに中国産の茶を輸出し，インド産のアヘンを輸入する密貿易が盛んとなり，アヘン問題で対立したイギリスと清との間にアヘン戦争が勃発した。清は，兵力に勝るイギリスに敗北し，香港島とマカオを割譲させられた。
2：インドでは，イギリスが，ムガル帝国の皇帝を廃し，東インド会社を解散して，インドの直接統治に乗り出した。その後，ヴィクトリア女王がインド皇帝に即位して，イギリス領インド帝国が成立した。
3：朝鮮は，長らく清とオランダの2国だけしか外交関係を持っていなかったが，欧米諸国は朝鮮に対し開国を迫るようになった。中でも，ロシアは，江華島事件を起こして朝鮮との間に不平等条約を締結し，朝鮮を開国させた。
4：東南アジアでは，植民地支配を強めるイギリスとフランスとの対立が激しくなり，両国はベトナムの宗主権をめぐって軍事衝突を繰り返した。その結果，フランスはベトナムを保護国とし，隣国のタイを編入して，フランス領インドシナ連邦を成立させた。
5：西アジアでは，オスマン帝国がロシア国内のイスラーム教徒の保護を理由にロシアと開戦し，クリミア戦争が勃発した。イギリスとフランスは，ロシアの南下を阻止するため，オスマン帝国を支援したが，同帝国はロシアに敗北し，クリミア半島はロシア領となった。

OUTPUT

実践 問題 **182** の解説

チェック欄		
1回目	2回目	3回目

〈19世紀のアジア諸国〉

1 ✕ 19世紀初頭から**イギリスは中国産の茶を輸入し，イギリス産綿布をインドに輸出，インド産のアヘンを中国に運ぶ三角貿易を展開した。**中国産の茶の輸出先はイギリスである。18世紀後半以降，イギリスでは茶の需要の増加に伴って中国産の茶の輸入が増加していたが，イギリス産綿布が中国では売れないため，インド産アヘンを中国に持ち込み，茶の対価として支払った銀を回収しようと考えたのである。また，アヘン戦争に敗北した清がイギリスに割譲したのは香港島のみであり，**マカオはポルトガルの植民地**である。

2 ◯ 19世紀半ばにインドでイギリス支配に対してシパーヒーの乱が起こったが，イギリスはこれを鎮圧し，ムガル帝国を滅ぼし，東インド会社を解散してインドの直接統治に乗り出したのである。

3 ✕ **江華島事件を起こしたのはロシアではなく日本である。**朝鮮は清を宗主国とし，江戸時代の日本とも修好を持ったが，江戸幕府の滅亡とともに**朝鮮は鎖国体制をとっていた。したがって，オランダとは外交関係は持っていない。日本は1875年に江華島事件**を起こし，領事裁判権などを含む不平等な**日朝修好条規を締結**，釜山などを開港させた。

4 ✕ フランス領インドシナ連邦は，ベトナム，ラオス，カンボジアから構成されている。一方イギリスは，インド帝国を樹立後，ビルマ（現ミャンマー）をインド帝国に併合した。このため，タイは東南アジアにおいて英仏の緩衝地帯となり，唯一独立を維持している。

5 ✕ **クリミア戦争**は不凍港の獲得を目指して南下政策をとっていたロシアが，オスマン帝国内のギリシア正教徒の保護を理由にオスマン帝国領に侵入したことで始まった。また，クリミア戦争ではイギリスとフランスがロシアの南下を阻止するためにオスマン帝国を支援したため，**ロシアが敗北**した。

正答 2

第3章 アジア史

第3章 SECTION 3 アジア史 アジアの近現代史

実践 問題 183 基本レベル

問 17世紀から19世紀にかけてのインドに関する記述として最も妥当なのはどれか。
(国家一般職2019)

1：17世紀初頭，ポルトガル，オランダ，英国，ドイツが相次いでインドに進出し，ポルトガルとドイツは交易を王室の独占下に置いた一方，オランダと英国は政府がそれぞれ東インド会社を設立して交易を行った。

2：18世紀に入ると，英国とオランダの対立が激しくなり，両国はそれぞれインドの地方勢力を味方につけて争ったが，英蘭戦争でオランダが英国に敗れると，オランダはインドから撤退し，英国はその勢力をインド全土に拡大した。

3：19世紀半ば，英国の支配に対するインド人の不満の高まりを背景に，英国東インド会社のインド人傭兵（シパーヒー）の反乱が起こった。反乱軍は，デリーを占拠してムガル皇帝を盟主として擁立したが，英国軍によって鎮圧され，ムガル帝国は滅亡した。

4：ムガル帝国の滅亡後，英国は，東インド会社を解散させ，旧会社領を英国政府の直轄領に移行させるとともに地方の藩王国も併合して，エリザベス女王（1世）を皇帝とし，インド全土を政府直轄領とするインド帝国を成立させた。

5：インド帝国成立後，国内の民族資本家の成長や西洋教育を受けた知識人の増加を背景に高まってきた，植民地支配に対するインド人の不満を和らげるため，英国は，ヒンドゥー教徒から成るインド国民会議とイスラム教徒から成る全インド＝ムスリム連盟を同時に設立した。

実践 問題 183 の解説

〈17〜19世紀のインド〉

1 × 17世紀初頭以降に海外に進出していったのは、オランダとイギリス、フランスである。ポルトガルはスペインとともにオランダやイギリス、フランスよりも早く15世紀後半に新航路の開拓に乗り出し、16世紀にインドのゴアを占領してアジア貿易の拠点としていた。なお、最初に海に乗り出したポルトガルとスペインの交易は王室の独占下におかれていたが、後発組のオランダ、イギリス、フランスは東インド会社を設立して交易を行った。

2 × 18世紀にインドで対立したのは、イギリスとフランスである。両者は18世紀半ばにプラッシーの戦いを展開したが、これに勝利したイギリスはベンガル地方の統治を開始し、カーナティック戦争で南インドからフランス勢力を追放した。英蘭戦争は17世紀後半に3回にわたって勃発した、制海権をめぐるイギリスとオランダの戦争である。

3 ○ 妥当である。シパーヒーの反乱が鎮圧されて、ムガル帝国も滅ぼされた。

4 × ムガル帝国の滅亡後、イギリスはシパーヒーの反乱の責任をとらせて東インド会社を解散し、1877年にヴィクトリア英女王を皇帝にインド帝国を成立させた。エリザベス1世はイギリス絶対王政時の女王であり、1600年に東インド会社を設立し、積極的な海外進出を図った人物である。

5 × インド帝国樹立後にイギリスがインド人の不満を和らげるために最初に利用したのがインド人のエリート層であり、1885年にインド国民会議が結成された。インド国民会議の中心はヒンドゥー教徒が中心である。その後、イギリスはヒンドゥー教徒とイスラーム教徒の対立を利用して、民族運動の分断を図り、1906年にイスラーム教徒に全インド＝ムスリム連盟を結成させた。インド国民会議と全インド＝ムスリム連盟は同時に設立されたのではない。

正答 **3**

SECTION ③ アジア史
アジアの近現代史

第3章

実践 問題 **184** 〈 基本レベル 〉

頻出度	地上★★★	国家一般職★★★	東京都★★	特別区★★
	裁判所職員★★	国税・財務・労基★★★		国家総合職★★★

問 19世紀のアジアの状況に関する記述として最も妥当なのはどれか。

(国税・労基2006)

1：清は，アヘン戦争の敗北による賠償金の支払いなどのため民衆の生活が疲弊し，このような状況の中で洪秀全は「滅満興漢」を唱え挙兵し，国号を太平天国と称した。太平天国は李鴻章や曾国藩などが率いる郷勇によって滅ぼされたものの，近代中国の民族運動に大きな影響を与えた。

2：オスマン帝国は，クリミア戦争でロシアに敗北した後，イェニチェリと呼ばれる強力な軍隊を組織した。また，スレイマン1世は，西欧型国家から一線を画しイスラーム国家的な祭政一致による強力な中央集権体制を推進したため，ヨーロッパの列強諸国との対立が深まった。

3：インドでは，19世紀初頭のプラッシーの戦いでイギリスがフランスに勝利しインドの支配権をえた。イギリスは，ムガル朝を通じ間接統治を行い，また，インド各地の藩王国を温存する政策を採ったので，19世紀初頭以降は大規模な反乱は起きなかった。

4：朝鮮は長期にわたって鎖国をしていたが，19世紀半ばのアヘン戦争の直後にイギリスやフランスなどの圧力によって開国した。その後，金玉均らの開明的な政治家によって文明開化が進展していったものの，大陸進出を図る日本によって日清戦争の直前に併合され日本の植民地となった。

5：東南アジアについてみると，ヴェトナムは19世紀初頭に阮朝が成立したが，19世紀末にイギリスによって植民地化されインドシナ連邦の一部となった。また，タイでもバンコク朝が成立していたが，19世紀末には清仏戦争に勝利したフランスの植民地となった。

OUTPUT

実践 ▶ 問題 **184** の解説 ──────

チェック欄		
1回目	2回目	3回目

〈19世紀のアジアの状況〉

1○ 太平天国の乱は郷勇とよばれる各地の義勇軍であった李鴻章の淮軍や曾国藩の湘軍などにより鎮圧されたが，この運動は近代中国における民族運動の原動力となり，その後の運動に大きな影響を与えた。

2× ロシアが南下政策を採用してオスマン帝国との間に展開した**クリミア戦争**は，イギリスやフランスがトルコと結んでロシアに宣戦したため，**ロシアの敗北**に終わっている。なお，**スレイマン1世は16世紀にオスマン帝国の最盛期を現出した皇帝**。

3× **プラッシーの戦いでイギリスがフランスを破ってインドの支配権を得たことは正しいが，プラッシーの戦いは18世紀半ば（1757年）に起こった戦い**である。また，イギリス本国で産業革命が進展するにつれ，原料生産地および商品市場としてのインドの重要性が高まり，インドの伝統社会を破壊しつつ行われたイギリスの植民地支配はインド人の間に反感と不満を募らせ，**19世紀半ばにはシパーヒー（セポイ）の反乱**となって爆発した。シパーヒー（セポイ）の反乱を鎮圧した後，イギリスはヴィクトリア女王を皇帝にインド帝国を正式に成立させた。インド帝国においては藩王国が残されたが，これはイギリスが保守的な旧王侯の国を残すという分断策により，インド人が団結して反抗することを防ぐために行ったことである。

4× 19世紀後半になると鎖国を続けてきた朝鮮に対し，欧米諸国が開国を迫るようになったが，開国はアヘン戦争後の英仏の圧力によって行われたのではない。1875年に日本が江華島事件を起こし，翌76年に領事裁判権などを含む不平等な日朝修好条規を結んで，釜山など3港を開港させたのである。また，日本の韓国併合は1910年である。日清・日露戦争の後，列強の黙認のもと，1910年に韓国を併合して朝鮮総督府を置いた。

5× インドシナ連邦はフランスの植民地である。また，タイはイギリスのインド帝国とフランスのインドシナ連邦の間にあって，両国の緩衝地帯として独立を保った。

正答 1

第3章 アジア史

S第3章 ECTION ③ アジア史 アジアの近現代史

実践 問題 **185** 基本レベル

頻出度	地上★★★ 国家一般職★★ 東京都★★★ 特別区★★★
	裁判所職員★★ 国税·財務·労基★★ 国家総合職★★

問 第一次世界大戦後の各国の状況に関する次の記述のうち妥当なのはどれか。

(地上2010)

1：中国では，大戦中に日本が出した二十一カ条の要求が，戦後，国際的に認められたことに対し，学生を中心に抗議活動が展開された。この運動は労働者にまで広がり，全国的な民衆運動となった。

2：アメリカでは，大戦中にウィルソン大統領が発表した十四カ条の平和原則の影響で，戦後，反人種差別の世論が高まり，移民やアフリカ系住民への差別を撤廃する法律が制定されていった。

3：アフリカでは，多くの民族の独立が認められたが，国境線が民族の分布を無視して人為的に引かれたので，地域紛争が多発するようになった。

4：インドでは，大戦中にイギリスが約束していた自治の拡大が実現せず，民族運動も弾圧されていた。これに対しガンディーの主導により反英武装闘争が起こった。

5：オスマン帝国では，ケマル・アタテュルクがヨーロッパ列強の侵攻に対抗してトルコ共和国を樹立し，イスラーム復興運動を起こして政教一致の国家体制を築いた。

OUTPUT

実践 問題 185 の解説

〈第1次世界大戦後の世界〉

1 ○ 妥当である。

2 × 1918年にウィルソン大統領は，軍備縮小や民族自決などを掲げた十四カ条の平和原則を発表したが，一方で，戦後には伝統的な白人社会の価値観が強調されるとともに，移民法が成立して，日本を含むアジア系移民が禁止されるなど，保守的な傾向が見られた。また，黒人に対する人種差別は依然続いていた。黒人に対する差別の禁止を規定した公民権法が定められたのは1964年のことである。

3 × 第1次世界大戦後は，民族自決主義に基づき多くの民族国家が誕生したが，これはハンガリーやポーランドなど東ヨーロッパ諸国に限られていた。これに対して，アフリカで多くの独立国が誕生したのは第2次世界大戦後であり，特に1960年は17カ国の独立が果たされたことから「アフリカの年」ともよばれる。しかし，植民地時代の人為的な境界線が国境となったことにより，民族国家の形成は困難となり，地域紛争が多発する原因となった。この点については正しい。

4 × インドは第1次世界大戦時にイギリス側に立って参戦させられ，人的・物的の両面で協力したが，この犠牲の代償として自治を要求する声が高まっていた。これに対しイギリスは戦後にインド統治法を制定したものの，その中身は自治とはほど遠く，逆にインド人の政治運動弾圧を目的としたローラット法を施行した。ガンディーは，この時期以降，1947年にイギリスから独立を果たすまで，インドにおける反英独立運動を率いた指導者であるが，その運動は非暴力・不服従を原則としており，武装闘争を行ったわけではない。

5 × ケマル＝アタテュルクは，第1次世界大戦後にトルコに侵入したギリシア軍を撃退し，1922年にスルタン制を廃止した後，翌年にはトルコ共和国を成立させ，自らが初代大統領となった。トルコは当初イスラームを国教としていたが，1928年にはこの条項を憲法から削除し，政教分離原則を採用した。なお，イスラーム復興運動とは，20世紀後半になって中東地域のアラブ人の間に広がった，イスラーム信仰に基づく勢力回復運動であり，現在のイスラーム原理主義の思想的背景となっているものである。

正答 1

SECTION 3 アジア史 アジアの近現代史

実践 問題 186 基本レベル

問 20世紀前半における民族運動に関する記述として，妥当なのはどれか。

（東京都Ⅰ類B 2021）

1：軍人ビスマルクは，祖国防衛戦争を続けて勝利すると，1923年にロカルノ条約を締結し，オスマン帝国にかわるトルコ共和国の建国を宣言した。
2：アラブ地域に民族主義の気運が高まり，第一次世界大戦直後の共和党の反米運動によって独立を認められたエジプト王国などが建国された。
3：イギリスは，ユダヤ人に対しパレスチナでのユダヤ人国家の建設を約束するバルフォア宣言を発したが，アラブ人に対しては，独立国家の建設を約束するフサイン－マクマホン書簡を交わしていた。
4：フランスの植民地であったインドでは，国民会議派の反仏闘争と第一次世界大戦後の民族自決の世界的な流れにより，1919年に自治体制が成立し，同時に制定されたローラット法により，民族運動は保護された。
5：アフガニスタンでは，ガンディーを指導者に，イスラム教徒を中心に組織されたワッハーブ派による非暴力・不服従の運動が起こった。

OUTPUT

チェック欄		
1回目	2回目	3回目

実践 問題 **186** の解説

〈20世紀前半の民族運動〉

1 ✕ オスマン帝国に代わるトルコ共和国の建国を宣言したのは，ケマル＝アタテュルクである。ビスマルクは19世紀にドイツ統一の中心となった人物である。第1次世界大戦においてドイツ側に立って参戦したトルコは敗戦国となり，戦後には連合国による占領・半植民地化の危機に瀕したが，ケマル＝アタテュルクはオスマン政府が連合国と締結していたセーヴル条約に代えて新たにローザンヌ条約を締結した。したがって，「ロカルノ条約を締結」とあるのも誤りである。

2 ✕ エジプトはイギリスの保護国であったので，「反米運動によって独立を認められた」とあるのは誤り。エジプト独立運動の中心となったのは，共和党ではなくワフド党である。

3 ◯ 第1次世界大戦中にイギリスが矛盾する秘密協定を締結したことが，現在まで続くアラブ・ユダヤ両民族の対立の背景である。

4 ✕ インドはフランスではなく，イギリスの植民地である。また，第1次世界大戦後のインドに対し，イギリスは形式的な自治を認めたにすぎず，一方でローラット法を制定して民族運動を弾圧した。

5 ✕ ガンディーを指導者に非暴力・不服従の運動が起こったのは，第1次世界大戦後のインドである。第1次世界大戦後にインドの独立は達成されなかったが，アフガニスタンは第1次世界大戦後にイギリスと戦って完全独立を達成した。なお，ワッハーブ派は18世紀半ばに起こったイスラーム改革運動の中心となった勢力である。

正答 **3**

第3章 SECTION 3 アジア史 アジアの近現代史

実践 問題 187 基本レベル

問 18世紀から20世紀にかけてのインドの歴史に関する記述として，妥当なのはどれか。
(東京都Ⅰ類A 2017)

1：18世紀後半にムガル帝国が衰退に向かうと，イギリスが設立した東インド会社は，オランダの支援を受けたムガル帝国をプラッシーの戦いで破った後に同帝国を滅亡させ，東インド会社がインド全域を支配することとなった。

2：19世紀後半，シパーヒーと呼ばれたインド人傭兵の反乱をきっかけに起こったインド大反乱を鎮圧したイギリスは，イギリスのヴィクトリア女王を皇帝とするインド帝国を成立させた。

3：イギリスの植民地となったインドでは，1919年に自治体制が成立したものの，ローラット法の成立等により弾圧も強化され，ネルーを指導者とした全インド＝ムスリム連盟による非暴力・不服従運動が展開された。

4：第二次世界大戦後，ヒンドゥー教徒が支配的な国民会議派とイスラーム教徒からなる全インド＝ムスリム連盟とが対立していたが，両者の和解を受け，イギリスはイギリス領インドの地域が一つの国家として独立することを承認した。

5：1954年，インドのガンディー首相と中国の毛沢東首相とが会談し，領土主権の尊重，平和共存等を内容とする平和十原則を発表するなど，インドは中国とともに社会主義陣営に属する立場を表明した。

OUTPUT

実践 問題 **187** の解説

チェック欄		
1回目	2回目	3回目

〈インドの近現代史〉

1 × プラッシーの戦い（1757年）は，イギリスの東インド会社軍がフランスの支援を受けたベンガル太守を破った戦いである。この戦いの結果，イギリスが実質的にベンガル地方を支配するようになり，イギリス領インドの基礎が築かれた。また，イギリスがムガル帝国を滅亡させたのは，19世紀後半にシパーヒーの反乱を契機に起こったインド大反乱の後である。

2 ○ インド大反乱を鎮圧すると，イギリスは東インド会社を解散し，インドの直接統治に乗り出し，ヴィクトリア女王をインド皇帝とするインド帝国を成立させた。

3 × 非暴力・不服従運動を展開したのはインド国民会議派（ヒンドゥー教徒主体）のガンディーである。ネルーもインド国民会議派の指導者である。

4 × 第2次世界大戦後，ヒンドゥー教徒が支配的な国民会議派とイスラーム教徒からなる全インド＝ムスリム連盟の和解は成立していない。ヒンドゥー教徒はインドとして，イスラーム教徒はパキスタンとしてイギリスから分離独立をした。

5 × 1954年にはインドのネルー首相と中国の周恩来首相とが会談し，領土・主権の尊重，相互不侵略，相互の内政不干渉，平等互恵，平和共存の5項目からなる平和五原則を発表した。この会談がもとになって，翌55年にバンドン会議（アジア・アフリカ会議）で平和十原則が発表されたのである。また，平和十原則は基本的人権と国連憲章の目的と原則の尊重など，平和五原則に国連憲章による個別的・集団的自衛権の尊重を織り込んだものであり，インドが社会主義陣営に属する立場を表明したものではない。

第3章 アジア史

正答 **2**

LEC東京リーガルマインド 2022-2023年合格目標 公務員試験 本気で合格！過去問解きまくり！ 495
⑤人文科学Ⅰ

第3章 SECTION 3 アジア史 アジアの近現代史

実践 問題 188 基本レベル

頻出度 地上★★★ 国家一般職★★★ 東京都★★★ 特別区★★★
　　　 裁判所職員★★★ 国税・財務・労基★★★ 国家総合職★★★

問 第二次世界大戦後のアジア諸国の動向に関する記述として、妥当なのはどれか。　　　　　　　　　　　　　　　　　　　　　　　　　　　　（特別区2008）

1：ヴェトナムでは、ホー＝チ＝ミンがヴェトナム民主共和国の独立を宣言したが、これを認めないフランスとの間にインドシナ戦争が起こり、ジュネーヴ会議で休戦協定が成立した。

2：インドネシアでは、スハルトが独立を宣言して初代大統領となり、独立を認めないイギリスとの間に独立戦争を続け、国際連合の調停によりインドネシア連邦共和国の独立を認めさせた。

3：インドでは、国民会議派と全インド＝ムスリム連盟との対立から、統一インドの独立は不可能となり、ヒンドゥー教徒が多く住むインド連邦と、イスラーム教徒が多く住むバングラデシュが分離独立した。

4：中国では、国民政府軍と共産党軍との間に国共内戦が始まり、アメリカの支援を受けた共産党軍が中国全土を制圧し、国民党は香港に移り国民政府を存続させた。

5：朝鮮半島では、北緯38度線を境に、朝鮮民主主義人民共和国と大韓民国が成立し、両国の間で軍事衝突が発生すると、国連安全保障理事会はソ連軍を主体とする国連軍を派遣した。

実践 問題 188 の解説

〈第2次世界大戦後のアジア諸国〉

1 ◯ ベトナムでは**ホー＝チ＝ミン**が1945年にベトナム民主共和国の独立を宣言したが，これを認めないフランスとの間にインドシナ戦争が起こった。インドシナ戦争は長期化したが，1954年にフランスの根拠地であったディエンビエンフーが陥落して**ジュネーブ休戦協定**が締結された。ジュネーブ休戦協定では北緯17度線を暫定的な境界とすることが決められたが，アメリカがこれに調印せず，ゴ＝ディン＝ディエムを援助して南部に政権を樹立するなどベトナムに介入し，1965年から北爆を開始した（**ベトナム戦争**）。

2 ✕ **インドネシア**はオランダの植民地であった。戦後には**スカルノ**が独立を宣言して初代大統領となり，**オランダとの戦いに勝利して独立を達成した**。インドネシア国民党の中心であったスカルノは，国内のイスラーム教徒や共産党勢力と提携する方針を採用していたが，1965年の九・三〇事件（軍部のクーデタ）により失脚し，1968年に事態を収拾した**スハルト**が大統領に就任し，反共路線を採用した。

3 ✕ インドではヒンドゥー教徒と，イスラーム教徒の対立が長く続いており，このためインドの民族運動は全国的に統一されたものとなりにくかった。戦後も宗教的な対立が解消できず，**ヒンドゥー教徒はインド連邦**として，**イスラーム教徒はパキスタン**として分離独立をした。バングラデシュは1971年にパキスタンから分離独立した国である。

4 ✕ 中国では日本の敗戦とともに国民政府軍と共産党軍の国共内戦が開始されたことは正しいが，アメリカが支援したのは国民党軍である。しかし，中国では共産党が内戦に勝利して1949年に**毛沢東**を主席とする**中華人民共和国**の樹立を宣言した。このためアメリカの支援を受けた国民政府軍は台湾に逃れ，国民政府を存続させている。

5 ✕ 1950年に北緯38度線を越えて北朝鮮軍が南に侵攻して朝鮮戦争が開始されると，ソ連が欠席した安全保障理事会でアメリカの主導により国連軍の派遣が決定され，大韓民国を支援するため半島南部および西海岸にアメリカ軍を主体とする国連軍が上陸した。さらに国連軍が中国の国境付近に迫ったことから，中国の周恩来は人民義勇軍を派兵，戦局は北緯38度線付近で膠着した。その後，1953年にソ連のスターリンが死去すると，**板門店**で休戦協定が締結された。

正答 1

SECTION 3 アジア史 アジアの近現代史

実践 問題189 基本レベル

問 太平洋戦争後の各国情勢に関するA〜Dの記述のうち、妥当なもの2つを適切に選んだものはどれか。 (地上2017)

A：イギリスの委任統治終了を機に国際連合によりパレスチナ分割案が提示され、ユダヤ人によりイスラエルが建国されると、アラブ諸国との間でパレスチナ戦争（第一次中東戦争）勃発した。

B：インドでは、戦後に共産党の一党独裁体制が成立し、東西冷戦の中で隣国のパキスタンと対立し、東西両陣営に属さず、積極的中立を掲げた第三勢力とは一線を画した。

C：ベトナムは、ホーチミンが旧宗主国であるフランスからの独立を宣言したが、フランスはこれを認めず、北部が東側陣営、南部が西側陣営と国土を二分しての戦争となった。

D：中国国内では共産党と国民党の内戦が再燃し、蔣介石率いる共産党が勝利して中華人民共和国を成立させると、毛沢東率いる国民党は台湾に逃れて中華民国を建国した。

E：戦後の朝鮮半島は全土をアメリカが支配していたが、金日成が朝鮮半島北部の独立を目指して武装蜂起し、これを認めないアメリカとの間に朝鮮戦争が起こった。

1：A，B
2：A，C
3：B，E
4：C，D
5：D，E

OUTPUT

チェック欄		
1回目	2回目	3回目

実践 問題 **189** の解説

〈太平洋戦争後のアジア〉

A ○ 第1次世界大戦の際にドイツ側に立って参戦したオスマン帝国の支配下にあった東アラブ地域は，大戦中，イギリスにより独立が約束されていたが，戦後は「委任統治」という形で事実上，英仏両国に分割された。一方，イギリスはバルフォア宣言によってユダヤ人のパレスチナにおける建国に対する支援も約束していたことから，パレスチナにユダヤ人の入植が急速に進み，アラブ人との間に対立を深めていた。第2次世界大戦後にユダヤ人によりイスラエルが建国されたのを契機に，パレスチナ戦争となった。

B × 第2次世界大戦後に共産党の一党独裁が成立したのは中国である。イギリスから独立したインドとパキスタンはヒンドゥー教徒とイスラーム教徒との宗教対立に加え，カシミール地方の帰属をめぐって対立した。また，インドの首相であるネルーは，中国の周恩来とともに第三勢力の中心となっている。第三勢力と一線を画したとあるのは妥当でない。

C ○ ホーチミンが社会主義に接近していたことから，ベトナムが社会主義国（ベトナム民主共和国）として独立することに反対したフランスとの間にインドシナ戦争が起こった。1954年には北緯17度線の暫定軍事境界線と南北統一選挙の実施等からなるジュネーブ休戦協定が成立した。しかしながら，アメリカはこれに調印せず，その後のベトナム戦争へとつながっていく。

D × 中国で共産党と国民党の内戦が再燃したことは正しいが，共産党を率いたのが毛沢東であり，国民党を率いたのが蒋介石である。中国の共産党政権に対しても封じ込め政策をとったアメリカは，台湾の中華民国政府を中国の正式代表として認めたため，当初，国連の代表権も中華民国政府が持っていた。

E × 戦後の朝鮮半島は，北緯38度線を境界にして，北部をソ連，南部をアメリカが分割占領していた。その後，北部に朝鮮民主主義人民共和国（北朝鮮）が，南部に大韓民国が成立したが，1950年に北朝鮮が北緯38度線を越えて，大韓民国に侵攻したところから朝鮮戦争が起こった。

以上から，AとCが妥当であるので，肢2が正解となる。

正答 2

第3章 アジア史

SECTION 3 アジア史 アジアの近現代史

実践 問題 190 基本レベル

問 第二次世界大戦後のアジア諸国に関する記述として最も妥当なのはどれか。
(国税・財務・労基2014)

1：中国では，国共内戦が再開された。当初は孫文率いる国民党軍が農民や民族資本家などの支持を集め優勢であったが，共産党がソ連の支援を獲得し形勢は逆転した。1949年には共産党が中国本土を制圧し，毛沢東を主席，周恩来を首相とする中華人民共和国の成立が宣言された。

2：朝鮮では，朝鮮戦争の後，米国とソ連による分割占領が行われた。そして，1953年に，南部に朴正熙を大統領とする大韓民国が，北部に金日成を首相とする朝鮮民主主義人民共和国が成立し，半島は二つの国家に分断された。

3：インドシナでは，ベトナム民主共和国が建国されたが，フランスがこれを認めなかったため，インドシナ戦争が始まった。ディエンビエンフーの戦いで敗北したフランスは，ベトナム民主共和国とジュネーブ協定を結んで撤退した。

4：インドネシアでは，独立運動の指導者であったスカルノを中心に独立宣言を発表し，平和五原則に基づいた憲法を制定した。これに対しスペインは武力で独立を阻止しようとしたため戦争になったが，国連の仲介で1949年にハーグ協定が結ばれ，インドネシアは独立を達成した。

5：インドでは，英国からの独立が認められたが，ヒンドゥー教徒の国民会議派とムスリム連盟の対立が高まり，ヒンドゥーのインド連邦とムスリムのアフガニスタンの2国に分離して独立した。両国の間では，カシミールの帰属をめぐる対立が激化し戦争が勃発した。

OUTPUT

チェック欄		
1回目	2回目	3回目

実践 問題 **190** の解説

〈第2次世界大戦後のアジア諸国〉

1 ✕ 孫文は1925年に死去しており，戦後，国民党と共産党の内戦が再開された時に国民党軍を率いていたのは蒋介石である。また，国民党を支持したのは民族資本家であったが，民衆は戦後の激しいインフレの中，党幹部の腐敗もあり，国民党への不満を増大させていた。一方，毛沢東率いる共産党は農地改革を実施して農民の支持を得て，内戦に勝利した。

2 ✕ 大韓民国の初代大統領となったのは李承晩である。朴正熙は，李承晩が1960年に失脚した後，1961年の軍部クーデタを指導し，1963年に大統領となった人物である。朴正熙の時代の1965年には日韓基本条約が締結された。また，米国とソ連による分割占領→大韓民国と朝鮮民主主義人民共和国の成立→朝鮮戦争（1950年）→休戦協定（1953年）の順となる。

3 ○ ベトナム民主共和国の中心であったホー＝チ＝ミンが共産党に接近していたため，フランスはこれを認めず，インドシナ戦争となった。フランスとベトナム民主共和国との間にはジュネーブ休戦協定が締結されてフランス軍は撤退したが，その後，アメリカがベトナムに介入し，1965年に北爆を開始，ベトナム戦争となった。

4 ✕ スカルノが中心となってインドネシアの独立を宣言したことは正しいが，これを阻止しようとしたのは宗主国であるオランダである。国連の仲介で1949年にハーグ協定が結ばれ，インドネシアは独立を達成したことは正しい。なお，独立時に制定された憲法の前文には，建国五原則が掲げられているが，これはネルーと周恩来との会談の結果，1954年に発表された平和五原則とは異なる。1954年の平和五原則を受け，1955年からのバンドン会議で平和十原則が発表された。

5 ✕ 戦後，イギリスからの独立を認められたインドで，ヒンドゥー教徒の国民会議派とムスリム連盟の対立が高まったことは正しいが，ムスリム（イスラーム教徒）は第2次世界大戦後にパキスタンとして独立した。カシミールの帰属をめぐる対立は，インドとパキスタンの間にある。

第3章 アジア史

正答 3

LEC東京リーガルマインド　2022-2023年合格目標 公務員試験 本気で合格！過去問解きまくり！　501
⑤人文科学Ⅰ

第3章 SECTION 3 アジア史
アジアの近現代史

実践 問題 191 基本レベル

問 第2次世界大戦後に発生した国際紛争に関する記述として妥当なのはどれか。
（国Ⅱ2002）

1：キューバ危機において，革命に反対するアメリカとこれを支援するソ連との間での全面戦争の懸念が生じたが，アメリカが革命政府を承認することによってこの危機は回避された。

2：インドシナ戦争後南北に分断されていたベトナムでは，アメリカが南側を支援し軍を派遣したが，北側の強い抵抗にあって戦局は泥沼化し，結局アメリカ軍は撤退を余儀なくされた。

3：ダッカを中心とする東インド地域は宗教上の理由からインドからの独立を目指し，パキスタンの支援を受けて武装闘争を起こし，バングラデシュ人民共和国として独立した。

4：第1次石油危機を背景として発生した第4次中東戦争は，イスラエルが圧倒的な軍事力を背景としてイランとイラクを破って石油の安定供給を実現させ，世界経済を回復させた。

5：ソビエト連邦の一共和国であったアフガニスタンでは，アメリカの支援を受けたイスラーム民族主義を標榜する武装勢力が共産主義政権を軍事クーデタで倒し独立を果たした。

OUTPUT

実践 ▶ 問題 **191** **の解説**

チェック欄		
1回目	2回目	3回目

〈第 2 次世界大戦後の国際紛争〉

1 ✕ キューバ危機（1962年）ではソ連が譲歩し，キューバに建設していたミサイル基地を撤去した。アメリカ合衆国はキューバ危機の前年に，キューバ革命によって成立したカストロ政権と断交している。キューバ危機はアメリカの革命政府の承認により回避されたのではない。

2 ◯ ベトナム戦争は長期化し，アメリカは内外から批判を浴びて1973年にようやくベトナムから撤兵した。その後も内戦が続いたが，1975年にサイゴンが陥落してベトナム戦争が終結した。

3 ✕ バングラデシュはインドからではなく，パキスタンから独立した。第 2 次世界大戦後に独立した際にパキスタンの領土はインドを挟んで東西に分かれており，政治的にも経済的にも西が東を実質的に支配していた。カシミール地方の帰属をめぐってパキスタンと対立するインドは，1971年にパキスタンとの間に第 3 次インド＝パキスタン戦争を展開し，これを契機に東パキスタンをバングラデシュとして独立させた。

4 ✕ 第 4 次中東戦争の際に，アラブ諸国がイスラエルを支援する国々に石油の禁輸を実施する石油戦略を採用した結果，第 1 次石油危機が起こり，欧米諸国や日本は不況に見舞われた。

5 ✕ アフガニスタンはソビエト連邦の一共和国であったことはない。アフガニスタンでは，1973年にクーデタによって王政が廃止され，共和政が始まったが，政権の基盤は弱いものであった。このため，1978年にソ連の支援を受けた共産主義勢力がクーデタを起こし親ソ政権を樹立したが，アメリカに支援された反政府ゲリラとの内戦が続いた。共産主義政権を支援するため，1979年にはソ連軍が介入したが，反政府ゲリラの激しい抵抗にあい戦局は泥沼化，ソ連軍は1989年に撤退した。

正答 **2**

SECTION 3 アジア史

第3章

アジアの近現代史

実践 問題 192 基本レベル

頻出度	地上★★★ 国家一般職★★★ 東京都★★★ 特別区★★★
	裁判所職員★★★ 国税·財務·労基★★★ 国家総合職★★★

問 次の記述はそれぞれ，1960年代以降の東南アジアのインドネシア，カンボジア，ベトナム，マレーシア，ミャンマーのいずれかの国の政治・経済情勢に関するものである。記述と国名を正しく組み合わせているのはどれか。

(地上2021)

1：多民族国家であり，イギリスからの独立後に，人口の多数を占める民族を優遇する政策をとった。この政策に対する反発から，1960年代に国内の華人の多い地域が分離，独立した。　　　　　　　　　　　　　　　　—インドネシア

2：1970年代，内戦のさなかに中国の支持を受けた勢力が実権を握ると，極端な共産主義政策による強制弾圧や大虐殺が行われた。1990年代に，国連による暫定統治を経て内戦は終結した。　　　　　　　　　　　　　　　—カンボジア

3：1960年代以降,長年にわたり軍事政権が続いた。軍事政権は,民主化運動のリーダーを監禁するなど政治的には強権路線をとった。2010年代半ばには，民主化勢力が選挙で勝利して新政権が発足した。　　　　　　　　　　　　—ベトナム

4：1960年代，南北二つの政府間の争いにアメリカが介入し戦争が激化した。1970年代に，社会主義を掲げる政権が戦争に勝利し，南北統一が実現した。

—マレーシア

5：1960年代にクーデターが起こり，その後に登場した大統領が開発独裁を進め，1980年代には，第一次産業の輸出に依存する経済構造から抜け出した。

—ミャンマー

OUTPUT

チェック欄		
1回目	2回目	3回目

実践 ▶ 問題 **192** の解説

〈東南アジア各国の現代史〉

1 ✕ 人口の多数を占める民族を優遇する政策をとったのはマレーシアである。この政策をブミプトラ政策という。ブミプトラ政策に対し，華人（中国系）住民の多い地域が分離・独立して成立したのがシンガポールである。

2 ○ カンボジアのポル＝ポト政権の説明として妥当である。

3 ✕ 長年にわたり軍事政権が続き，民主化運動のリーダーを監禁するなどしてきたのはミャンマーである。2015年の総選挙でアウン・サン・スー・チー議長率いる国民民主連盟（ＮＬＤ）が大勝し，翌年，新政権が発足。アウン・サン・スー・チー氏は，国家最高顧問，外務大臣および大統領府大臣に就任した。なお，2021年2月1日に軍のクーデタが起こり，アウン・サン・スー・チー氏は拘束された。

4 ✕ 1960年代，南北2つの政府間の争いにアメリカが介入した戦争とはベトナム戦争である。1975年に北部ベトナムが勝利して，1976年に南北統一がなり，ベトナム社会主義共和国が成立した。

5 ✕ 本肢の説明はインドネシアである。インドネシアのスハルト体制やフィリピンのマルコス体制が開発独裁の典型とされている。経済的発展を国民生活よりも優先する経済政策がとられ，これを正当化するために政治的な権利などは著しく抑制され，労働運動などは軍事力によって抑圧された。

【ポイント】

マレーシアのブミプトラ政策は，地理で学習することですが，地方上級の試験では，こうした科目融合的な出題が多いため，捨て科目をつくらないことが大切です。

第3章 アジア史

正答 2

LEC東京リーガルマインド　2022-2023年合格目標 公務員試験 本気で合格！過去問解きまくり！　505
⑤人文科学Ⅰ

SECTION 3 アジア史
アジアの近現代史

第3章

実践 問題 **193** **基本レベル**

頻出度	地上★★★	国家一般職★	東京都★	特別区★
	裁判所職員★★	国税・財務・労基★★		国家総合職★★★

問 1990年代のパレスチナ問題につき，以下ア～オの下線の説明として妥当なものを選べ。 (地上2015)

中東におけるアラブ諸国とイスラエルの対立は，数次にわたる中東戦争を引き起こした。パレスチナでは，イスラエルが戦争によって拡大した占領地を併合する姿勢を見せたため，ァパレスチナ解放機構（PLO）とアラブ人の抵抗が強まった。1993年には，ィパレスチナ自治協定（オスロ合意）が成立し，「中東和平プロセス」が開始された。

しかし，これはパレスチナ人に部分的な自治と引き換えに，ゥインティファーダの放棄を強いるもので，パレスチナでは，ェ分離壁の建設や，ォハマスの活動など，現在なお，和平に向けての課題は多い。

1：ア：パレスチナ解放機構とは，国連により，イスラエル支配下のパレスチナ人の人権状況を平和的に解決するために設立された。

2：イ：パレスチナ自治協定の調停後，パレスチナ暫定政府が設立され，ガザ地区などでパレスチナ人の自治が開始された。

3：ウ：インティファーダとは，イスラエル軍がパレスチナ自治区に対して行う，空爆などの軍事行動のことである。

4：エ：分離壁は，パレスチナ自治区へのイスラエル軍の侵入を防ぐため，パレスチナ自治政府がその境界に設立したが，イスラエル軍によってその大部分が破壊・撤去された。

5：オ：ハマスとは，イスラエル融和を掲げた政党で，イスラエル原理主義とは一線を画している。

直前復習

OUTPUT

チェック欄		
1回目	2回目	3回目

実践 ▶ 問題 **193** の解説 ―――――――――――――――――――

〈1990年代以降のパレスチナ問題〉

1 ✕ パレスチナ解放機構は，国連により設立されたものではない。パレスチナ解放機構は，イスラエルに対抗していたゲリラ組織を統合して結成されたもので，1969～2004年まで，長らくアラファト議長が指導者であった。アラファト議長はパレスチナ解放機構を国連に認めさせ，1993年にはパレスチナ暫定自治協定を締結している。

2 ◯ 1993年にパレスチナ暫定自治協定が締結され，イスラエルとパレスチナ解放機構の相互承認がなり，パレスチナ暫定自治政府が成立した。

3 ✕ インティファーダとは，イスラエル政府に対するパレスチナ人の抵抗運動で，正規の軍隊ではなく，民衆が投石やデモなどによって対抗するものである。1987年に第3次中東戦争の際にイスラエルが占領を拡大したガザ地区やヨルダン川西岸で広がった。

4 ✕ 分離壁は，イスラエルがテロリストがイスラエルに侵入することを防ぐという大儀名分のもと，ヨルダン川西岸地区に建設したもので，イスラエルとパレスチナの境界に建設している。その一部はパレスチナ領土内に食い込み，パレスチナの町や人々の暮らしを分断し，水資源を奪うなど，さまざまな問題を引き起こしているため，2003年に壁建設の中止と撤去を求める国連決議が出され，2004年には国際司法裁判所の勧告が出されたが，イスラエルは依然として壁の建設を進めている。

5 ✕ ハマスはパレスチナ解放運動を行うイスラーム原理主義グループの1つである。インティファーダの進展に伴って結成され，1993年のオスロ合意に反対の姿勢をとっている。一方，パレスチナ解放機構の中で，イスラエルとの和平を追求する組織がファタハである。

第3章 アジア史

正答 2

LEC東京リーガルマインド　2022-2023年合格目標 公務員試験 本気で合格！過去問解きまくり！　507
⑤人文科学Ⅰ

SECTION ③ アジア史 アジアの近現代史

第3章

実践 問題 194 応用レベル

頻出度	地上★★	国家一般職★★	東京都★★	特別区★★
	裁判所職員★	国税・財務・労基★★★		国家総合職★★★

問 20世紀後半以降の中東情勢に関する記述として最も妥当なのはどれか。

（国家総合職2016）

1：イランでは，国王パフレヴィー2世が米国の支持を得て急激な近代化政策を進めたが，これに反対するイラン革命が1979年に発生し，スンナ（スンニ）派のホメイニを最高指導者とするイラン＝イスラーム共和国が成立した。イラン＝イスラーム共和国は，親ソ連・反米国の姿勢を示したため，新冷戦と呼ばれる米ソ間の対立を招いた。

2：イラクのフセイン大統領が，イラン革命の影響が自国に及ぶことを恐れて，国境問題をきっかけに1980年にイランに侵攻し，イラン＝イラク戦争が勃発した。イラクは，反イランの立場に立つ米国等や，革命の波及を恐れるアラブ諸国の支持を得て戦ったが，戦争は長期化し，1988年に停戦となった。

3：イラン＝イラク戦争で経済的に疲弊したイラクは，1990年に豊富な石油資源を求めてアラブ首長国連邦（UAE）に侵攻して同国を併合した。これに対し，国連の安全保障理事会の決議を背景に，同理事会の指揮権の下，米国を中心とする国連軍はイラクを空爆し湾岸戦争が開始された。1991年にイラクは敗北してUAEの独立が回復された。

4：2001年にニューヨーク等で起こった同時多発テロ事件を受けて，米国は，アフガニスタンのターリバーン政権と対立していたアル＝カーイダを事件の実行者として「対テロ戦争」を宣言した。米国は国際社会の支持を得ないまま，単独で同年にアフガニスタン空爆を開始し，アル＝カーイダを壊滅させた。

5：米国は，イラクのフセイン大統領がテロ行為に関わり，世界を脅かす大量破壊兵器を所有しているとして，国連に武力制裁を求めたが，安全保障理事会の常任理事国である中国及びロシアの反対を受けた。このため，2003年に米国は国連決議に基づかず，英国，フランス及びドイツとともにイラク戦争を開始して，フセイン政権を打倒した。

OUTPUT

チェック欄		
1回目	2回目	3回目

実践 問題 **194** の解説

〈現代の中東情勢〉

1 × 国王パフレヴィー2世が進めていた急激な近代化政策（白色革命）に対する不満から**イラン革命**が起こったことは正しいが，この結果成立したのは**シーア派のホメイニを最高指導者とする体制**である。また，新冷戦とよばれる米ソの対立は，ソ連のアフガニスタン侵攻に始まり，レーガンが「強いアメリカ」の復活を訴えて，ソ連を「悪の帝国」と非難し，大々的な軍備拡張を推進したことによる。イラン＝イスラーム共和国とは関係がない。

2 ○ **イラン＝イラク戦争**の説明として正しい。当時，アメリカは反イランの立場からイラクのフセイン政権を支援した。

3 × イラン＝イラク戦争の後，**イラクのフセイン大統領が侵攻したのは隣国クウェートである（湾岸戦争）**。イラクのクウェート侵攻に対し，国連の安全保障理事会の決議を背景に米国を中心とする**多国籍軍が派遣**された。国連憲章第7章に基づく正規の国連軍が派遣されたことはこれまでに一度もない。イラクは多国籍軍の反撃攻撃を受けて撤退し，クウェートは独立を回復した。

4 × 2001年にニューヨーク等で起こった同時多発テロを受けて，米国は，アフガニスタンの**ターリバーン**政権の保護下にあるイスラーム急進派の組織アル＝カーイダを事件の実行者として，同盟国の支援のもとにアフガニスタンに軍事行動を起こし，ターリバーン政権を打倒したのである。

5 × 米国は，湾岸戦争以後，経済制裁と外交的圧力によってイラクのフセイン政権を国際的に封じ込めていたが，2001年の同時テロ事件以降，イラクの大量破壊兵器保有の可能性を危険視し，イラクを「悪の枢軸」と名指しした。イラクに対する軍事行動を訴えるアメリカとイギリスに対し，これに反対するフランス，ドイツ，ロシアが国連安全保障理事会内部で対立した。このため，アメリカとイギリスは国連の合意がないまま対イラク攻撃を開始したのである。

第3章 アジア史

正答 **2**

LEC東京リーガルマインド 2022-2023年合格目標 公務員試験 本気で合格！過去問解きまくり！ 509
⑤人文科学Ⅰ

第3章 SECTION 3 アジア史 アジアの近現代史

実践 問題 195 基本レベル

問 第二次世界大戦後の中国に関する次の記述のうち，妥当なのはどれか。

(地上2020)

1：1940年代後半に，国民党と共産党の間で内戦が発生した。最終的に両党は和解し，国民党と共産党の共同で中華人民共和国の成立が宣言された。
2：1950年代，朝鮮戦争が発生すると，中国はアメリカとの対立を恐れて中立の立場を採り続け，北朝鮮への軍事支援は行わなかった。
3：1960年代，毛沢東が政権の回復を図って，プロレタリア文化大革命を開始した。これは経済面で見ると改革・開放政策の推進であり，経済・社会の安定をもたらした。
4：1980年代，政治の民主化を求めて天安門広場に集結した学生や市民を，軍隊が武力で弾圧する天安門事件が発生した。
5：1990年代，香港が中国に返還された。返還後，中国は香港における植民地時代のイギリスの政治・経済制度を廃止し，中国本土と同じ制度を適用した。

OUTPUT

実践 問題 **195** の解説

チェック欄		
1回目	2回目	3回目

〈第2次世界大戦後の中国〉

1 ✕ 日中戦争の終了とともに，中国国内では国民党と共産党との間に内戦が発生し，1949年に毛沢東率いる共産党が勝利して中華人民共和国を建てると，敗れた国民党は台湾に中華民国（国民政府）を建てた。両者が共同して中華人民共和国を樹立したのではない。

2 ✕ 朝鮮戦争において，アメリカが韓国支援のためにアメリカを主体とする国連軍を派遣すると，中国は北朝鮮を支援して人民義勇軍を派遣した。

3 ✕ 毛沢東が政権の回復を図って開始したプロレタリア文化大革命は，当時，国家主席であった劉少奇らを，中国に資本主義の復活を図る修正主義者であると批判し，中国から一切の資本主義的要素を排除しようとするものであった。開放政策とは，共産主義の計画経済に対し，市場経済の導入を意味するが，中国で開放政策がとられるようになるのは，毛沢東が死去して，プロレタリア文化大革命が終結した1970年代末からである。

4 ◯ 鄧小平が開放政策をとって外資の導入や人民公社の解体などを進める中，共産党の一党独裁に対して政治の民主化を求める人々が天安門に集結した。これに対し，中国政府は軍隊を派遣して弾圧し，国際的な批判を浴びた（天安門事件）。

5 ✕ アヘン戦争後の南京条約でイギリスに割譲されていた香港は，1997年に中国に返還されたが，その際に，植民地時代のイギリスの政治・経済制度をそのまま継続することが決められた。1つの中国の中に社会主義と資本主義が並存する一国二制度の採用である。香港は中国の特別行政区となり，高度の自治権を享受する。具体的には，香港には行政権，立法権，独立した司法権と終審裁判権が与えられ，香港政府は現地人によって構成，行政長官は現地で選出，中央政府が任命する。また，現行の社会・経済制度，生活様式を維持することが認められ，これらの方針と政策は50年間変更しないということが，中国とイギリスの共同声明として発表された。

正答 4

第3章 アジア史

SECTION ③ アジア史
アジアの近現代史

第3章

実践 問題 **196** 基本レベル

頻出度	地上★★★ 国家一般職★★★ 東京都★★ 特別区★★
	裁判所職員★★★ 国税・財務・労基★★★ 国家総合職★★★

問 中国の歴史に関する記述として最も妥当なのはどれか。 （国Ⅱ2010）

1：李鴻章の指導する太平天国は，1901年に「滅満興漢」を掲げて清朝に対し反乱を起こした。清朝は，日本やロシアの支援を受けて鎮圧に向かったが，敗北して，太平天国に巨額の賠償金を支払った。

2：1912年に孫文が南京で臨時大総統として中華民国の建国を宣言した。軍事力を握る袁世凱は，清朝最後の皇帝を退位させ，孫文から臨時大総統を引き継いで，独裁を進めた。

3：1920年代にコミンテルンの支援により中国共産党が結成された。中国共産党は国民党との間に国共合作を成立させたが，後に毛沢東が上海クーデターを起こして国民党を弾圧したため，1930年代に国民党は台湾に逃れた。

4：1949年に中国共産党は中華人民共和国を成立させたが，この時，政治路線の違いや領土問題をめぐってソ連と激しく対立した。当時，ソ連と対立していたアメリカ合衆国は，建国と同時に中華人民共和国を承認し，正式の中国代表とみなした。

5：1950年代に，毛沢東の指導により農業・工業・国防・科学技術の「四つの現代化」が進められ，人民公社の解体や外国資本・技術の導入など，経済の改革・開放政策が実施された。この「大躍進」運動により中国の経済状況は好転し，国民の生活水準も向上した。

実践 問題 196 の解説

〈20世紀の中国〉

1 × 太平天国の乱は19世紀の半ばに起こった反乱である（1851～64年）。指導したのは洪秀全である。また、太平天国の乱は、曾国藩の指揮する湘軍、李鴻章の指揮する淮軍などの義勇軍（郷勇）や、外国人が指揮する常勝軍などによって鎮圧された。日本やロシアなどの連合軍が出兵したのは義和団事件に際してのこと。

2 ○ 1911年に辛亥革命が勃発したのち、孫文は臨時大総統に選出され、1912年には中華民国の建国を宣言して南京に臨時政府を発足させた。しかし、清朝側の使者として革命軍との交渉にあたっていた袁世凱が、清朝皇帝の退位ならびに共和制の実現と引き換えに、孫文から地位を譲り受け臨時大総統となった。その後、正式大総統に就任した袁世凱は、自ら帝位に就くために独裁を進めたが帝政復活は失敗に終わった。

3 × 中国共産党は1921年に、コミンテルンの指導を受けて結成され、その後、2度にわたって中国国民党と提携（国共合作）を行っているという点は正しい。しかし、上海クーデタは当時の中国国民党指導者であった蒋介石が1927年に強行したもので、共産党を弾圧した。また、中国国民党が中国共産党との内戦に敗れて台湾に逃れたのは、第2次世界大戦後の1949年である。

4 × 1949年、中華人民共和国が建国されると、同年ソ連は中華人民共和国の建国を承認している。一方、アメリカ合衆国は台湾に逃れた国民党が樹立した中華民国を中国の正式な代表とする立場をとって、長い間中華人民共和国と敵対した。アメリカが中華人民共和国を中国の代表と認めたのは、1972年にニクソン大統領が訪中した時のことである。なお、中国とソ連が対立するようになるのは1950年代後半から60年代のこと。

5 × 1950年代後半、第2次五カ年計画のもと、毛沢東の指導によって行われたのは「大躍進」運動であり、これは大失敗に終わっている。「4つの現代化」は、文化大革命の終了後に華国鋒が進めたもので、1981年からは鄧小平が人民公社の解体と農業生産の請負制、外国資本・技術導入による開放経済などの経済改革を実行し、現在の中国の経済発展の礎を築いた。

正答 2

第3章 SECTION 3 アジア史
アジアの近現代史

実践　問題197　基本レベル

問 アフリカに関する記述A〜Dのうち，妥当なもののみを挙げているのはどれか。　　　　　　　　　　　　　　　　　　　　（国税・財務・労基2015）

A：19世紀において，イギリスがエジプトとケープ植民地を結ぶ縦断政策を進める一方，フランスはアルジェリアを起点に，サハラ砂漠とジブチを結ぶ横断政策を進めるなど，ヨーロッパ諸国の植民地政策により，20世紀初頭にはアフリカはリベリアとエチオピアを除き実質的に植民地化された。

B：第二次世界大戦後，民族運動の高まりによって，ケニアやアルジェリアなどが1950年代に独立し，さらに，ガーナなど27か国が独立した1960年は「アフリカの年」と呼ばれた。その後は，2011年の南スーダンの成立まで新たに独立した国はなかった。

C：1955年，インドネシアのバンドンで，アジアとアフリカの諸国の代表による初めての会議として，アジア＝アフリカ会議が開かれた。また，1963年には，アフリカ諸国の連帯などを目指して，アフリカの独立国によってアフリカ統一機構（OAU）が結成された。

D：南アフリカ共和国では，建国時から人種隔離政策（アパルトヘイト）が維持されてきたが，1990年にマンデラが黒人初の大統領に選ばれた後，この政策は段階的に緩和され，1994年にはアパルトヘイトは完全に撤廃された。

1：A，B
2：A，C
3：A，D
4：B，C
5：B，D

OUTPUT

実践 問題 **197** の解説

チェック欄		
1回目	2回目	3回目

〈アフリカの歴史〉

A○ そのとおり。**イギリスは縦断政策**を，**フランスは横断政策**を進め，アフリカに植民地を拡大していった。また，ドイツやベルギー，ポルトガルなどもアフリカ大陸に植民地を持った。このため，20世紀初頭には，リベリアとエチオピアを除き，実質的に植民地化された。

B× 1950年代に独立したのは，モロッコやチュニジア，ガーナである。アルジェリアの独立は，フランスの抵抗にあい，武装抗争の後，1962年に達成された。また，1960年が「アフリカの年」とよばれたことは正しいが，この年に独立した国は27カ国ではなく17カ国である。さらに，ケニアが1963年にイギリスから独立したように，1960年以降も多くの国が独立している。

C○ そのとおり。**アジア・アフリカ会議**では，平和共存，反植民地主義をうたった平和十原則が採択された。1963年に結成された**アフリカ統一機構（OAU）**は，パン＝アフリカニズムを掲げて設立され，植民地主義の根絶や，非同盟路線の堅持，紛争の平和的解決などを目指した。アフリカ統一機構（OAU）は，冷戦後の2002年に発足したアフリカ連合（AU）に基本理念が受け継がれ，発展的に改組された。アフリカ連合（AU）は，紛争の平和的解決に加え，EUをモデルにアフリカ大陸における政治的・経済的統合の促進を目的とする。

D× **人種隔離政策（アパルトヘイト）**が廃止され，全人種による選挙が行われた結果，**マンデラが黒人初の大統領**になったのである。南アフリカでは，第2次世界大戦後に白人支配を維持するために，アパルトヘイト（人種隔離政策）がとられていたが，アフリカ民族会議（ANC）の抵抗や，国際連合の経済制裁を受けるなど，国際的な批判を浴びる中，1980年代末に白人のデクラーク政権が見直しを進めた。この結果，1991年に関連諸法をすべて撤廃し，1994年の全人種による選挙の結果，マンデラが黒人初の大統領となった。

以上から，AとCが妥当であるので，肢2が正解となる。

正答 2

第3章 アジア史

LEC東京リーガルマインド　2022-2023年合格目標 公務員試験 本気で合格！過去問解きまくり！　515
⑤人文科学Ⅰ

第3章 アジア史
章末 CHECK

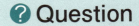 Question

Q1	秦の始皇帝は，一族・功臣に土地を与える封建制を採用した。
Q2	中国を最初に統一した漢の劉邦は全土に郡県制を採用した。
Q3	前漢の最盛期を現出した武帝は，法家思想を官学とした。
Q4	唐の初期には隋から継承した均田制・府兵制・租庸調制が整備された。
Q5	明の時代には両税法が採用され，節度使が置かれるようになった。
Q6	宋（北宋）は，遼や西夏を滅亡させ，武断政治により中国の統一を図った。
Q7	元は前王朝から科挙などを継承し，漢人も積極的に多数採用した。
Q8	明では最終試験を皇帝自ら課す殿試が導入され，科挙が完成した。
Q9	元の時代には駅伝制の整備が進められ，東西交流が陸路・海路とも盛んになったが，紙幣の乱発によって物価が騰貴し，紅巾の乱が起こった。
Q10	元の時代にはマテオ＝リッチがカトリックの布教に訪れ『坤輿万国全図』を作成した。
Q11	イエズス会の宣教師としてマルコ＝ポーロが明を訪れた。
Q12	明を建国した洪武帝は，鄭和を南海遠征に派遣した。
Q13	清では賦役黄冊や魚鱗図冊が作成された。
Q14	ウマイヤ朝はトゥール・ポワティエ間の戦いでフランク王国に勝利した。
Q15	アッバース朝が建国されるとシーア派とスンナ派に分裂した。
Q16	スンナ派とシーア派の対立が激しくなると，多数派のスンナ派はコンスタンティノープルを首都とするマムルーク朝を建てた。
Q17	アッバース朝は，タラス河畔の戦いで唐に破れた。
Q18	タラス河畔の戦いでイスラームから唐に製紙法が伝えられた。
Q19	奴隷出身のトルコ系軍人が勢力を伸ばし，アッバース朝を開いた。
Q20	ギリシア正教を奉じるティムール朝がササン朝を滅ぼした。
Q21	ティムール帝国の都サマルカンドは文化・商業の中心として繁栄した。
Q22	オスマン帝国は，ビザンツ帝国の首都コンスタンティノープルを陥落させてビザンツ帝国を滅ぼした。
Q23	オスマン帝国はレパントの海戦でスペインに大勝した。
Q24	オスマン帝国は19世紀にナポレオンに滅ぼされた。
Q25	ムガル帝国はエジプトに成立したイスラーム王朝である。
Q26	ムガル帝国のアクバル帝はヒンドゥー教徒とイスラーム教徒の融和を図ったため，インド＝イスラーム文化が開花した。

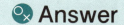

- **A1** × 一族・功臣に土地を与える封建制を採用したのは周王朝である。
- **A2** × 中国を最初に統一し、郡県制を採用したのは秦の始皇帝である。前漢を建国した劉邦は封建制と郡県制を合わせた郡国制を採用した。
- **A3** × 武帝が官学としたのは儒学。法家思想は秦の始皇帝が採用した。
- **A4** ○ 唐の初期には均田制・府兵制・租庸調制が整備された。
- **A5** × 両税法が採用され、節度使が置かれるようになったのは唐の時代。
- **A6** × 宋では武断政治の風潮を廃して文治主義を採用した。また、遼や西夏は宋を脅かした王朝である。
- **A7** × 元では中央の要職はモンゴル人が独占し、科挙の実施も少なかった。
- **A8** × 殿試が科挙に導入されたのは宋の時代である。
- **A9** ○ 13世紀には駅伝制の施行により東西交流が盛んになった。
- **A10** × マテオ＝リッチが中国で布教を行ったのは明末清初のこと。
- **A11** × マルコ＝ポーロは元のフビライに仕えた。宣教師ではない。
- **A12** × 鄭和を南海遠征に派遣したのは明の第3代皇帝永楽帝である。
- **A13** × 租税・戸籍台帳である賦役黄冊や、土地台帳である魚鱗図冊が作成されたのは明の時代である。
- **A14** × トゥール・ポワティエ間の戦いではフランク王国に敗れた。
- **A15** × 第4代カリフが暗殺されてウマイヤ朝が成立すると、第4代カリフのアリーを正統とするシーア派と、多数派のスンナ派に分かれた。
- **A16** × マムルーク朝はカイロを都にエジプトに建てられた。
- **A17** × タラス河畔の戦いでは唐に勝利している。
- **A18** × 製紙法は中国からイスラーム世界に伝播した。
- **A19** × 奴隷出身のトルコ系軍人が建てたのはマムルーク朝である。
- **A20** × ティムール朝はイスラーム王朝。ササン朝は6世紀にアラブ人との戦いに敗れ滅亡したイラン人の王朝である。
- **A21** ○ サマルカンドは古くから東西交易の拠点であった。
- **A22** ○ ビザンツ帝国を滅ぼしたオスマン帝国は、コンスタンティノープルをイスタンブルと改称した。
- **A23** × レパントの海戦では、オスマン帝国がスペインに敗れている。
- **A24** × 19世紀にナポレオンが滅ぼしたのは神聖ローマ帝国である。
- **A25** × ムガル帝国はイスラーム教徒がインドを制圧して建国した王朝である。
- **A26** ○ ムガル帝国ではインド＝イスラーム文化が形成され、シャー＝ジャハーンが建設したタージマハル廟が残る。

第3章 アジア史
章末 CHECK

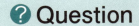 Question

- **Q27** アヘン戦争は清の敗北に終わり，北京条約によって香港が割譲された。
- **Q28** アロー戦争後，洪秀全が「扶清滅洋」を唱え太平天国の乱を起こした。
- **Q29** 日清戦争後，義和団は北京を占領したが，曾国藩や李鴻章が率いる郷勇や常勝軍によって鎮圧された。
- **Q30** 第1次世界大戦後の中国では，五・四運動が起こり清朝は滅亡した。
- **Q31** 第1次世界大戦後にインドはイギリスから独立した。
- **Q32** 第2次世界大戦後の中国では毛沢東を中心とした大躍進運動が成功し，著しい経済発展が見られた。
- **Q33** インドネシアの指導者スカルノは親米政策をとり，アジアにおける反共包囲体制の中心となった。
- **Q34** 第1次世界大戦後のパレスティナではアラブ国家からの独立を目指すユダヤ人の民族運動が起こり，イスラエル共和国の樹立が宣言された。
- **Q35** 石油危機を背景として発生した第4次中東戦争は，イスラエルがイランとイラクを破って石油の安定供給を実現させ，世界経済を回復させた。
- **Q36** 東インド地域は宗教上の理由からインドからの独立を目指し，パキスタンの支援を受けて，バングラデシュ人民共和国として独立した。
- **Q37** 日清戦争の敗北後，中国の光緒帝は康有為を中心に近代化を図ろうとしたが，西太后ら保守派のクーデタにより改革は失敗に終わった。
- **Q38** 日清戦争による勝利を契機に，日本は韓国を併合した。
- **Q39** 日露戦争後の朝鮮半島では，三・一運動が起こった。
- **Q40** アジア・アフリカ会議には，共産主義の中国は参加を拒否された。
- **Q41** 第2次世界大戦後のベトナムは，アメリカからの独立を目指してインドシナ戦争を展開した。
- **Q42** タイは第2次世界大戦後にイギリスからの独立を果たした。
- **Q43** オスマン帝国のスレイマン1世は，クリミア戦争でロシアに敗北した。
- **Q44** 第1次世界大戦後のインドでは，ガンディが対英武装闘争を展開した。
- **Q45** ベトナム戦争の結果，ベトナムには資本主義政権が樹立された。
- **Q46** インドネシアはスカルノを中心に，イギリスからの独立を達成した。
- **Q47** インドとアフガニスタンの間には，カシミール地方をめぐる対立がある。
- **Q48** 朝鮮戦争が起こると，ソ連を中心とする国連軍が派遣され，南北朝鮮の間には平和条約が締結された。

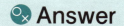

A27	×	アヘン戦争後に締結されたのは南京条約である。
A28	×	太平天国の乱は，洪秀全がアヘン戦争後に「滅満興漢」をスローガンに起こしたものである。
A29	×	曾国藩や李鴻章が率いる郷勇や常勝軍によって鎮圧されたのは太平天国の乱である。義和団は8カ国連合軍が派遣されて鎮圧された。
A30	×	清朝が滅亡したのは1911年の辛亥革命による。
A31	×	第1次世界大戦後のインドではガンディーがローラット法の制定に対し非暴力・不服従運動を展開した。インドの独立は第2次世界大戦後。
A32	×	大躍進運動は大失敗に終わり，毛沢東はいったん失脚した。その後，毛沢東は資本主義を排除する文化大革命を推進する。
A33	×	東西どちらの軍事同盟にも属せず，中立を旨として結集したアジア・アフリカの国々を第3勢力とよぶが，スカルノはその中心である。反共包囲体制の中心ではない。
A34	×	イスラエルの建国は第2次世界大戦後のことである。
A35	×	第4次中東戦争の際に，アラブ側が石油戦略を採用したため，第1次石油危機が発生，日本や欧米諸国は不況に見舞われた。
A36	×	バングラデシュはもともと東パキスタンであった地域が，分離独立したもの。インドから独立したのではない。
A37	○	康有為は立憲君主体制の樹立を目指す変法運動を進めた。
A38	×	韓国併合は1910年。日清戦争が契機ではない。
A39	×	三・一運動が起こったのは第1次世界大戦後のことである。
A40	×	中国の周恩来は第三勢力の中心であり，中国も参加している。
A41	×	インドシナ戦争はベトナムがフランスからの独立を求めて戦った。
A42	×	タイは東南アジアで唯一独立を維持した国である。
A43	×	クリミア戦争は英仏がオスマン帝国側に立って介入したため，ロシアが敗北。また，スレイマン1世は16世紀のオスマンの最盛期の皇帝。
A44	×	ガンディは納税拒否などの非暴力・不服従運動を展開した。
A45	×	ベトナム社会主義共和国が樹立された。
A46	×	インドネシアはオランダから独立を達成した。
A47	×	カシミール地方をめぐって対立しているのはインドとパキスタン。
A48	×	アメリカ主体の国連軍が派遣された（ソ連が安保理を欠席しているので正規の国連軍ではない）。南北朝鮮の間には平和条約は締結されていない。

INDEX

数字

３Ｂ政策	382
３Ｃ政策	382
95カ条の論題	303, 304

アルファベット

GHQ	154

あ

相対済し令	66
アイユーブ朝	475
アウグストゥス	293
アウグスブルクの宗教和議	304
青木周蔵	117
アクバル帝	469
明智光秀	50
上知令	66, 69, 79
上米の制	66, 79
アケメネス朝ペルシア	468
アジア・アフリカ会議	483
足利学校	250
足利尊氏	31, 33, 193
足利義昭	50
足利義政	41
足利義満	31, 193, 217
飛鳥浄御原宮	207
飛鳥文化	11, 250
アステカ帝国	309
アッバース朝	473
アフリカの年	491
アヘン戦争	481
アヘン貿易	449
アメリカ独立	336
新井白石	51, 79, 247
アルマダ海戦	327
アレクサンドロス大王	468

アロー戦争	481
アンカラの戦い	467, 469, 471
安史の乱	440
安政の大獄	67, 75
アンリ４世	305

い

井伊直弼	67, 75, 109, 193
イエズス会	303
イギリス国教会	303, 305
イクター制	473
イグナティウス＝ロヨラ	305
異国警固番役	30, 33
異国船打払令	65, 75
胆沢城	7
石田三成	51
イスタンブル	471
イスラーム教	468
板垣退助	90, 107, 121
一条鞭法	440, 443, 449, 459
一向一揆	277
一国一城令	49
一地一作人	50, 53, 192, 225
犬養毅	119, 129, 135, 137, 143, 157, 235
井上馨	91, 117
井原西鶴	65, 250
今川義元	50
イラン＝イラク戦争	509
イラン革命	509
磐井の乱	11
インカ帝国	309
印紙法	336, 343, 359
院政	9
インド航路	299, 304, 309

インドシナ戦争	429, 483, 497, 501	応仁の乱	50, 211, 227
インド帝国	489	近江令	8
インド統治法	491	王陽明	465
インド連邦	497	大隈重信	90, 107, 121
インノケンティウス3世	289	大坂の役	51

う

ヴァスコ=ダ=ガマ	327	大塩（平八郎）の乱	211
ウィーン会議	336	オーストリア継承戦争	319
ウィーン体制	336, 379	大津事件	117
ウェストファリア条約	315, 317	大目付	191
ヴェルサイユ条約	382, 389	大輪田泊	22
ヴェルサイユ体制	382	荻原重秀	79
ウォルポール	341	オクタヴィアヌス	287, 288, 293
宇多天皇	7	桶狭間の戦い	50
ウマイヤ朝	473	オスマン帝国	467, 469, 471
ウルバヌス2世	289, 313	織田信長	50, 53

え

永仁の徳政令	31, 33, 191	オランダ独立戦争	327

か

永楽通宝	39	開拓使官有物払下げ事件	107
永楽帝	439, 440, 451, 465	海舶互市新例	51, 79, 247
エカチェリーナ2世	317	価格革命	304, 309
駅伝制	440	価格等統制令	154, 157
衛士	192	科挙	440, 443, 459
蝦夷地	201	学制	250
江藤新平	107	勘解由使	7, 9
蝦夷	201, 203	カシミール	501
恵美押勝	17	化政文化	65, 249, 250, 255
エリザベス1世	305, 315, 316	刀狩	53
延久の荘園整理令	9, 192	刀狩令	50
エンクロージャー	307	学校教育法	250
袁世凱	513	学校令	250

お

		合衆国憲法	336
		活版印刷術	304, 307
王安石	465	桂離宮	53, 249
王権神授説	341	加藤高明内閣	119, 128, 137

INDEX

狩野永徳	250
鎌倉文化	250
火薬	304, 307
カラカラ帝	288
樺太・千島交換条約	109, 235, 243
カリフ	468
カルヴァン	303, 305, 313
観阿弥	39
環濠集落	8
勘合貿易	39
韓国併合	109, 235, 489
鑑真	251, 275
関税自主権の完全回復	89, 91, 117
寛政の改革	66, 79
間接統治	154
貫高	50, 192
ガンディー	482, 491
関白	7
桓武天皇	7, 9, 27
管領	39

き

棄捐令	66, 69, 73
義浄	439, 459
寄進地系荘園	9, 227
喜多川歌麿	65
北山文化	250
紀貫之	249
吉備真備	21
九カ国条約	127, 128
キューバ危機	383, 415, 503
旧里帰農令	66, 79, 191
教育委員会	154
教育基本法	154, 250
教育勅語	269

教育令	250
行基	17
狂言	39
京都所司代	193
享保の改革	66
郷勇	489, 513
清浦奎吾内閣	119, 137
魚鱗図冊	439
ギリシア正教	289, 313
キリスト教	287, 288
義和団	481
義和団事件	513
金閣	250
銀閣	250
禁教令	51
禁中並公家諸法度	191, 193
均田制	439, 440
金融恐慌	128, 135
金輸出解禁	129, 157

く

空海	250, 251
公事方御定書	73
鞍作鳥	11
倉役	39
クリミア戦争	379, 469, 489
クレルモン公会議	289, 313
蔵人頭	7, 9
黒田清隆	107, 119
クロムウェル	336, 341
軍機処	465
郡県制	439, 440, 457
郡国制	439, 440, 457
軍団	192
軍部大臣現役武官制	119

け

慶賀使	205
形勢戸	459
慶長の役	234
毛織物業	363
血税一揆	89
ケネディ	383
検非違使	7, 9
ケマル＝アタテュルク	482, 491
元寇	33, 234
元首政	287
玄奘	439, 441, 459
憲政党	119
玄宗	439, 440
建武式目	33
建武の新政	31
倹約令	64
権利の章典	341
権利の請願	336
元禄文化	65, 250, 255

こ

五・一五事件	
129, 135, 137, 143, 157, 235	
項羽	457
航海王子	327
公害対策基本法	173
江華島事件	
107, 109, 111, 235, 489	
康熙帝	440, 449, 465
紅巾の乱	440, 465
黄巾の乱	440, 457
孝謙天皇	17
孔子	459
交子・会子	443

洪秀全	481, 513
光緒帝	518
強訴	39
黄巣の乱	440
公地公民制	8
皇道派	129
公武合体	67, 193
興福寺仏頭	11
洪武帝	439, 440, 451
公民権法	491
康有為	385
紅楼夢	441
国王は君臨すれども統治せず	343
国学	67, 250, 267
国際連盟	383, 389
国際連盟脱退	
129, 153, 157, 233, 235	
石高	192
石高制	50, 53, 192
国土回復運動	471
国風文化	250
国分寺	275
国分寺建立の詔	17, 251
国分尼寺	275
国民学校	154
国民精神総動員運動	147
国民徴用令	154, 157
国立銀行	93
国立銀行条例	93
五賢帝	288
五山・十刹	251
後三条天皇	9
五・四運動	127, 233, 482
古事記	8

INDEX

コシャマイン	201
後白河上皇	9
後白河天皇	9
御成敗式目	30, 33, 191
五大改革	163
後醍醐天皇	31, 193, 217
国会開設の勅諭	90, 107, 121
国家総動員法	154, 157
国共合作	513
固定相場制	163
後鳥羽上皇	33
小村寿太郎	89, 91, 107, 117, 231
コモン＝センス	343
コルテス	327
ゴルバチョフ	423, 429
コロンブス	327
コンスタンツ公会議	313
コンスタンティヌス帝	
	287, 288, 293, 313
コンスタンティノープル	287
健児制度	25
墾田永年私財法	
	8, 15, 192, 225, 227

さ

サイクス・ピコ協定	381
西郷隆盛	107
最澄	251
財閥の解体	154
嵯峨天皇	9
坂上田村麻呂	7, 27, 203
酒屋役	39
冊封体制	459
桜田門外の変	67, 75
鎖国	51, 107

鎖国令	53
ササン朝ペルシア	468
指出検地	50, 53, 192
薩英戦争	67
薩長同盟	67
サライェヴォ事件	382, 389
サラディン	475
三・一独立運動	127, 482
産業革命	337, 361, 365
参勤交代	49, 51
三国干渉	91, 111, 121
三国協商	385
三国同盟	385
三十年戦争	315, 317
三世一身法	8, 15
三大発明	304
三部会	336
サンフランシスコ平和条約	155, 169
三民主義	481

し

シーア派	468, 473
ジェファソン	343
ジェントリ	315
四カ国条約	127, 128, 391
史記	457
地下請	39
始皇帝	439, 440, 457
四職	39
資治通鑑	441
ジズヤ	473
下地中分	29, 30, 192, 225, 227
七月革命	337
幣原外交	233
幣原喜重郎	128, 135, 143, 185, 233

地頭	29, 30, 193	承久の乱	29, 30, 33, 35, 191, 193
地頭請	29, 30, 192, 225, 227	商業革命	304
ジハード	473, 475	湘軍	513
シパーヒー	482	正長の土一揆	39, 215
シパーヒー（セポイ）の反乱	489	浄土教	17, 251, 275, 277
司馬光	441	聖徳太子	8
司馬遷	441, 457	正徳の治	51, 79, 247
島原の乱	51, 211, 215	浄土宗	29
下関条約	91, 109, 121	浄土信仰	248
謝恩使	205	浄土真宗	29, 277
シャクシャイン	203	昌平坂学問所	267
朱印船貿易	51, 53, 247	承平・天慶の乱	215
周恩来	497	障壁画	249
修学院離宮	53	聖武天皇	8, 17
十月（十一月）革命	389	昭和恐慌	129, 135, 137, 157
十字軍	289, 313, 475	初期議会	91
重商主義		贖宥状	303, 313
	316, 317, 318, 323, 336	諸国民戦争	336
自由党	90, 107, 119, 121	諸社禰宜神主法度	49
自由民権運動	90, 107	諸宗寺院法度	49
十四カ条の平和原則	381, 389, 491	女真族	465
綜芸種智院	250, 267	ジョン王	341
守護	30, 39, 193	ジョンソン	483
守護請	192, 225	白河上皇	9, 23
守護大名	31	新羅	17
朱子学	271, 447	秦	457
首長法	303, 305	清	449
ジュネーブ休戦協定		辛亥革命	440, 481
	429, 483, 497, 501	神曲	304
書院造	249	新経済政策（ネップ）	403
蒋介石	482, 513	人権宣言	336, 375
蒸気機関	337, 363	真言宗	251, 277
蒸気機関車	337, 363	薪水給与令	65, 75
蒸気船	363	新選挙法	154

INDEX

寝殿造	249	雪舟	53, 250
新補地頭	33	摂政	7
進歩党	119	節度使	439, 440
人民戦線	383	全権委任法	401
人民戦線内閣	399, 403	戦後恐慌	231
親鸞	29	戦時共産主義	399, 403

す / そ

推古天皇	8, 11	曾国藩	513
スカルノ	497, 501	惣村	39
菅原道真	7, 9	曹洞宗	29
数奇屋造	249	惣無事令	50, 81
スティーヴンソン	363	蘇我馬子	11
崇徳上皇	9, 23, 27, 211, 221	蘇我蝦夷	8, 207
スハルト	497	租庸調制	439, 440
スペイン内戦	383, 399	ゾロアスター教	468
スレイマン1世	489	孫文	481
スンナ派	468, 473		

せ / た

世阿弥	39, 255	ターリバーン	509
西安事件	233	第1回衆議院議員総選挙	119
征韓論	107	第1次5カ年計画	397
清教徒（ピューリタン）革命	341	第1次護憲運動	119
製紙法	441	第1次世界大戦	382
聖遷（ヒジュラ）	473	第1次山県有朋内閣	121
聖像禁止令	313	第1次若槻礼次郎内閣	135
西太后	385	大学	250, 267
西南戦争	90, 215	大覚寺統	41
セオドア＝ルーズベルト	111	大化の改新	8, 21, 207
世界恐慌	383, 403	大憲章	341, 431
世界の工場	361, 365	太閤検地	50, 53, 225, 227
関ヶ原の戦い	51	対抗（反）宗教改革	305
関銭	39	醍醐天皇	7
責任内閣制	341	太政大臣	9, 22
石油戦略	503	大正デモクラシー	127
		大政奉還	67, 193

大戦景気	231	知藩事	95
大都	461	チャーティスト運動	365
第2次護憲運動	119, 128, 137	茶法	336
第2次世界大戦	154	中華人民共和国	482, 497, 513
大日本帝国憲法	91	中華民国	513
代表なくして課税なし	343, 359	中国共産党	513
大仏造立の詔	251	趙匡胤	439, 440
太平天国の乱	481, 489, 513, 519	張騫	439
太平洋戦争	154, 235, 411	朝貢貿易	239, 449
大躍進	513	張作霖爆殺事件	135
太陽の沈まぬ国	327	逃散	39
第4次中東戦争	503	朝鮮出兵	239
平清盛	9, 23, 193, 211	朝鮮戦争	155, 497, 511
平将門	7, 27, 215	朝鮮総督府	235, 489
平将門の乱	9	朝鮮通信使	239
多賀城	7, 17, 27	朝鮮特需	231
高松塚古墳壁画	11, 250, 279	徴兵制	89
高床倉庫	8	徴兵令	93, 95, 192
滝沢馬琴	65	チンギス=ハン	460
足高の制	66, 69, 79, 81	鎮護国家	251
橘諸兄	21	鎮西探題	30
竪穴住居	8	**つ**	
田中義一内閣	128, 135	筑紫国造磐井	11
田沼意次	66, 79	津料	39
タラス河畔の戦い	467, 468	徒然草	257
単一為替レート	155	**て**	
ダンテ	304	帝国主義	385
壇の浦の戦い	23	ティムール帝国	467, 469, 471, 475
ち		鄭和	439, 451, 465
治安維持法	119, 128, 137	鄭和の南海遠征	440, 449
チェチェン	423	テオドシウス帝	288, 293
近松門左衛門	250	デタント	383
地租改正	93, 192, 225, 229	鉄血政策	343
秩禄処分	90, 121	寺請制度	49

INDEX

寺子屋	267	独立宣言	336, 343
殿試	447	ド=ゴール	429
天台宗	251, 277	土佐日記	249
天智天皇	8	ドッジ=ライン	155
天皇機関説	127	杜甫	441
田畑永代売買禁止令	191	トマス=ペイン	336, 343
天平文化	8, 250	トマス=モア	307
天保の改革	66, 79	富岡製糸場	89
天保の飢饉	211	豊臣秀吉	50, 53
天武天皇	8, 15	トラファルガー海戦	336, 379
天明の飢饉	191	トラヤヌス帝	288
典礼問題	449	トリエント公会議	305

と

ドイツ帝国	337, 343	トルーマン	383
統一法	305	トルーマン=ドクトリン	
トゥール・ポワティエ間の戦い			359, 383, 415, 429
	467, 468, 471, 475	奴隷解放宣言	337, 343, 355
東学党の乱	111	奴隷貿易	327

な

統監府	235	中先代の乱	217
道鏡	17	中臣鎌足	8, 21, 207
唐招提寺	275	中大兄皇子	8, 21, 207
東条英機内閣	154	長屋王	21
鄧小平	511	名主	65
統制派	129	ナポレオン3世	337
東大寺	249	南京条約	481
東大寺大仏	8	ナントの勅令	305, 315
東大寺の大仏建立の詔	275	南都六宗	251, 277
徳川家康	51, 247	南蛮人	247, 253
徳川綱吉	51, 267	南北戦争	337, 343, 359
徳川慶喜	67, 193	南北朝の合体	31
徳川吉宗	73	南北朝の動乱	217

に

特需景気	231	二月革命	337
得宗	29, 30	二月（三月）革命	389
独ソ不可侵条約	411		

ニクソン	181, 482, 483
ニケーアの公会議	313
二十一カ条の要求	
	128, 235, 389, 490
日英同盟	111, 121, 231, 389
日独伊三国軍事同盟	154
日米安全保障条約	155, 169
日米修好通商条約	67, 77, 83, 109,
	117, 193, 197, 231, 243
日米和親条約	67, 75, 109, 243
日明貿易	234
日露戦争	91, 121
日露和親条約	235
日韓基本条約	501
日韓協約	109, 235
日清修好条規	109
日清戦争	91, 111
日宋貿易	23
日ソ基本条約	128, 231
日ソ共同宣言	155
日ソ中立条約	411
新田義貞	211
日中戦争	143, 157, 233, 235
日朝修好条規	
	107, 109, 111, 235, 489
二・二六事件	129, 215, 235
ニハーヴァンドの戦い	473, 475
日本海海戦	111
日本書紀	8
日本町	247
ニューディール政策	
	359, 383, 399, 403

ね

ネルチンスク条約	321, 323

の

能楽	39
農業革命	361
農地改革	154, 192
ノルマントン号事件	117

は

廃刀令	90
廃藩置県	90, 95
パキスタン	497, 503
白居易	441
白村江の戦い	234
バグダード鉄道の敷設権	382
白鳳文化	11, 250
バスティーユ牢獄襲撃（事件）	
	336, 375, 431
支倉常長	51
バテレン追放令	50, 239
鳩山一郎内閣	155
浜口雄幸内閣	
	129, 135, 137, 143, 157
ハラージュ	473
パリ講和会議	391
バルチック艦隊	111
バルフォア宣言	381
バングラデシュ	483, 497, 503
パン＝ゲルマン主義	389
パン＝スラヴ主義	389
半済令	192, 225, 227
版籍奉還	90, 95
班田収授	229
班田収授法	8, 192, 225, 227
バンドン会議	415, 495

ひ

東インド会社	315, 316

INDEX

東山文化	249, 250
引付衆	30, 33
ピサロ	327
ビスマルク	343
人返しの法	66, 79, 191
人掃令	50, 53
ヒトラー	383, 403
日比谷焼打ち事件	91, 111, 153
非暴力・不服従運動	495
ピューリタン革命	336, 339
評定衆	30, 33
平等院鳳凰堂	21, 248
ピョートル1世（大帝）	317
平田篤胤	67

ふ

ファーティマ朝	475
ファシズム	383
賦役黄冊	439
フェリペ2世	327
普墺（プロイセン＝オーストリア）戦争	337
武家諸法度	49, 51
武家伝奏	193
フサイン＝マクマホン協定	381
藤原純友	7, 9, 42, 215
藤原仲麻呂	17
藤原広嗣	21
藤原冬嗣	7
藤原道長	7, 9, 21, 27
藤原良房	7, 9, 21, 27
藤原頼通	21
扶清滅洋	481
フス派	313
普通選挙法	119, 127, 128, 137

復古神道	67
武帝	440
フビライ	30, 234, 439, 440, 461, 517
普仏戦争	343
府兵制	439, 440
フラグ	440, 461, 467, 475
ブラジル	327
プラッシーの戦い	489
プラハの春	429
フランク王国	289
フランクリン＝ルーズベルト	359, 381, 383, 399
フランコ	383, 399
フランシスコ＝ザビエル	305
フランス民法典	336
フリードリヒ大王（2世）	317
フルシチョフ	429
フルトン	363
プレヴェザ海戦	475
ブロック経済	383, 399
プロレタリア文化大革命	511
ブワイフ朝	473
分国法	50
文治主義	439, 440
文禄の役	234

へ

平治の乱	9, 23, 211
米西戦争	483
平和十原則	495, 501
北京条約	481
ベトナム戦争	429, 483, 497
ベトナム和平協定	483
ペルシア戦争	468

ベルリン会議	469	本地垂迹説	251
ベルリンの壁	423, 427	本末制度	49
ベルリン封鎖	415	**ま**	
ペレストロイカ	423	マーシャル=プラン	359
変動相場制	163	マグナ=カルタ	341
変法運動	385	磨製石器	8
ヘンリ8世	303, 305	マゼラン	327
ほ		松尾芭蕉	65
法家思想	440, 441	マッカーサー	154
封建制	439, 440	松方財政	91
封建的特権の廃止	367	松方正義	89, 91
保元の乱	9, 23, 27, 211	松平定信	66, 79
北条貞時	30	末法思想	251, 275, 277
北条時政	30	松前藩	203
北条時宗	30	マテオ=リッチ	465
北条時頼	30	マニュファクチュア	316
北条泰時	30, 33	マムルーク（朝）	468, 473, 475
北条義時	30, 33	マルコ=ポーロ	439, 441
法然	29	満州国	129, 135, 153, 235
法隆寺	251	満州事変	
法隆寺金堂釈迦三尊像	11	129, 135, 153, 157, 233, 235	
ポエニ戦争	287, 288	満州族	449, 465
ホー=チ=ミン	497	万葉集	8
ポーツマス条約	91, 109, 111	**み**	
北爆	483	水野忠邦	66, 75, 79
北面の武士	33	ミッドウェー海戦	
北虜南倭	440, 465	154, 157, 233, 235, 411	
戊辰戦争	67	源頼朝	33
ボストン茶会事件	336	美濃部達吉	127
ホスロー1世	468	身分統制令	53
細川勝元	50, 211	ミラノ勅令	287, 288, 293, 313
ポツダム宣言	154, 235	明	449
ボッティチェリ	307	民撰議院設立の建白書	90, 107
北方戦争	317	民党	91, 119, 121

INDEX

民本主義	127

む

ムアーウィヤ	471
ムガル帝国	469
無制限潜水艦作戦	381, 382, 389
ムッソリーニ	383
陸奥宗光	89, 91, 95, 117, 231
無敵艦隊	315, 321, 323, 327
ムハンマド	468, 473, 475
村方騒動	65

め

名誉革命	336, 339, 341
滅満興漢	481
メディチ家	304
綿織物業	363
免罪符	303, 313

も

孟子	459
毛沢東	482, 497, 513
本居宣長	67
物部守屋	11
桃山文化	249, 250
モラトリアム	128
門戸開放宣言	357
文字の獄	451
モンテ＝コルヴィノ	441
モンロー宣言	347, 353, 357

や

八色の姓	15
八幡製鉄所	91
山県有朋	119
山田長政	51
山名持豊	50, 211

ゆ

ユートピア	307
ユグノー戦争	305
ユトレヒト同盟	315, 316
ユンカー	315, 317

よ

楊堅	439, 440
煬帝	439, 440
陽明学	465
吉野作造	127
予定説	303, 305

ら

ライプチヒの戦い	336
楽市・楽座令	50, 53
羅針盤	304, 307

り

利益線	119
李鴻章	513
里甲制	439, 440
李氏朝鮮	234
李承晩	501
李世民	439, 440
立憲改進党	90, 107, 121
リットン調査団	143, 153
律令格式	443
李白	441
琉球王国	203, 205
琉球処分	205
柳条湖事件	129, 153, 233
劉邦	440
領事裁判権	89, 91, 107, 109, 117, 125, 183, 235, 489
両税法	439, 440
遼東半島	111, 121

緑営	465	ワシントン	336, 355
旅順・大連	120	ワシントン会議	128, 153
リンカン	337, 343	ワシントン海軍軍縮条約	391
臨済宗	29, 251, 275, 277	ワシントン体制	128
林則徐	481	ワット	337, 363
		湾岸戦争	509

る

ルイ14世	315, 317
ルイ＝ナポレオン	337
ルイ＝フィリップ	337
ルター	303, 304, 305, 313
ルネサンス	304, 307

れ

冷戦	383
レーニン	382
レオナルド＝ダ＝ヴィンチ	307
レパントの海戦	315, 316, 467, 469
連署	30

ろ

労働組合法	154
ローマ帝国	287
ローマの平和	288
ローマ法大全	293
ローラット法	482, 491
六波羅探題	29, 30, 191, 193
盧溝橋事件	143, 153, 233, 235
露土戦争	469
ロンドン海軍軍縮会議	215
ロンドン海軍軍縮条約	135, 143

わ

ワールシュタットの戦い	
	440, 461, 467, 471
淮軍	513
隈板内閣	91, 119
ワグナー法	403

2022-2023年合格目標
公務員試験 本気で合格！ 過去問解きまくり！
⑤人文科学Ⅰ

| 2019年11月20日 | 第1版 | 第1刷発行 |
| 2021年11月15日 | 第3版 | 第1刷発行 |

編著者● 株式会社　東京リーガルマインド
　　　　LEC総合研究所　公務員試験部

発行所● 株式会社　東京リーガルマインド
　　　　〒164-0001　東京都中野区中野4-11-10
　　　　アーバンネット中野ビル
　　　　LECコールセンター　☎ 0570-064-464

受付時間　平日9：30～20：00/土・祝10：00～19：00/日10：00～18：00
※このナビダイヤルは通話料お客様ご負担となります。

　　　　書店様専用受注センター　TEL 048-999-7581 / FAX 048-999-7591

受付時間　平日9：00～17：00/土・日・祝休み

　　　　www.lec-jp.com/

カバーイラスト●ざしきわらし
印刷・製本●情報印刷株式会社

©2021 TOKYO LEGAL MIND K.K., Printed in Japan　　　　ISBN978-4-8449-0727-5
複製・頒布を禁じます。
本書の全部または一部を無断で複製・転載等することは，法律で認められた場合を除き，
著作者及び出版者の権利侵害になりますので，その場合はあらかじめ弊社あてに許諾を
お求めください。
なお，本書は個人の方々の学習目的で使用していただくために販売するものです。弊社
と競合する営利目的での使用等は固くお断りいたしております。
落丁・乱丁本は，送料弊社負担にてお取替えいたします。出版部（TEL03-5913-6336）ま
でご連絡ください。

あなたに向いた「公務員」はこれ

公務員適職 Navigator

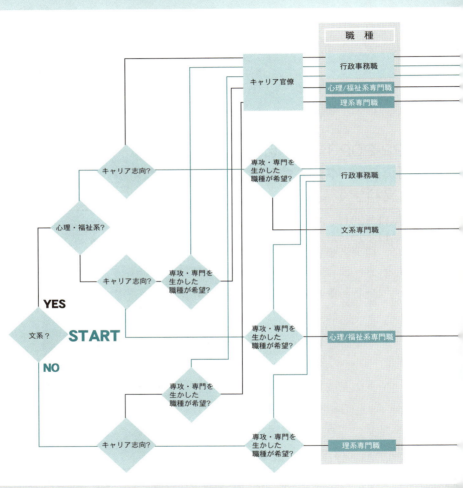

公務員の魅力

企業の利潤追求のためではなく
人のため、社会のために働く

充実感とやり甲斐

給与・休暇・福利厚生
仕事も人生も大切にできる

充実した**勤務条件**

公務員試験について知ろう!!

公務員試験とは… 　　よくある質問集…

詳しくは　LEC　公務員　検索

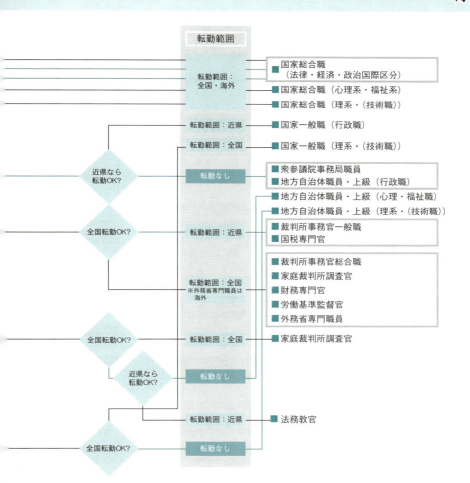

ゼネラリストからスペシャリストまで
自分を活かせる仕事に必ず出会える

多種多様な職種

試験で客観的・公平・公正に評価
だから、努力が確実に採用につながる

採用の透明性

平等な評価、充実の育休・産休
女性でも思う存分活躍できる　**男女平等**

公務員試験攻略はLECにおまかせ！
LEC大卒程度 公務員試験 書籍のご紹介

過去問対策

公務員試験 本気で合格！過去問解きまくり！

最新過去問を収録し、最新の試験傾向がわかる過去問題集。入手困難な地方上級の再現問題も収録し、充実した問題数が特長。類似の問題を繰り返し解くことで、知識の定着と解法パターンの習得が図れます。講師が選ぶ「直前復習」で直前期の補強にも使えます。
※『2022-2023年合格目標』版の①、②、④巻には、無料解説動画がつきます。
　詳しくは該当書籍をご覧ください。

教養科目

① 数的推理・資料解釈　定価 1,980円
② 判断推理・図形　定価 1,980円
③ 文章理解　定価 1,980円
④ 社会科学　定価 2,090円
⑤ 人文科学Ⅰ　定価 1,980円
⑥ 人文科学Ⅱ　定価 1,980円
⑦ 自然科学Ⅰ　定価 1,980円
⑧ 自然科学Ⅱ　定価 1,980円

専門科目

⑨ 憲法　定価 2,090円
⑩ 民法Ⅰ　定価 2,090円
⑪ 民法Ⅱ　定価 2,090円
⑫ 行政法　定価 2,090円
⑬ ミクロ経済学　定価 1,980円
⑭ マクロ経済学　定価 1,980円
⑮ 政治学　定価 1,980円
⑯ 行政学　定価 1,980円
⑰ 社会学　定価 1,980円
⑱ 財政学　定価 1,980円

※価格は、税込(10%)です。

数的処理対策

岡野朋一の算数・数学のマスト

LEC専任講師
岡野朋一 著
定価 1,320円

「小学生のころから算数がキライ」「数的処理って苦手。解ける気がしない」を解決！LEC人気講師が数的推理の苦手意識を払拭！[数学ギライ]から脱出させます！

畑中敦子 数的処理シリーズ

畑中敦子 著

大卒程度
数的推理の大革命！令和版　定価 1,980円
判断推理の新兵器！令和版　定価 1,980円
資料解釈の最前線！令和版　定価 1,540円

高卒程度　天下無敵の数的処理！令和版　各定価 1,650円
① 判断推理・空間把握編　② 数的推理・資料解釈編

「ワニ」の表紙でおなじみ、テクニック満載の初学者向けのシリーズ。LEC秘蔵の地方上級再現問題も多数掲載！ワニの"小太郎"が、楽しく解き進められるよう、皆さんをアシストします。「天下無敵」は数処理の問題に慣れるための腕試しにオススメです！

※価格は、税込(10%)です。

LEC公務員サイト

LEC独自の情報満載の公務員試験サイト！
www.lec-jp.com/koumuin/

最新情報試験データなど

ここに来れば「公務員試験の知りたい」のすべてがわかる!!

LINE公式アカウント [LEC公務員]

公務員試験に関する全般的な情報をお届けします！
さらに学習コンテンツを活用して公務員試験対策もできます。
友だち追加はこちらから！

@leckoumuin

❶ **公務員を動画で紹介！「公務員とは？」**
　公務員についてよりわかりやすく動画で解説！
❷ **LINE でかんたん公務員受験相談**
　公務員試験に関する疑問・不明点をトーク画面に送信するだけ！
❸ **復習に活用！「一問一答」**
　公務員試験で出題される科目を○×解答！
❹ **LINE 限定配信！学習動画**
　公務員試験対策に役立つ動画を LINE 限定配信!!
❺ **LINE 登録者限定！オープンチャット**
　同じ公務員を目指す仲間が集う場所

公務員試験 応援サイト 直前対策＆成績診断
www.lec-jp.com/koumuin/juken/

～行政職だけじゃない！ 理系（技術職）、心理福祉職にも対応～
LECの公務員講座は充実のラインナップ

LECの講座には、さまざまな公務員試験に対応した講座があります。
めざす職種に特化したカリキュラムと
万全の面接対策で確実な上位合格を目指しましょう。

地方上級職 / 国家一般職（行政）/ 市役所
都道府県庁・政令指定都市の幹部候補 / 中央省庁の中堅幹部候補

地方上級職は、各都道府県や市役所において、幹部職員候補としてその自治体の行政に関する企画立案から政策活動の実施までの全てに関わるゼネラリストです。国家公務員一般職は、中央省庁の行政の第一線で政策の実施に携わります。基本的にはゼネラリスト的な職種です。

国家総合職・外務専門職
国政、世界を動かすキャリア官僚

いわゆる「キャリア組」といわれ、本省庁の幹部候補生となります。幹部候補生には幅広い視野と見識が必要とされるため、短期間で異動する幹部養成コースを歩み、ゼネラリストを目指すことになります。異動は本省庁内、あるいは地方、海外とを交互に勤め、徐々に昇進していくことになります。非常にハードですが、大変やりがいのある仕事だといえます。

心理・福祉系公務員
心や身体のケアを通して社会貢献

公務員の心理職・福祉職は、公的機関において「人に関わり、その人の抱える問題を共に考え、問題解決をサポートする」仕事です。人に深く関わり、その人の将来に影響を与えるこれらの仕事は責任も大きいですが、その分やりがいも大きいのが最大の魅力です。

理系（技術職）公務員
理系の知識を生かせるフィールド

それぞれの専門を活かした幅広い分野の業務に当たります。道路や社会資本の整備や、農業振興、水質管理、森林保全など専門的な知識が求められる仕事が中心業務となります。

消防官
消火・救急・救助のプロ

消防官（消防士）は、火災の消化や救急によって、人々の安全を守る仕事です。地方自治体の消防本部や消防署に所属しており、「消火」、「救助」、「救急」、「防災」、「予防」といった活動を主な任務としています。

警察官
市民の安全・平和を守る正義の味方

警察官は、犯罪の予防や鎮圧・捜査、被疑者の逮捕、交通の取締り、公共の安全と秩序の維持に当たることなどが、その責務とされています。この責務を果たすため、警察官は、刑事警察、地域警察、交通警察などの各分野で日々研鑽を積みながら職務に従事し、市民の安全・安心な生活を守っています。

**資料請求・講座の詳細・
相談会のスケジュールなどについては、
LEC公務員サイトをご覧ください。**

http://www.lec-jp.com/koumuin/

LEC公開模試

多彩な本試験に対応できる

毎年、全国規模で実施するLECの公開模試は国家総合職、国家一般職、地方上級だけでなく国税専門官や裁判所職員といった専門職や心理・福祉系公務員、理系（技術職）公務員といった多彩な本試験に対応できる模試を実施しています。職種ごとの試験の最新傾向を踏まえた公開模試で、本試験直前の総仕上げは万全です。どなたでもお申し込みできます。

【2022年度実施例】

	職種	対応状況
国家総合職	法律	基礎能力（択一式）試験,専門（択一式）試験,専門（記述式）試験,政策論文試験
	経済	
	人間科学	基礎能力（択一式）試験,専門（択一式）試験,政策論文試験
	工学	基礎能力（択一式）試験,政策論文試験,専門（択一式）試験は、一部科目のみ対応。
	政治・国際	基礎能力（択一式）試験,政策論文試験
	化学・生物・薬学	
	農業科学・水産	
	農業農村工学	
	数理科学・物理・地球科学	
	森林・自然環境	
	デジタル	

	職種	対応状況
国家一般職	行政	基礎能力（択一式）試験,専門（択一式）試験,一般論文試験
	デジタル・電気・電子	基礎能力（択一式）試験,専門（択一式）試験
	土木	
	化学	
	農学	
	建築	
	機械	基礎能力（択一式）試験,専門（択一式）の一部試験（工学の基礎）
	物理	
	農業農村工学	基礎能力（択一式）試験
	林学	

	職種	対応状況
国家専門職	国税専門官	基礎能力（択一式）試験,専門（択一式）試験,専門（記述式）試験
	財務専門官	
	労働基準監督官A	
	法務省専門職員（人間科学）	
	労働基準監督官B	基礎能力（択一式）試験
裁判所職員	家庭裁判所調査官補	基礎能力（択一式）試験,専門（記述式）試験,政策論文試験
	裁判所事務官（大卒程度・一般職）	基礎能力（択一式）試験,専門（択一式）試験,専門（記述式）試験,小論文試験

	職種	対応状況
警察官・消防官・その他※	警察官（警視庁）	教養（択一式）試験,論（作）文試験,国語試験
	警察官（道府県警）	教養（択一式）試験,論（作）文試験
	消防官（東京消防庁）	
	市役所消防官	教養（択一式）試験
	国立大学法人等職員	
	高卒程度（事務）	教養（択一式）試験,適性試験,作文試験
	高卒程度（警察官・消防官）	教養（択一式）試験,作文試験

	職種	対応状況
地方上級・市役所など※	東京都I類B事務（一般方式）	教養（択一式）試験,専門（記述式）試験,教養論文試験
	東京都I類B事務（新方式）	教養（択一式）試験
	東京都I類B技術（一般方式）	教養（択一式）試験,教養論文試験
	東京都I類Bその他（一般方式）	
	特別区I類事務（一般方式）	教養（択一式）試験,専門（択一式）試験,教養論文試験
	特別区I類技術・その他	教養（択一式）試験,教養論文試験
	北海道庁	職務基礎力試験,小論文試験
	全国型	教養（択一式）試験,専門（択一式）試験,教養論文試験
	関東型	
	中部北陸型	
	知能重視型	
	心理職	
	福祉職	
	土木	
	建築	
	電気・情報	
	化学	
	農学	
	横浜市	教養（択一式）試験,論文試験
	札幌市	総合試験
	機械	教養（択一式）試験,教養論文試験
	その他技術	
	市役所（事務上級）	教養（択一式）試験や論（作）文試験
	市役所（教養のみ・その他）	教養（択一式）試験,論（作）文試験
	経験者採用	教養（択一式）試験,経験者論文試験,論（作）文試験

※「地方上級・市役所」「警察官・消防官・その他」の筆記試験につきましては、LECの模試と各自治体実施の本試験とで、出題科目・出題数・試験時間などが異なる場合がございます。

資料請求・模試の詳細などについては、LEC公務員サイトをご覧ください。

http://www.lec-jp.com/koumuin/

最新傾向を踏まえた公開模試

本試験リサーチからみえる最新の傾向に対応

本試験受験生からリサーチした、本試験問題別の正答率や本試験受験者全体の正答率から見た受験生レベル、本試験問題レベルその他にも様々な情報を集約し、最新傾向にあった公開模試の問題作成を行っています。LEC公開模試を受験して本試験予想・総仕上げを行いましょう。

信頼度の高い成績分析

充実した個人成績表と総合成績表であなたの実力がはっきり分かる

～LEC時事対策～
『時事ナビゲーション』

『時事ナビゲーション』とは…

公務員試験で必須項目の「時事・社会事情」の学習を日々進めることができるように、その時々の重要な出来事について、公務員試験に対応する形で解説した記事を毎週金曜日に配信するサービスです。
PCやスマートフォンからいつでも閲覧することができ、普段学習している時間の合間に時事情報に接していくことで、択一試験の時事対策だけでなく、面接対策や論文試験対策、集団討論対策にも活用することができます。
※当サービスを利用するためにはLEC時事対策講座『時事白書ダイジェスト』をお申込いただく必要があります。

時事ナビゲーションコンテンツ

① ポイント時事

公務員試験で出題される可能性の高い出来事について、LEC講師陣が試験で解答するのに必要な知識を整理して提供します。単に出来事を「知っている」だけではなく、「理解」も含めて学習するためのコンテンツです。

② 一問一答

「ポイント時事」で学習した内容を、しっかりとした知識として定着させるための演習問題です。
学習した内容を理解しているかを簡単な質問形式で確認できます。質問に対する答えを選んで「解答する」をクリックすると正答と、解説が見られます。

時事ナビゲーションを利用するためには……

「時事ナビゲーション」を利用されたい方はお近くのLEC本校または、コールセンターにて「時事白書ダイジェスト」をお申込ください。お申込み完了後、Myページよりご利用いただくことができます。

詳しくはこちら　時事ナビゲーション　検索

こう使え！ 時事ナビゲーション活用術
教養択一対策に使え！
時事・社会事情の択一試験は、正確な時事知識をどれだけ多く身につけるかに尽きます。そのために「ポイント時事」で多くの知識をインプットし、「一問一答」でアウトプットの練習を行います。

専門択一対策に使え！
経済事情や財政学、国際関係は時事的な問題が多く出題されます。「時事ナビゲーション」を使って、その時々の重要な時事事項を確認することができます。講義の重要論点の復習にも活用しましょう！

教養論文対策に使え！
自治体をはじめ、多くの公務員試験で出題される教養論文は課題式となっています。その課題は、その時々で関心の高い出来事や社会問題となっている事項が選ばれます。正確な時事知識は、教養論文の内容に厚みを持たせることができるとともに、説得力ある文章を書くのにも役立ちます。

面接・集団討論対策に使え！
面接試験では、関心を持った出来事やそれに対する意見が求められることがあります。また、集団討論のテーマも時事要素の強いテーマが頻出です。これらの発言に説得力を持たせるためにも「時事ナビゲーション」を活用しましょう。

時事ナビゲーションを活用！〜合格者の声〜

時事ナビゲーションの見出しはニュースなどで見聞きしたものがありましたが、キーワードの意味や詳しい内容などを知らないケースが多々ありました。そこで、電車などの移動時間で一問一答をすることで内容の理解に努めるようにしていました！

私は勉強を始めるのが遅かったためテレビや新聞を読む時間がほとんどありませんでした。時事ナビゲーションではこの一年の出来事をコンパクトにまとめてくれており、また重要度も一目で分かるようにしてくれているのでとても分かりやすかったです。

毎週更新されるため、週に1回内容をチェックすることを習慣としていました。移動中や空き時間を活用してスマホで時事をチェックしていました。

詳しくはこちら⇒ www.lec-jp.com/koumuin/

■お電話での講座に関するお問い合わせ 平日：9:30〜20:00　土祝：10:00〜19:00　日：10:00〜18:00
※このナビダイヤルは通話料お客様ご負担になります。※固定電話・携帯電話共通（一部のPHS・IP電話からのご利用可能）。

LECコールセンター　0570-064-464

LEC Webサイト ▷▷▷ www.lec-jp.com/

情報盛りだくさん！

資格を選ぶときも、
講座を選ぶときも、
最新情報でサポートします！

▶最新情報
各試験の試験日程や法改正情報、対策講座、模擬試験の最新情報を日々更新しています。

▶資料請求
講座案内など無料でお届けいたします。

▶受講・受験相談
メールでのご質問を随時受付けております。

▶よくある質問
LECのシステムから、資格試験についてまで、よくある質問をまとめました。疑問を今すぐ解決したいなら、まずチェック！

▶書籍・問題集（LEC書籍部）
LECが出版している書籍・問題集・レジュメをこちらで紹介しています。

充実の動画コンテンツ！

ガイダンスや講演会動画、
講義の無料試聴まで
Webで今すぐCheck！

▶動画視聴OK
パンフレットやWebサイトを見てもわかりづらいところを動画で説明。いつでもすぐに問題解決！

▶Web無料試聴
講座の第1回目を動画で無料試聴！気になる講義内容をすぐに確認できます。

スマートフォン・タブレットからはQRコードでのアクセスが便利です。▷▷▷

自慢のメールマガジン配信中！（登録無料）

LEC講師陣が毎週配信！ 最新情報やワンポイントアドバイス、改正ポイントなど合格に必要な知識をメールにて毎週配信。

www.lec-jp.com/mailmaga/

LEC E学習センター

新しい学習メディアの導入や、Web学習の新機軸を発信し続けています。また、LECで販売している講座・書籍などのご注文も、いつでも可能です。

online.lec-jp.com/

LEC 電子書籍シリーズ

LECの書籍が電子書籍に！ お使いのスマートフォンやタブレットで、いつでもどこでも学習できます。
※動作環境・機能につきましては、各電子書籍ストアにてご確認ください。

www.lec-jp.com/ebook/

LEC書籍・問題集・レジュメの紹介サイト **LEC書籍部** www.lec-jp.com/system/book/

- LECが出版している書籍・問題集・レジュメをご紹介
- 当サイトから書籍などの直接購入が可能（＊）
- 書籍の内容を確認できる「チラ読み」サービス
- 発行後に判明した誤字等の訂正情報を公開

＊商品をご購入いただく際は、事前に会員登録（無料）が必要です。
＊購入金額の合計・発送する地域によって、別途送料がかかる場合がございます。

※資格試験によっては実施していないサービスがありますので、ご了承ください。

LEC 全国学校案内

＊講座のお問合せ、受講相談は最寄りのLEC各校へ

LEC本校

■ 北海道・東北

札　幌本校　　☎011(210)5002
〒060-0004 北海道札幌市中央区北4条西5-1　アスティ45ビル

仙　台本校　　☎022(380)7001
〒980-0021 宮城県仙台市青葉区中央3-4-12
仙台ＳＳスチールビルⅡ

■ 関東

渋谷駅前本校　　☎03(3464)5001
〒150-0043 東京都渋谷区道玄坂2-6-17　渋東シネタワー

池　袋本校　　☎03(3984)5001
〒171-0022 東京都豊島区南池袋1-25-11　第15野萩ビル

水道橋本校　　☎03(3265)5001
〒101-0061 東京都千代田区神田三崎町2-2-15　Daiwa三崎町ビル

新宿エルタワー本校　　☎03(5325)6001
〒163-1518 東京都新宿区西新宿1-6-1　新宿エルタワー

早稲田本校　　☎03(5155)5501
〒162-0045 東京都新宿区馬場下町62　三朝庵ビル

中　野本校　　☎03(5913)6005
〒164-0001 東京都中野区中野4-11-10　アーバンネット中野ビル

立　川本校　　☎042(524)5001
〒190-0012 東京都立川市曙町1-14-13　立川MKビル

町　田本校　　☎042(709)0581
〒194-0013 東京都町田市原町田4-5-8　町田イーストビル

横　浜本校　　☎045(311)5001
〒220-0004 神奈川県横浜市西区北幸2-4-3　北幸GM21ビル

千　葉本校　　☎043(222)5009
〒260-0015 千葉県千葉市中央区富士見2-3-1　塚本大千葉ビル

大　宮本校　　☎048(740)5501
〒330-0802 埼玉県さいたま市大宮区宮町1-24　大宮GSビル

■ 東海

名古屋駅前本校　　☎052(586)5001
〒450-0002 愛知県名古屋市中村区名駅3-26-8
ＫＤＸ名古屋駅前ビル

静　岡本校　　☎054(255)5001
〒420-0857 静岡県静岡市葵区御幸町3-21　ペガサート

■ 北陸

富　山本校　　☎076(443)5810
〒930-0002 富山県富山市新富町2-4-25　カーニープレイス富山

■ 関西

梅田駅前本校　　☎06(6374)5001
〒530-0013 大阪府大阪市北区茶屋町1-27　ABC-MART梅田ビル

難波駅前本校　　☎06(6646)6911
〒542-0076 大阪府大阪市中央区難波4-7-14　難波フロントビル

京都駅前本校　　☎075(353)9531
〒600-8216 京都府京都市下京区東洞院通七条下ル2丁目
東塩小路町680-2　木村食品ビル

京　都本校　　☎075(353)2531
〒600-8413　京都府京都市下京区烏丸通仏光寺下ル
大政所町680-1 第八長谷ビル

神　戸本校　　☎078(325)0511
〒650-0021 兵庫県神戸市中央区三宮町1-1-2　三宮セントラルビル

■ 中国・四国

岡　山本校　　☎086(227)5001
〒700-0901 岡山県岡山市北区本町10-22　本町ビル

広　島本校　　☎082(511)7001
〒730-0011 広島県広島市中区基町11-13　合人社広島紙屋町アネクス

山　口本校　　☎083(921)8911
〒753-0814 山口県山口市吉敷下東 3-4-7　リアライズⅢ

高　松本校　　☎087(851)3411
〒760-0023 香川県高松市寿町2-4-20　高松センタービル

松　山本校　　☎089(961)1333
〒790-0003 愛媛県松山市三番町7-13-13　ミツネビルディング

■ 九州・沖縄

福　岡本校　　☎092(715)5001
〒810-0001 福岡県福岡市中央区天神4-4-11　天神ショッパーズ
福岡

那　覇本校　　☎098(867)5001
〒902-0067 沖縄県那覇市安里2-9-10　丸姫産業第2ビル

■ EYE関西

EYE 大阪本校　　☎06(7222)3655
〒530-0013　大阪府大阪市北区茶屋町1-27　ABC-MART梅田ビル

EYE 京都本校　　☎075(353)2531
〒600-8413　京都府京都市下京区烏丸通仏光寺下ル
大政所町680-1 第八長谷ビル

【LEC公式サイト】www.lec-jp.com/

QRコードからかんたんアクセス！

LEC提携校

＊提携校はLECとは別の経営母体が運営をしております。
＊提携校は実施講座およびサービスにおいてLECと異なる部分がございます。

■ 北海道・東北

北見駅前校【提携校】 ☎0157(22)6666
〒090-0041　北海道北見市北1条西1-8-1　一燈ビル　志学会内

八戸中央校【提携校】 ☎0178(47)5011
〒031-0035　青森県八戸市寺横町13　第1朋友ビル　新教育センター内

弘前校【提携校】 ☎0172(55)8831
〒036-8093　青森県弘前市城東中央1-5-2　まなびの森　弘前城東予備校内

秋田校【提携校】 ☎018(863)9341
〒010-0964　秋田県秋田市八橋鯲沼町1-60　株式会社アキタシステムマネジメント内

■ 関東

水戸見川校【提携校】 ☎029(297)6611
〒310-0912　茨城県水戸市見川2-3092-3

所沢校【提携校】 ☎050(6865)6996
〒359-0037　埼玉県所沢市くすのき台3-18-4　所沢K・Sビル　合同会社LPエデュケーション内

東京駅八重洲口校【提携校】 ☎03(3527)9304
〒103-0027　東京都中央区日本橋3-7-7　日本橋アーバンビル　グランデスク内

日本橋校【提携校】 ☎03(6661)1188
〒103-0025　東京都中央区日本橋茅場町2-5-6　日本橋大江戸ビル　株式会社大江戸コンサルタント内

新宿三丁目駅前校【提携校】 ☎03(3527)9304
〒160-0022　東京都新宿区新宿2-6-3　KNビル　グランデスク内

■ 東海

沼津校【提携校】 ☎055(928)4621
〒410-0048　静岡県沼津市新宿町3-15　萩原ビル　M-netパソコンスクール沼津校内

■ 北陸

新潟校【提携校】 ☎025(240)7781
〒950-0901　新潟県新潟市中央区弁天3-2-20　弁天501ビル　株式会社大江戸コンサルタント内

金沢校【提携校】 ☎076(237)3925
〒920-8217　石川県金沢市近岡町845-1　株式会社アイ・アイ・ピー金沢内

福井南校【提携校】 ☎0776(35)8230
〒918-8114　福井県福井市羽水2-701　株式会社ヒューマン・デザイン内

■ 関西

和歌山駅前校【提携校】 ☎073(402)2888
〒640-8342　和歌山県和歌山市友田町2-145　KEG教育センタービル　株式会社KEGキャリア・アカデミー内

■ 中国・四国

松江殿町校【提携校】 ☎0852(31)1661
〒690-0887　島根県松江市殿町517　アルファステイツ殿町　山路イングリッシュスクール内

岩国駅前校【提携校】 ☎0827(23)7424
〒740-0018　山口県岩国市麻里布町1-3-3　岡村ビル　英光学院内

新居浜駅前校【提携校】 ☎0897(32)5356
〒792-0812　愛媛県新居浜市坂井町2-3-8　パルティフジ新居浜駅前店内

■ 九州・沖縄

佐世保駅前校【提携校】 ☎0956(22)8623
〒857-0862　長崎県佐世保市白南風町5-15　智翔館内

日野校【提携校】 ☎0956(48)2239
〒858-0925　長崎県佐世保市椎木町336-1　智翔館日野校内

長崎駅前校【提携校】 ☎095(895)5917
〒850-0057　長崎県長崎市大黒町10-10　KoKoRoビル　minatoコワーキングスペース内

沖縄プラザハウス校【提携校】 ☎098(989)5909
〒904-0023　沖縄県沖縄市久保田3-1-11　プラザハウス　フェアモール　有限会社スキップヒューマンワーク内

※上記は2021年10月1日現在のものです。

書籍の訂正情報の確認方法とお問合せ方法のご案内

このたびは、弊社発行書籍をご購入いただき、誠にありがとうございます。
万が一誤りと思われる箇所がございましたら、以下の方法にてご確認ください。

1 訂正情報の確認方法

発行後に判明した訂正情報を順次掲載しております。
下記サイトよりご確認ください。

www.lec-jp.com/system/correct/

2 お問合せ方法

上記サイトに掲載がない場合は、下記サイトの入力フォームより
お問合せください。

http://lec.jp/system/soudan/web.html

フォームのご入力にあたりましては、「Web教材・サービスのご利用について」の
最下部の「ご質問内容」に下記事項をご記載ください。

- ・対象書籍名（○○年版、第○版の記載がある書籍は併せてご記載ください）
- ・ご指摘箇所（具体的にページ数の記載をお願いします）

お問合せ期限は、次の改訂版の発行日までとさせていただきます。
また、改訂版を発行しない書籍は、販売終了日までとさせていただきます。

※インターネットをご利用になれない場合は、下記①〜⑤を記載の上、ご郵送にてお問合せください。
①書籍名、②発行年月日、③お名前、④お客様のご連絡先（郵便番号、ご住所、電話番号、FAX番号）、⑤ご指摘箇所
送付先：〒164-0001 東京都中野区中野4-11-10 アーバンネット中野ビル
　　　　東京リーガルマインド出版部 訂正情報係

- ・正誤のお問合せ以外の書籍の内容に関する質問は受け付けておりません。
　また、書籍の内容に関する解説、受験指導等は一切行っておりませんので、あらかじ
　めご了承ください。
- ・お電話でのお問合せは受け付けておりません。

講座・資料のお問合せ・お申込み

LECコールセンター ☎ 0570-064-464

受付時間：平日9:30〜20:00/土・祝10:00〜19:00/日10:00〜18:00

※このナビダイヤルの通話料はお客様のご負担となります。
※このナビダイヤルは講座のお申込みや資料のご請求に関するお問合せ専用ですので、書籍の正誤に関する
　ご質問をいただいた場合、上記「②正誤のお問合せ方法」のフォームをご案内させていただきます。